GOLDMANN

Buch

Nach der sechsteiligen Serie „Geheimakte Schalck", welche die Zeitschrift „Quick" abdruckte, folgt mit diesem Band die aktualisierte Auswertung der skandalträchtigen Geheimunterlagen. In dem Buch *Die Schalck-Papiere* wird das wohl finsterste Kapitel der deutschen Nachkriegsgeschichte aufgearbeitet. Es werden die Methoden aufgezeigt, mit denen die DDR-Spitze ihre Macht fundierte und bis zuletzt verteidigte. Ohne falsche Rücksichtnahme wird endlich die konspirative Beziehung zwischen der Staatsführung der DDR und hochrangigen Politikern der Bundesrepublik ans Licht gebracht. Anhand der bisher geheimen Unterlagen wird die ganze Tragweite der Aktivitäten des ehemaligen Devisenbeschaffers und seiner KoKo (Kommerziellen Koordination) aufgezeigt. Schalck, so manifestieren die Akten, war alles andere als ein harmloser Außenhandelsexperte – er war in Wirklichkeit Außenminister, Wirtschaftslenker und der heimliche zweite Mann im Staat.

Autoren

Der Völkerrechtsprofessor Wolfgang Seiffert, der einst als Berater von Erich Honecker fungierte und 1983 nach kritischen Worten zur Zukunft der DDR bei der SED-Spitze in Ungnade fiel, lehrt seither an der Universität Kiel und hat mehrere politische Sachbücher veröffentlicht.

Norbert Treutwein ist politischer Journalist und stellvertretender Chefredakteur der Zeitschrift „Quick".

Wolfgang Seiffert · Norbert Treutwein

DIE SCHALCK-PAPIERE

DDR-Mafia zwischen Ost und West

GOLDMANN VERLAG

Der Originalverlag dankt ganz herzlich Richard Mahkorn (Chefredakteur) und Joachim Behnke (Berater der Chefredaktion) sowie ihrem Team von der Zeitschrift „Quick", die es ermöglicht haben, daß dieses Buch unter enormem Zeitdruck realisiert werden konnte.

Beteiligt waren vor allem: Christl Weber, Wilhelm Ritter (Berlin), Guy R. Ley, Paul Limbach (Bonn), Barbara Brix, Kay Bieler, Heiner Emde, Josef Hufelschulte, Stephan Meier (München), Hans-Peter Kruse (Fotos), Sabine Davideit, Sabine Rauchmann (Redaktionsassistenz).

Die Dialoge der Sendung „Schalck auf dem heißen Stuhl" wurden mit freundlicher Genehmigung von RTL plus abgedruckt.

Der Goldmann Verlag
ist ein Unternehmen der Verlagsgruppe Bertelsmann

Made in Germany · 1/92 · 1. Auflage
Genehmigte Taschenbuchausgabe

Umschlaggestaltung: Design Team München
Druck: Presse-Druck Augsburg
Verlagsnummer: 12410
SK · Herstellung: Stefan Hansen
ISBN 3-442-12410-7

Inhalt

Kunst- und Antiquitätenhandel

Die frühen Drähte nach Bonn

Die Schalck-Strauß-Kontakte

Die Wende

Vorwort

von Richard Mahkorn,
Chefredakteur der Zeitschrift "Quick"

Das Buch "Die Schalck-Papiere" von Norbert Treutwein und Professor Wolfgang Seiffert ist ein journalistischer Schnellschuß – entstanden in den letzten Tagen des August 1991. Ein großes Team von Redakteuren, Rechercheuren und Fotografen der Zeitschrift "Quick" hat den Autoren zugearbeitet und das rasche Erscheinen des Buches ermöglicht.
Warum die Eile, mit der wir, die Journalisten, und der Zsolnay Verlag "Die Schalck–Papiere" herausbringen? Ganz einfach: weil wir uns in der Pflicht sehen, die Wahrheit über Schalck-Golodkowski so schnell wie möglich der deutschen Öffentlichkeit zugänglich zu machen.
Die geheimen Schalck-Akten, auf denen dieses Buch basiert, sind mit das Brisanteste, was mir je auf den Schreibtisch gekommen ist. Wie brisant dieses Material ist, zeigt schon die Tatsache, daß der Generalbundesanwalt von Stahl auf Grund dieser Dokumente ein Ermittlungsverfahren gegen Stasi-Oberst Schalck eingeleitet hat.
Unter normalen Umständen wären die Schalck-Papiere nicht an die Öffentlichkeit gekommen. Daß es doch geschehen konnte, verdanken wir dem Umstand, daß Schalck die Akten bei seiner überstürzten Flucht aus Ostberlin zurückließ. Nachrichtenhändler boten uns das Material dann an.
Wie alle journalistischen Scoops hat auch dieser Geld gekostet – und zwar viel Geld. Doch die zeitgeschichtliche Relevanz rechtfertigt unserer Meinung nach den Ankauf der Papiere.

Dem Leser des vorliegenden Buches wird klar, welche Rolle Schalck wirklich gespielt hat. Er begreift, daß dieser Händler zwischen Ost und West, der heute am schönen Tegernsee lebt, in Wirklichkeit der Drahtzieher der DDR war. Neben ihm waren alle Minister bis auf Stasi-Chef Mielke und Honecker nur Marionetten. Es ist geradezu erschütternd, mit welchen menschenverachtenden Methoden hier harte D-Mark für ein korruptes sozialistisches System erwirtschaftet wurden.
Schalck bediente sich bundesdeutscher Politiker und Wirtschaftsbosse, um die Devisen zu beschaffen, mit deren Hilfe die marode DDR gesichert werden sollte. Eine herausragende Rolle spielte hierbei Franz Josef Strauß.
Viele Leser werden sich verwundert fragen, wie ein Mann wie er so blauäugig sein konnte, sich auf das gefährliche Spiel mit dem dubiosen Stasi-Bonzen einzulassen. Doch man muß das aus der damaligen Zeit heraus sehen. Damals wurden Menschen an der deutsch-deutschen Grenze erschossen, nur weil sie in den anderen Teil Deutschlands wollten. Damals waren die Gefängnisse voll mit Regimekritikern. Schon ein Witz über Honecker reichte für eine Verurteilung. Und Strauß wollte das Leben für die Menschen im Unterdrückerstaat DDR ein bißchen menschlicher machen – zum Beispiel mit Grenzerleichterungen, die er dem SED-Regime in Zusammenhang mit dem Milliardenkredit abtrotzte.
Wütend macht die Kaltschnäuzigkeit, mit der die DDR im Namen der Menschlichkeit Milliarden von Bonn erpreßte. Wütend macht aber auch, wie viele bereitwillige Helfer Schalck im Westen fand, die sich aus der Zusammenarbeit mit ihm machtpolitische oder wirtschaftliche Vorteile versprachen.
Ich wünsche mir, daß dieses Buch dazu beiträgt, eines der dunkelsten Kapitel der deutschen Nachkriegsgeschichte aufzuhellen.

Die Aktenlage

Die eigenen Akten überführen ihn

Dr. Alexander Siegfried Schalck-Golodkowski müßte vor Gericht gestellt werden. Ebenso wie Genosse Erich Honecker vor den Richter gehört; nur hat sich Honecker dem Verfahren gerade noch durch Flucht nach Moskau entziehen können. Aber es scheint fraglich, ob für immer. Schalck gehört vor Gericht, genauso wie Erich Mielke, der Minister und General der allmächtigen Staatssicherheit (Stasi). Nur wird der nun von Krankheit und Gedächtnislücken daran gehindert, abgeurteilt zu werden. Schalck müßte ebenso konsequent vor Gericht gestellt werden wie Stasi-Führer Markus Wolf, der Leiter der Auslandsspionage. Nur hat der dem System des real existierenden Sozialismus gerade noch rechtzeitig vor dem Zusammenbruch des Lügenstaates abgeschworen; ein Ermittlungsverfahren gegen ihn läuft – gegen Kaution ist er auf freiem Fuß.

Schalck müßte vor Gericht gestellt werden. Nur lebt er unbehelligt in einer Villa in Rottach am Tegernsee. Touristen aus der ehemaligen DDR lassen sich vor dem Gartentor des

Blauer DDR-Anzug, gesunde Gesichtsfarbe, listiger Blick: Alexander Schalck am 30.8.91 auf dem Weg zur Vernehmung aufgrund der Schalck–Akten
Hans-Peter Kruse

Grundstücks zur Erinnerung fotografieren. Touristen schimpfen auf Schalck. Geben ihm die schlimmsten Namen. Die wenigsten wissen dabei, wie wichtig Schalck für die DDR gewesen ist. Die wenigsten wissen, wie schlimm er wirklich war. Trotzdem finden es alle unerhört, daß dieser Mann in Freiheit lebt, im Tal der Millionäre, als sei nichts gewesen.
Es scheint, als halte irgendwer die schützende Hand über Schalck. Die früheren DDR-Bonzen können es nicht sein. Die sind entweder geflüchtet, oder sie kränkeln so sehr, daß sie nicht einmal verhandlungsfähig sind für deutsche Gerichte. Gibt es für jemanden im Westen Deutschlands Grund, Schalck zu schützen? Gibt es am Ende gar keine Handhabe, ihn zu verurteilen – auch wenn es gut ein halbes Hundert Gründe gäbe?
Hat in Bonn vielleicht jemand ein Interesse daran, Schalck vor einem Prozeß zu bewahren? Weiß Schalck zuviel? Weiß er vor allem über amtierende Politiker Kompromittierendes, das nicht ans Licht soll? Oder weiß er – als einziger – Einzelheiten über Millionenkonten im Ausland, auf denen, zusammengenommen, Milliardenbeträge liegen, die es noch einzusammeln gilt?
Auf viele dieser Fragen geben ganz gewöhnliche Aktenordner die Antwort. Mausgrau, blaßrot marmoriert, schmutzigblau. Schnellhefter aus signalrotem und tintenblauem Plastik. Büromaterial aus dem Büro in der Wallstraße in Ostberlin, dem Sitz der KoKo – dem Reich von Alexander Schalck.

Seine eigenen Akten überführen ihn: seine eigenen Briefe, Notizen, Gesprächs- und Telefonprotokolle.
Bei seiner überhasteten Flucht aus der DDR im Dezember 1989 übergab Schalck die wichtigsten seiner Akten in mehreren Aktenkoffern seinem Anwalt Dr. Wolfgang Vogel. Der wiederum wurde verhaftet, die Akten gingen an den stellvertretenden Generalstaatsanwalt. Am 22. Dezember 1989 übergab ein Vertreter des Generalstaatsanwaltes der DDR die Akten dem Leiter der "Untersuchungskommission für Korruption und Amtsmißbrauch im Bereich KoKo", Willi Lin-

demann – einem Mitarbeiter der Rechtsabteilung des Sekretariats von Hans Modrow. Acht Wochen später sollen die Papiere nach Lindemanns Angaben in das ehemalige Dienstzimmer Schalcks gebracht und wieder unter die dortigen Akten eingeordnet worden sein. Im November 1990 hat die "Arbeitsgruppe Regierungskriminalität" die Akten übernommen. Die Berliner Justizsenatorin Jutta Limbach kommt allerdings zu dem Schluß, "daß die wesentlichen Beweismittel aus den fünf Koffern Schalck-Golodkowskis verschwunden sind."
Denn eines scheint sicher zu sein: Taschen und Koffer wurden, nachdem sie zum Generalstaatsanwalt kamen, durch Unbekannte erst einmal gründlich "gesichtet". Vermutlich durch MfS-Mitarbeiter.

Wie es kommt, daß ebendiese Akten jetzt in der Öffentlichkeit auftauchen, nachdem sie unerklärlicherweise verschwunden waren?

Sie wurden auf dem Markt angeboten, auf dem die Jäger und Sammler der Illustrierten und Nachrichtenmagazine nach Schnäppchen Ausschau halten. Die Illustrierte QUICK griff zu. Sie hat Geld dafür bezahlt. Denn die Akten sind Dokumente der Zeitgeschichte. Sie sprechen Bände über das Wesen und Wirken der Schalck-Behörde.

Schalck gibt sich unschuldig, seit er in den Westen gekommen ist. Er behauptet, er habe immer nur das Beste für die deutschdeutschen Beziehungen gedacht, getan und gewollt: "Ich habe ja in der damaligen DDR mit Leidenschaft meine Arbeit als Wirtschaftsfachmann und Finanzexperte wahrgenommen. Habe das gerne gemacht und habe mich bemüht, das so korrekt zu machen, wie sich das für einen leitenden Mitarbeiter im Staatsapparat gehört."

Der Arme, Aufopfernde. Aber es geht noch weiter: "Ich möchte hier auch vor der Öffentlichkeit sagen, daß ich mich weder am Vermögen des Staates noch an anderen Vermögen berei-

Roter Sonnenschirm, Schutzschild gegen neugierige Einblicke: Am liebsten saß Schalck hier bei einem guten Frühschoppen und drosch einen gepflegten Skat
Horst Schreiber

Rottach-Egern am bayerischen Tegernsee, Weißachdamm 8: Unterschlupf des ehemaligen DDR-Devisenbeschaffers nach seiner Flucht von Ost nach West
Jochen Voigt

chert habe", sagte Schalck am 2. Januar 1991 in der "Brennpunkt"-Sendung der ARD.

Er gibt auch offen zu, was der Betrachter seiner stattlichen Figur schon mutmaßen muß: Schalck brauchte nie am Hungertuch zu nagen. Wo der einfache Arbeiter vielleicht einen Monatslohn von 800 Mark bezog, stellte sich Schalck ein bißchen besser.
"Ich hatte, will mal sagen, in den Jahren meiner Tätigkeit vielleicht doch ein Einkommen mit meiner Frau zusammen von rund zwei Millionen Mark."
"Im Jahr?" staunt der Moderator.
"Nee, nicht im Jahr, ingesamt", rückt Schalck zurecht.

Hartnäckig bleibt Schalck seit seiner Flucht in den Westen auch bei seiner Darstellung, er habe mit der Stasi, also mit Minister Mielkes Geheimdienst "Staatssicherheit", nichts weiter zu tun gehabt. So hat er sich auch den Herren des Bundesnachrichtendienstes dargestellt, denen er Anfang 1990 tagelang Rede und Antwort stand über seine frühere Tätigkeit. Ergebnis: Aktenordner voller Vernehmungsprotokolle. Bestimmt nicht nur Makulatur. Diese Papiere sind sicher wertvoll, weil man sie nun mit den Akten aus Schalcks früherem Büro vergleichen kann.

In einem zusammenfassenden Geheimbericht vom 13.5.1991 über die "Themen, die mit Dr. Schalck-Golodkowski erörtert wurden", berichtet der Bundesnachrichtendienst: "Dem MfS war der Bereich KoKo nie angegliedert, wenngleich Minister Mielke persönlich starken Einfluß ausübte."

Nichts darüber,
– daß Alexander Schalck mit Hilfe der Staatssicherheit einen eigenen Geheimdienst aufgezogen hatte für weltweite Wirtschaftsspionage
– daß Alexander Schalck im Umgang mit der Bundesrepublik stets nach der stalinistischen Maxime handelte: "Der Westen

wird von uns auch noch den Strick kaufen, mit dem wir ihn dereinst hängen" –

– daß Alexander Schalck sich "für den Verteidigungsfall" Handlungsvollmachten einräumen lassen wollte, um weltweit wirtschaftlich operieren zu können, ohne noch irgend jemanden in der DDR fragen zu müssen

– daß Alexander Schalck in Wahrheit einer der vier führenden Köpfe des SED-Staates war

– daß Alexander Schalck Urkunden fälschen ließ, um die Herkunft von Kunstgegenständen oder Goldbarren zu verschleiern.

In der Öffentlichkeit ist Schalck bisher immer aufgetreten wie die aus Elfenbein geschnitzte Figur der drei weisen Affen, die unter seinen Kunstgegenständen gefunden wurde:
"Nichts hören, nichts sehen, nichts sagen."

Es war Schalcks persönlicher Einfall, daß er sich schon 1965 die Vollmacht der SED-Spitze geben ließ für internationalen Versicherungsbetrug in großem Stil. Er war es, der Bonn unter Druck setzte, immer mehr Millionen, zuletzt sogar Milliarden in das marode Wirtschaftssystem der DDR zu pumpen
Schalck war es, der weltweit ein Imperium von Firmen aufbaute, das wie ein Spionagenetz organisiert war und das vom Waffenhandel bis zur Superelektronik – die ja laut Cocom-Liste in Länder des früheren Ostblocks nicht geliefert werden durfte – viele düstere Geschäfte abwickelte. Er war es, der klingende Münze schlug aus sogenannten humanitären Erleichterungen, wie sie für jeden normalen Staat dieser Welt selbstverständlich sind. Ein bißchen weniger Schikane an den deutsch-deutschen Grenzen, ein Grad Höflichkeit mehr bei den Grenzposten: Dafür mußte der Westen eine Milliarde harter Mark nach drüben überweisen.

In Bonn sitzt und schwitzt ein Untersuchungsausschuß, der klären soll, ob und wie Alexander Schalck(-Golodkowski) gerichtlich zu belangen ist. Inzwischen liegen den Mitgliedern des Ausschusses neben den Protokollen der Schalck-Aussagen beim Bundesnachrichtendienst auch leibliche Aussagen Schalcks vor. Und natürlich die Akten, die Grundlage dieses Buches sind. Es war nur selbstverständlich, die Schalck-Papiere auch zur amtlichen Erhellung der undurchsichtigen Figur Alexander Schalcks zur Verfügung zu stellen.

Es wäre grotesk, wenn diese Akten Herrn Schalck nicht umgehend vor ein Gericht brächten. Statt daß er unbehelligt sein Leben genießt in einem der schönsten Winkel Deutschlands. Während eine ganze Nation schuftet und schafft, damit die nötigen Milliarden erwirtschaftet werden, um all das zu reparieren, was Honecker, Mielke, Mittag, Schalck & Co. in vier Jahrzehnten heruntergewirtschaftet haben – angeblich im Namen und zum Wohl von siebzehn Millionen Deutschen (Ost).

Nach allem, was wir heute wissen, ist sich Erich Honecker im Vergleich zu den anderen hohen Tieren aus der SED-Spitze vielleicht noch am wenigsten bewußt gewesen, wie es um die DDR wirklich bestellt war. Honecker war der Vorzeigemann, einer, der politisch als unverdächtig galt, weil er für seine politische Vergangenheit als Kommunist im Konzentrationslager gesühnt hatte.

Honecker war in erster Linie Unterschriftengeber – er mußte alles mögliche unterschreiben, weil es natürlich ohne die Unterschrift des Staatsratsvorsitzenden einfach nicht ging. Aber bei vielem, was er unterschrieb, wußte Honecker gar nicht, welche Absicht dahintersteckte.

Wohl wußte er, daß es um die wirtschaftliche Lage im Lande nicht rosig bestellt war. Er wußte auch, daß ein sozialistischer Staat mit kapitalistischen Nachbarn nach außen hin abgeschottet und geheimdienstlich geknechtet werden muß, um ihn zusammenzuhalten. Und er wußte selbstverständlich vom Schießbefehl, den er selbst zu verantworten hat. Er wußte auch, daß es guttat, wenn harte DM aus dem Westen oder Dollars bzw. Schweizer Franken ins Land flossen. Denn die Geschäfte mit den östlichen Bruderstaaten, insbesondere mit der Sowjetunion, bei denen Waren gegen Waren oder gegen Transferrubel (Verrechnungseinheit) geliefert wurden – beispielsweise Werkzeugmaschinen gegen Eisenerz oder Erdöl –, dienten nicht immer ausschließlich dem Wohl der Deutschen Demokratischen Republik.

Nicht von ungefähr kam jener Witz in Umlauf, der zu Leonid Breschnews Zeiten während der Verhandlungen mit China spielt: Um mit den Genossen in Rotchina wieder bessere Beziehungen zu knüpfen, mußte sich Breschnew ein paar Bedingungen diktieren lassen. So baten die Chinesen erstens um die Lieferung von 400.000 Fahrrädern. Breschnew blickte in die Runde seiner Berater, nickte: "Akzeptiert." Zweitens wollten die Chinesen 50.000 Traktoren. Wieder der Blick in die Beraterrunde, wieder ein zustimmendes Nicken. Drittens begehrten die Chinesen 100.000 Tonnen Reis. Breschnew sparte sich den Blick zu seinen Beratern und wehrte spontan mit der Hand ab: "Das geht auf keinen Fall. Reis hat die DDR nicht..."

Selbst Geheimdienstchef Markus Wolf läßt in seinem 1991 erschienenen Buch "In eigenem Auftrag" (Schneekluth Verlag) durchblicken, daß Honecker von seinen hochrangigen Mitgliedern des Zentralkomitees künstlich dumm gehalten wurde.

Seit die Schalck-Akten aufgetaucht sind, bestätigt sich, daß die wirklichen Fäden der DDR-Politik zwischen dem obersten Stasi-Boß Erich Mielke, dem Wirtschaftsminister Günter Mittag und dem heimlichen Deutschland-Minister und hochrangigen Stasi-Mitarbeiter Alexander Schalck gezogen wurden.

Honecker hatte nach außen dafür geradezustehen, hatte den Kopf hinzuhalten für die Fernsehkameras und die Objektive der Fotografen. Honecker mußte sagen: "Den Sozialismus in seinem Lauf hält weder Ochs noch Esel auf." Aber im Hintergrund wirkten andere.

Einer davon war Schalck. Der gleiche, der heute Hand in Hand mit seiner Frau Sigrid an der Uferpromenade des Tegernsees spazierengeht. Auch Frau Sigrid war Stasi-Offizier.

Wie schuldig ist einer wie Schalck?

Zu wieviel Schlechtigkeit ist ein Mensch fähig, ohne mit der Wimper zu zucken? Ohne ein schlechtes Gewissen dabei zu haben?
Wo liegen die Grenzen von Verantwortung, von Pflichterfüllung? Wie weit darf sich ein Mensch darauf hinausreden, daß andere ihn beauftragt hätten, daß andere die ganze Verantwortung zu übernehmen, daß andere für die Folgen geradezustehen hätten?

Genau diese Fragen stellen sich im Fall Schalck. Denn Alexander Schalck mimt heute in aller Öffentlichkeit das wehrlose Opfer eines Machtapparates. Eines Apparates allerdings, von dem wir inzwischen wissen, daß Schalck ganz oben mit in der Spitze saß.

Es gibt einen Spielfilm, der jene Fragen besser und anschaulicher und zu Herzen gehender abhandelt als jede juristische oder philosophische Arbeit. Einen Thriller des französischen Regisseurs Henri Verneuil. Titel: "I – wie Ikarus".
Mit Yves Montand in der Hauptrolle. In der Rolle eines Generalstaatsanwaltes, der sich bemüht, ein politisches Attentat á la John F. Kennedy aufzuklären. Der sich mit einem jungen

Mann als Attentäter zu befassen hat, von dem er nicht sicher ist, ob dieser zur Zeit der Tat überhaupt zurechnungsfähig war.
Aufschluß über den Geistes- und Gemütszustand sollen wissenschaftliche Experimente geben, denen sich der Attentäter vor ein paar Jahren für ein kleines Entgelt unterzogen hatte. Experimente in einem Universitätslabor, in dem angeblich die psychologische Spannung zwischen zwei Menschen getestet werden sollte.
Die Grundfrage hieß: Lernt der Mensch durch Bestrafung?
Einer der beiden Probanden hat den Lehrer, den strafenden Erzieher, zu spielen – der zweite den Schüler, das Opfer. Immer wenn der Schüler eine Frage nicht beantworten kann, muß der Lehrer das in einem Spezialstuhl festgeschnallte Opfer mit Stromstößen bestrafen. Bei steigender Fehlerzahl steigt auch die Intensität der Stromstöße.
Der "Lehrer" muß mit ansehen, wie sein Opfer sich in Qualen auf dem Stuhl windet, wie es nach mehrfacher Bestrafung immer mehr Fehler macht, wie es von einer bestimmten Stromstärke an annähernd bewußtlos wird, wie es nur noch um Hilfe lallen kann. Und: wie es schließlich zu sterben droht.

Der Generalstaatsanwalt ist entsetzt über diese Experimente. Entrüstet verläßt er seinen heimlichen Beobachterplatz im Labor. Und es entspinnt sich ein Dialog, der überaus aufschlußreich ist. Denn Yves Montand muß erfahren, daß immer nur einer der beiden Probanden getestet wird: der Lehrer. Der Schüler ist immer der gleiche, spielt seine Qualen nur geschickt vor.

Der Test soll nämlich zeigen, wie weit Menschen gehen, wenn ihnen befohlen wird, zu foltern – unter dem Vorwand der erzieherischen Maßnahme, unter dem Schutz der Wissenschaft, gedeckt durch die Verantwortung, die Professoren tragen (weil sie ja wissen müssen, was sie da tun), geködert durch ein paar Mark Honorar für die Teilnahme am Test.

Yves Montand wendet sich mit Grausen: "Das ist erschreckend!"
Der Professor: "Es ist wirklich erschreckend, wenn man bedenkt, daß Sie selbst sich auch erst bei 180 Volt für das Opfer eingesetzt haben."
Montand: "Dieses Experiment ist erbarmungslos, Professor. Bei wieviel Volt hat Daszlo aufgehört?"
Professor: "Bei 405 Volt."
Montand: "Das ist ungeheuer."

Der Professor spielt eine Videoaufnahme der "Sitzung" mit dem Attentäter vor.
Daszlo, in der Rolle des Lehrers: "Überlegen Sie, was Sie sagen. Ich bin gezwungen, Ihnen 405 Volt zu geben! Also geben Sie sich Mühe!"
Die Antwort, die vom Prüfling kommt, ist dennoch falsch. Attentäter Daszlo ruft anklagend: "405 Volt!"
Der Professor betritt das Labor, flüstert dem leitenden Wissenschaftler zu: "Wir müssen das Experiment abbrechen!"
Der sagt: "Das ist unmöglich. Das würde die Ergebnisse verfälschen. Wir müssen weitermachen."
Der Professor (natürlich vor den Ohren des "Lehrers"): "Er zeigt alle Anzeichen einer schweren Herzinsuffizienz. Wenn Sie weitermachen, kann es eine Katastrophe geben!"
Der Wissenschaftler kalt: "Geben Sie ihm 405 Volt, Herr Daszlo."
Attentäter Daszlo: "Kommt nicht in Frage. Werden Sie sich erst mal einig. Sie wollen weitermachen, und er will aufhören."
Der Wissenschaftler: "Was wir miteinander besprechen, geht Sie nichts an. Ich darf Sie also bitten weiterzumachen."
Attentäter Daszlo: "Ich mache überhaupt nicht mehr weiter. Ich gebe Ihnen auch die sechs Dollar Honorar zurück, wenn Sie wollen. Aber ich gehe nach Hause!"

Abbruch des Experiments bei 405 Volt.

Der Professor zu Yves Montand: "Sehen Sie, wenn die Spitze eines hierarchischen Systems sich nicht mehr in Übereinstimmung befindet, wenn die Autoritäten sich streiten, gibt es keinen unbedingten Gehorsam mehr."
Yves Montand: "Sind viele Ihrer Testpersonen bis 405 Volt gegangen?"
Professor: "Im Durchschnitt leisten 63 Prozent der Testpersonen unbedingten Gehorsam. Das heißt, daß sie das Prinzip des Experiments voll akzeptieren. Damit will ich sagen: Sie gehen bis 450 Volt."
Und das ist die tödliche Dosis.
Yves Montand: "Das würde also bedeuten, daß auch in einem zivilisierten Land mit einer liberalen und demokratischen Verfassung zwei Drittel der Bevölkerung, ohne zu fragen und ohne zu überlegen, alle Befehle ausführen würden, die sie von einer übergeordneten Macht bekämen?"
Professor: "Drei Monate nach dem Experiment bitten wir die Kandidaten wieder zu uns, um ihnen die Wahrheit zu sagen. Und um sie zu fragen, wie sie ihr Verhalten beurteilen. Ich zeige Ihnen die Reaktion von Daszlo."

Frage: "Sie haben vor einem Vierteljahr an einem Experiment teilgenommen, das über eine Stunde gedauert hat, und dabei einen Unbekannten mit Elektroschocks bestraft, die bis zu 405 Volt gingen. Waren Sie bis zum Ende davon überzeugt, daß die Elektroschocks nicht simuliert waren?"
Daszlo: "Ja."
Frage: "Haben Sie nicht darüber nachgedacht, daß Sie Ihrem unschuldigen und wehrlosen Opfer gegenüber grausam gehandelt haben, Monsieur Daszlo?"
Daszlo: "Ich hatte nicht zu beurteilen, ob meine Handlungen grausam waren. Oder ob das Opfer unschuldig war. Verantwortlich waren die, die mir die Befehle gegeben hatten. Ich habe die Befehle nur ausgeführt. Wenn man einem Piloten befiehlt, eine Bombe auf eine Stadt zu werfen, fragt er auch nicht, ob die Bombardierung richtig oder falsch ist. Er wirft die Bombe."

Yves Montand zum Professor: "Aber nehmen Sie mal den Fall eines Völkermordes. Da beschließt ein eiskalter Diktator, fünf bis sechs Millionen Männer, Frauen und Kinder umbringen zu lassen. Dafür braucht er doch mindestens eine Million Komplizen! Wie macht er das, daß man ihm gehorcht?"
Professor: "Indem er die Verantwortung auf viele Leute verteilt. Ein Diktator braucht einen funktionierenden Staatsapparat. Das heißt, er braucht Millionen von kleinen Funktionären, von denen jeder eine anscheinend unbedeutende Aufgabe wahrzunehmen hat. Und jeder von ihnen wird diese Aufgabe ausführen – mit Kompetenz. Ohne Bedenken. Und keiner von ihnen wird sich klarmachen, daß er der millionste Teil eines grausamen Verbrechens ist. Die einen werden die Opfer verhaften. Sie haben nur den Befehl ausgeführt, jemanden festzunehmen. Andere verantworten den Transport in die Lager. Und dabei haben sie nur ihren Beruf als Lokomotivführer ausgeübt. Und der Lagerkommandant, der die Pforte hinter den Opfern zuschlägt, meint, er tue seine Pflicht wie ein gewöhnlicher Gefängnisdirektor. Natürlich werden die Mörder und Henker am Ende der Kette besonders ausgesucht. Aber den einzelnen Gliedern der Kette macht man den Gehorsam so leicht wie möglich."
Yves Montand: "Das Verhalten Ihrer Testpersonen ist für mich immer noch schwer zu erklären. Sie handeln ohne Haß, ohne Zorn, sie rächen sich auch nicht für etwas. Sie haben nicht mal die Hoffnung, für das, was sie tun, viel Geld zu bekommen. Wenn man bedenkt, daß Daszlo das Opfer mit 405 Volt gequält hat, um sechs Dollar zu verdienen..."

Frage: "Monsieur Daszlo, wenn die Annonce, auf die Sie geantwortet haben, nicht von der Universität, sondern von einer Privatperson aufgegeben worden wäre und man hätte Ihnen statt sechs Dollar tausend Dollar Belohnung versprochen – hätten sie dann Ihren Schüler auch mit 405 Volt bestraft?"
Daszlo: "Nein."
Frage: "Wenn man Ihnen eine Belohnung von 10.000 Dollar versprochen hätte?"

Daszlo: "Ich glaub', Sie haben mich nicht richtig verstanden, Monsieur. Das Geld hat für mich überhaupt keine Rolle gespielt. Ich habe den Professoren gehorcht, weil ich sie als meine Vorgesetzten respektiert habe. Ich habe sie akzeptiert. Das ist alles."

Auch Alexander Schalck sagt, er habe seine Vorgesetzten und deren Befehle akzeptiert.

Ist das wirklich alles? Ist das wirklich so einfach?

Zur Echtheit der Akten – Im Gespräch mit Richard Meier, dem ehemaligen Präsidenten des Verfassungsschutzes

An der Echtheit der uns vorliegenden Schalck-Akten gibt es keinerlei Zweifel. Nicht nur, weil es eine horrende Arbeit gewesen wäre, die Tausende von Seiten Unterlagen zu fälschen – womit nicht gesagt sein soll, daß die alte Stasi-Fälscher-Clique dazu nicht handwerklich in der Lage gewesen wäre. In QUICK packte im Frühjahr 1991 einer der Top-Fälscher aus. Von daher wissen wir, daß selbst der fälschungssichere Personalausweis der Bundesrepublik nachgemacht – und auch erprobt worden war. Wir wissen, daß die Stasi-Werkstatt alle Diplomatenpässe dieser Welt, falsche Geburtsurkunden und falsche Universitätsabschlüsse auf unverdächtigem Papier herstellen konnte.

Aber die Schalck-Akten hätten immerhin *nach* dem Zusammenbruch der DDR gefälscht worden sein müssen. Nachdem der personelle Apparat gesprengt worden war. Nachdem die

Werkstatt ausgehoben war. Es muß bezweifelt werden, daß nach dem Ende der DDR noch eine solche Fälscherproduktivität hätte entwickelt werden können.

Natürlich ist die Praxis bekannt, daß zwischen echtem Material Fälschungen plaziert werden, die auf diese Weise besonders unverdächtig wirken. Auch diese Möglichkeit wurde bedacht. Alle Papiere, die auffallend brisant oder interessant waren, wurden besonders genau unter die Lupe genommen. Experten wurden hinzugezogen, um Echtheit und Tragweite des Inhalts abzusichern.

Einer dieser Experten ist Richard Meier, 63, der frühere Leiter des Bundesamtes für Verfassungsschutz. Meier war 25 Jahre lang in verschiedenen Bereichen der deutschen Nachrichtendienste tätig. Dem Verfassungsschutz oblag die Aufklärung der DDR-Spionage.
Die Wiedergabe unseres Gespräches mit Richard Meier dokumentiert am besten, was dieser Fachmann von den Akten hält. Bezeichnend die anfängliche Skepsis des Experten, die sich allerdings mit zunehmendem Einblick in die Unterlagen in Staunen verwandelte.
Als Richard Meier den Koffer voller Schalck-Akten zu Hause im Allgäu das erstemal sah, war er zunächst merklich reserviert.

Meier: "Wo sind denn Schriftstücke, in denen es kritischer wird? Kommt denn dieser Milliardenkredit vor, den angeblich Strauß eingefädelt hat?"
Autor: "Ja, das wird kontinuierlich protokolliert."
Meier: "Wird das Motiv von Strauß deutlich, weshalb er sich so eingesetzt hat?"
Autor: "Wenn man den Vorgang liest, bekommt man den Eindruck, daß es persönliche Geltungssucht war von Strauß. Strauß hat die Möglichkeit verpaßt, Vizekanzler zu werden, er hat es nicht geschafft, Außenminister zu werden. Hier sieht er die große Chance, Geschichte zu machen."

Meier: "Ich lese gerade in dem neuen Buch von Markus Wolf, dem Leiter der Auslandsspionage der Stasi, daß der fast eine subalterne Scheu hatte, bei Mielke vorzusprechen. Ihn etwa um etwas Konkretes wie eine Intervention bei Honecker zu bitten. Da bin ich aber sehr überrascht, daß Schalck Mielke häufig mit Lappalien behelligt."
Autor: "Aber es kommt in der Akte schon heraus, daß auch Schalck einen unheimlichen Bammel vor Mielke hatte. Mielke war unnahbar."
Meier: "Es dreht sich in diesen Papieren offenbar um die Bekundung dauernder politischer Kontakte. Mit sehr vielen Details."
Meier (liest vor): "Sehr geehrter Herr Staatssekretär. Ihr Franz Josef Strauß. Ein Dankschreiben an Schalck."
Autor: "Halten Sie es für möglich, daß dies inhaltlich Strauß-Originalton ist?"
Meier: "Ich bin nur etwas negativ beeindruckt von der Form des Schriftstücks. Was für ein Schriftbild! Die Unterschrift sitzt fast auf dem unteren Rand. Anlage – was ist das, und an wen geht die?"
Autor: "Anlage sind die Bildbände über Franz Josef und Marianne Strauß, persönliche Geschenke von Strauß für Schalck."
Meier: "Wo wäre denn ein kritischer Ansatzpunkt in diesen Unterlagen, etwa für die Frage: Ist das gezinktes Material?"
Autor: "Wir haben bisher kein Papier, an dem wir echt zweifeln. Wir hatten natürlich damit gerechnet, daß die Mehrheit des Materials echt ist, daß aber dazwischen etwas liegen könnte, das gefälscht ist.Wir wissen ja, wie da gearbeitet wurde. Wir sind auf nichts gestoßen, was sich so gezielt zur Verbreitung eignen würde. Das meiste ist interessant und entlarvend. Vermutlich ergibt sich aus der Gesamtheit des Materials, aus der Verbindung zwischen den Papieren, der eigentliche Sprengstoff.

Hier haben wir allerdings eine besonders interessante Abschrift, die wir nicht ganz sicher einstufen können. Wollen Sie bitte mal draufschauen, das scheint sehr brisant zu sein. Hier scheint es nämlich um Verbindungsleute in internationalen

Firmen zu gehen, die offenbar für die KoKo und für das Ministerium für Staatssicherheit (MfS) eingespannt werden sollen.

Meier (liest): "Nur für den Dienstgebrauch. Bestätigt: Steinebach, Generaldirektor. INTRAC. Weshalb erscheint Ihnen dies so besonders bemerkenswert?"

Autor: "Weil die hier genannten Leute alle sehr seltsame Aufgaben zu erfüllen haben: von Warenlieferung über Geldbeschaffung bis zur Nachrichtenübermittlung. Das sind doch sicher keine ganz normalen Geschäftsbeziehungen?"

Meier: "Erst werden Personen aufgeführt, die Firma kommt an dritter Stelle. Alles westliche Firmen. Tja, interessant. Beziehungen zu speziellen Firmen. Instrukteur und Kurier sind eindeutig nachrichtendienstliche Ausdrücke. Die Bezeichnung 'leitender Mitarbeiter' ist mir wiederum unbekannt. Und dann: 'leitender Mitarbeiter/Instrukteur/Kurier'. Klingt etwas seltsam. Das wäre ja nun der ungewöhnliche Vorgang: Wenn es ein nachrichtendienstliches Dokument wäre, was ja schier undenkbar ist, würde das heißen: Hier hat die KoKo Agenten aufgelistet, einschließlich ihrer Führungspersonen."

Autor: "So ist es."

Meier: "Das macht kein Nachrichtendienst. Was könnte das bedeuten? Wir sprechen doch von den Akten aus den Büros von Schalck?"

Autor: "Das könnte bedeuten, daß dies Leute sind, die entweder Waren beschaffen mußten, die sehr schwer zu beschaffen waren oder deren Import in die DDR überhaupt verboten war. Etwa High-Tech-Geräte, die der Cocom-Liste unterlagen. Viele Computerfirmen sind darunter. Unternehmen wie Sanyo. Aber auch Transportunternehmen, die Transportraum zur Verfügung stellten. Banken, die Geldmittel zu beschaffen hatten."

Meier: "Also, die Liste paßt nicht in unser Bild von einem Nachrichtendienst. Hier steht: Er koordiniert im Rahmen der ihm laut Führungsanweisung übertragenen Vollmacht die notwendigen Maßnahmen mit den verschiedenen Diensteinheiten des MfS und den zentralen staatlichen und wirtschaftsleitenden Organen. Gut. Da das MfS überall vertreten war in der DDR, wäre das noch nicht so verwunderlich. Es ist aber offenbar eine Deklaration bestimmter Auslandsverbindungen. Es wäre also besonders wichtig, mit denen – einschließlich Konspiration – die Verbindung zu halten. Das würde bedeuten, daß Schalck eine Art Nebengeheimdienst für Wirtschaft gemacht hat. Was ja sein kann. In Abstimmung mit dem MfS. Die Formulierungen sind mir noch unklar. Eine Art kaufmännischer Auflistung spezieller Auslandsverbindungen. Auch für den Spannungsfall. Mit der Bedeutung: Wir liefern auch dann noch. Das wäre mein Urteil, wenn Sie mich als Sachverständigen fragen."

Autor: "Wie ist denn Ihr Gesamturteil: Sitzen wir hier einer Fälschung auf?"

Meier: "Ich kann keine Anhaltspunkte für eine Fälschung sehen. Nun habe ich nach Dingen gefragt, die besonders sensationell sind. Dies hier gehört ohne Zweifel dazu. Es wird ja immer wieder gesagt, daß Schalck Oberst des MfS war, daß er diese Beziehungen zu Mielke hatte. Beziehungen, die hier ja auch dokumentiert werden. Soweit es sich um Ablichtungen handelt, kann man sagen, daß das sozusagen jeder herstellen könnte. Aber die Plausibilität ist ohne weiteres gegeben."

Autor: "Nochmals zur Frage: Sind Fälschungen dazwischen?"

Meier: "Es gibt ja bei Fälschungen immer verschiedene Methoden. Das wesentlichste wäre also, daß das Material unschlüssig ist. Dafür habe ich bei der bescheidenen Lektüre keine Anhaltspunkte gefunden. Das ist das erste. Das zweite ist: Die Zeiten stimmen wohl. Daß beispielsweise der Schäuble zu dem Zeitpunkt, als er hier vorkommt, auch Kanzleramtschef war. Sehr ernst wird es aber bei diesem Ding (er deutet auf die erwähnte Firmenliste). Hier könnte sozusagen eine zweite Wahrheit aufgedeckt werden. Darüber, was in dieser Schalck-Behörde konspirativ gemacht wurde. Also, das halte ich für sehr bedeutend."

Autor: "Hier fordert Schalck in einem Aktenvermerk vom 'Herrn Minister', gemeint ist bei dieser Anrede immer Erich Mielke, die Zustimmung der Mitarbeit oder Zusammenarbeit mit dem MfS für geheime, illegale Waffentransporte. Auch für

Versicherungsbetrug und illegale Geldtransfers. Immerhin hat Schalck das bisher ja immer heftig abgestritten bei seinen Fernsehauftritten."

Meier: "Das ist natürlich sensationell. Darf ich mal lesen? Das wäre dann genauso wichtig oder sogar noch wichtiger als diese Liste hier."

Autor: "Wenn ich die Liste ansehe: Da sind als Ansprechpersonen vorwiegend Hauptgeschäftsführer, Inhaber und Chairmen angeführt. Deutet das nicht darauf hin, daß da Firmen darunter sein könnten, die in Schwierigkeiten stecken oder gesteckt haben? Denen Schalck dann mit gewissen Hintergedanken ganz gezielt geholfen hat."

Meier: "Interessant ist doch, daß drauf steht: 'Nur für den Dienstgebrauch'. Das ist ja geradezu läppisch. Wie können wir von einer geheimen Liste nachrichtendienstlicher Art sprechen, wenn es ihm nicht einmal mehr wert ist als 'nur für den Dienstgebrauch'? Das ist geradezu degradierend für die Bedeutung der Liste."

Autor: "Es sieht so aus, als hätte eine Schreibkraft den Auftrag bekommen: Machen Sie doch endlich mal eine übersichtliche Aufstellung. Die hätte dann ein Formular entworfen und alles sauber abgetippt. Name, Firma, Aufgaben, Kurier."

Meier: "Ach, hier haben wir eine Weisung, die sehr wichtig ist. Das scheint mir eine Weisung für einen speziellen Wirtschaftsnachrichtendienst durch Herrn Schalck zu sein. Wir bräuchten noch Papiere, die das näher ausführen. Im übrigen ist das alles durchaus nicht professionell geführt. Dauernd überschneiden sich Listen. Das ist ein ausgesprochen unsystematischer Saftverein gewesen. Der in einem geschwollenen Deutsch versucht hat, seine Bedeutung darzustellen. Die er sicher auch hatte. Aber der Sache war er jedenfalls geistig nicht so recht gewachsen. Es ist sicher eine qualitativ gute Arbeit geleistet worden, aber flankiert von penetranter Wichtigtuerei. Systematisch sind sie dieser Sache nie so richtig Herr geworden."

Autor: "Also, hier gibt es weitere Papiere und dazu ein Organogramm, das ganz eindeutig die Zuordnung der Schalck-

Behörde KoKo zum MfS zeigt. Hier oben links, da sitzt Armeegeneral Erich Mielke mit seinem Ministerium für Staatssicherheit. Von ihm führt ein dicker Draht zu der Stasi-Abteilung BKK, die unmittelbar mit dem Büro Schalck verbunden ist. Die BKK steht wohl für 'Bereich Kommerzielle Koordinierung' innerhalb des Ministeriums für Staatssicherheit. Also ausschließlich für die KoKo zuständig."

Meier: "Schalck hatte, wie ich hier lese, Befehl zur politisch-operativen Sicherung des Bereiches Kommerzielle Koordinierung im Ministerium für Außenhandel und der ihm direkt unterstellten Außenhandelsbetriebe und Vertretergesellschaften. Das MfS hat sozusagen gütigerweise dem Schalck-Bereich Dinge überlassen, die mit nachrichtendienstlichen Mitteln gelöst werden mußten. Nach dem Motto: Ihr gebt bitte schön auch Geld, so wie wir bei der Stasi. Macht das bitte geheimnisvoll, also konspirativ, unauffällig. Nehmt Kuriere dazu oder Instrukteure. Macht es um Himmels willen nicht offen, durch Überweisung. So etwa scheint mir das Verfahren gewesen zu sein."

Autor: "Hier noch etwas Wichtiges. Dezember 1965. Da schreibt Schalck selber an das Mitglied des Politbüros, den Genossen Matern. Er erwähnt eine Einnahme durch die KoKo-Aktivitäten von 1,2 Millionen Westmark. Für die kommenden Jahre, also für 1966 und folgende, stellt er drei bis vier Millionen Mark in Aussicht – bereits das Drei- bis Vierfache. Er stellt aber gleichzeitig Bedingungen. Schalck will, daß diese Arbeit hauptamtlich erfolgt. Daß er die nötigen Vollmachten durch den Minister für Außenhandel und innerdeutschen Handel erhält. Und daß ihm Hilfe durch den zuständigen Bereich des Ministeriums für Staatssicherheit zugesagt wird. Wohlgemerkt: Die Hilfe wird ihm nicht aufgezwungen, wie er immer behauptet hat. Er fordert sie persönlich an, indem er harte Devisen verspricht. Seine Begründung, weshalb er Stasi-Hilfe braucht, liest sich besonders aufschlußreich: Es sei deshalb notwendig, 'weil eine Reihe von Operationen wie illegale Warentransporte, Versicherungsbetrug und andere streng geheimzuhaltende Maßnahmen' durchgeführt werden müßten, die nur einem außerordentlich kleinen Kreis – nicht mehr als zwei oder drei Mitarbeitern – bekannt sein dürfen. Daraus also entwickelt sich das Riesenimperium KoKo. Wie es scheint, alles andere als eine harmlose Händlervereinigung."

Meier: "Was Sie hier haben, ist für mich noch ein Puzzlespiel. Aber je mehr Bausteinchen zusammenkommen, desto deutlicher wird das wahre Bild von Schalck. Das ist schon sensationell, was Sie hier haben. Von größter Bedeutung!"

"Ich bin der Millionen-Schalck" – Der Kieler Professor Wolfgang Seiffert, ehemaliger Honecker-Berater, über die Glaubwürdigkeit der Schalck-Papiere

Nach Sichtung der Akten schließe ich, Wolfgang Seiffert, Zweifel an deren Echtheit aus. Die Dokumente, die mir vorgelegen haben, sind ja gar keine Stasi-Dokumente im üblichen Sinn, etwa geheimdienstliche Informationen über das Privatleben oder die politischen Auffassungen von Franz Josef Strauß. Es sind vor allem die Protokolle, Berichte und Niederschriften des Dr. Schalck über seine Gespräche. Und sie alle stammen ganz offensichtlich aus dem Aktenschrank des Herrn Schalck.

Ich habe genügend einschlägige DDR-Erfahrungen, um solche Schriftstücke als echt zu erkennen. Ich war viele Jahre als Direktor des Instituts für Ausländisches Recht und Rechtsvergleichung in Potsdam-Babelsberg tätig. Ich war Vizepräsident der "Gesellschaft für Völkerrecht" der DDR. Als wissenschaftlicher Experte war ich bei der Juristischen Kommission des COMECON (Red.: Rat für gegenseitige Wirtschaftshilfe der Ostblockstaaten) in Moskau tätig. Als ich 1983 bei einem öffentlichen Vortrag die horrende Verschuldung der DDR mit Zahlen belegte und den bevorstehenden Bankrott des Arbeiter- und Bauernstaates andeutete, wurde mir prompt der Professorentitel aberkannt. Seither sind mir die Denkweise und Formulierungsart der DDR-Offiziellen ins Gedächtnis eingebrannt.

Über die Gesprächsprotokolle von Schalck kann ich nur eines sagen: Bis in die Einzelheiten entsprechen sie den Gewohnheiten und dem Sprachvokabular solcher Berichte von Spitzenvertretern der DDR über Gespräche mit westlichen Politikern.

Was sofort ins Auge springt: daß in allen in der DDR entstandenen Papieren Schalck regelmäßig als "Alexander Schalck" oder als "Dr. Schalck" angeredet wird – und auch genauso unterschreibt –, nie aber als "Schalck-Golodkowski". Ich weiß nicht, wer im Westen diesen Doppelnamen enthüllt hat. In der DDR jedenfalls ist er nie gebraucht worden. Auch nicht von Schalck selbst.

Mir ist natürlich aufgefallen, daß sich unter den Unterlagen auch ein Brief des bayerischen Ministerpräsidenten Franz Josef Strauß aus der Prinzregentenstraße 7 befindet. Das Schreiben vom 15. September 1985 ist an den "Staatssekretär im Ministerium für Außenhandel, Herrn Dr. Alexander Schalck-Golodkowski" gerichtet. Dies kann bei solcher Anrede nun wirklich kein Stasi-Dokument sein.

Mit der Diktion und der Selbsteinschätzung des DDR-Devisenbeschaffers bin ich auch persönlich ganz gut vertraut. In meiner Eigenschaft als DDR-Völkerrechtler stieß ich fast zwangsläufig auf Schalck, der über mich ein Gutachten erstellen lassen wollte.

Es ist immer ein besonderes Erlebnis, wenn man feststellt, daß die handelnden Personen einer politischen Entwicklung, eines herausragenden Ereignisses, vielleicht auch eines Dramas

oder einer Tragikomödie einem persönlich bekannt sind. So geht es mir jedenfalls mit jener politischen Beziehung, die jüngst erneut unter dem Stichwort "Die Schalck-Strauß-Connection" unverhofft neue Aktualität erlangte.
Ich erinnere mich an meine erste persönliche Begegnung mit dem Devisenbeschaffer: Jener Schalck, der heute am Tegernsee in schönerer Umgebung als einst in der Nähe von Wandlitz bei Berlin lebt, begegnete mir Anfang der siebziger Jahre zum erstenmal. Ich leitete damals ein rechtswissenschaftliches Forschungsinstitut in der DDR. Unsere Aufgabe war es, die Rechtsfragen der internationalen Wirtschaftsbeziehungen der DDR zu untersuchen. Schalck, den ich bis dahin nie gesehen hatte, empfing mich leutselig: "Ich heiße Schalck. Wer mich näher kennt, nennt mich den Millionen-Schalck. Denn ich verschaffe der DDR die Millionen in Devisen, die sie braucht, die aber das Planwirtschaftssystem nie zustande bringt!"

Schalck, der Millionenschieber aus Ostberlin, ist, wie seine eigenen Akten verraten, ein Lebemann, ein beinharter Unterhändler, ein Möchtegern-Nationalheld, ein gefährlicher Geschäftemacher, ein Liebhaber von Uhren, edlem Schnaps und Rasierwässern – nur recht teuer mußte alles sein. Schalck ist, alles in allem, ein verbissener Ehrgeizling, der notfalls über (politische) Leichen ging.

Für mich steht außer Zweifel, daß Schalck seine wirtschaftlichen Beziehungen in den Westen bewußt nutzte, um Kontakte zu Leuten mit hohem politischem Stellenwert herzustellen. Beispielsweise Franz Josef Strauß. Von dem wußte er natürlich genau, welche Bedeutung der in der politischen Szene in der Bundesrepublik hatte. Für mich besteht kein Zweifel, daß Schalck solche politischen Kontakte auch von Anfang an nutzte, um seine eigene Position innerhalb der politischen Hierarchie der DDR zu stärken. Schalck – selbst Stasi-Offizier – berichtete von Anfang an über all seine Gespräche und Informationen direkt an Stasi-Minister Mielke. Zunächst vielleicht nur, um sich selbst rückzuversichern. Später aber immer mehr, um eine ganz eigene Rolle spielen zu können. Dabei umging er mit der Zeit auch Honecker und Mittag, denen er Informationen vorenthielt, die er an Mielke weitergab.

Das wirft natürlich ein übles Licht auf alle politischen Kontakte, die sich von westlicher Seite her angebahnt hatten im (einseitig) guten Glauben, ausschließlich etwas für die humanitären Belange eines gespaltenen deutschen Volks zu tun.
Aber darf es in der Politik den Begriff "guten Glauben" überhaupt geben? Ist nicht Politik immer jenseits von Gut und Böse – wenn etwa Geld bezahlt wird für die Freilassung von Gefangenen: Dann heißt das bitte schön nicht "Erpressung", sondern "humanitäre Politik". Wenn Genscher mit dem Scheckbuch nach Syrien reist, dann heißt das "Nahost-Diplomatie." Jedenfalls hatte Schalck auf seiner Seite nicht nur hehre sozialistische Ziele im Sinn – etwa die dauerhafte Verbesserung der Versorgungslage mit Schokolade, Ananas und Zwiebeln.
Obwohl der Glaube des Beschaffungs-Kapitalisten an das sozialistische System durchaus eine Rolle spielte, wie ich einräumen muß: Schalck wollte nicht nur seine Position ausbauen. Er war ein Mann des in der DDR herrschenden kommunistischen Systems. Und ihm dämmerte von Anfang an, daß das DDR-System nicht ohne die Hilfe und Kooperation mit der ökonomisch potenten Bundesrepublik existieren konnte.
Als der Kontakt mit Strauß 1982 zustande kommt, als Gorbatschow 1985 seine neue Außenpolitik einleitet, wird es für Schalck noch klarer, daß die DDR ihre Bestandsgarantie nicht mehr von Moskau, sondern nur noch von Bonn erhalten kann. Und dies ist das Ziel Schalcks: mit Hilfe Bonns den Fortbestand der DDR zu sichern.
Da steckt überhaupt der Zwiespalt in der Figur Alexander Schalck: Schließlich ist er einer, der sehr frühzeitig die Untüchtigkeit des sozialistischen Systems erkannt hat. Und dies hat er sicher nicht nur mir gegenüber geäußert.

In seinem "Brennpunkt"-Interview im Januar 1991 gesteht er schon für die frühen achtziger Jahre den drohenden Bankrott der DDR ein.
"Wir haben 1981 konkret den Auftrag bekommen, den Export von Erzeugnissen der DDR, die sehr eingeschränkt waren im Sortiment, vorzubereiten für den Export. Weil es eine außerordentlich angespannte Lage gab in der Zahlungsbilanz, wo zum damaligen Zeitpunkt die Frage stand: Sein oder Nichtsein."
Der Moderator ungläubig: "Sein oder Nichtsein für die DDR?"
Schalck: "Vom Standpunkt der Zahlungsfähigkeit. Und eine Zahlungsunfähigkeit wäre das Ende der DDR gewesen. Über kurz oder lang. Das ist meine feste Überzeugung."

Aus dieser Überzeugung wurde seinerzeit der Milliardenkredit geboren, für dessen Vermittlung sich die Verbindung zu Franz Josef Strauß anbot.

Aber zurück zu Schalck, der wider besseres Wissen am real existierenden Sozialismus festhielt. Seine Erkenntnis, daß die Planwirtschaft der DDR das nötige Geld nicht erwirtschaften konnte, durfte ihn unter keinen Umständen von der Linie abbringen. Immerhin war das Versagen der Wirtschaft im Arbeiter- und Bauernstaat für ihn selbst die Bestandsgarantie. Nichts war nötiger als Typen wie Schalck: die sich kapitalistischer Methoden bedienten, um dem darbenden Sozialismus das Fläschchen geben zu können.

Es heißt, daß abtrünnige Priester zu den schlimmsten Kirchenhassern werden. Ähnliches gilt für Schalck. Er wurde als Sanierer des wurmstichigen SED-Sozialismus zum brutalen kapitalistischen Einpeitscher, ungebremst durch politische Opposition, Humanität oder Gewerkschaften. Er führte seine Auslandsfirmen mit fester Faust: eisenhart, unnachgiebig, geldgeil, zu allem fähig.

Zur Person

Zu groß für kleine Brötchen – Die ersten Jahre des Alexander Schalck

Eigentlich wollte Schalck Bäcker werden. Heißt es jedenfalls in den mageren offiziellen biografischen Notizen, die über den schwergewichtigen Mann vorliegen. Aber dann hat es sich der Junge, der am 3. Juli 1932 in Berlin geboren wurde, wohl doch anders überlegt. Zumindest wollte er keine kleinen Brötchen backen.

Als erlernter Beruf wird für den heute 59jährigen Alexander Schalck "Feinmechaniker" angegeben. Er hat ein wirtschaftswissenschaftliches Studium absolviert und einen akademischen Grad errungen. Den Doktor der Jurisprudenz. An der Hochschule des MfS, versteht sich. Das erklärt, weshalb er Dr. Schalck genannt wird. Sein Vater war ein Staatenloser russischer Herkunft (Golodkowski). Der Junge wurde später von einem Ehepaar mit dem Namen Schalck adoptiert.

Bei seiner Vernehmung nach der Flucht in den Westen gibt Schalck noch einige Daten zu Protokoll: "Am 3. Juli 1932 wurde ich in Berlin-Charlottenburg als Kind der Eheleute Golod-

kowski – Vater Droschkenfahrer, Mutter Hausfrau – geboren."
Nach Schalcks Aussage kehrte sein Vater aus dem Zweiten Weltkrieg nicht zurück und wurde später auf Antrag von Schalcks Mutter für tot erklärt. Schalck hat noch einen Stiefbruder aus der ersten Ehe seiner Mutter: Slava Kostareff, Pensionär, wohnhaft in Ostberlin.
Und so schildert Schalck selbst seinen Lebenslauf, von der Adoption redet er dabei nicht: "Ich besuchte die Internatsschule in Waldsieversdorf bei Buckow/Märkische Schweiz bis zum Jahre 1947 mit einer kurzen Unterbrechung zum Kriegsende, als die Schule nach Brandenburg an der Havel ausgelagert wurde. Nach Abschluß der neunten Klasse im Internat Waldsieversdorf, später Einheitsschule, habe ich eine Volontär-Tätigkeit (eine Lehrstelle war zu diesem Zeitpunkt nicht erhältlich) bei der Firma Hopstock in Berlin-Treptow, Herstellung von Kinovorführgeräten, aufgenommen, in der mein Bruder als Feinmechanikermeister tätig war. Nach Abschluß der Volontär-Tätigkeit habe ich 1948 eine Berufsausbildung als Feinmechaniker bei den Elektroapparate-Werken Berlin-Treptow, ehemals AEG, zu diesem Zeitpunkt SAD-Betrieb, aufgenommen und im Rahmen des Berufswettbewerbes 1950 vorzeitig erfolgreich abgeschlossen. Ich habe danach noch kurze Zeit in dem Betrieb als Feinmechaniker gearbeitet und später als Arbeitsvorbereiter. 1951 habe ich den Betrieb gewechselt und bin zum AFT-Anlagenbau Berlin als Arbeitsvorbereiter gegangen. Diese Tätigkeit übte ich bis Mai 1952 aus.
Ich habe mich dann beim Außenhandel der DDR, konkret beim Außenhandelsbetrieb Elektrotechnik, beworben, wurde angenommen und nahm meine Tätigkeit als Sachbearbeiter für Messen auf. Aufgrund meiner Tätigkeit in dem Betrieb wurde ich im November 1952 in das Ministerium für Außenhandel und Innerdeutschen Handel in Berlin delegiert und habe dort als Hilfssachbearbeiter im Referat Werkzeugmaschinen und Feinmechanik/Optik meine Tätigkeit aufgenommen.
Ich habe mich im Ministerium für Außenhandel seit dieser

Zeit kontinuierlich von der dargestellten Funktion bis zum Staatssekretär (seit 1972) entwickelt. Die einzelnen Stationen meiner beruflichen Entwicklung möchte ich kurz skizzieren. Ich übernahm dann 1953 das Referat Werkzeugmaschinen als Hauptreferent und wurde in dieser Funktion im gleichen Jahr erstmals in meinem Leben für einen längerfristigen Auslandseinsatz delegiert im Rahmen von Messedelegationen. Meine erste Reise führte mich circa vier bis sechs Wochen zur Internationalen Messe Utrecht, mein zweiter Auslandsaufenthalt im gleichen Jahr führte mich zur Internationalen Messe Paris, gleichermaßen circa vier Wochen. Diese Tätigkeit habe ich aus meinem Verständnis erfolgreich ausgeübt und habe dann eine Delegierung für das Studium an der Hochschule für Außenhandel (Staaken) erhalten."

Soweit der trockene Lebenslauf in Schalcks eigenen Worten. Interessant, daß hier nirgends die verhinderte Bäcker-Karriere vorkommt, die Schalck bei Fernsehauftritten so anrührend darstellt. Und die übrigens auch Gegenstand der offiziellen biographischen Notizen ist. Bezeichnend auch die Hinweise auf die Auslandseinsätze im Rahmen von Messedelegationen. Da muß Schalck das süße Leben im Westen gekostet und den Entschluß gefaßt haben, darauf nie mehr verzichten zu wollen.
Schon damals müssen sich seine Talente zum Geschäftemachen so überzeugend dargestellt haben, daß Schalck zum Studium befohlen wird. Daß er keine Hochschulreife hat, ist in der DDR nicht tragisch. Er muß eben "eine Sonderreifeprüfung an der Arbeiter- und Bauernfakultät Berlin" ablegen. Im real kommandierenden Sozialismus ist es auch klar, daß Schalck diese Sonderprüfung besteht, wenn seine Oberen das wollen. Bis 1955 wird das Direktstudium "durchgeführt". So jedenfalls drückt sich Schalck aus.

Er war nie bekannt dafür, daß er sich ins Rampenlicht der Öffentlichkeit drängte. Eher im Gegenteil. Er zog lieber die Fäden im Hintergrund. Bis er seine Laufbahn als mächtigster

Wirtschaftsunternehmer der DDR in der Rolle des Leiters der Abteilung für "Kommerzielle Kontakte" – später "Kommerzielle Koordinierung" – einschlug, verlief seine Karriere eher wirtschaftlich-nüchtern und undramatisch.

Über den Ersten Sekretär der Parteiorganisation der SED im Außenhandelsbereich erklomm Schalck die Karriereleiter: Er wurde Generaldirektor des staatlichen Außenhandelsunternehmens "Maschinen-Export".

Bereits 1967 wird Schalck einer der Stellvertreter des Ministers für Außenwirtschaft und Außenhandel, damals Horst Sölle. Schalck wird Staatssekretär, später der Erste Stellvertreter des Ministers.

Dann machte er sich sozusagen selbständig – soweit man das in der DDR konnte. Mit seiner Abteilung KoKo wurde er jedenfalls in der Folge weitgehend in Ruhe gelassen – wenn er nur entsprechend viele Devisen brachte. Bevorzugt D-Mark, Schweizer Franken, US-Dollar.

Der deutsch-deutsche Handel befaßte sich zwangsläufig auch mit Menschen – insgesamt wurden zwischen 1963 und 1989 33.755 Häftlinge aus der DDR freigekauft, über 250.000 Familien wurden zusammengeführt, rund 2000 Kinder wurden ihren Eltern zurückgegeben. Und das kostete die Bundesregierung Gegenleistungen von zusammengerechnet mehr als 3,5 Milliarden Mark. Schalck war auch für diese Geschäfte zuständig, also bewegte er sich sehr bald auf diplomatischem Parkett.
Es war ihm sehr daran gelegen, daß diese politische Bühne nicht zu grell ausgeleuchtet war, wenn er auftrat. Günter Gaus und Klaus Bölling, die beide zeitweilig die Ständige Vertretung der Bundesrepublik in Ostberlin leiteten, erinnern sich an Schalcks Hang zum Versteckspiel. So ließ er sie zwar ohne Scheu wissen, daß er gern "Millionen-Schalck" genannt wurde. Sie schildern ihn auch als gerissenen Unterhändler

mit großem Faktenwissen. Aber beide erinnern sich vor allem an sein Bestreben, sich möglichst unsichtbar zu machen, was für einen solchen Zweizentnermann schon einigermaßen schwierig war. Jedenfalls führte Schalck Gespräche am liebsten zu Zeiten, an Orten und unter Umständen, die ihn selbst nach Möglichkeit im Verborgenen ließen.

Günter Gaus schildert Schalck in seinem Buch "Wo Deutschland liegt" (Hoffmann & Campe, 1983) : "Alexander Schalck ist ein schwergewichtiger, massiger Mann, groß und breit, mit einem runden, glatten Gesicht. Er ißt mit großem Vergnügen, wofür er sich von Zeit zu Zeit mit strenger Diät bestrafen muß. Nach meinem Eindruck mag Schalck den Umgang mit Menschen; er ist vorsichtig, aber dann und wann blitzt die Lust am Verhandeln als einer geistigen Anspannung durch: wohl eher ein Mann des Dialogs als der Schreibtischarbeit. Er ist als Verhandlungspartner angenehm: die Fakten im Kopf; präzise; mit der natürlichen Einsicht ausgestattet, daß Kompromisse nötig sind; schnell lernfähig gegenüber neu auftauchenden Sachproblemen; zuverlässig, wenn er sagt, dieser und jener Punkt könne als einvernehmlich abgehakt gelten. Seine Absicherung führt, soweit ich es erkennen konnte, über den ZK-Sekretär für Wirtschaft, Politbüromitglied Günter Mittag, zum Generalsekretär der SED, Erich Honecker; gegebenenfalls wohl auch direkt zu ihm. Ich weiß es nicht genau, es kann auch falsch sein, aber ich hatte gelegentlich den Eindruck, daß Verhandlungsergebnisse dem gesamten Führungsgremium erst vorgelegt wurden, wenn sie entscheidungsreif waren, und nicht schrittweise. Es wäre eine Erklärung für gewisse Flexibilitäten im Verhandlungsverlauf."

Gaus mokiert sich auch über die Geheimniskrämerei Ostberlins im allgemeinen und über die von Alexander Schalck im besonderen. Denn Schalck trat auf mehr als konspirative Weise ins Leben des damaligen Leiters der Ständigen Vertretung in Ostberlin: "Ich verbrachte einen Sonntag im Haus des sogenannten 'bekannten Anwalts' Wolfgang Vogel südlich von

Berlin", erzählt Gaus. "Kurz bevor ich zurückfuhr, gab mir Vogel, öfter einmal Honeckers Bote in vertraulichen Angelegenheiten, eine Telefonnummer, die ich noch am selben Abend anrufen möge.
Zu Hause angekommen, wählte ich das Ortsgespräch, es meldete sich Schalck. Die Unterhaltung war kurz: Er sei beauftragt, mit mir zu sprechen, aber auch angewiesen, dies weder in seinem noch in meinem Büro zu tun, damit unsere Zusammenkunft unbeobachtet bleibe. Am einfachsten träfen wir uns morgen um 15 Uhr auf dem und dem Parkplatz nahe der Ständigen Vertretung (er sagte: Botschaft), wo er in seinem Automobil, ohne Fahrer, auf mich warten und mich dann mit nach Hause nehmen werde.
Ich fragte, ob ich mir einen Bart umhängen sollte, was er mit knappem Lachen verneinte. Also stiefelte ich am nächsten Nachmittag mit meinem Aktenköfferchen zum angegebenen Parkplatz, pries ein weiteres Mal ehrlichen Herzens mein Glück, das mir gerade diesen Posten beschert hatte, und traf Alexander Schalck."

Die Heimlichtuerei war aus Schalck nicht herauszukriegen. Die Begegnungen mit Gaus fanden künftig nicht mehr auf Parkplätzen, aber dennoch unter eher seltsamen Rahmenbedingungen statt: in der Wohnung von Gaus, der Residenz des Leiters der Ständigen Vertretung in Niederschönhausen. "Schalck ließ stets seinen Wagen, jetzt mit Fahrer, an der letzten Ecke halten", berichtet Gaus. Er kam zu Fuß, "damit nicht etwa ein Korrespondent, der zufällig des Weges käme, ihn vorfahren sähe".

Die Öffentlichkeitsscheu ist bis heute ein starker Wesenszug des Devisenmaklers Alexander Schalck geblieben. Dem BRD-Repräsentanten Gaus nötigte es allerdings so etwas wie Respekt ab, wenn beispielsweise Schalck von ihm verlangte, "auf Empfängen der Staatsführung oder des diplomatischen Korps, auf denen wir uns etwa begegneten, nicht so zu tun, als ob wir uns gut kennten".

Später wurden die mit Schalck ausgehandelten Abkommen mit Tamtam unterzeichnet, "vor Fernsehkameras, mit Vertretern der Fachministerien der DDR, ohne Schalck". Gaus bewundernd: "Ich habe den anderen deutschen Staat oft um diese Dienstauffassung seiner Funktionäre beneidet: Schließlich zeichnete die Hintansetzung von persönlichem Ehrgeiz nicht nur Schalck, sondern auch jene aus, die zum Unterschreiben an den Tisch kamen."

Jeder, der es mit dem Riesen von der KoKo zu tun bekam, behielt ein etwas anderes Bild von ihm. Anders als Gaus charakterisiert eine nachrichtendienstliche Akte, zusammengetragen noch vor seiner Flucht im Dezember 1989/Januar 1990, den Devisenbringer Schalck:

"Der über 1,85 m große, beleibte und ausgeglichen wirkende Schalck gilt als Energiebündel, obwohl ihm Gewichtsprobleme erheblich zu schaffen machen (Kniegelenke, Herzrhythmusstörungen). Er arbeitet hart, effizient und setzt Beschlüsse von oben schnell um und druckvoll durch. Seine Anpassungsfähigkeit und sein Organisationstalent kommen ihm dabei zugute. Im Umgang mit seinen Untergebenen zählt für ihn nur die Leistung. Er wird als strenger, aber gerechter Vorgesetzter respektiert."

Auch persönliche Vorlieben Schalcks sind festgehalten: "Er besitzt ein außerordentliches Kunstverständnis und hat auch ein ausgeprägtes Interesse an Kunst. Insbesondere liebt er Barlach-Figuren und ist im Besitz einer kleineren Sammlung Meißner Porzellans. Ebenfalls hochentwickelt ist sein Kenntnisstand über High-Tech auf allen Gebieten – von der Unterhaltungselektronik bis hin zur elektronischen Steuerung, zum Fahrzeugbau etc. In seinem Dienstsitz in Berlin (Ost), Wallstraße, hat er eine umfangreiche Videothek (Inhalt unbekannt)."

Die Zusammenarbeit mit dem Ministerium für Staatssicherheit ist den bundesrepublikanischen Nachrichtenleuten bekannt, wird aber in relativ unspektakulären Bereichen vermutet. Etwa: "Vermutlich verwaltet KoKo auch das ausländische Kapital der DDR (Konten in der Schweiz), das u. a. die Valutabasis für das MfS schafft." Oder an anderer Stelle: "Vorzügliche Verbindungen existieren auch zum MfS, insbesondere zum Minister für Staatssicherheit, Mielke, und zum früheren Chef der Hauptverwaltung Aufklärung, 'Mischa' Wolf. Wahrscheinlich ist Schalck hoher Offizier des MfS, möglicherweise Generalmajor."

So der Stand der Erkenntnisse im März 1989. Zu einem Zeitpunkt, als Schalck noch in der DDR war und keine Ursache bestand, ihn schlimmer Verbrechen zu verdächtigen. Er gilt damals als wirtschaftlicher Hansdampf in allen Gassen, als etwas undurchsichtige Figur: In der Öffentlichkeit der DDR ist Dr. Schalck nur wenig bekannt. Er tritt selten in Erscheinung, vermeidet und verbietet Interviews mit Massenmedien. Selbst im Ministerium für Außenhandel kann von einer Reihe von Bediensteten Schalcks Position nicht eingeordnet werden. Kennzeichnend für ihn und seine Arbeit ist der seit Jahren kursierende Ausspruch, der auf den amtierenden Außenhandelsminister und dessen KoKo-Chef anspielt: "Die Außenwirtschaft wird geführt mit dem BEIL in der Hand und dem SCHALCK im Nacken."

Schalck muß seine Tätigkeit zur Zufriedenheit der SED-Spitze ausgeübt haben. Denn er wurde mit Orden und Ehrenzeichen bedacht: Schon 1969 gab es den "Vaterländischen Verdienstorden in Gold", 1984 den "Großen Stern der Völkerfreundschaft". Zum Träger des "Karl-Marx-Ordens" wurde er im Jahr 1982, als er es geschafft hatte, den "Swing" genannten Überziehungskredit der DDR bei der Bundesregierung zu verlängern. Ein Jahr später folgte der Ehrentitel "Held der Arbeit". Ganz offenbar stand die DDR-Regierung bei der Verleihung nicht nur bis zum Hals im Wasser, was ihre Zahlungsfähigkeit anging, sondern vor allem unter dem überwältigenden Eindruck des Milliardenkredits, den Schalck über seine Beziehungen zu Franz Josef Strauß einem westlichen Bankenkonsortium abgetrotzt hatte. Davon wird noch im Detail die Rede sein.

Über Schalck und seine Familie ist bisher nicht eben viel bekannt. Wie sollte auch – bei einem Menschen, der am allerliebsten im Verborgenen agiert. Was wir wissen, stammt überwiegend von Schalck selber. Nach seinem Selbstporträt fiel seine erste Eheschließung mit dem Abschluß seines Studiums in Berlin-Staaken zusammen. 1955 heiratete er Margareta Becker, geb. am 23. August 1932 in Berlin. Aus dieser Ehe gingen ein Sohn und eine Tochter hervor: Thomas Schalck-Golodkowski (geb. am 28. November 1956) und Petra Schalck-Golodkowski (geb. am 21. Dezember 1966).

Interessanterweise führt Schalck die Kinder mit dem Doppelnamen Schalck-Golodkowski an, den er selbst nie verwendet hat. Beide Kinder leben in Berlin und haben jeweils Lebensgefährten, sie sind nicht verheiratet. Ein Enkeltöchterchen Judith Schalck-Golodkowski, geb. 1989, von der Tochter Petra gibt es auch.

Über Sohn Thomas erfahren die Gesprächspartner im Westen, daß er eine Ausbildung bei der "Interflug" und an der Berufsschule nicht abgeschlossen hat. Er kam dann zum Studium an die Offiziershochschule "Rosa Luxemburg" der DDR-Grenztruppen nach Plauen, erwarb die Abiturreife und absolvierte eine dreijährige Ausbildung als Offiziersschüler. Anschließend Einsatz für das MfS im Bereich des grenzüberschreitenden Verkehrs. Nach einem schweren Autounfall war Thomas längere Zeit nicht berufstätig, kam dann zur Zollabwehr, wo er auch mit der Führung sogenannter Informeller Mitarbeiter (IM) begann.

Informelle Mitarbeiter waren ein Hauptinstrument des Stasi-Apparates. Die Grundthese Mielkes lautete, daß "IM" verstärkt zur "Herbeiführung von Veränderungen in der Gesellschaft" herangezogen werden sollten. Und dafür gab es eine ganz konkrete Aufgabenbeschreibung: "Die 'IM' sind so zu erziehen und zu befähigen, daß sie im Rahmen der ihnen erteilten Aufträge und Instruktionen selbständig aktiv und schöpferisch politisch-operativ richtig handeln und in der Lage sind,

– feindlich-negative Personen und Handlungen rechtzeitig zu erkennen, weiter aufzuklären bzw. zu bearbeiten;
– vertrauliche Beziehungen zu operativ interessierenden Personen herzustellen und auszubauen;
– eigene Ideen und Initiativen zur Nutzung politisch-operativ günstiger Möglichkeiten bei der Realisierung von Aufträgen, zur Gewinnung operativ bedeutsamer Informationen sowie bei der Überwindung auftretender Schwierigkeiten zu entfalten."

Das heißt auf deutsch: Informelle Mitarbeiter hatten Feinde des Sozialismus und des Staatsapparates zu melden, alle erdenklichen Einzelheiten über sie zu berichten und sich gefälligst selbst etwas einfallen zu lassen, wie man an solche Details oder an persönliche Kontakte herankam.

Ein relativ kleiner Kreis von mehreren tausend Mitarbeitern umfaßte die Gruppe der "Offiziere im besonderen Einsatz" (OibE) – prominentester Vertreter Oberst Alexander Schalck –, die in Schlüsselstellungen von Partei, Verwaltung oder Wirtschaft saßen. Da sie über jede ihrer Begegnungen detailliert zu melden hatten, finden wir heute so ausführliche Aktennotizen Schalcks zu allen seinen Gesprächen, Operationen und Telefonaten vor.

Eine Spezialität am Rande, die das abgrundtiefe Mißtrauen belegt, das der Stasi-Apparat jedem Menschen gegenüber hegte: Es gab auch "UM", also "Unbekannte Mitarbeiter", die zumeist komplett ihre Identität wechselten, um die innere Überwachung der Staatssicherheit zu gewährleisten. Die "UM" hatten die Aufgabe, die Stasi-Kameraden auf ihre ein-

Ostberlin, Normannenstraße 13 – 22: Hinter den Mauern des schmucklosen Plattenhauses saß Erich Mielkes Firma "Horch & Greif", das Stasi-Ministerium
dpa/ADN

Stasi-Bezirk Hohenschönhausen, Manetstraße 16: In diesem Bungalow westlicher Bauart waren Alexander und Sigrid Schalck zu Hause. Ein Refugium voller Luxus
Jürgen Ost+Europa Photo

wandfreie Stasi-Gesinnung hin zu kontrollieren. Damit auch keiner Verdacht schöpfte, war ihnen verboten, jemals offen ein Dienstgebäude der Staatssicherheit zu betreten.

Erich Mielke legte besonderen Wert auf Nachwuchs in den Reihen der Informellen Mitarbeiter. In einer seiner Anweisungen heißt es: "Natürlich ist es nicht einfach, unter Jugendlichen die richtigen inoffiziellen Mitarbeiter zu schaffen, denn das müssen im Prinzip Jugendliche dieser besonders interessierenden Arbeitsgruppe, zum Beispiel 16- bis 20jährige, sein, damit sie auch wirklich eindringen können."

Es gab Mittel genug, junge Leute zur Mitarbeit zu bewegen. Der Stasi war es ein leichtes, Verfehlungen junger Menschen herauszufinden und mit drakonischen Strafen zu drohen – die dann gegen Spitzeltätigkeit erlassen wurden. Der Staatssicherheit stand es in ihrer unbegrenzten Machtbefugnis offen, Strafen zu tilgen, finanzielle Sorgen auszubügeln, Strafakten zu bereinigen, Arbeitsplätze zu beschaffen oder dafür zu sorgen, daß wichtige Prüfungen bestanden wurden (auch wenn es an den fachlichen Voraussetzungen dafür fehlte).
Ein Leitsatz des Stasi-Generals: "Das Gefühl der Dankbarkeit erzeugt Impulse für eine fruchtbare inoffizielle Mitarbeit."

Zurück zu Schalck und seinem Bericht: "Nach meiner Kenntnis, ich muß das hier einschränken, hat mein Sohn nur IM im Bereich der inneren Abwehr geführt... Parallel führte er ein Fernstudium an der Humboldt-Universität Berlin, Fachrichtung Kriminalistik, durch. Mit dem Ziel, 1990 als Diplomjurist abzuschließen."
Handschriftlicher Vermerk des besorgten Vaters: "Beim letzten persönlichen Kontakt im Mai 1990 habe ich ihm empfohlen, das Studium abzuschließen."

Tochter Petra ging bis zum zehnten Schuljahr auf die Botschaftsschule der UdSSR in Berlin. Sie sollte in der Sowjetunion Medizin studieren. Das Studium dauerte ein Jahr – dann lernte sie den Mann kennen, mit dem sie, laut Schalck, bis zur Stunde zusammenlebt.

Schalck ist nicht sonderlich begeistert, wenn er über diesen Menschen berichtet, "der aus meiner persönlichen Sicht zum damaligen Zeitpunkt keiner geregelten Arbeit nachging und deshalb auch zur Belastung in der Beziehung zwischen Tochter und Vater führte".
Nur in einem Punkt ist der besorgte Vater zufrieden: "Im Verlauf der Zeit konnte erreicht werden, daß der Freund meiner Tochter eine Berufsausbildung als Tiefbauarbeiter in der Erwachsenenqualifizierung erfolgreich abschließen konnte. Diesen Beruf führt er heute noch aus."

Tochter Petra ist nach ihrem abgebrochenen Studium Krankenschwester geworden – an der Charité in Berlin – und arbeitet jetzt als Schwester auf einer chirurgischen Station des Kreiskrankenhauses Berlin-Weißensee.

Schalck verschweigt, wie erwähnt, nicht, daß beide Kinder schon in jungen Jahren Mitarbeiter des MfS geworden waren. Er betont, daß dies jeweils auf seinen ausdrücklichen Wunsch und sein Drängen hin geschehen sei.
"Ich möchte dazu erklären, daß ich diese Entscheidung traf, um den Kindern eine gesicherte weitere Berufsausbildung und Tätigkeit zu gewährleisten. Ferner ging ich auch davon aus, daß damit für meine eigene Tätigkeit bezüglich sogenannter Westkontakte und Verbindungen zum Ausland gewisse Garantien vorhanden waren."

Zu seiner ersten Frau hat Schalck nicht viel zu sagen: Sie war gelernte Schneiderin in der Volkspolizeibereitschaft und dann Sachbearbeiterin in Berlin-Lichtenberg, später wurde sie Mitarbeiterin bei der Gewerkschaft, im FDGB-Bundesvorstand. Jedoch nur bis zur Geburt der Tochter Petra. Die Geburt war belastet mit einer schweren Hepatitis und daraus folgend einer längeren Arbeitslosigkeit der Mutter. Danach übte Margareta Schalck eine Halbtagstätigkeit als Beauftragte für Sozialversicherung in der Versorgungseinrichtung des DDR-Ministerrates aus.

Schalck: "Ich habe auch während meiner zweiten Ehe einen Kontakt zu meiner ersten Ehefrau ständig aufrechterhalten. Damit war die Garantie gegeben, daß eine abgestimmte weitere Kontaktaufnahme zu den Kindern und dem Enkelkind möglich war."

Ausführlicher wird Schalck, wenn es um die zweite Frau Sigrid, geb. Gutmann, geht. Die am 28. Oktober 1940 geborene Sigrid war Tochter von "Persönlichkeiten der Öffentlichkeit der DDR".
Die Mutter, Johanna Blecha, war nach 1945 über mehrere Jahre Oberbürgermeisterin der Stadt Schwerin/Mecklenburg, später stellvertretende Oberbürgermeisterin Berlin/Ost unter Leitung von Friedrich Ebert. Danach wurde sie Sekretärin im Bundesvorstand des Demokratischen Frauenbundes Deutschlands – dieses Amt übte sie bis zu ihrer Pensionierung aus.
Der Vater – vielmehr der Stiefvater – von Ehefrau Sigrid, Kurt Blecha, war Leiter des Presseamtes der DDR. Bitter vermerkt Schalck, daß "ihre Eltern, besonders der Vater, jeglichen Kontakt zu uns mit der Begründung des Landesverrates abgebrochen haben".

Ehefrau Sigrid selbst, Stenotypistin, verantwortliche Mitarbeiterin im Außenhandelsbetrieb Sport und Kulturwaren, war stellvertretende Gruppenleiterin, verantwortlich für den Export von Sportbooten der DDR.

Hier liegt die entscheidende Gemeinsamkeit der beiden. Schalck: "Damit waren intensive Reisetätigkeiten in die Bundesrepublik und in andere kapitalistische Länder (NSW-Länder) verbunden."

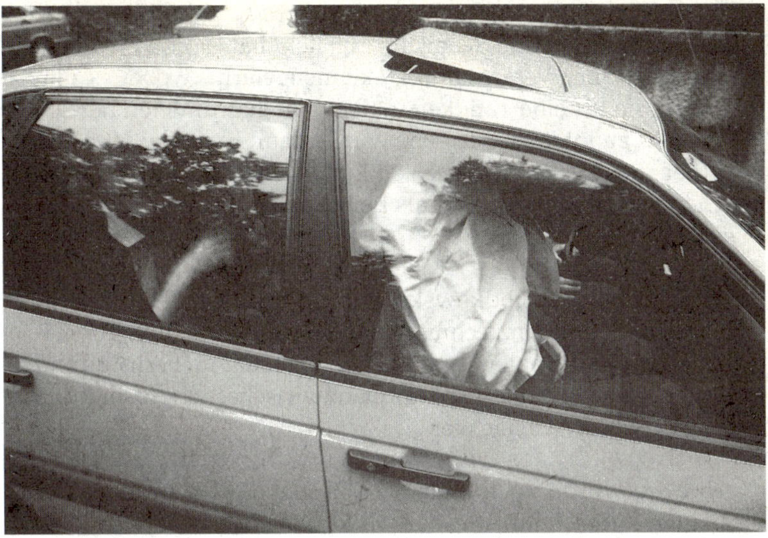

Angst vor "Abschüssen" durch Fotografen: Sigrid Schalck (links hinten im Auto) wirft ihrem Mann eine abgewetzte Windjacke über den Kopf, um ihn zu tarnen
Horst Schreiber

Sigrid Schalck, Stasi-Oberst i.R., auf einem Einkaufsbummel in Rottach-Egern: Ihre Stiefelabsätze knallen wie Knobelbechertritte auf den Asphalt
Franz Ruch

Der stellvertretende Minister Schalck hat Sigrid "zufällig während einer Veranstaltung" kennengelernt, wobei es ihm gelang, sie für eine Tätigkeit in dem neu gegründeten Bereich Schalcks zu interessieren. "Sie wurde dann Ende der 60er Jahre bei mir im Bereich speziell für internationale Finanzgeschäfte eingestellt. Zuletzt als Leiterin des Büros beim Staatssekretär."

Sigrid Schalck-Golodkowski war durchaus nicht prädestiniert für diese finanztechnische Rolle. Sie mußte fünf Jahre Finanzwirtschaft an der Humboldt-Universität im Fernstudium belegen, ehe sie eine Diplomfinanzwirtschaftler-Ausbildung abschloß. Nun war sie wer.

Aber sie wurde noch mehr: "1972 oder 1973 wurde sie auf meinen Wunsch hin attestiert als Offizier im besonderen Einsatz (OibE) im Ministerium für Staatssicherheit."
Angeblich hat sie nie nachrichtendienstlich gearbeitet, sofern man Schalck glauben mag. Er selbst wurde Gegenstand der Nachspürungen des MfS, sagt er. Kaum war Ehefrau Sigrid bei der KoKo installiert als Leiterin einer Arbeitsgruppe für die Beschaffung von Spezialimporten aus dem Westen (von Verbrauchsgegenständen bis zu medizinischer Ausrüstung), da passierte es:
Mit der Bildung einer eigenen Arbeitsgruppe des MfS für die KoKo (die dem Mielke-Stellvertreter Mittig unterstehende Abteilung hieß BKK, Bereich Kommerzielle Koordinierung) erfolgte nach Aussage Schalcks "als erstes eine intensive Bearbeitung meiner eigenen Person, meiner Familie und meiner engsten Mitarbeiter".

Kein Wunder! Ehefrau Sigrid hatte drei bis fünf Mitarbeiter, und dieses Team war verantwortlich dafür, daß es den DDR-Promis in Wandlitz an nichts fehlte. Ob Lebensmittel, Südfrüchte, Textilien, ob Videofilme oder Blusen für Margot Honecker: Stasi-Oberstleutnant Sigrid Schalck-Golodkowski hatte für die erforderlichen Warenbestände zu sorgen. Als

Stasi-Offizier konnte sie problemlos die Mauer in den Westen passieren. Hin und zurück, ohne kontrolliert zu werden. So wie ihr Mann Alexander auch.

Erst von technischen Mitarbeitern erfuhr angeblich Stasi-Oberst Alexander Schalck, daß die Staatssicherheit ihn abhörte, "daß unsere Telefone zu Hause und in der Dienststelle mit Abhöranlagen ausgerüstet waren und damit eine ununterbrochene Überwachung durch das MfS gegeben war".

Der Mann, der in Diensten Honeckers mit Millionen und gar Milliarden jonglierte, zeigte auch privat den Hang zu Edlem, Teurem, Luxuriösem. Ein altes Sprichwort heißt ja: "Wer sich lange genug am Geld schuppert, an dem bleibt auch was hängen." Und wenn's der Sinn für exklusive Stücke aus Gemäldegalerien, Porzellanmanufakturen oder kunstfertigen Möbelschreinereien ist.

Allein die Aufstellung der Gegenstände, die im Nebenraum des KoKo-Arbeitszimmers von Schalck nach dessen Flucht sichergestellt und aufgelistet wurden, liest sich wie das Verzeichnis eines vergrabenen Schatzes. Nur hieß der Drache, der ihn bis Dezember 1989 bewachte, nicht Fafnir, sondern Schalck:

Damenuhren, Herrenarmbanduhren aller edlen Färbungen und Produktionsstätten: Karex, Rado, Lassale, Seiko, Glashütte und selbst Pop-Swatch. Da gibt es Reisewecker und Miniwecker. Mokkalöffel, vergoldet, aus der Bremer Silberschmiede. Feuerzeuge von Sarome, wahlweise goldfarben und braun meliert. Silbermünzen mit der Prägung von den Olympischen Spielen in Sarajewo. Cartier-Bilderrahmen und drei Dupont-Tischfeuerzeuge, dazu sieben Kisten Zigarren. Kettchen und Kugelschreiber, Edelsteine und Aktenkoffer. Drei Herren-Necessaires. Sechs Umhängetaschen, sieben Damentaschen, von Bordeaux über Schwarz und Türkis bis Schlangenleder. Zehnteiliges Chanel-Kos-

Sogar die Garage im Haus des Kommunisten Schalck war bis unter die Decke mit Konsumgütern aus Feindesland, dem kapitalistischen Westen, vollgestopft

Jürgens Ost + Europa Photo

Champagner aus besten Lagen, kostbarer Bordeaux (Château Bellevue, 1982) und gute Tropfen aus der Provence: Alexander Schalck, der weinselige Genießer

Jürgens Ost + Europa Photo

metik-Set. Mehrere Kosmetik-Koffer mit Inhalt. Bierstiefel und Zinndeckelkrüge. Miniaturvasen und Elfenbeinfiguren. Luxuriöse Schreibgeräte, wahlweise von Waterman, Cartier, Madison, Parker.
Wer hat sich mit der Rotlichtlampe bestrahlt? In den drei Schlafsäcken hat nie jemand geschlafen. Vielleicht wurden die zwei Alkoholtestgeräte abwechselnd in Gebrauch genommen? Verwunderlich wäre es nicht. Immerhin finden sich 85 Flaschen Cognac und Whisky, auch etwas Wein und zum Knabbern sechs Dosen mit Bahlsen-Keks. Briefmarkenalben, drei Haartrockensets, Automatic-Toaster mit Brötchenaufsatz. Damenschuhe, Herrenhemden, neun Paar Strumpfhosen. Zehn Herrenpullover, neuwertig. Eine Jeans, zwei Damen-Freizeitanzüge und ein Schwimmradio. Parfums und Rasierwässer von Davidoff, Chanel, Dior, Rochas, Versace und Nina Ricci. Gleich drei Bände von "Ars erotica" für einsame Stunden. Und ein Knirps – für den Fall, daß Schalck mal im Regen stehen sollte.

In seinem Berliner Haus mit den sieben Zimmern und 150 Quadratmetern Wohnfläche fanden die Staatsanwälte ebenfalls viel Kostbares. Meißner Porzellan für 800.000 Mark. Eine unbezahlbare russische Ikone. Weit über 200 Gemälde. Von Salvador Dali über teuer gehandelte DDR-Künstler, Zeichnungen des Berliners Friedrich Zille, Elfenbeinschnitzereien und Barockmöbel bis hin zu golddurchwirkten Werken von Friedensreich Hundertwasser.

Im Schreibtisch fand sich echtes Dynamit neben politischem Sprengstoff: Listen mit den Namen westlicher Industriemanager. Im Keller gab es ein asiatisches Zimmer mit den berühmten drei Affen in exotischer Schnitzkunst: Nichts hören, nichts sehen, nichts sagen. Sozusagen das Symbol seiner Haltung, seit er in den Westen gekommen ist.

Sogar Pornohefte waren da.

Der nackten Wahrheit über die DDR aber hat Schalck erst sehr spät ins Auge gesehen, gibt er zu. "Mit der Ausarbeitung des Volkswirtschaftsplanes 1990 – das war also irgendwo Ende 1988." Da wurde im kleinen Kreis die Idee geboren: "Wir können nur überleben im Rahmen einer Konföderation mit der Bundesrepublik. Wir haben zu diesem Zeitpunkt gespürt, daß wir in eine Lage kommen werden, ähnlich wie sie die Volksrepublik Polen oder Bulgarien schon hatte... Zu diesem Zeitpunkt war klar, daß wir die politische Macht verlieren werden wenn wir die ökonomischen Fragen nicht übereinstimmend mit der Bundesrepublik regeln."

Soweit war der "kleine Kreis" bereits. Zum Gedanken an die Einheit reichte es damals, ein Jahr vor Öffnung der Mauer, allerdings nicht. Schalck gab zu:
"Wir redeten über eine Konföderation, über einen Staatenbund. Ein Jahr danach würde ich die Dinge so betrachten, daß natürlich Erich Honecker wußte, daß aus der wirtschaftlichen und politischen Lage heraus keine Chance bestand, auf lange Sicht die Wiedervereinigung zu verhindern."

Der Scheinheilige vom Tegernsee – Schalck flieht in den Westen

Erst einmal floh Alexander Schalck vor jenen Genossen, die dieser Wiedervereinigung mit Kraft zusteuerten. Da war ihnen jeder im Weg, der im Verdacht stand, bis zuletzt am verkrusteten System festzuhalten.
Schalck begab sich in den Westen. In den Zeitungen stand, was KoKo-Mitarbeiter bei ihrer Vernehmung berichteten: "Als er in den Westen ging, nahm er sich noch 650.000 Dollar aus der Firmenkasse. Ohne Quittung. Das war ganz normal." Schalck selbst: "Ich hatte überhaupt kein Geld in der Tasche."

Demonstrativer Schweigemarsch ehemaliger DDR-Häftlinge zum Schalck-Haus. Ihre Anklage: "Schalck, du hast Leid und Tod finanziert." Reaktion: keine

dpa

Nun ja. Schalck sagt so vieles. Und durchaus nicht alles entspricht der Wahrheit. Jedenfalls wohnt er in Rottach-Egern am Tegernsee und meint auf die Frage, ob es ihm denn nicht gutgehe in seinem schönen Haus: "Das ist sehr relativ. Sie wissen sehr genau, daß meine Heimat Berlin ist und daß ich hier Gelegenheit habe, über vieles nachzudenken, aber ansonsten ist die innerliche Ruhe noch nicht eingekehrt."

Nach allem, was derzeit herauskommt, wird sie auch so schnell nicht wieder einkehren. Denn der Mann, der seine ganze Bereitschaft und Offenheit erklärt hat, bei der Aufklärung seiner Rolle in der früheren DDR mitzuhelfen, gesteht ganz entscheidende Dinge nicht ein.
Er spielt die Rolle des Befehlsempfängers, des Subalternen, des beinahe entscheidungslosen Mitarbeiters, der nach dem Prinzip von Befehl und Gehorsam nur seine Pflicht getan hat. Er spielt sogar den moralisch Entrüsteten, wenn die Rede auf den Spitzelstaat und auf dessen illegale Praktiken kommt.

In der Sendung "Explosiv" von RTL plus im Mai 1991 setzt sich Alexander Schalck auf den sogenannten heißen Stuhl – unter dem Vorwand, Lügen zurechtrücken zu wollen. Für 20.000 Mark, wie später herauskommt. Aber harten Fragen weicht er aus. Die Wahrheit wird von ihm mehr verschleiert als zurechtgerückt.

Die Dialoge in dieser Sendung sind so bezeichnend, daß wir sie Ihnen hier nahezu komplett wiedergeben wollen. Denn sie zeigen Schalck in der Rolle des Scheinheiligen, eines Tartuffe des SED-Regimes. Eines Mannes, dem nachzuweisen ist, daß er vieles selbst erdacht und ausgearbeitet hat. Eines Menschen, der auch vieles getan hat – aber angeblich für nichts verantwortlich war.
Schalck hat sogar die Stirn, ständig nach seinen Akten und Unterlagen zu rufen – die würden die Wahrheit ja ans Licht bringen. Schalck muß diese Akten in absoluter Sicherheit gewähnt haben, um so dreist auf ihnen herumreiten zu können.

Es gehört schon einiges an Chuzpe dazu, die konkreten Fragen, die hier aus einem Kreis kompetenter bis bösartiger Fragesteller auf Schalck abgeschossen werden, so zur Seite zu drücken, wie Schalck dies tut. Ganz zu schweigen von den Widersprüchen, in die er sich dabei verstrickt. Aber erleben Sie selbst.

Die Ausflüchte des Alexander Schalck – Bewährungsprobe auf dem heißen Stuhl von RTL plus

RTL-plus-Moderator Ulrich Meyer: "Welcher echte Politiker war Stasi-Offizier und hat trotzdem mit Kapitalisten in der ganzen Welt gekungelt? Da nennen Sie mir einen Namen garantiert: Schalck-Golodkowski. Dieser Mann sitzt heute bei 'Explosiv auf dem heißen Stuhl'. Der geheimnisvollste Mann der alten DDR sagt: 'Ich habe meine Pflicht getan. Ist das Unrecht?'

Schalck verteidigt sich gegen vier Gegner: gegen PDS-Chef Gregor Gysi, gegen den ehemaligen Intendanten des SFB, Lothar Loewe, gegen den SPD-Fraktionsgeschäftsführer im Bundestag, Peter Struck, und gegen den Stasi-Auflöser Hans Schwenke.

Alexander Schalck Golodkowski: Er war Chef der Kommerziellen Koordinierung, KoKo, jener undurchsichtigen Ostberliner Behörde, die mit allem makelte, was Devisen brachte. Mit Gold und Gefangenen, mit Kunst und Giftmüll. Schalck ließ Waffen in alle Welt exportieren. Er schleppte riesige Kredite aus dem Westen an und hochmoderne Computertechnik, die im Osten eigentlich gar nicht auftauchen durfte. Er versorgte die Herrscher im SED-Staat mit westlichem Luxus. Er finanzierte das Regierungsgetto Wandlitz nahe Berlin. Seine Ge-

winne verteilte er auf Konten in der ganzen Welt. Überall hatte seine Behörde ihre Finger im Spiel. Noch heute fehlen gewaltige Summen, über die kaum Belege existieren. Schalck schaltete und waltete nach Gutdünken. Er hatte als einer der ersten begriffen, daß die DDR finanziell am Ende war. Am Ende blieb auch ihm nur die Flucht in den Westen. Er saß kurz in Untersuchungshaft. Heute führt er am Tegernsee ein angenehmes Leben. Die Justiz ermittelt, kriegt ihn aber nicht zu fassen.
Alexander Schalck ist heute 58 Jahre alt, bis Ende 1989 war er Staatssekretär im Außenhandelsministerium der DDR und Oberst für Staatssicherheit, ebenfalls in der DDR. Heute, Herr Schalck, so sagen Sie, sind Sie Berater. Welche Leute holen denn Rat von Ihnen ein?"
Schalck: "Relativ wenige. Aber es gibt doch eine Reihe von Geschäftspartnern, die über viele Jahre mit der DDR Handel getrieben haben, die das nicht vergessen haben."
Moderator: "Was wollen die von Ihnen jetzt so wissen?"
Schalck: "Na, die wollen wissen, ob ich Interesse habe, die Möglichkeit habe, heute unter neuen Bedingungen möglicherweise auch in den neuen Bundesländern, aber auch in den ehemaligen RGW-Ländern ('Rat für gegenseitige Wirtschaftshilfe' – Wirtschaftsgemeinschaft der früheren Ostblockstaaten, d. Red.) Produkte der Firma oder des Konzerns zu verkaufen oder zu vermitteln."
Moderator: "Als Idee ist das sicherlich sehr interessant. Herr Schalck, monatelang haben wir versucht, mit Ihnen ein Interview zu bekommen. Ausgerechnet an dem heutigen Tage, der ja ein besonderer ist, da die SPD in Bonn einen Parlamentarischen Untersuchungsausschuß gefordert hat, da im gesamten Bundesgebiet Durchsuchungen Ihrer Sachen stattgefunden haben, ausgerechnet an diesem Tag setzen Sie sich auf den ungemütlichsten Platz im deutschen Fernsehen. Warum reden Sie jetzt?"
Schalck: "Weil ich nicht mehr bereit bin, mir diese Art der öffentlichen Verleumdung und der Darstellung des Buhmanns der DDR gefallen zu lassen. Ich habe deshalb die Chance ge-

Alexander Schalck-Golodkowski auf dem "Heißen Stuhl", befragt von Ulrich Meyer, dem Chef der RTLplus-Sendung "Explosiv". Originalton Schalck an jenem 15. Mai 1991: "Ich habe nur durchgeführt, was mir befohlen wurde." - "Ich habe mich immer korrekt und anständig verhalten." - "Monopolistische Verfahrensweisen sind keine Erfindung von Schalck." -"Es ist eine öffentliche Verleumdung, daß ich persönlichen Mißbrauch mit Staatseigentum betrieben habe."

Walter Tillmann

nutzt, die RTL mir bietet, um zu diesen öffentlichen Verleumdungen in diesem Gremium und damit vor der Öffentlichkeit Stellung zu nehmen."

Moderator: "Herr Schalck, von Ihnen hat man ein ganz bestimmtes Bild. Als Sie zum ersten Mal, damals noch im DDR-Fernsehen, auftraten, da haben Sie eigentlich nicht mehr so recht gewußt, was Luxusbeschaffung ist. Die Prominentensiedlung Wandlitz war Ihnen nicht mehr so geläufig, eigene Firmen aus dem KoKo-Konzern kannten Sie auch nicht mehr so genau. Als Sie sich dann auf die Flucht begaben, hatten Sie vorher Modrow, dem damals amtierenden Ministerpräsidenten, gesagt: Junge, in den Westen gehe ich nicht, sondern ganz woandershin. Sie sind dann doch in den Westen gegangen. Sie haben auch geäußert: Ich unterhalte mich nicht mit westlichen Geheimdiensten. Das haben Sie dann aber doch getan. Es entsteht das Bild eines Lügners. Wer soll Ihnen glauben, Herr Schalck?"

Schalck: "Ich werde alles tun, damit die Öffentlichkeit mir wieder glaubt. Und werde dazu auch diese heutige Möglichkeit nutzen."

Moderator: "Wie charakterisieren Sie sich selber?"

Schalck: "Ick habe 1947 als Hilfsarbeiter in der DDR oder damaligen sowjetischen Besatzungszone als janz normales Kind normaler Eltern meine Arbeit begonnen in einer Bäckerei. Habe dann als Mechanikerlehrling in der ehemaligen AEG in Treptow meine Lehre abgeschlossen..."

Moderator: "Herr Schalck, das ist 'ne Vita, ich will wissen: Was sind denn Ihre Charaktereigenschaften? Was macht den guten Kerl Alexander Schalck aus? Was sieht Ihre Frau an Ihnen Positives zum Beispiel?"

Schalck: "Ich glaube, eine Treue zu Prinzipien, zu den Menschen..."

Moderator: "Zu welchen Menschen?"

Schalck: "Zu den mir anvertrauten Mitarbeitern zum Beispiel, die mich über viele Jahre begleitet haben und zu denen ich ein sehr enges und kameradschaftliches Verhältnis unterhalten habe. Ich habe Menschen immer geachtet und werde das auch in Zukunft tun. Auch wenn sie nicht meiner Auffassung sind."

Moderator: "Dort sitzt – wenn man sich in den neuen Bundesländern umhört, dann ist das relativ schnell gesagt – der größte Mistkerl, der rumläuft. Herr Struck, Sie sagen: Es ist eine Schweinerei, daß dieser Mann bräsig am Tegernsee rumsitzt. Was haben Sie ihm vorzuwerfen, und zwar konkret?"

Struck (SPD): "Schämen Sie sich eigentlich gar nicht, Herr Schalck, daß Sie in einer komfortablen Villa am Tegernsee sitzen, während die Leute, die Sie ins Unglück getrieben haben und die arbeitslos sind in den neuen Bundesländern, jetzt Sorgen und Nöte haben, um die Miete zu bezahlen oder ihren Arbeitsplatz zu erhalten?"

Schalck: "Also, erstens verbitte ick mir die Bemerkung, ick habe Leute ins Unglück getrieben. Das weise ich ganz energisch zurück."

Struck: "Wieso, Sie haben doch in dem System mitgearbeitet, Sie waren ein wesentlicher Motor dieses Systems."

Schalck: "Das unterstellen Sie mir. Ich war ein verantwortlicher Mitarbeiter in dem mir anvertrauten Bereich, für den ich auch voll die Verantwortung übernehme. Ich bin nicht für globale Haftung. Für alles, was in der DDR schlecht war, bin ich nicht global verantwortlich."

Struck: "Ich werfe Ihnen konkret vor, daß Sie das Geld, das aus der Bundesrepublik für den Freikauf von Menschen geflossen ist, dazu benutzt haben, Ihre Bonzen in Wandlitz zu versorgen. Das werfe ich Ihnen vor."

Schalck: "Diese Vorwürfe, die Sie hier vortragen, entsprechen nicht den Tatsachen. Als die politischen Entscheidungen getroffen wurden, kriegte ich die Mitteilung vom Diakonischen Werk der Bundesrepublik Deutschland, Verträge abzuschließen über die Lieferung von Waren. Das habe ich dann auch durchgeführt."

Moderator: "Sie haben ausgeführt und durchgeführt und nur das gemacht, was man Ihnen gesagt hat?"

Schalck: "Ja, selbstverständlich. Wir haben doch..."

Moderator: "Herr Schwenke, Sie haben gesagt, es sei schon häufig in Deutschland versucht worden, sehr viel Unrecht dadurch zu rechtfertigen, daß man gesagt hat: Ich hatte Befehlsnotstand, ich hatte Pflichten zu erfüllen, ich konnte nicht anders. Wie stehen Sie dazu?"

Schwenke: "Ich kann einfach nicht verstehen, wie Sie, der Sie ja aus einfachen Verhältnissen stammen, sich zu sozialistischen Prinzipien bekennen – dann dazu verstehen konnten, einen Menschenhandel zu betreiben. Denn auf was anderes lief's doch nicht hinaus. Und ich denke, wenn ich das so richtig beobachtet habe, haben Sie sogar Ihre Partner in der Bundesrepublik ganz schön unter Druck gesetzt. Indem die Preise nämlich von 65.000 auf 95.000 Mark pro Mensch hochgesetzt worden sind. Wie stellen Sie sich denn dazu?"

Schalck: "Sie müssen mich hier wirklich verwechseln! (Brüllendes Gelächter im Studio) Ick habe Ihnen das eben schon mal erklärt. Ich habe weder was mit Preisen zu tun noch mit Personen, ich habe dazu überhaupt keine Entscheidungsfindung getroffen, das muß ich mit ganzer Entschiedenheit zurückweisen."

Moderator: "Entschuldigen Sie, da gab es das erste Auftreten im DDR-Fernsehen: Da machten Sie der Bundesrepublik die Rechnung auf, wieviel sie zu bezahlen hätte für die Hunderttausende, die panikartig dieses Land verlassen haben, weil sie hier nicht überleben konnten. Und da wollten Sie für jeden, der sich in die sogenannte Obhut der Bundesregierung begeben hat, 95.000 Mark haben."

Schalck: "Das is' 'ne Lüge! Diese Sendung möchte ick mal hier sehen. Und dann werden Sie merken, daß Sie hier vor der Öffentlichkeit lügen!"

Moderator: "Herr Loewe, Sie haben gesagt, Herr Schalck sei das Finanzgenie eines verbrecherischen Systems. Das klingt so ein bißchen nach Bewunderung."

Loewe: "Nein, das klingt nicht nach Bewunderung, überhaupt nicht. Herr Schalck hat natürlich in der Tat mit allen Bundesregierungen verhandelt, und alle seine Partner, die ich gesprochen habe, haben mir erklärt, daß Herr Schalck ein sehr harter Verhandler der DDR war, seinerseits aber die Zusagen,

die er im Zuge dieser Verhandlungen gemacht hat, immer eingehalten hat.
Aber ich habe eine andere Frage an Herrn Schalck: Wie fühlen Sie sich eigentlich als ehemaliger Oberst des Ministeriums für Staatssicherheit? Als Mitglied und führender Offizier einer verbrecherischen Organisation, in der Mitarbeiter waren, die Mörder waren? Die Totschläger waren? Die Erpresser waren? Die Spitzel waren? An der Spitze dieses Ministeriums stand ein Mann, Erich Mielke, unter dem Verdacht des Doppelmordes und vermutlich ein Doppelmörder..."
Moderator: "Okay, das langt..."
Loewe: "Wie fühlen sie sich heute in Anbetracht dieser Position, die Sie dort jahrelang ausgeübt haben?"
Schalck: "Herr Loewe, ich muß Ihnen auch hier mit aller Sachlichkeit sagen, alles das, was Sie hier ausführen, das ist furchtbar und verabscheuungswürdig. Da habe ich überhaupt keine andere Auffassung als Sie. Aber Sie können mir das mal abnehmen, das möchte ich hier mal in aller Ruhe und mit innerer Aufgeregtheit sagen: Ich habe, wo ich Verantwortung übertragen bekommen habe, alles getan, damit das, was mir anvertraut wurde, korrekt und anständig abgewickelt wurde."
Loewe: "Aber Herr Schalck, haben Sie heute denn nicht das Gefühl der Reue und des Bedauerns, wirklich einem verbrecherischen System – in Ihrer Art und natürlich außerordentlich erfolgreich – gedient zu haben? Dieses öffentliche Bekenntnis der inneren Distanzierung, wenn Sie glaubwürdig sein wollen vor Millionen Deutschen in Ost und West – sind Sie nicht in der Lage, dieses Bekenntnis abzulegen?"
Schalck: "Dieses Bekenntnis kann ick mit gutem Herzen abgeben, weil ich mich ja an diesen Verbrechen nicht beteiligt habe."
Loewe: "Aber Herr Schalck! (Lachen im Studio) Natürlich, Sie haben Menschen nicht gefoltert, Sie haben auch an der Grenze niemanden erschossen. Aber Sie waren natürlich das, was man einen Schreibtischtäter nennt. Sie haben wirklich der Führungsspitze dieses verbrecherischen Regimes — Sie und

Ihre Frau in diesem Falle – doch sehr eng und sehr elementar und vital für die Erhaltung dieses Regimes gedient! Sie können doch nicht ernsthaft sagen, Sie hätten mit dieser Sektion MfS nichts zu tun gehabt! Sie haben doch die Uniform des Obersts ja auch irgendwann getragen."

Schalck: "Nee, die hab' ick nicht getragen."

Loewe: "Na gut. Aber Sie haben das Gehalt bezogen, und Sie hatten den Rang des Obersts. Und dies können Sie doch nicht abschütteln und sagen: Ich habe damit nichts zu tun."

Moderator: "Der Vorwurf ist hier: Schreibtischtäter Schalck-Golodkowski."

Schalck: "Also, Herr Loewe, auch hier: Ich fühle mich verantwortlich für alles Gute, was ... (Piffe, schallendes Gelächter im Studio) Das ist ja alles leicht, aus der Sicht des Jahres 1991 Dinge zu beurteilen. Ich habe heute auch zu vielen Dingen eine andere Auffassung. Aber ich muß mich immer wieder in die Lage hineinprojizieren: Wie habe ich in meiner Verantwortung, die mir übertragen war, im Jahre 1972 oder 1980 gehandelt? Und ich habe damals nach bestem Wissen und Gewissen gehandelt – immer in der Absicht, der DDR zu dienen, was Gutes zu machen. Und ich habe nicht das Gefühl gehabt, daß ich durch meine kommerzielle Arbeit Menschen Leid zugetan habe."

Loewe: "Aber glauben Sie denn wirklich, daß Sie den Millionen Menschen, die geschunden worden sind vierzig Jahre lang in diesem Staat – daß Sie wirklich diesen Menschen gedient haben, die keine Freiheit hatten, die nicht wählen durften, die nicht die Zeitungen lesen durften, die sie lesen wollten; die die Theaterstücke nicht sehen durften, die sie sehen wollten; die die Bücher nicht lesen durften... Sind Sie ernsthaft heute noch der Meinung, daß Sie wirklich diesen Menschen gedient haben? Sie haben dem System und dem Politbüro und der Führungsclique dieses Staates und der SED gedient."

Schalck: "Ich war Mitglied einer Partei, die 2,3 Millionen Mitglieder und Kandidaten hatte. Bei 16,5 Millionen Einwohnern war das 'ne reichliche Anzahl erwachsener Menschen. Niemand ist in die Partei gezwungen worden... (Brüllendes Gelächter im Studio) Lachen kann man ja über alles. Sie waren ja vielleicht in einer anderen Situation. Aber ich kann ja nicht über alles reden. Ich war weder der Generalsekretär..."

Moderator: "Wir werden Sie schon noch mit Einzelheiten konfrontieren. Aber bevor das losgeht, möchte ich von Herrn Gysi gern noch eins wissen. Er legt die Wichtigkeit seines Themas eher auf die Leute, die hinter Schalck gestanden haben. Wollen Sie von ihm ablenken, oder was haben Sie vor?"

Gysi: "Nein, ich hab' auch ganz konkrete Fragen an Herrn Schalck. Ich will ja bloß auf den Knack im System hinweisen. Wissen Sie, ein Schalck entsteht ja nicht von nichts. Er muß immer Leute haben, die ihn fördern. Und die ihn zu dem machen, was er ist. Und er hat Chefs. Und er hat Hinterleute. Und da interessiert mich 'ne ganze Menge. Zum Beispiel interessiert mich: Durch alle Zeitungen geht sein Name – wie ich meine, zu Recht, wie er meint, zu Unrecht – aber eins ist Fakt: Hinter ihm stand einer, der noch viel größere Befehle geben und ihn auch dirigieren konnte. Und das war Herr Mittag. Können Sie mir erklären, warum der derzeit überhaupt keine Rolle spielt?"

Schalck: "Die Frage dürfen Sie doch nicht mir stellen. Ick bin doch nicht verantwortlich für diesen Teil..."

Gysi: "Also, Sie wissen's nicht?"

Schalck: "Ich erlebe nur, was mir passiert. Und ich muß mich, so gut ich kann, dafür rechtfertigen. Ich sage das noch mal..."

Gysi: "Sie können mir also nicht erklären, warum Herr Mittag so geschont wird?"

Schalck: "Nee."

Moderator: "Herr Gysi, was vermuten Sie denn?"

Gysi: "Na, wenn er mir das nicht sagen kann, würde ich jetzt hier lieber nicht mit blinden Vermutungen operieren."

Moderator: "Aber lassen Sie uns doch nicht dumm sterben, Herr Gysi!"

Gysi: "Vielleicht nachher. Erzählen Sie mir jetzt mal was anderes. Sie versuchen immer, den Eindruck zu erwecken, als ob Sie einen Bereich hatten, der – sagen wir mal – volkswirtschaftlich der DDR über viele Klippen hinweggeholfen hat. Wenn ich nun behaupten würde, daß das, was Sie erwirtschaftet haben, viel weniger als das, was Sie abgegeben haben, an Wert ausmachte – würden Sie dem zustimmen oder nicht? Wen haben Sie gefragt beim Verkauf von Kunstgegenständen? Beim Verkauf von Antiquitäten? Das ist eine Sache, die die ganze Bevölkerung etwas angeht. Und da bin ich noch gar nicht bei den Waffen."

Moderator: "Herr Schalck, bitte!"

Schalck: "Herr Gysi, daß die DDR ein zentral geleiteter Staat war, ist ja sicherlich jedem bekannt. Unterstelle ich mal, nicht? Daß wir Monopole hatten – Staatsmonopole –, ist auch bekannt. Das war keene Erfindung von Schalck. Zum Beispiel die Festlegung des Exports in zentralen Außenhandelsbetrieben war ein systemimmanenter Bestandteil."

Struck: "Aber es gab ein Kulturgutschutzgesetz..."

Schalck: "Der Kulturminister hat eine Kommission gebildet, das wissen Sie auch. Diese Kommission hat darüber entschieden, ob Kunstgut exportiert werden darf oder nicht."

Moderator: "Das ist natürlich ein ganz wichtiger Punkt – die Aufgaben von KoKo, was ist da abgelaufen? Lassen Sie mich kurz schildern, wie ich das als unbedarfter Journalist sehe: Es gibt einen Flaschenhals zwischen West und Ost – damals jedenfalls –, das war der Außenhandel. Der Außenhandel wurde abgewickelt, Import/Export, wesentlich über Ihre Behörde und eigentlich links und rechts des Weges überhaupt nicht."

Schalck: "Das stimmt überhaupt nicht."

Moderator: "Was man importieren wollte, ging durch Ihre Behörde."

Schalck: "Das stimmt auch nicht."

Moderator: "Ja, was stimmt denn nun?"

Schalck: "Wir hatten einen staatlichen Außenhandel. Da gab's auch einen Minister für Außenhandel. Bis 1972 war ich in diesem System völlig intrigiert (Red.: Das ist ein typisch Freudscher Versprecher. Er meint natürlich: integriert)."

Moderator: "Seit siebzehn Jahren aber nicht mehr. Da haben Sie wohl..."

Schalck: "Ich wurde dem Zentralkomitee der SED, konkret: dem Wirtschaftssekretär Mittag, direkt unterstellt."
Moderator: "Welche Freiheiten hatten Sie? Das ist der Punkt."
Schalck: "Freiheiten? Meine Freiheit bestand darin, aufgrund der volkswirtschaftlichen Möglichkeiten Devisen durch Handelsoperationen, durch marktwirtschaftliche Maßnahmen, durch Ausnutzung von Produktionskapazitäten..."
Struck: "Aber warum geschah das alles so geheim, wenn das so normal und so legal war?"
Loewe: "Ihr Bereich war doch ein Tabuthema in der DDR."
Schwenke: "Ich will noch mal zurück zu diesen Kunstgegenständen. Es war eine Firma, die war zuletzt nur noch vier Mann stark, hatte über die Währungsumstellung hinaus dreieinhalb Millionen DM gerettet. Wir dachten immer, die blieben irgendwo als Bodensatz liegen. Nein, die hatte der Oberstleutnant (Red.: Er meint Schalck) in seiner ganz persönlichen Verwahrung, und kein anderer kam ran. Und die betrieben einen Oldtimer-Handel. Als Deckmantel für High-Tech-Geschichten. Und für diesen Oldtimer-Handel hatten die Offiziere, die dort tätig waren, Formulare, auf denen sie nach Gutdünken ausfüllen konnten, ob das ausgeführt werden durfte oder nicht. Und keine Kommission im Kulturministerium."
Moderator: "Heißt das: Alexander Schalck persönlich – oder wer hat das gemacht?"
Schwenke: "Das war ein Oberstleutnant Dietl."
Moderator: "Was davon gewußt – oder nie was gehört?"
Schwenke: "Mann, die Firma gehörte Ihnen doch!"
Schalck (gereizt): "Die gehörte mir nicht! Sind Sie doch mal bitte in der Lage, als abgeklärtes Mitglied des Komitees für Staatssicherheit so exakt hier vor der Öffentlichkeit zu sagen, wie es wirklich war! Die Firma 'Interport' unterstand mir doch nicht!"
Schwenke: "Entschuldigen Sie, aber die Dokumente lagen doch drin. Wir haben doch..."
Schalck: "Haben Sie meinen Namen da irgendwo gefunden?"
Schwenke (zornig): "Streiten Sie doch nicht alles ab!"

Schalck: "Der Staatsanwalt wird ja mit Ihnen sprechen. Da wird er die Dokumente, die Sie angeblich gefunden haben, mir vorlegen. Ich habe für 'Interport' keine Dokumente unterschrieben."
Loewe: "Aber Herr Schalck, Sie hatten doch allumfassende Vollmachten für alle Ihre Transaktionen. Der Kauf von 21 Tonnen Gold war doch offenbar Ihre Entscheidung, und Sie konnten sie freimütig fällen. Das heißt: Sie konnten im Bereich von KoKo mit allen Geldmitteln, allen materiellen Ressourcen – einschließlich des Waffenhandels – operieren. Wie Sie sagen: zum Wohle der DDR."
Moderator: "Ich will noch eins weiterführen, Herr Schalck. Es gibt doch Informationen, daß Sie sehr wohl Papiere für 'Interport' unterzeichnet haben. Auch wenn diese Firma Ihnen nicht unterstand."
Schalck: "Ich habe keine Ausfuhrgenehmigungen für 'Interport' unterschrieben."
Struck: "Was haben Sie denn überhaupt unterschrieben? Mir kommt das allmählich so vor, als hätten Sie nie was unterschrieben."
Schalck: "Ach, wissen Se (Gelächter im Studio), ich habe einen Konzern geleitet mit wichtigen Außenhandelsbetrieben, die international anerkannt waren. Ich will ja keine Namen nennen, die sind bestens bekannt. Diese Betriebe hatten – wie alle anderen Betriebe der DDR – einen Staatsplan. Dieser Staatsplan war zu erfüllen in allen seinen Kennziffern. Das war keine subjektive Entdeckung von Schalck, sie wurde durch die Gegebenheiten und Notwendigkeiten der Zahlungsbilanz der DDR festgelegt."
Struck: "Wieso sind Sie dann Oberst der Staatssicherheit gewesen? Können Sie mir das wenigstens erklären?"
Schalck: "Ich kann Ihnen das genau erzählen. Als ich 1967 diese Funktion als stellvertretender Minister übernahm und der Bereich Kommerzielle Koordinierung im Bereich des Außenhandelsministeriums gebildet wurde – da waren wir, glaube ich, drei oder vier Mitarbeiter am Anfang –, war klar, daß dieser Bereich in seiner Aufgabenstellung, wie sie vorge-

sehen war, nur in der Lage war, erfolgreich zu arbeiten, wenn er nicht jeden Tag durch Dekrete, Weisungen, Überwachungen und Schwierigkeiten im grenzüberschreitenden Verkehr behindert wurde. Und zweitens: daß die Arbeit als Auftrag des Staatsratsvorsitzenden in den Verhandlungen mit der Bundesrepublik Deutschland über 25 Jahre ohne... Ich hatte ja immer Partner in der Bundesrepublik. Und das schöne ist ja, daß mein Leben aufgezeichnet ist – es muß ja jemand diese Aktenkoffer gefunden haben..."

Moderator: "Herr Schalck, Sie haben angefangen als Oberstleutnant der Stasi, als Sie mit KoKo begannen 1967. Nun haben Sie in all den Jahren einen einzigen klitzekleinen Stern hinzugewonnen. Das ist doch keine Karriere!"

Schalck: "Ich hab' doch nicht im Ministerium gearbeitet!"

Moderator: "Aber das können Sie doch keinem erzählen! Sie haben Vaterlandsorden noch und nöcher um den Hals gekriegt. Daß da nicht einmal einer zu Ihnen gesagt hat: Schalck, Sie sind unser Mann. Sie werden jetzt General. Hat nie einer gesagt? Das glaube ich Ihnen einfach nicht."

Schalck: "Ja, sonst wäre ich doch General geworden." (Gelächter im Studio)

Moderator: "Herr Schalck, Sie sind kein General?"

Schalck: "Ick bin keen General."

Moderator: "Sie werden auch zum Beispiel nicht als General bezahlt?"

Schalck: "Bin ich ooch nicht, nee."

Moderator: "Wie wurden Sie denn bezahlt? Das ist ein wichtiger Punkt."

Schalck: "Ich wurde bezahlt, es ist ja veröffentlicht worden, die Liste – entsprechend meinem Gehalt als Staatssekretär durch den Ministerrat der DDR. Wie alle Staatssekretäre."

Moderator: "Gut, Sie kriegten aber vom MfS auch Geld. Sie wurden in Listen ausgeworfen mit 54.000 Mark im Jahr. Das ist doch eigentlich ein Generalsgehalt."

Schalck: "Kann ich nicht beurteilen. Jedenfalls war ich kein General."

Gysi: "Sie haben aber meine Frage noch nicht beantwortet.

Glauben Sie nicht, daß das, was rausgegangen ist aus der DDR, letzten Endes mehr Wert hatte als das, was Sie eingenommen haben? Dieser Nimbus, daß das so erfolgreich war – wenn man die eigentlichen Werte nimmt, daß das vielleicht gar nicht stimmt."
Schalck: "Sagen Sie mal, Herr Gysi, an was denken Sie eigentlich überhaupt? Sie tun ja so..."
Moderator: "Der Vorwurf war: Totengräber des Systems. Sie haben zum Beispiel Waren überteuert auf den Weltmarkt gegeben, haben das, was Sie von außen einführten, überteuert an Firmen innerhalb des Landes weitergegeben – an Kombinate und so was. Was ist dran?"
Schalck: "Stellen Sie sich mal vor: Der Außenhandel der DDR wurde nicht von Schalck geleitet. Der wurde durch die Regierung der DDR geleitet, von Beil und Sölle (Red.: Das waren die Minister für Außenhandel)..."
Loewe: "Aber Sie waren doch der entscheidende Mann!"
Schalck: "Ist doch... Also, Herr Loewe, machen Sie mich doch mal nicht größer, als ich bin!" (Schallendes Gelächter im Studio)
Moderator: "Sagen Sie mal, wen hatten Sie denn – sagen wir mal – Anfang der achtziger Jahre noch über sich? Da kam doch Mittag – und sonst gar nischt mehr..."
Schalck: "Mittag und Erich Honecker."
Moderator: "Nicht so viel, nicht wahr?"
Zwischenruf: "Und Mielke!"
Schalck: "Mielke war für mich nicht weisungsberechtigt."
Loewe: "Na, na, aber er paßte sehr auf, nicht?"
Schalck: "Ist ja auch manchmal gar nicht so schlecht."
Moderator: "Es gab also noch zwei Leute, die Ihnen was sagen konnten: Mittag und Honecker. Ansonsten konnten Sie schalten und walten nach Belieben."
Schalck: "Dagegen verwahre ich mich, daß ich schalten konnte, wie ich wollte. Es gab eine Ordnung wie in jedem anderen ordentlichen Unternehmen auch. (Zwischenrufe: Ha!) Ich lasse mich hier nicht beeinflussen, auch durch Zwischenrufe nicht."

Loewe: "Aber Herr Schalck, ist es denn mit einer Ordnung in Ihrem Unternehmen zu vereinbaren, wenn nachweislich nach der Untersuchungskommission Pappkartons als Handkassen gefunden wurden? Wo Sie, wie Ihre Sekretärinnen aussagten, jederzeit Beträge entnehmen konnten – mit Quittung oder mit quittungsähnlichen Belegen oder auch völlig ohne Quittung? Wie ist das möglich? Der Verdacht ist doch, Herr Schalck: Millionen Deutsche meinen, daß Sie sich bereichert haben und daß Sie vermutlich Milliarden auf die Seite gebracht haben..."

Moderator: "Wir sind noch bei KoKo und der Handkasse. Sie sagen, es war alles in Ordnung. Es gibt Pappkartons. Weihnachtsgeld wurde angeblich aus Schuhkartons bezahlt. Herr Schalck, bitte!"

Schalck: "Ick will mich hier nicht dem Ruf der Lächerlichkeit preisgeben."

Moderator: "Herr Schalck, sagen Sie was dazu. Das steht doch in allen Zeitungen. Auch der Untersuchungsbericht sagt es."

Schalck: "Ich habe dazu schon einmal Stellung genommen. Die Finanzkontrolle gab es für die unterstellten Betriebe – bis auf wenige Ausnahmen. Der Bereich selbst – ich muß das mal zur Ehre meiner Mitarbeiter sagen, hier vor der Öffentlichkeit. Der Staatsanwalt, der unsere Arbeit überprüft hat, hat mindestens, solange ich in der DDR war, bis zum 2. Dezember, alles Geld, das wir zu verantworten hatten, auf Heller und Pfennig wiedergefunden. Und das ist für mich der Maßstab. Was danach passiert ist..."

Moderator: "Herr Schalck, es sind doch jährlich Hunderte von Autos, auf die normale DDR-Bürger ewig warten mußten, von Ihnen in eigener Machtvollkommenheit verschenkt worden. Es sind doch Bittbriefe stapelweise..."

Schalck: "Ich bin doch keen Sozialamt..." (Tosendes Gelächter im Studio)

Moderator: "Lassen Sie mich doch bitte mal ausreden. Es sind Bittbriefe gefunden worden von Leuten, die Rang und Namen haben. Die von Ihnen gern ein Auto haben wollten. Und Sie haben diese Autos nach Gutdünken verschenkt. Was sagen Sie dazu?"

Schalck: "Ich kann Ihnen Namen nennen: Herr Masur. Wer war Herr Masur? (Red.: Chef des Gewandhausorchesters Leipzig) Eine Persönlichkeit, die hochgeachtet war. Ist es berechtigt, daß dieser Mann ein anständiges Auto fährt? Das war ja ein Auftrag! Den Auftrag habe ich bekommen. Das war doch nicht meine Idee."
Moderator: "Hat er ihn bezahlt oder nicht?"
Schalck: "Na, sicher hat er bezahlt."
Moderator: "Und was für einen Preis?"
Zwischenruf: "Hat Honecker auch bezahlt? Bleiben wir doch mal bei Honecker!"
Schalck: "Wir können doch nicht alle durcheinanderreden. Entweder reden wir der Reihe nach, ich bin jedenfalls bereit, auf alle Fragen zu antworten. Ich will ja gar nicht kneifen hier."
Moderator: "Gut. Herr Masur. Haben Sie ihm das Auto geschenkt?"
Schalck: "Ich hatte doch keen Recht, Autos zu verschenken, wer erzählt denn solchen Unsinn?"
Loewe: "Sie wurden für DM importiert, richtig? Und wurden für Ostmark zu einem Vorzugspreis, den Ihre Behörde festgesetzt hat, vergeben. An bestimmte verdiente, aber auch nicht verdiente Leute. Leute, die von Ihnen oder von anderen – Ihren Vorgesetzten – ausgesucht worden sind. So war doch das System. Gegenüber von Millionen Trabant-Fahrern ist doch da irgend etwas nicht in Ordnung. Und da fehlt mir heute Ihre Einsicht..."
Moderator: "Herr Schalck, bitte schön, was sagen Sie dazu?"
Schalck: "Tatsache ist, daß natürlich relativ vielen Personen PKWs aus sozialistischer Produktion – das war die Masse, vor allem Lada – und auch deportierte Fahrzeuge verkauft wurden. Ich erkläre hier noch mal: Ich habe kein Recht gehabt und auch niemand bei uns, daß Autos verschenkt wurden. Für die PKWs, die für Persönlichkeiten aus dem kulturellen Bereich..."
Moderator: "Wie viele waren denn das, ungefähr?"
Schalck: "Nehmen wir mal den Typ hier, den Peugeot, der ja

wohl der Haupttyp war für den privaten Verbrauch. Vielleicht 300 bis 400 Fahrzeuge."

Moderator: "Was haben Sie mit denen gemacht?"

Schalck: "Ick hab' überhaupt nischt mit jemacht. Der Kulturminister schickte ständig große Listen, wo Persönlichkeiten aus Kultur und Wissenschaft den Wunsch hatten, ein Auto zu haben. Und der hatte natürlich mit der Liste auch nichts anzufangen gewußt..."

Moderator: "Aber Sie konnten. Und da haben Sie besorgt."

Schalck: "Ich habe nicht besorgt. Der Kulturminister hat mich gebeten, ihm zu helfen, diesen Bedarf... (Anhaltendes Gelächter im Studio) Ich habe versucht, ihm zu helfen. Indem wir Autos importiert haben, einen Preis durch das Amt für Preise festgelegt wurde und diese Autos in Mark der DDR verkauft wurden."

Gysi: "Mich interessiert die Doppelmoral in einer anderen Beziehung. Über Jahre waren Sie mitverantwortlich – es mag nicht Ihr wichtigster Aufgabenbereich gewesen sein, war aber einer: die Versorgung des Politbüros in Wandlitz plus Familien. Für eine sozialistische Partei in einem Arbeiter- und Bauernstaat – bei dem Widerspruch in der Versorgungslage in der DDR: Da müssen Ihnen doch einfach irgendwann mal Skrupel gekommen sein. Ich meine, den Betroffenen natürlich erst recht. Aber da müssen doch auch mal Ihnen Skrupel gekommen sein, daß die da Bedingungen des Lebens haben, die sozusagen mit den übrigen Bedingungen nichts zu tun haben. Die reden die ganze Zeit davon, wie wunderbar das in der DDR vorangeht, und selber benutzen sie nur westliche Kühlschränke, nur westliche Lebensmittel."

Schalck: "Ja, da muß ich Ihnen recht geben, Herr Gysi. Das ist ein Thema, das mich öfter bewegt hat – ob Sie mir das nun abnehmen oder nicht. Wissen Sie, ich habe hier auch zu differenzieren. Eigentlich war ja die Versorgung von Anfang an – da hatte ich noch gar nichts mit zu tun gehabt – vorgesehen gewesen für die dort völlig abgeschirmten Mitglieder und Kandidaten des Politbüros und der SED. Die Tragik, die darin bestand – das ist wirklich 'ne Tragik –, daß dann die Kinder, die

Enkelkinder, die Verwandten, die Freunde und Bekannten..."
Gysi: "Mir hätten schon die Mitglieder gereicht..."
Schalck: "Nee, nee, die 23, das hätte man ja wirklich überstehen können."
Gysi: "Was hat denn das gekostet überhaupt, wie viele Devisen wurden dafür im Jahr ausgegeben?"
Schalck: "Also nach meinen Erkenntnissen, solange ich dafür da war, schwankte die Summe zwischen fünf und sechs Millionen, die für diesen Bereich – einschließlich aber aller technischen, notwendigen..."
Loewe: "Es ist doch etwas nicht in Ordnung. Und es muß doch Ihnen und Ihrer Frau etwas aufgegangen sein, als Ihre Frau die Blusen für Frau Honecker in Westberliner Boutiquen für DM kaufen mußte und sie gekauft hat – und sie mit Frau Honecker abrechnete in Ostmark-Preisen. Für zweihundert Mark maximal, obwohl schon die Blusen im Westen 450 bis 600 Mark gekostet hatten. Da muß Ihnen doch irgendwann die Kerzenfabrik aufgegangen sein, daß irgend etwas faul in diesem Staate ist!" (Beifälliges Gelächter im Studio)
Schalck: "Herr Loewe, die Kerzenfabrik ist mir sicherlich aufgegangen. Also, für bescheuert brauchen Sie mich nicht zu halten. Aber eins ist ganz sicher: Das ist das Thema, mit dem ich leben muß. Mit dem muß ich wirklich leben. Und da kann ich auch niemand für verantwortlich machen. Ich habe diese Verantwortung mit Sachlichkeit und Engagement wahrgenommen. Weil ich überzeugt war, damit etwas für die Parteiführung zu tun. Da können Sie mich für verurteilen..."
Moderator: "Herr Schalck, haben Sie etwa aus diesem schlechten Gewissen heraus zinslose Kredite an Ihre Mitarbeiter nach Gutdünken gegeben? Aus schlechtem Gewissen, weil Sie Wandlitz eingerichtet haben?"
Schalck: "Wissen Sie, bei den zinslosen Krediten an Mitarbeiter – das macht, ich möchte mal sagen, auch jede LPG (Red.: Landwirtschaftliche Produktionsgenossenschaft)..."
Schwenke: "Aber nicht ohne Beleg!"
Schalck: "Was heißt ohne Beleg? Die Kredite wurden doch nicht bei uns ausgereicht in 'nem Kuvert, lieber Herr Schwen-

ke. Das wird ja der Staatsanwalt denn noch feststellen. Auf jeden Fall lasse ich mir hier nicht durch öffentlichen Zuruf ohne Beweise unterstellen, daß wir 'ne Sauwirtschaft hatten. Damit können Sie bei mir nicht landen. Das Problem ist: Wenn man nun schon mit der Wahrheit umgeht, dann muß man wenigstens in der Lage sein, konkret zur Wahrheit zu stehen."
Moderator: "Wir haben eben gehört, Alexander Schalck-Golodkowski verwahrt sich dagegen, einen Sauladen geführt zu haben. Staatsanwälte vermissen heute Belege in großer Zahl. Es wird Ihnen beispielsweise vorgeworfen, daß Sie für die Töchter Ihres Bosses Mittag Häuser gebaut haben für ungefähr vier Millionen Mark. Was sagen Sie zu so was?"
Schalck: "Das ist sicherlich ein beschämendes Thema. Tatsache ist, daß ich auf Wunsch von Mittag das veranlaßt habe."
Moderator: "In welcher Hinsicht beschämend?"
Schalck: "Weil das sicher die Kinder von Mittag nicht verdient haben." (Brüllendes Gelächter im Studio)
Moderator: "Warum haben Sie es dann gemacht?"
Schalck: "Es gibt Punkte im Leben, wo man heute sagen muß: Man hat falsch gehandelt. Und dafür trage ich auch die volle Verantwortung."
Gysi: "Wieso funktionierte der ganze Bereich außerhalb der üblichen Kontroll- und sonstigen Verfahren, die es in der DDR gab? Warum wurden die Devisen, die Sie erwirtschaftet haben, zum Beispiel nicht eingarbeitet in den Staatsplan? Weshalb hatte der Finanzminister nichts zu sagen in bezug auf diese Dinge?"
Schalck: "Der Finanzminister hatte entsprechend den Festlegungen des Zentralkomitees jedes Jahr ca. 1,2 oder 1,3 Milliarden Abführung erhalten. Ganz offiziell und ganz verbindlich."
Gysi: "Aber der hätte doch auch überwachen müssen, was mit dem Rest geschieht!"
Schalck: "Diese Entscheidung habe ich nicht getroffen. Die Entscheidung hat die Parteiführung getroffen. Das Politbüro war ja nicht eine Person, das waren ja 23. Ich habe auch bis zum Schluß geglaubt, daß ich einer guten Sache diene. Und habe das korrekt gemacht."

Moderator: "Herr Schalck, in Ihrem Büro an der Wallstraße gab es einen kleinen Nebenraum, da fanden sich Pelze, da fanden sich Uhren, da fand sich Video-Equipment und so weiter. Wozu brauchten Sie das in Hülle und Fülle? Es wird gesagt, zu Weihnachten war das wie bei Neckermann bei Ihnen im Laden."
Schalck: "Erst mal war es Weihnachten nicht wie bei Neckermann. Zweitens mal hingen im Nebenzimmer keene Pelze."
Moderator: "Was hing denn dann rum?"
Schalck: "Soweit ich mich erinnern kann – meine Zimmer waren ja nun wirklich nicht groß –, da waren Geschenke..."
Moderator: "Für wen?"
Schalck: "... Geschenke, die wir bekommen haben. Sie können sich mal vorstellen, alleine wenn ich Geburtstag hatte – und ich hätte das Glück oder das Pech, die ganzen Glückwünsche gesammelt zu haben. Das würde ja ein abendfüllendes Programm geben, wenn ich die vorlese. Vor allen Dingen die Glückwünsche von den Leuten, die heute nichts mehr davon wissen wollen. Die da immer schrieben: Lieber Freund – und alles mögliche. Das sind die, die heute alles vergessen haben. Die haben dir damals ja – ich möchte mal sagen – ständig die Verbundenheit bezeigt. Also, der Opportunismus und die Unehrlichkeit haben natürlich..."
Moderator: "Im Keller Ihres Dienstgebäudes, da befanden sich Räumlichkeiten, da hingen achtzig Gemälde. Da waren Waffen drin, Pistolen, Maschinengewehre."
Schalck: "Also, Maschinengewehre waren bestimmt nicht da. Also, die hab' ick in meinem Sortiment nicht geführt (brüllendes Gelächter im Studio). Lieber Herr Moderator, im Keller unseres Bereiches waren in erster Linie Sportwaffen, Jagdwaffen, befanden sich auch Muster von Handfeuerwaffen."
Gysi: "Herr Schalck, zum Waffenexport, das ist meiner Ansicht nach ein ganz sensibles und wichtiges Thema. Bei der offiziellen Friedenspolitik der DDR haben Sie, wenn ich das richtig verstehe, Waffenexporte zum Beispiel in Krisengebiete an beide Seiten gemacht: Irak/Iran. Da müßten Sie sich zu äußern. Das fände ich von dieser Partei und Staatsführung –

und da waren Sie dann auch Mittel zum Zweck – wirklich den absoluten Gipfel an Verlogenheit und Heuchelei in der Politik."

Schalck: "Dazu habe ich schon einmal meine Meinung gesagt, und dazu stehe ich auch. Bedauerlicherweise hat auch die DDR-Führung das gemacht, was die ganze Welt macht: hat Waffen exportiert. Die DDR hat in zehn Jahren – ich will das mal jetzt überschlagen – für den Teil, den ich verantworten muß, für circa 650 Millionen DM exportiert. Wir haben nicht nach dem Irak exportiert zum Beispiel, sondern wir haben nach dem Iran Handfeuerwaffen exportiert und aus Beständen der Nationalen Volksarmee auch..."

Moderator: "Entschuldigung, Herr Schalck, darf ich Sie ganz kurz unterbrechen? Die IMES, Ihre Firma, die dafür zuständig ist, hat den Iran beliefert. Aber die ITA, der Ingenieurtechnische Außenhandel, der Ihnen nicht untersteht, hat den Irak beliefert. Insofern hat die DDR sicherlich beide Seiten beliefert."

Schalck: "Das ist richtig, ja."

Moderator: "Also doch!"

Gysi: "Und da hatten Sie keine Konflikte damals? Da gab's keinen, der den Mut hatte, zu sagen: Nein, das geht nicht, auch nicht für 650 Millionen im Laufe von vielen Jahren. Also, das hat sich ja gar nicht mal richtig finanziell gelohnt! Welcher Zeitraum war denn das, den Sie jetzt angegeben haben?"

Schalck: "Ich habe 1981 bis 1989 den Waffenexport über den Bereich Kommerzielle Koordinierung zu verantworten."

Gysi: "Also neun Jahre etwa?"

Schalck: "Acht Jahre."

Gysi: "Das ist also finanziell nicht so besonders dicke."

Schalck: "Nee, kann man nicht sagen, nee."

Gysi: "Weshalb dann überhaupt? Was stand dahinter?"

Schalck: "Lieber Herr Gysi, Sie waren ja Mitglied der SED. Muß ich jetzt mal hier ansprechen."

Moderator: "Es wurden auch Geschäfte mit Nicaragua gemacht."

Schwenke: "Sie haben Waffen sowohl an die Sandinisten als auch an die Contras geliefert. Und das unter dem Anspruch der Solidarität für die Sandinisten."

Schalck: "Also, Herr Schwenke, wenn Sie Dokumente hier vorlegen, daß Waffen an die Contras geliefert wurden: Ich habe das nicht gewußt, nicht veranlaßt, und in meinem Verantwortungsbereich ist das auch nicht durchgeführt worden."

Moderator: "Was haben Sie eigentlich für ein Verständnis von einer Chef-Funktion? Sie haben heute morgen gesagt: Ihr Bereich war eigentlich nur so mittelgroß. Wenn ich Chef von so einem Laden wäre, dann würde ich mich doch vor allem um die kitzligen Geschäfte kümmern. Waffenhandel und, und, und... Da würde ich mich doch niemals damit rausziehen, daß ich sage: Ich habe von dem allen nichts gewußt."

Schalck: "Ick hab' doch nicht gesagt, daß ick vom Waffenhandel nischt jewußt hab'. Ich habe in diesem Bereich jedes Jahr – und das muß ich doch mal zur Ehre der dreieinhalbtausend Mitarbeiter sagen – circa drei Milliarden Devisen erwirtschaftet. Da können Sie die Proportionen ungefähr festlegen..."

Moderator: "Ich glaube aber einfach nicht, daß Sie sich für die wichtigsten Geschäfte nicht interessiert haben, für Waffenhandel etwa."

Schalck (sehr aufgebracht): "Ja, sicherlich habe ich mich dafür interessiert. Jeder Waffenexport, Herr Moderator, mußte durch den Generalsekretär des ZK unterschriftlich bestätigt werden. Die Befehle – ich habe ja den Vorteil, daß ich nichts vernichtet habe. Das ist mein großes Glück, daß die Dokumente da sind. Die befinden sich im Besitz des Staatsanwaltes und der verantwortlichen Ermittler. Aus denen geht hervor, daß jeder Waffenexport unterschrieben werden mußte. Das lag überhaupt nicht in meiner Vollmacht."

Moderator: "Aber es lag in Ihrer Vollmacht, zum Beispiel relativ zum Ende der Geschichte der DDR noch die Entwicklung einer neuen Waffe namens 940 zu initiieren, für die die KoKo angeblich achtzehn Millionen Mark ausgegeben hat. Eine Kalaschnikow mit einem Nato-Kaliber, die auf dem internationalen Mark, unter anderem in Indien oder aber in Peru, durchaus Erfolg gehabt hätte."

Schalck (mitleidig): "Aber Herr Moderator: Tun Sie mir mal wirklich jetzt 'nen sachlichen Gefallen. Sie tun ja wirklich so, als ob die DDR das einzige Land war, das in dieser Welt mit Waffen gehandelt hat. Warum muß denn heute die DDR in der ganzen Welt als Beispiel vorgeführt werden?"
Moderator: "Darüber reden wir doch gar nicht. Haben Sie – ganz im Gegensatz zu dem, was Sie sonst immer sagen: daß Waffenhandel Ihnen zuwider ist – die Entwicklung einer neuen Waffe in Auftrag gegeben? Nur um sie auf dem internationalen Markt verkaufen zu können?"
Schalck: "Jawohl. Sicherlich haben wir dazu beigetragen, exportfähige Güter zu finden. Wir haben auch Jagdwaffen entwickelt."
Moderator: "Es geht jetzt aber mehr um Maschinenpistolen und so was."
Schalck: "Ja, die Waffe ist entwickelt worden. Zusammen mit dem Ministerium für nationale Verteidigung. Um einen Export in sozialistische Länder – ich meine, es ist ja bekannt..."
Struck: "Wenn das alles so korrekt war, wie Sie das hier jetzt darzustellen versuchen, dann erklären Sie mir nur mal, wieso Sie abgehauen sind aus der damaligen DDR."
Schalck: "Ja, sehen Sie, das ist das Thema, das mich bis heute wirklich ernsthaft bewegt."
Struck: "Ja, das bewegt mich auch." (Heftiges Gelächter im Studio)
Schalck: "Da kann ich Ihnen aber – für mich ist das Thema eher zum Weinen als zum Lachen, ich muß Ihnen das sagen. Ich war wirklich mit dieser DDR eng verbunden. Das können Sie mir abnehmen. Und als dann am 1. Dezember 1989 meine ehemalige Partei, die SED – oder mindestens die verantwortlichen Funktionäre in der Parteiführung – mich im Stich gelassen hat..."
Struck: "Sind Sie bereit, in diesem Untersuchungsausschuß lückenlos alles auszusagen, was wir von Ihnen wissen wollen, und jede Frage zu beantworten?"
Schalck: "Das Versprechen können Sie entgegennehmen von mir. Bloß eine Bitte habe ich an Sie. Die Bitte ist, daß damit die

staatsanwaltschaftlichen Ermittlungen in Berlin nicht auf die lange Bank geschoben werden."

Struck: "Dann sagen Sie doch gleich mal hier, wo die fehlenden 22 Milliarden sind, von denen so viel die Rede ist."

Schalck: "Lieber Herr Gesprächspartner! Wissen Sie überhaupt, wie viele Nullen 22 Milliarden haben?"

Struck: "Ja, das weiß ich. Ich bin Finanzpolitiker von Beruf."

Schalck: "Stellen Sie sich mal vor: 22 Milliarden! Da hätte ich doch die Bundesrepublik für kaufen können! (Tosendes Gelächter, Klatschen im Studio) Wenn wir so viele Devisen gehabt hätten, da hätten wir nicht betteln müssen hier um 'nen Milliardenkredit bei Strauß oder bei der Bundesregierung. Das ist doch fast lächerlich."

Schwenke: "Erstens mal sind diese 22 Milliarden schon kurz nach der Wende bekanntgeworden, daß die auf ausländischen Banken lagen."

Schalck: "22 Milliarden! Sie wissen wirklich nicht, worüber Sie reden!"

Schwenke: "Doch, ich weiß, worüber ich rede."

Moderator: "Fassen wir das noch mal zusammen: 22 Milliarden sind aufklärungsbedürftig..."

Schalck: "Da ist überhaupt nichts aufklärungsbedürftig. Der Staatsanwalt spricht von zwei Milliarden, Sie reden von 22 Milliarden, der SPIEGEL redet von Ostmark, dann redet er wieder von Devisen – man muß doch mal klar sagen: Was wird denn nun wirklich gesucht? Seit ich die DDR verlassen habe..."

Moderator: "... hat Sie noch keiner gefragt?"

Schalck: "Nee, mich hat keener gefragt."

Schwenke: "Es werden die Gelder gesucht, die als Sicherheit dafür dienen, so nehme ich einmal kurz an, Ihnen, Herr Schalck einen 420.000-Mark-Kredit zu gewähren..."

Schalck (zornig): "Das ist eine ausgemachte Unverschämtheit! Ich muß Ihnen mal sagen, mit dieser Art von Diskussion werden Sie ein Zusammenwachsen der beiden deutschen Staaten nicht..."

Moderator: "Oh, oh, oh, Herr Schalck!"

Schalck: "Entweder wir bleiben sachlich..."
Loewe: "Ich habe mal eine sachliche Frage. Sie werden mir einräumen, daß Millionen Menschen in diesem Land glauben, daß Sie in die Bundesrepublik geflüchtet sind und sozusagen Ihr Schäfchen ins trockene gebracht haben. Das heißt: Die Leute glauben, daß Sie erhebliche Beträge auf Depotkonten, Nummernkonten oder durch frühere westliche Geschäftsfreunde geparkt haben, um eines Tages den Zugriff zu haben. Ist das so?"
Schalck: "Nein, das ist nicht so."
Loewe: "Sekunde, Herr Schalck. Sie wollen sagen: Sie sind hier völlig mittellos hergekommen?"
Schalck: "Jawohl." (Lachen im Studio)
Loewe: "Sie hatten Ihr Geld in der Tasche, und es gibt keine Konten, über die Sie verfügen?"
Schalck: "Nein."
Loewe: "Nirgends?"
Schalck: "Nirgends."
Loewe: "Weder in der Bundesrepublik noch im Ausland?"
Schalck: "Nirgends."
Schwenke: "Nun erklären Sie mir mal bitte: Was hat es für eine Bewandtnis, daß Ihr damaliger Stellvertreter, Herr Seidel, mit 190 Millionen Mark gefaßt wurde, die er auf Namenskonten unterbringen wollte?"
Schalck: "Das ist ja ein ganz rüder Stil, den Sie hier vorführen. Das macht ja nicht einmal der Staatsanwalt, was Sie hier machen. Der Staatsanwalt hat sich überzeugt, daß diese Gelder auf Heller und Pfennig alle da sind. Da können Sie doch nicht sagen, der hat die irgendwohin gebracht. In der Aktentasche vielleicht noch."
Schwenke: "Na, immerhin ist er dabei gefaßt worden."
Schalck: "Ist doch hirnrissig, was Sie da erzählen! Hören Sie doch auf mit solchen Lügen! Das ist ja der Punkt, der mich hier aufgebracht hat! Daß Sie Dinge behaupten, die Sie nicht beweisen können."
Schwenke: "Die sind doch aktenkundig!"
Moderator: "Ich vermittle kurz: 190 Millionen, das scheint

richtig zu sein. Der wesentliche Punkt ist, daß der Begriff Namenskonten offensichtlich richtig ist. Wieso werden offizielle Gelder auf Namenskonten im Ausland geparkt? Warum?"
Schalck: "Fragen Sie doch mal die halbe Welt, warum Konten im Ausland angelegt werden."
Moderator: "Aber Sie arbeiten doch für den Staat."
Schalck: "Ja, sicher. Warum kann denn der Staat im Ausland keine Konten unterhalten? Das ist doch ein ganz normaler Vorgang."
Struck: "Aber warum denn unter Ihrem Namen, zum Beispiel?"
Schalck: "Det will ick Ihnen jetzt erklären. Das habe ich schon ein paarmal erklärt. Die DDR befand sich kurz vor der Zahlungsunfähigkeit. Ich habe mehrmals auch dem Bundesanwalt erklärt, daß wir aus den Erfahrungen in der Volksrepublik Polen wußten: Wenn die Zahlungsunfähigkeit eintreten würde, würde die DDR nicht mehr in der Lage sein, Waren zu importieren für die lebensnotwendige Versorgung, zum Beispiel Medikamente."
Moderator: "Über diese Auslandskonten – Namenskonten – gab's Belege? Ja oder nein?"
Schalck: "Ja, sicher gab's Belege. Die sind ja bei uns gefunden worden."
Moderator: "Es ist aber doch sehr erstaunlich, daß die Staatsanwälte sagen, daß sich die Herren Seidel, Neubert und ähnliche hinsetzen mußten, um aus dem Kopf heraus 'ne Liste aufzufieseln, wo nun was untergebracht wurde."
Schalck: "Die Herren sind ja von der Staatsanwaltschaft alle vernommen worden. Dieser Vorwurf ist mir – bisher jedenfalls – nicht bekannt. Ich weiß nur, daß alle Gelder, die sich auf Konten im Ausland befinden, der Treuhand zur Verfügung stehen."
Gysi: "Herr Schalck, Sie hatten ja nun zahlreiche Verbindungen nach dem Westen, also ganz alleine kann man ja Geschäfte nicht machen. Sie waren gleichzeitig ja noch in der Politik eingesetzt. Stimmt mein Eindruck, daß von den Politikern in der damaligen Bundesrepublik der engste Kontakt gerade

zum Vorsitzenden der CSU bestand? Wenn dieser Eindruck stimmt, könnten Sie mir dafür irgendeine Erklärung geben, warum nicht zum Beispiel die FDP oder die CDU? Warum von der SED-Führung gerade der engste Kontakt zur CSU führt?"

Moderator: "Das fragt der Chef der PDS Herrn Schalck."

Schalck: "Ich muß ja jetzt mal meine Meinung sagen, nicht? Soweit ich das hier für die große Politik machen kann. Das erste Gespräch in Hubertusstock wurde geführt von Bundeskanzler Helmut Schmidt. Dort war vertreten der heutige Vorsitzende der FDP, Graf Lambsdorff. Der saß neben mir, war auch Mitglied der Delegation. Das war das erste offizielle Zusammentreffen zwischen der Staatsführung der DDR und dem damaligen Bundeskanzler der Bundesrepublik Deutschland. Danach hat die Regierung gewechselt, es gab eine neue Koalition, und im Jahre 1983 – es war auch schon etwas davor – hat die DDR einen totalen Kreditboykott erlebt, in dem nichts mehr lief. Die DDR erhielt keine Kredite mehr..."

Moderator: "Gut – warum Strauß? Das war die Frage."

Schalck: "Ja, und dann gab es die Chance, daß in einem Gespräch mit dem damaligen Ministerpräsidenten von Bayern von der CSU die Chance entstand, einen Kredit zu bekommen."

Moderator: "Aber warum sind Sie gerade zu Herrn Strauß gegangen?"

Struck (SPD): "Warum nicht zu Herrn Kohl? Der war Kanzler zu der Zeit. Ist er leider heute auch noch..." (Pfui-Rufe, Gelächter im Studio, heftiges Durcheinandergerede)

Gysi: "Nein, sagen Sie mal, trotzdem, das interessiert mich. Können Sie einen Beweggrund nennen, warum die Verbindung dorthin und nicht zum Bundeskanzler, gerade in dieser Frage, führte?"

Schalck: "Es ist Ihnen doch bekannt, Herr Gysi, daß 1983 Herr Strauß Gast des Staatsratsvorsitzenden Honecker war, daß es zu ersten politischen Kontakten kam und daß dort alle Fragen, die die Beziehung zwischen beiden deutschen Staaten betrafen, besprochen wurden."

Moderator: "Das klingt jetzt wie ein Leitartikel im 'Neuen Deutschland'."

Schalck: "Aber ich muß doch davon ausgehen, daß es den Tatsachen entspricht."

Struck: "Hat Herr Strauß sich selbst angeboten als Kreditvermittler?"

Schalck: "Ich muß das mal hier versuchen, jedenfalls so zu erklären, daß der Ministerpräsident Strauß der Meinung war, daß die Nichtausreichung eines Kredites, der möglicherweise die Zahlungsfähigkeit der DDR garantiert, zu einem weiteren Abdriften der DDR in Richtung Sowjetunion und RGW führen würde und die Abschottung zur Bundesrepublik Deutschland sich vertiefen würde. Das war der grundsätzliche Themenkreis."

Struck: "Strauß wollte der DDR-Regierung helfen, daß sie weiter international kreditfähig blieb – das war sein Angebot."

Schalck: "Nee, nee. Ick bin nun wirklich keen Strauß-Fan. Und es steht mir auch gar nicht zu, hier Partei zu ergreifen..."

Moderator: "Gut, Herr Schalck, sagen Sie uns eines: Was haben Sie denn in diese berühmten geheimen Berichte über Strauß so reingeschrieben, die Sie da so penibel verfaßt haben?"

Schalck: "Ich habe es genauso gemacht wie jeder Beamte in der Bundesrepublik. Ich habe über jedes Gespräch, das geführt wurde, einen Bericht gemacht. Das gehört zu einem ordentlichen Arbeitsablauf. Und da diese Berichte da sind und dem Staatsanwalt zur Verfügung stehen, kann ich ganz ruhig schlafen. Denn da kann man ja nachsehen, was ich in diesen Berichten geschrieben habe. Und ich gehe davon aus, daß in der Bundesrepublik Deutschland die verantwortlichen Gesprächspartner auch Berichte geschrieben haben."

Gysi: "Aber trotzdem noch mal: Das hätte doch alles auch über Kanzler Kohl laufen können. Das ist ja doch wohl auch später so weitergelaufen."

Moderator: "Herr Gysi, sagen Sie uns doch einfach, was Sie mit dieser Frage bezwecken. Möglicherweise sagt der Herr Schalck ja nicht das, was Sie gern hören wollen."

Gysi: "Ich wollte gerne wissen, ob es sozusagen eine darüber hinausgehende Übereinstimmung auch in politischen Zielsetzungen zwischen der SED-Führung und dem CSU-Spitzenmann in einer Reihe von Fragen gegeben hat."
Moderator: "Jetzt verlangen Sie aber wirklich einiges."
Schalck: "Die Hauptfrage, wo Strauß mit Honecker übereinstimmt, das ist so absurd, wie es sich anhört: Es war die Erhaltung des Friedens. Das war die Tatsache. Strauß hat die Fähigkeit entwickelt – und da lasse ich mich von niemand beeinflussen, weil ich Zeitzeuge war in dieser Diskussion –, er hat in einer überzeugenden Argumentation die Überrüstung der Warschauer-Pakt-Staaten am Beispiel der DDR nachgewiesen. Im Detail. Und hat damit Honecker – ich bilde mir das jedenfalls ein – mit überzeugt, daß ein Krieg zur Vernichtung beider deutscher Staaten führen würde. Und das war das Hauptanliegen, mit dem sich Strauß jedenfalls in der Zeit, in der ich Gespräche hatte, immer wieder beschäftigt hat. Der Mann wußte ganz genau, daß die DDR nicht überleben wird."
Loewe: "Eine andere Frage, Herr Schalck, zu den Krediten. Es gibt das Gerücht, bei diesem Kredit, der erteilt worden ist von westdeutschen Banken, den Ministerpräsident Strauß eingefädelt hat, seien Provisionen geflossen. Ich weiß nicht, an wen. Aber Provisionen – geflossen in das Umfeld der Kredit-Arrangeure. Und daß Sie von diesen Provisionen wissen. Und daß das einer der Gründe dafür sei, daß Ihre Freunde Sie zur Zeit unterstützen in Bayern. Dahin gehend, daß Sie halt ein wichtiger Mitwisser sind."
Schalck: "Also, wissen Sie, ich muß jetzt mal wirklich... ich kann mich darüber überhaupt nicht mehr aufregen. Die Abwicklung von Krediten erfolgte weder durch Strauß noch durch Schalck, noch durch irgend jemand. Alle staatlichen Banken aller Länder waren an diesem ersten Konsortialkredit beteiligt."
Moderator: "Haben Sie Spezialkenntnisse, wie Herr Loewe gefragt hat, ja oder nein?"
Schalck: "Das halt ich für 'ne ausgemachte Lüge."

Schalck wird zum Schluß noch gefragt nach dem größten Fehler, den er in der DDR begangen habe. Seine Antwort: "Daß ich einigen Leuten gedient habe, die uns statt zum Wohlstand zum Ende geführt haben."

In einem anderen Interview kommt die Frage, ob er denn Angst habe vor Attentaten? Vor Menschen, die vielleicht noch eine Rechnung mit ihm offen haben könnten?
Schalck: "Ich habe keinem Menschen persönlich Leid zugetan. Habe alles getan, Menschen zu helfen. Und deshalb habe ich auch ein gutes Gewissen. Ich gehe mit aufrechtem Gang, sicherlich auch mit einigen Beklemmungen, in der Öffentlichkeit spazieren."
Also keine Angst?
Schalck: "Man kann seinem Schicksal schlecht entrinnen. Gegen Extreme oder Extremisten kann man sich nicht schützen. Ich hoffe, daß alle anderen Menschen, die mir nicht wohlgesonnen sind, das in einem sachlichen Streit ausfechten. Also mit der politisch-moralischen Schuld, mit der muß ich leben. Die kann ich auch nicht ablegen und sagen: Ich war nicht dabei. Aber die strafrechtliche Seite: Ich werde versuchen, mit allen Mitteln, die ich habe, versuchen, überzeugend nachzuweisen, daß die Vorwürfe nicht zu Recht bestehen."

Als Schalck das sagte, da glaubte er noch, daß seine Akten weit fort seien. Es war ein Irrglaube.

Das Imperium

Alexander Schalcks Offenbarungseid

Kurz bevor die DDR in Trümmer ging, entbot Alexander Schalck dem Vorsitzenden des Ministerrates Hans Modrow noch einen sozialistischen Gruß und teilte das Ausmaß der Verschuldung mit, das den Staat drückte. Wer diese Zahlen liest, weiß: Dieser Staat war absolut pleite.

Ende 1989 betrug die Verschuldung laut Schalcks Zahlungsbilanz 41,8 Milliarden Valutamark, zuzüglich 7,2 Milliarden Mark an Verbindlichkeiten "gesonderte Importe", plus 2,6 Milliarden Mark an KoKo-Verbindlichkeiten aus Industrievereinbarungen. Dagegen standen auf der Habenseite 12,6 Milliarden an Guthaben aus Fonds, die zur Finanzierung der Zahlungsbilanz eingesetzt waren, und Guthaben, die zu diesem Zweck erst noch eingesetzt werden sollten. Ach ja, und dann gab es da noch die Staatsdevisenreserve von einer Milliarde.
Machte unterm Strich, wie Schalck mitteilte, eine Gesamtverschuldung von 38 Milliarden Mark aus. Für den Fall, daß Modrow lieber in Dollars rechnete, wurde die Summe noch umgerechnet: 20,6 Milliarden Dollar.

Man kann sich vorstellen, daß Genosse Modrow aus allen Wolken fiel. Wo war das ganze Geld geblieben? Immerhin lebte das Volk nicht im Luxus – so wie das Politbüro in Wandlitz. Immerhin rauchten doch die Schlote und spien Umweltgifte in allen Farben, um die Wirtschaft anzukurbeln.
Und nicht zu vergessen: Immerhin wirtschaftete Schalck mit seiner geheimnisvollen KoKo, über die niemand außer dem Leiter selbst den wahren Überblick zu haben schien, um die nötigen Vitaminspritzen für den unterentwickelten und unterernährten Arbeiter- und Bauernstaat beizubringen!

Noch heute rätseln alle Experten, wo die Gelder wohl stecken mögen. Es schien fast, als wäre das ungeheure Vermögen der KoKo von einem Monster verschlungen worden. Und nur der KoKo-Manager Alexander Schalck und die unbekömmlichen DDR-Schulden wären als ungenießbar wieder ausgespien worden.

Dabei war, wie sich heute herausstellt, Schalck mit seinem KoKo-Imperium schwerer und wertvoller als alle Schulden der DDR zusammen. "KoKo besaß 50 Milliarden D-Mark", meldete die "Süddeutsche Zeitung" vom 24. August 1991. Die Zeitung beruft sich auf einen Bericht des Bundeskriminalamtes, dem zufolge die KoKo am Tag der Flucht Schalck-Golodkowskis in den Westen – also am 3. Dezember 1989 – über Devisen im Wert von 8,6 Milliarden DM verfügte. Dazu kamen Forderungen aus gewährten Krediten in Höhe von 3,5 Milliarden Mark. "37,6 Milliarden DDR-Mark hatte die KoKo damals in Geldvermögen angelegt", heißt es weiter. "Hinzu kommt ein Anlagevermögen vermutlich in Milliardenhöhe in Form von Immobilien, Firmenbeteiligungen, Goldvorräten, Wertpapieren und Waren – überwiegend innerhalb der damaligen DDR."

Aber damit, so seufzen die Ermittler, sei das komplette Vermögen des Schalck-Imperiums noch lange nicht erfaßt. Es liegt allerdings nahe, daß Alexander Schalck, genannt auch

7. Oktober 1989, Militärparade in Ostberlin: Höhepunkt der Feiern zu "40 Jahre DDR". Vier Wochen später brach der Staat mit Pauken und Trompeten zusammen
Werek

4. November 1989, Massendemo auf dem Alexanderplatz: Staatssekretär Schalck, umringt von Bürgern, die über den Volksbetrug die Wahrheit wissen wollen
ADN-Zentralbild

der "dicke Alex", die DDR mit seiner heimlichen Staatsvermögensreserve aus dem Sumpf der Pleite hätte ziehen können. Wenn er es nur gewollt und sich geschickt angestellt hätte.
Was aber passierte?
Wie gewonnen, so zerronnen: Das meiste von diesem Vermögen, das flüssiggemacht werden konnte, wurde "im Haushalt der DDR bis zum Oktober 1990 verbraucht", schreibt die "Süddeutsche".
Gold, Edelsteine, Schmuck und Kunstgegenstände aus dem KoKo-Vermögen wurden, zumindest nach Kenntnis der Ermittler, "noch zu DDR-Zeiten gestohlen". Mehr als 6000 solcher Gegenstände habe der Generalstaatsanwalt der DDR sichergestellt. Aber sie wurden so "ungesichert" gelagert, daß geschickte Selbstbediener ohne große Schwierigkeiten an die Kostbarkeiten gelangen und ihr Schätzchen beiseite bringen konnten.

Nur einer hat nicht beiseite geschafft, zumindest gibt es keine Beweise dafür: Alexander Schalck. Der Chef-Kapitalist der DDR. Der größte Konzernführer der DDR. Der mächtigste Bankmann der DDR. Der Chef eines DDR-Nachrichtendienstes für Wirtschaftsspionage. Der größte gewerbsmäßige Staatshehler der DDR.

Im Verdienen und in Wirtschaftlichkeitsberechnung war Schalck immer groß. Er war auch groß im Verschleiern von Geschäften. Wenn etwa nicht herauskommen durfte, wer nun der wirkliche Eigentümer einer Firma war – oder wer nun wirklich den Gewinn eingestrichen hatte.
Schalck rechnete mit seinem Staat ab – alljährlich zur Weihnachtszeit erhielt Erich Honecker sozusagen als Weihnachtsgratifikation die Bilanz der KoKo. Erfreuliche Zahlen, die keiner – außer Schalck natürlich – kontrollieren konnte, es sei denn, mit riesenhaftem Aufwand.

Am 19. Dezember 1988 war es das letzte Mal, daß der Staatsratsvorsitzende sein "Einverstanden, E. Honecker, zurück an Gen. Dr. Schalck" auf Schalcks Ergebnisbericht des Jahres krakelte.
Es stand ja auch nichts drin, womit man nicht einverstanden hätte sein müssen:
Die Vertreter-, Handels- und Dienstleistungsfirmen Schalcks hatten wieder mal schwer rangeklotzt und dadurch die Valutaeinnahmen um 21,8 Prozent gesteigert – auf 56,3 Millionen D-Mark. Nach Abzug eines erträglichen Aufwandes für Steuern, Leibrentenzahlungen und Anteilserwerb für Firmen konnten dem Fonds der SED immer noch 54,1 Millionen DM zugeführt werden.
Und noch ein Bonbon für Honecker persönlich: "Die Gemischten Gesellschaften erwirtschafteten Valutaeinnahmen in Höhe von 3,8 Millionen DM, die im Jahr 1988 dem Konto 628 zugeführt wurden."

Das Konto 628 ist eine DDR-Spezialität, spendiert von Alexander Schalck. Dieses Konto stand zur direkten Verfügung des Staatsratsvorsitzenden Erich Honecker. In Schalcks Akten ist nüchtern vermerkt:
"Das Konto zur Verfügung des Generalsekretärs des ZK der SED, Genossen Erich Honecker, wurde unter der Nummer 628 bei der Deutschen Handelsbank AG am 29.3.1974 eröffnet." Stets hatten darauf 100 Millionen zur freien Verfügung zu stehen.
In der Bilanz Ende 1988 wurde der Kontenstand gar mit 2,3 Milliarden Mark angegeben: "Als Guthaben zur Sicherung der Aufnahme von Finanzkrediten als Voraussetzung zur Sicherung der ständigen Zahlungsfähigkeit der DDR."
Es war, wie aus den dort bewegten Summen ersichtlich, kein Taschengeld-Konto Honeckers. Aber es war ein Konto, um das er sich höchstpersönlich kümmerte.

Über dieses Generalsekretär-Konto 628 wurden die obskursten Zahlungen geleistet:

Etwa Obst und Gemüse für 48,1 Millionen. 800.000 Paar Schuhe für 42,9 Millionen. Elektronik aus Japan für 5,4 Millionen. Ein Ausgleich für die Zahlungsbilanz von 200 Millionen. Textilien für 20 Millionen. Unterhosen und Leibchen für zehn Millionen. 135 Millionen für die Kohleversorgung. 800.000 Mark für Sportgeräte. Neunzig Millionen für den Sonderaufwand zum 30. Jahrestag der DDR. Eine Unterstützung der Volksrepublik Polen im November 1980 in Höhe von 80 Millionen DM. Kartoffelimport zum Weihnachtsfest im gleichen Jahr für 49,7 Millionen DM. Für 140 Millionen DM Personenwagen-Import aus Japan. Die Säcke für den Kartoffelexport in die Sowjetunion kosteten 1981 immerhin 9,5 Millionen DM und wurden vom Honecker-Konto abgebucht. Ebenso Getreide, bestimmt als Hilfe für Nicaragua (1981), für 39,5 Millionen. Nicaragua bekam auch Mais für 6,2 Millionen und ein anderes Mal 10 Millionen US-Dollar in bar – von Honeckers Konto 628.
Das Konto war wichtig, wie man sieht. Es wurde deshalb auch aus dem Parteifonds gespeist.

In seiner Jahresbilanz 1988 stellte Schalck auch für das folgende Jahr Prognosen: Der abzusehende Gewinn für das Parteikonto sollte um 3 auf 59 Millionen steigen; für Honeckers Konto 628 sollten 11 Millionen DM abgezweigt werden.

"Bitte um Bestätigung der per 31.12.1988 erreichten Ergebnisse und der Aufgabenstellung für das Jahr 1989.
Mit kommunistischem Gruß
Alexander Schalck"

Die Bürger der DDR hätten vermutlich nicht ihr "Einverstanden" daruntergesetzt. Und erst recht nicht die Bürger der Bundesrepublik, die vieles davon über Steuern – oder vielmehr über entgangene Steuern – aus ihrer Tasche finanzieren mußten. Denn Schalck betrog die Zollbehörden und die Finanzämter. Er schmuggelte Gold und machte damit Millionen. Er schob mit Waffen, mit Alkohol. Er soll, falls die Ermittlungen der Staatsanwaltschaft sich bestätigen, sogar noch Profit aus Rauschgift geschlagen haben, das von den DDR-Behörden beschlagnahmt worden war und über die Schalck-KoKo durch dunkle Kanäle im Westen verdealt wurde.

Schalck war, wie sollte es anders sein, auch zuständig für eine andere große Schweinerei, die die Bundesbürger schon immer geahnt haben: daß nämlich die DDR die Einnahmen aus Vereinbarungen und Abkommen mit der Bundesrepublik einstrich – und es damit gut sein ließ. Auch wenn die Zahlungen für ganz konkrete, der DDR übertragene Maßnahmen erfolgten. Zum Beispiel für die Instandsetzung der Autobahnen.
Wer immer zu DDR-Zeiten dort die Autobahn benutzen mußte, hat sich sicherlich gefragt, in welchen der unzähligen oft achsbruchtiefen Schlaglöcher der DDR denn die Instandsetzungs-Millionen wohl verschwunden waren.
Es waren Schalcks Schlaglöcher. Denn Alexander Schalck war der Mann, der die Zahlungen der Bundesrepublik entgegennahm und möglichst nutzbringend zu verbuchen hatte. Und das tat er auch.
Wir wüßten darüber heute noch nichts, hätte nicht Schalck selbst in der Endzeit der DDR für den Ministerratsvorsitzenden Hans Modrow einmal die schmutzige Rechnung aufgemacht: was von der Bundesrepublik gezahlt wurde – und was die DDR davon zweckbestimmt einsetzte.
Diesen Dienst hat uns Schalck übrigens genau zwei Wochen, bevor er in den Westen floh, erwiesen.

Nehmen wir als Beispiel einmal das Jahr 1989. Da waren Zahlungen aus der Bundesrepublik von insgesamt 824,6 Millionen DM vorgesehen – einschließlich der Transitpauschale Westberlin-Visa, Straßenbenutzungsgebühren-Pauschale, Postpauschale, Erdgastransitgebühren und Unterhalt für Energieübertragungseinrichtungen. Dem standen auf DDR-Seite nur siebzig Millionen an Transferzahlungen gegenüber, drei Millionen an Unterhalt für Straßen und 600.000 Mark für die Wartung der Erdgasverdichterstation. Macht 73,6 Millio-

nen. Das bedeutet 1989 einen Reingewinn für die DDR von 751 Millionen aus den Westzahlungen.
Nach Schalcks Aufstellung wurden von der Bundesrepublik allein zwischen 1986 und 1988 für die "Rekonstruktion von Teilautobahntransitstrecken" über 150 Millionen Mark an die DDR bezahlt. 30 Millionen wendete im gleichen Zeitraum die DDR für diese Autobahnstrecken auf. Macht einen Reingewinn von 120 Millionen Mark.
Für die Erdgasverdichterstation zahlte die Bundesrepublik 12,8 Millionen Mark Unterhaltskosten. Die DDR investierte 5 Millionen. Macht einen Reingewinn von 7,8 Millionen.
Für 1990 machte Schalck eine besonders optimistische Rechnung auf. Denn die Transitpauschale sollte von bisher 525 Millionen auf 860 Millionen DM angehoben werden. Das ermöglichte nach Alexander Schalck bei vorsichtigem Aufwand seitens der DDR eine Rekord-Jahressumme von 977,8 Millionen.

KoKo:
Kolossale Komplizenschaft

Der Bereich "Kommerzielle Koordinierung" wurde 1966 gegründet, heißt es in einem von Schalck verfaßten Porträt seiner KoKo. Und seit 1969 gebe es amtliche Verfügungen, die die Arbeit des Bereiches regeln.

Die Aufgabenstellung klingt einfach: Die KoKo führt Firmen, die nichts anderes zu tun haben, als Devisen für die DDR zu erwirtschaften. Ob sie nun "INTRAC" heißen oder "Transinter", ob sie als "forum Handelsgesellschaft" firmieren, als "Imes Import-Export GmbH", als "BIEG GmbH" oder als "Kunst und Antiquitäten GmbH".
Nach Schalcks Bericht unterstanden diese Betriebe offiziell auch der staatlichen Finanzrevision, wiewohl sie so großer

Geheimhaltung unterlagen, daß eigentlich nur Alexander Schalck über sie Bescheid wußte. Vielleicht noch sein Stellvertreter, Stasi-Oberst Manfred Seidel, dessen Aktivitäten auch nicht von Pappe waren. Alljährlich mußte der Beauftragte des Ministers der Finanzen die Schalck-Bilanz zwar absegnen, aber als Handhabe hatte er nichts als die Zahlen, die ihm Schalck zur Verfügung stellte. Ein Verfahren also nach dem Motto: Hier hast du die Zahlen – segne sie ab, oder lasse es bleiben; aber dann sag' ich's dem Stasi...
Das erinnert ein wenig an den früheren Wahlmodus in der DDR: Du darfst demokratisch wählen, wir haben ja schließlich einen guten Kandidaten ausgesucht. Und wehe, er bekommt weniger als 98,7 Prozent...

Das größte Problem der KoKo war, daß sie eigentlich nicht durfte, was sie sollte. Nach dem "Militärregierungsgesetz 53" war es der DDR nämlich verboten, ohne ausdrückliche Genehmigung der zuständigen Bonner oder Landesbehörden in der Bundesrepublik eigene Firmen zu gründen und zu unterhalten bzw. andere Vermögenswerte zu erwerben.

Also mußte sich wer was einfallen lassen. Dieser "wer" hieß Schalck. Er hat aus bescheidenen Anfängen die Koko zu einem unfaßbaren Imperium aufgebaut. Schalck wuchs mit seinen Aufgaben. Sogar im Leibesumfang.
Am Anfang waren die Bemühungen der DDR, im Westen ins Geschäft und an die begehrten Devisen zu kommen, noch recht plump. In einem Papier aus Schalcks Akten heißt es:
"Zu Beginn der 70er Jahre kam es in der Bundesrepublik zu einer Reihe von Firmengründungen durch Mitglieder der DKP. Teilweise erfolgten diese Firmengründungen als Personengesellschaften, d. h. aus eigenen finanziellen Mitteln. In Fällen, in welchen Gesellschaften mit beschränkter Haftung gegründet wurden – wie z.B. 'Intema GmbH' und 'Wittenbecher & Co. GmbH, Berlin'–, wurden auch Mittel für die Gründung von der Partei bereitgestellt."

Aber solche Firmen entgingen nicht den Augen der westlichen Verfassungsschützer.
"Es kann heute festgestellt werden, daß die BRD-Behörden bereits aus der Mitgliedschaft der Geschäftsführer der in der BRD ansässigen Firmen in der DKP unterstellten, daß es sich um Parteibesitz handeln muß", wehklagt der ungenannte Verfasser der Aktennotiz.
Die Folge war klar: "In der Mehrzahl der Fälle, wo Mitglieder der DKP Kapitalanteile an Firmen hielten, entstanden vermögensrechtliche Komplikationen, die sich auch negativ auf die Leitung der Firmen auswirkten und hohe finanzielle Aufwendungen für die Übernahme von Gesellschafteranteilen durch uns notwendig machten."
Und noch schlimmer: "Bis Ende der 70er Jahre wurden Firmen gegründet, deren Gesellschafter bzw. Eigentümer und Geschäftsführer als Mitglieder der DKP bekannt waren. Damit wurde den BRD-Behörden ermöglicht, diese Vermögenswerte als Parteibesitz zu deklarieren."

Aber wofür gab es Alexander Schalck? Schalck war pfiffig, Schalck wußte für alles einen Aus- oder Umweg. Damit das Parteivermögen nicht mehr direkt zugeordnet werden konnte, wurden für die betreffenden Firmen Holdings gebildet. Und zwar in Ländern, die für solche Zwecke nach dort geltendem Recht besonders geeignet waren. Das erklärt auch den Sitz vieler Firmen, zum Beispiel in der Schweiz, in Liechtenstein, in den Niederlanden, in Portugal, Curaçao.

Schalcks Akten verraten das genaue Rezept der Firmenmaskierung:
"Die Firmen haben in der Regel die Rechtsform von Aktiengesellschaften auf der Basis von Inhaberaktien. Diese Aktien befinden sich im Besitz des Bereiches Kommerzielle Koordinierung. Die Leitung der Holdingfirmen erfolgt durch ausländische Vertrauenspersonen, die Angestellte von Banken bzw. von mit der Verwaltung von ausländischen Vermögenswerten beauftragten Gesellschaften sind. Im Rahmen der ihnen

übertragenen Aufgaben haben sie ihre Tätigkeit entsprechend ihren Vollmachten auszuüben und sich an die erteilten Weisungen zu halten. Es gibt bis jetzt kein Beispiel dafür, daß eine im Rahmen der Holdinggesellschaften tätige Vertrauensperson sich gegen die Weisungen des Bereiches Kommerzielle Koordinierung gestellt hat."

Das wundert kaum. Viele Firmen gab es eigentlich nur als Station, über die geschäftliche Transaktionen von einem Land zum anderen abgewickelt wurden, um die wahren Geschäftspartner im dunkeln zu lassen...
Beispielsweise nach dem Prinzip: Darf ich hier mal für 500.000 Mark einen Koffer zwei Tage lang abstellen? Wenn Sie so freundlich wären, ihn zu quittieren und ihn übermorgen an die Firma sowieso weiterzureichen.
Oder: Dürfte ich um eine Unterschrift bitten, den Wareneingang zu bestätigen: Honorar 1,2 Millionen belgische Francs. Die Ware muß vier Tage später an die nächste KoKo-Firma, zum Beispiel von Vaduz nach Berlin, weiterverkauft werden. Wieder wird Provision fällig, ohne daß der Arbeitsaufwand besonders gewaltig gewesen wäre.
Die Zufriedenheit der Vertrauenspersonen in jenen Betrieben ist also nicht ganz grundlos gewesen.

Allerdings wurde auch pausenlos daran gearbeitet, die Effektivität der Firmen in der Bundesrepublik und in den anderen kapitalistischen Ländern zu verbessern.
"Mit großer Intensität wurde daran gearbeitet, die bestehenden Absatzlinien für den Export der DDR, insbesondere in die BRD, zu stabilisieren und Umsatzsteigerungen zu erreichen", berichtete Schalck an Honecker. Um dieses Ziel zu erreichen, war auch "eine ständige Einflußnahme auf die Qualifizierung des Leistungsvermögens der Firmen notwendig", meinte Schalck.
Wie das ging? Zum Beispiel so: "In einigen Firmen werden regelmäßig Weiterbildungsmaßnahmen durchgeführt und die Entwicklung festgelegter Kader (Red.: Sorgfältig ausgewählte

und geschulte Personen) jährlich beurteilt. Das führte zu einem wachsenden kommerziellen und technischen Niveau der Handelstätigkeit."
So weit, so gut. Ähnliches wird in Westfirmen auch betrieben. Vielleicht beschreibt man es nicht so geschraubt. Aber die nächste Passage läßt schon tiefer blicken:
"Im Verlaufe des Jahres 1989 wird es möglich sein, in einigen Firmen bewährte Nachwuchskader als zweite Geschäftsführer zu berufen. Trotz dieser Fortschritte sind diese Voraussetzungen nicht in allen Firmen vorhanden. Deshalb sind noch große Anstrengungen zur kadermäßigen Absicherung zu unternehmen. Das ist insbesondere deshalb von Bedeutung, da alle Firmen in Zusammenarbeit mit dem Außenhandel und den Kombinaten langfristige Firmenstrategien entwickeln müssen, um einen noch höheren Beitrag zur Durchsetzung einer den Erfordernissen der Volkswirtschaft der DDR und dem Markt ensprechenden Export- und Importpolitik leisten zu können."
Aber nicht nur nach innen war die Leistungssteigerung gerichtet: "Außerdem konzentriert sich die Arbeit auch darauf, die Beachtung der Zoll-, Steuer- und Devisengesetze der einzelnen Länder zu gewährleisten und sie zur maximalen Gewinnerwirtschaftung auszunutzen."

Die KoKo floriert. Die KoKo ist Alexander Schalck. Und Alexander Schalck ist die KoKo. Nur scheint es, je mehr Einzelheiten über dieses etwas mafiose Firmenkonglomerat ans Tageslicht kommen, als handle es sich durchaus nicht um eine ehrbare Koordinierung kommerzieller Interessen, sondern um ein kolossales Imperium, aufgezogen von einem mit allen Wassern gewaschenen Staatsverbrecher und seinen internationalen Komplizen.

KoKo als Kürzel für: Kolossale Komplizenschaft.

Dr. Stasi, ehrenhalber

Dr. Alexander Schalck ist ein promovierter Mann. Er hat studiert, wenn auch an der Stasi-Akademie in Potsdam. Er hat eine Doktorarbeit geschrieben, gemeinsam mit seinem langjährigen MfS-Führungsoffizier Heinz Volpert. Die Arbeit ist geprüft und angenommen worden, wenn auch zuvorderst durch Stasi-Chef Erich Mielke, der nach eigenen Angaben nur "sieben Klassen Volksschule und das Köllnische Gymnasium Berlin bis zur Untersecunda" besuchte – also weder Abitur noch Studium, noch Doktor- oder Professorentitel sein eigen nennen durfte.
Nur insofern nennen wir Herrn Schalck hier "Dr. Stasi, ehrenhalber". Denn die Fakultät, für die er seine Arbeit schrieb, ist schwer auszumachen, wenn man seine Ergüsse einmal näher betrachtet.
Es ist keine medizinische Doktorarbeit, obgleich Schalck darin seiner DDR eine Heilkur und dem Westen eine Entziehungskur verordnet. Es ist auch keine philosophische Arbeit, obgleich Schalck mit Ausdrücken wie "imperialistische Aggressionspolitik" oder "politisch-ideologische Grundlagen des Klassenauftrages an die Außenwirtschaft" durchaus ins Gesellschaftsphilosophische hinüberschlittert. Es ist auch keine rein wirtschaftliche Dissertation, obgleich die "Sicherung der Außenhandelsbeziehungen der DDR" oder die "Möglichkeiten der Erwirtschaftung zusätzlicher Devisen" eine nicht geringe Rolle spielen in dem mehr als 180 Seiten starken Werk. Eingereicht wurde die Arbeit "zur Erlangung des wissenschaftlichen Grades eines Dr. jur. an der Juristischen Hochschule Potsdam".

Der aufschlußreiche Titel: "Zur Vermeidung ökonomischer Verluste und zur Erwirtschaftung zusätzlicher Devisen im Bereich 'Kommerzielle Koordinierung' des Ministeriums für

Stasi-Chef und DDR-Armeegeneral Erich Mielke (r. neben Ex-Verteidigungsminister Hoffmann): Er war der Mann, vor dem alle Menschen zitterten – inklusive Schalck

dpa

Außenwirtschaft der Deutschen Demokratischen Republik". Es kostet schon einige Überwindung, jenes Manuskript bis zum Ende zu lesen, mit dem sich Alexander Schalck zum Dr. jur. aufschwang. Denn der Text ist in einem so schauderhaften Funktionärsdeutsch verfaßt, mit so vielen sattsam bekannten Stereotypen kommunistischer Ideologie durchsetzt, daß man kaum geistig verdauen kann, was da in dürren bis bombastischen Worten geschrieben steht. Da ist von der "Zielsetzung des westdeutschen Imperialismus" die Rede, "mit allen Mitteln" ein "imperialistisches Europa... vom Atlantik bis zum Ural... unter Vorherrschaft des westdeutschen Imperialismus" zu errichten. Pikanterweise zitiert Schalck als Kronzeugen für diesen Vorwurf den "Exponenten des westdeutschen Imperialismus, F.J. Strauß" mit seinen Büchern "Der große Entwurf" und "Herausforderung und Antwort – ein Programm für Europa".

Ob Strauß die Dissertation Schalcks kannte? Sicher nicht.

In diesem Werk hätte er Schalcks innerste Einstellung – aus seiner Sturm-und-Drangzeit – erfahren können. Schalck hatte stets, wenn er auf den imperialistischen Widersacher blickte, das Prägezeichen der deutschen Mark vor Augen. Schalck dachte in Geld, Schalcks Visionen waren Banknoten. Als wäre er der Dagobert Duck der DDR aus einer sozialistischen Mickey-Mouse-Welt; Dagobert Duck, der reiche Großonkel des armen Schluckers Donald aus Entenhausen, hatte stets Dollarzeichen vor Augen.

Und Schalck die Mark.

Man muß die Doktorarbeit nur aufblättern, und schon wird man fündig:

"Aufgrund der aggressiven Politik der westdeutschen militaristischen und revanchistischen Kreise mußte die DDR seit 1952 erhöhte Aufwendungen für die Sicherung der Staatsgrenze West und der Staatsgrenze gegenüber Westberlin bestreiten, die bei einer konsequenten Durchsetzung des Potsdamer Abkommens und der Sicherung einer friedlichen demokratischen Ordnung in Westdeutschland nicht notwendig gewesen wären. Auf Grund dessen ist die DDR berech-

tigt, diese zusätzlichen Aufwendungen zur Sicherung ihrer Staatsgrenze als Forderung gegenüber der Bundesrepublik geltend zu machen", schreibt Schalck. Die Summe gibt er mit 5,24 Milliarden DM an.
Immer die Mark vor Augen, geißelt Schalck auch die Einführung einer "Separatwährung in Westdeutschland und in Westberlin". Schalck sah in diesem Zusammenhang "die Anwendung eines willkürlichen Schwindelkurses, der mittels staatlich sanktionierter Wechselstuben aufrechterhalten wurde". Das habe, unter Ausnutzung der offenen Grenzen, der DDR "große wirtschaftliche Schäden zugefügt". Denn die Ausnutzung "des Schwindelkurses zu Spekulationsgewinnen und zu einem ausgedehnten Warenschmuggel" habe die Wirtschaftskraft der DDR und die Versorgung der Bevölkerung erheblich gestört. Der ökonomische Schaden, laut Schalck: 17,32 Milliarden Mark.
Dann kommt noch der "Schadensersatz für die der DDR durch Abwerbung, Menschenhandel und sonstige Wirtschaftsdiversionen unter Ausnutzung der offenen Grenze entstandenen ökonomischen Verluste". Sie werden mit 85,26 Milliarden DM angegeben.
Insgesamt kam Schalck so auf über 100 Milliarden Mark, die seiner Doktorarbeit zufolge der Deutschen Demokratischen Republik von seiten der Bundesrepublik zustanden.
Ganz abgesehen davon, daß Deutschland heute weit mehr als diese Summe aufbringt, um die Folgen der wirtschaftlichen Selbstverstümmelung, die sich die DDR zufügte, zu lindern: Schalck hat das alles bluternst gemeint.

Franz Josef Strauß kannte, wie erwähnt, die Doktorarbeit von Alexander Schalck wohl kaum. Denn dieses Elaborat firmierte als "Geheime Verschlußsache" - MfS 210 - 354/70", war also der Öffentlichkeit entzogen. Schon diese Tatsache allein disqualifiziert die Dissertation.
"Verteidigt" wurde diese Arbeit an der "Juristischen Hochschule Potsdam", einer Einrichtung des Ministeriums für Staatssicherheit. Erster Gutachter soll Erich Mielke gewesen

sein. In der ganzen Arbeit kommt kaum ein gewichtiges juristisches Problem vor, schon gar nicht die Lösung einer Problematik, die von einer juristischen Dissertation erwartet wird. Wie hätte das auch sein können? Schalck hatte nicht Paragraphen, sondern Markstücke vor Augen. Er hatte keinerlei juristische Vorbildung. Von Mielke ganz zu schweigen. Der hatte juristische Kenntnisse bestenfalls aus mehreren Prozessen, in die er verwickelt war.

So stellt sich die im Mai 1970 erfolgte sogenannte Promotion von Alexander Schalck als eine geistige Stasi-Inzucht, als ein Akt des Machtmißbrauchs und des Betrugs dar. Man sollte die Beteiligten noch heute zwingen, eine handschriftliche Arbeit über die Voraussetzungen und Bedingungen des Erwerbs des Doktors der Rechte zu schreiben. Ob sie es wohl schaffen würden?

Was allerdings die Dissertation fraglos klarstellt, ist die persönliche Einstellung Schalcks. Daß und wie er sich der Frage zuwendet, die ihn die nächsten Jahrzehnte über von früh bis spät beschäftigen sollte: Wie die Wirtschaftsbeziehungen zum anderen Deutschland am besten zum Wohl und Vorteil der DDR genutzt werden könnten.

Damals, 1970, stand Schalck mit seinen Überlegungen noch ganz am Anfang. Auch dürften seine ideologischen Scheuklappen noch fester gesessen haben und dichter gewesen sein als in jenen Jahren, in denen er schon Erfahrungen im Umgang mit der westlichen Marktwirtschaft, mit Industriebossen und Bankern gesammelt hatte.

So verwundert es nicht, daß Schalck einen Abschnitt seiner Arbeit der sogenannten Störtätigkeit feindlicher Kräfte gewidmet hat. Worunter er die "Geheimdienste, staatlichen Einrichtungen und Organe des westdeutschen Staates" versteht – denen er grundsätzlich die ökonomischen Schwierigkeiten der DDR anlastet. Auf die systemimmanenten Schwierigkeiten der eigenen Wirtschaft kam Schalck damals noch nicht. Wohl aber kam Schalck schon damals auf die Idee, westdeutsche Vertreterfirmen durch DDR-eigene zu ersetzen und so deren Gewinne in die Staatssäckel der DDR zu lenken.

Schon damals keimte bei Schalck die Überlegung, "abgedeckte DDR-eigene Vertreterfirmen und Produktionsbetriebe im NSW (Red.: also im westlichen Ausland) zur Durchführung riskanter Geschäfte" zu gründen. Diese Idee war zugleich der Grundgedanke des späteren Wirtschaftsimperiums des Alexander Schalck.
Vor allem formulierten Schalck und sein geisterhafter Mitarbeiter in der Dissertation schon Vorschläge, wie man das "feindliche Wirtschaftspotential – besonders in Westberlin und Westdeutschland – zur Erhöhung des industriellen Wachstumstempos in der DDR" nutzen könnte. Zusätzlich konnte dem Westen kräftig eins übergebraten werden. Schalck und sein Co-Autor faßten das in die Worte:

"Dem westdeutschen Imperialismus sind im ökonomischen Wettbewerb mit der DDR und zur Erhöhung seines industriellen Wachstumstempos alle Mittel und Methoden – einschließlich verbrecherischer – recht (Red.: Er entwickelte daraus offenbar die KoKo-Firmenphilosophie). So gehört es seit Jahren zu den Praktiken des westdeutschen Imperialismus, im ökonomischen Wettbewerb mit der DDR sein eigenes Wachstumstempo zu forcieren. Der Feind versucht mit seinen raffinierten Methoden und Mitteln auch weiterhin auf Kosten des Wirtschaftspotentials der DDR sein eigenes Wachstumstempo zu beschleunigen mit dem Ziel der ökonomischen Unterwanderung der DDR und der Restaurierung der imperialistischen Ordnung in der DDR.
Die Verfasser der vorliegenden Arbeit halten es für gerechtfertigt, in Anbetracht der uns zugefügten Schäden durch den westdeutschen Imperialismus, diesen Klassenauftrag so weit zu fassen:
Dem Feind mit allen uns zur Verfügung stehenden Mitteln und Möglichkeiten, durch Anwendung seiner eigenen Methoden und Moralbegriffe, Schaden zuzufügen sowie die sich bietenden Möglichkeiten des feindlichen Wirtschaftspotentials zur allseitigen Stärkung der DDR voll zu nutzen. Bei der Realisierung dieses Klassenauftrages kommt uns die Absicht

des Feindes entgegen, die Wirtschaftsbeziehungen zur DDR auszubauen mit dem Ziel, ökonomische Abhängigkeitsverhältnisse der DDR von Westdeutschland und Westberlin zu schaffen."

Das 1970 in Potsdam als Doktorarbeit anerkannte Schriftstück ist keineswegs eine Dissertation, die die Anforderungen an eine Doktorarbeit erfüllt. Und zwar selbst dann nicht, wenn man sie statt auf dem Gebiet des Rechts auf dem der Ökonomie ansiedeln wollte. Hätte der Einigungsvertrag, der die Rechtsgrundlage für die deutsche Vereinigung bildete, nicht schon vorgesehen, daß die Studienabschlüsse der MfS-Hochschule in Potsdam-Eiche im vereinten Deutschland nicht anerkannt werden – spätestens jetzt müßte man ihn entsprechend ergänzen.
In späteren Jahren hätte Schalck seine Thesen sicher anders formuliert. Aber nicht anders gemeint. Schaut man sich die Bilanz der KoKo zwanzig Jahre später an mit einem Vermögen von mehr als fünfzig Milliarden DM, so ist man versucht, diese Bilanz mit dem Vermerk zu versehen: "Klassenauftrag erfüllt."
Bei Lichte besehen trifft natürlich genau das Gegenteil zu: "DDR zugrunde gerichtet."

Papa Schalck, der Vorgesetzte

Für seine Mitarbeiter war Alexander eine Mischung aus Vaterfigur, Urviech und Tyrann. Sie hatten Achtung vor ihm, sie liebten ihn. Und sie fürchteten ihn.
Ein ehemals enger Mitarbeiter von Schalck berichtet hier zum ersten Mal, wie er ihn erlebt, wie er ihn in Erinnerung hat. Was Schalck wirklich wollte, was ihn antrieb und umtrieb.

Franz H. will aus verständlichen Gründen nicht mit seinem richtigen Namen genannt werden; den Verfassern des Buches ist dieser jedoch bekannt.
Nur soviel zur Person:
Franz H. hatte über viele Jahre hinweg mit dem weltweiten Handel der KoKo zu tun, kam dienstlich fast täglich mit Schalck zusammen.
Und dieser Franz H. sagt, ohne zu zögern: "Der Schalck war der mächtigste Mann in der ganzen DDR."
Autor: "Wie meinen Sie denn das? Es gab doch den mächtigen Honecker, den allmächtigen Mielke, den Günter Mittag, den Stoph und die alle..."
Franz H.: "Ach was, keiner von denen war so informiert wie Schalck. Der Mielke war doch ein Kommißkopp, der sah nur sich und die Stasi und seine Macht. Der Honecker sah immer nur die Partei und wurde dabei immer trotteliger. Der Stoph kümmerte sich um eine Regierung, die nichts mehr zu sagen hatte. Dann gab es noch den Dickel fürs Innere, den Hofmann für die Armee und den Fischer für das Äußere. Aber alles Figuren ohne Ideen, ohne Elan, ohne Leidenschaften. Die kamen ja auch nicht an alle wirklich wichtigen Informationen ran. Was wichtig war, zum Beispiel Funksprüche aus dem Ausland, das lief bei Markus Wolf ein. Zugang zu diesen Funksprüchen hatten nur Wolf und Schalck. Die entschieden, wer welche Information bekam. So haben die das unter sich aufgeteilt. Eigentlich hätte man auf den ganzen Regierungsapparat verzichten können. Der kriegte doch alles nur aus zweiter Hand."
Autor: "Aber gehört nicht etwas mehr dazu, mächtigster Mann der DDR zu sein?
Franz H.: "Nein, keiner hatte wirklich soviel Macht wie Schalck. Auf die Minister konnte man getrost verzichten. Der Schalck war es doch, der alle Pleiten und Pannen der Ministerien ausbügeln mußte. Darauf war er stolz. Aber Schalck war auch der einzige, der wirklich wußte, wie es der DDR-Bevölkerung ging, was die Leute dachten. Die anderen interessierte das doch gar nicht. Und dann hatte er natürlich Verbindun-

gen in alle Länder. Was da alles gelaufen ist! Wenn der Schalck heute wirklich einmal auspackt, dann können mehrere Regierungen die Koffer packen, sage ich Ihnen. Das steht fest. Die kämen aus den Skandalen gar nicht mehr heraus."
Autor: "Sie hatten doch täglich mit ihm zu tun. Was war er denn für ein Mensch, der Schalck?"
Franz H.: "Der Schalck ist ein Urviech. Oft hat er Mitarbeiter zu sich ins Büro geholt und sie zurechtgewiesen. In Berliner Dialekt, mit seiner hohen Stimme, die eigentlich zu dem massigen Mann gar nicht so recht paßte. Aber wenn er jemanden zurechtgestutzt hatte, dann war auch alles wieder gut. Schalck vertrug sich mit den Leuten. Er suchte ihre Nähe. Schalck war ein geselliger Mensch."
Autor: "Aber so mächtig war er bestimmt nicht von Anfang an. Sie waren doch viele Jahre dabei. Wie hat das alles eigentlich angefangen?"
Franz H.: "Die KoKo war von Anfang an die Finanzfeuerwehr für die DDR. Sie mußte die Mittel erwirtschaften für Sonderanschaffungen, bei Pannen – wenn der Staatshaushalt das einfach nicht hergab. So. Das war die Grundidee in der Mitte der sechziger Jahre. Und der Schalck hat dann die Ärmel hochgekrempelt und sich an die Arbeit gemacht. Aus meiner Sicht war der ein ganz einfacher Charakter. Gradlinig und leutselig. Der hat für sich selber damals keinen großen Aufwand getrieben. Hat immer bescheiden gelebt. Auch als es der KoKo schon sehr gutging. Seine Frau – ich meine seine erste –, die war ja auch eine ganz einfache, bescheidene. Die paßte richtig zu ihm."
Autor: "Aber wie lief das denn, daß Schalck eigentlich schalten und walten konnte, wie er wollte? Das ist doch völlig untypisch für den SED-Staat, in dem sonst alles überwacht und doppelt und dreifach kontrolliert wurde?"
Franz H.: "Das hat zu tun mit der abenteuerlichen Idee, daß man in einen kommunistischen Staat eine Zelle Kapitalismus einpflanzt. Also einen Bereich, der mit rein kapitalistischen Methoden Kohle machen soll. Damit das alles laufen konnte, mußte eben viel Geheimniskrämerei sein. Und deshalb wur-

den die KoKo-Aktivitäten auch nie richtig bilanziert. Im Nu war da ein richtiges Imperium entstanden, das natürlich auch viele schräge Figuren, viele Mistkerle anlockte. Der Schalck ließ ihnen ganz schön viele Freiheiten. Er machte nur Vorgaben: Soundso viel muß dabei rausspringen, laßt euch dazu was einfallen. Dann zogen die los und überlegten, wie sie Gewinne machen konnten. Einige von denen waren auch nicht gerade wählerisch in ihren Methoden. Das waren, um es mal offen zu sagen, richtige Kriminelle. Da gab es einen, der befaßte sich fast nur mit kriminellen Methoden wie Schmuggel, Zollvergehen, Fälschung von Papieren und so. Der machte ordentlich Geld. Und dabei war, das kann man sich denken, der bürokratische Behördenapparat der DDR äußerst hinderlich. Um den zu umgehen, haben die einfach das MfS zu Hilfe gerufen. Etwa wenn es um den Transport von Waren ging, die nie im Leben die DDR hätten verlassen dürfen. Die Transaktion wurde einfach zur Frage der nationalen Sicherheit erklärt – und schon ging's ab in den Westen, wo die Devisen lockten."
Autor: "Aber es werden doch nicht die Mitarbeiter Schalcks gewesen sein, die beim MfS um Hilfe gebeten haben, oder?"
Franz H.: "Nein, der Schalck hat schon selbst die Nähe zum MfS gesucht, das stimmt. Der brauchte das auch, sonst hätte das mit der KoKo nie richtig funktioniert. Und er hat auch immer auf korrekten Abrechnungen bestanden, er hat an seine Mitarbeiter hingepredigt, er wollte, daß bei jeder Finanzprüfung alles stimmte, bis aufs Komma. Nur: Standen alle Gelder in den Büchern der KoKo? Einzelne KoKo-Firmen haben bestimmte Märkte der DDR geradezu leer gesaugt – alles mit Hilfe des MfS, der Steuerbehörden und der Finanzleute. Eigentlich hätte viel mehr rauskommen müssen dabei."
Autor: "Gibt es denn konkrete Beispiele für solche Finanzschlampereien?"
Franz H.: "Beispielsweise hat sich ein Herr R. den Auftrag geben lassen, zwanzig Millionen Schweizer Franken und fünf Millionen US-Dollar bei einer Schweizer Bank anzulegen, um dort mit dem Geld gewinnbringend zu spekulieren. Der verstand natürlich wenig von diesen Dingen, aber er wollte mal

mit großem Geld arbeiten. Das tat er auch ungehindert, keiner fragte nach, vielleicht wurde auch einfach vergessen, ihn zur Rechenschaft zu ziehen. Erst 1989 wurde nach dem Verbleib des Geldes gefragt. Und siehe da: Von den umgerechnet 32 Millionen Mark waren nur noch zwölf Millionen Schweizer Franken da. Acht Millionen Franken und fünf Millionen Dollar: spurlos verschwunden. Und das war kein Einzelfall."

Autor: "Es heißt, daß auch mit Wertsachen wie Juwelen oder Gold sehr leichtsinnig umgegangen wurde. Wenn man bedenkt, daß 21 Tonnen Gold einfach im Keller der KoKo lagen– das Fort Knox der DDR!"

Franz H.: "Da fällt mir eine Episode ein, die handelt von einem Koffer voller Gold, Diamanten und anderen Edelmetallen im Wert von ungefähr einer Million DM. Ein KoKo-Mitarbeiter hatte den Auftrag, diesen Koffer aus der DDR in die BRD zu bringen. Der tat das auch, brachte den Koffer rüber und stellte ihn bei einer Partnerfirma der KoKo in Westberlin ab. Der Typ hat sich dafür nicht einmal eine Quittung geben lassen. Als der Militärstaatsanwalt zufällig davon hörte, hat er Krach geschlagen und befohlen, den Koffer wieder abzuholen. Schließlich war das Volkseigentum, eine Million Mark. Und die reiste ohne Belege und Quittungen zwischen Ost und West hin und her. Allerdings war das an der DDR-Grenze kein Problem. Denn dafür hatten wir ja eigene Leute. Der Genosse S., der hatte das mit den Zoll- und Grenzkontrollen zu erledigen. Wenn die KoKo was über die Grenze bringen mußte, dann rief S. den Chef der betreffenden Grenzstation an und bat darum, daß der Wagen mit dem Kennzeichen xxx nicht kontrolliert werde. Und es gab nie einen Fall, wo die nicht mitgemacht hätten."

Autor: "Es gibt aber genügend Anzeichen dafür, daß Schalck irgendwann größenwahnsinnig geworden sein muß. Wie sehen das seine Mitarbeiter?"

Franz H.: "Also, der Schalck wollte Weltpolitik machen. Mit der Zeit fühlte er sich wie das Herz und die Seele der DDR. Nach seiner zweiten Eheschließung mit Sigrid Gutmann hat Schalck einen Charakterwandel durchgemacht. Die neue

Frau Schalck spazierte in die örtlichen Parteiversammlungen, gekleidet wie eine Pariser Millionärsgattin im neuesten Chanel-Kostüm, und sagte: 'Ihr müßt genauso bescheiden leben wie wir!' Da verdrehten alle die Augen. Wir haben schon gemerkt, daß Schalck anders wurde, nachdem diese Frau bei ihm eingezogen war. Das hat uns teilweise traurig gemacht, wie die den umgedreht hat. Plötzlich mußte alles luxuriös sein. Die Frau schleppte haufenweise Klamotten und Kunst an und stopfte das ganze Haus damit voll. Protz und Prunk kamen von Frau Gutmann."

Autor: "Aber wir waren beim Größenwahnsinn. Hat den auch Frau Gutmann bewirkt?"

Franz H.: "Also noch mal: Am Anfang war Schalck ein richtig treuer, überzeugter Kommunist. Der glaubte an den Sozialismus. Dann machte er die KoKo groß und profilierte sich damit. Man kann sagen, was man will: In seiner hemdsärmeligen Art hat er unheimlich Devisen rangebaggert. Je schlechter es der DDR-Wirtschaft ging, um so mehr verdiente die KoKo. Dann hat Schalck das MfS zur Mitarbeit gewonnen. Um seine Geschäfte besser, erfolgreicher, vor allem aber schneller machen zu können. Aber dann entwickelte Schalck seinen eigenen nachrichtendienstlichen Ehrgeiz. Er wollte eine wichtige, nur durch ihn erfüllbare Aufgabe definieren. Er und seine Mitarbeiter konnten ja überall herumreisen und mit Leuten reden, an die das MfS gar nicht rankam. Da entstand eine Art Konkurrenz zum MfS."

Autor: "Hatte denn Schalck persönliche Drähte zur Staatssicherheit – mal abgesehen von den Berichten, die er ständig an Mielke schrieb?"

Franz H.: "Markus Wolf, das war der wichtigste Kontakt. Der Schalck hat schnell erkannt, daß Markus Wolf ein hervorragender Mann war. Mit dem konnte Schalck auch gut – obwohl die beiden von der Art her nicht hätten unterschiedlicher sein können. Als Schalck gesehen hat, daß dieses MfS den Staat immer mehr erstickte, da war ihm klar, daß einiges verändert werden mußte. Er sah doch, daß die anderen Staatsgrößen ohne Not immer mehr Gewalt dem MfS überließen. Und er sah auch, daß eine Form von Macht aus der KoKo kam – aus dem Apparat, der immer mehr Gewicht durch das Geld bekam, das er beibrachte. In Markus Wolf hat er sozusagen einen Verbündeten gehabt. Der wollte auch einiges ändern. Auch dem paßte vieles nicht. Die beiden wurden ein Gespann – auf der einen Seite Wolf mit einem nachrichtendienstlichen und philosophischen Intellekt, auf der anderen Seite Schalck mit seinem geschäftlichen Spürsinn. Fehlte nur noch einer, der die DDR politisch nach außen hin vertreten konnte."

Autor: "Und wurde der gefunden?"

Franz H.: "Der Schalck hat sich dafür den Egon Krenz ausgeguckt. Der war mit in der Führungsriege, den hat er systematisch aufgebaut, den hat er gefördert. Das war das Trio: Wolf, Schalck, Krenz. In dem Interview, das Schalck im Mai 1991 bei RTL plus gegeben hat, hat er sich ja verplappert. Da sagte er, er habe – als ihm die hoffnungslose Situation der DDR aufgegangen war – Kontakt mit Krenz aufgenommen; viele seien aber der Meinung, da habe er sich den Falschen ausgeguckt. Alle, die das gesehen haben und die Verhältnisse kannten, haben da aufgehorcht. Wenn Sie mich fragen, war Schalck damals auf dem Weg zur Macht. Er war der Königsmacher. So sah er sich übrigens auch selber."

Autor: "Aber es ist ja alles anders gekommen. Was war denn Schalcks Rezept, wie wollte er denn die DDR retten?"

Franz H.: "Die Einheit hat er ja nicht vorausgesehen. Für ihn war klar, daß erst mal zwei deutsche Staaten weiterbestehen würden. Schalck wollte den sozialistischen Staat aufrecht erhalten, aber die kapitalistischen Strukturen, mit denen er selbst so erfolgreich war, auf die gesamte DDR ausweiten. Dann hätte die DDR, wie er glaubte, weiter existieren und funktionieren können. Aber mit Krenz funktionierte das nicht, der war zuwenig durchsetzungsfähig. Auch mit Modrow nicht. Erst allmählich hat Schalck eingesehen, daß eintreten mußte, was eigentlich überhaupt nicht in seine Vorstellungskraft paßte: die Wiedervereinigung."

Autor: "Wieso paßte das nicht? Er kannte doch die Vorteile des Kapitalismus?"

Franz H.: "Aber nur aus der Perspektive des DDR-Mannes. Für ihn gab es keinerlei Möglichkeit der Annäherung, das ging auch weit über seinen Horizont. Man konnte vom Kapitalismus ein bißchen was übernehmen, um die Wirtschaft auf Vordermann zu bringen – aber das war's dann. Ansonsten siegte der Sozialismus. Der Schalck war ja ansonsten ziemlich unpolitisch, auch wenn er sich ständig mit Politikern im Westen traf. Er war ein Arbeitstier. Einer, der sich nicht mit politischen Spitzfindigkeiten abgab. Aber er hatte einen wachen Instinkt für Macht. Und den hat er eingesetzt. Für mich war er der konkurrenzlos mächtigste Mann der DDR."

Autor: "Aber politisch hat er doch ganz schön in der Suppe rumgerührt."

Franz H.: "Ja, schon. Aber er war Mittler. Er hat in der Schlußphase der DDR die Kontakte zu westlichen Politikern genutzt, um ihnen Hinweise zu geben, was sie tun oder vorschlagen sollten. Er kannte ja die eigene Seite genau. Er wußte, wie man im Politbüro dachte und handelte. Da hat er den betreffenden Stellen im Westen eben gesagt: Jetzt müßt ihr das tun oder das sagen, dann können die bei uns gar nicht anders reagieren. Sogar den Zeitpunkt und die Art solcher Äußerungen hat er bestimmt, um die Politik in die Richtung zu lenken, die seinen Zielen entsprach."

Autor: "Das ist doch aber hochpolitisch. Wenn Sie von 'unpolitisch' reden, meinen Sie vielleicht nur, daß er nicht ideologisch dachte oder zweifelte. Aber er hat doch handfeste Politik gemacht, als Manager der Zeitgeschichte. Hatte er vielleicht noch andere politische Ziele, von denen wir alle nichts wissen?"

Franz H.: "Er war zum Beispiel auf dem besten Weg, eine neue Währung für die DDR einzuführen. Das viele Gold, das er innerhalb von nur acht Monaten gekauft hat, das sollte der Grundstock für die neue DDR werden. Für einen sozialistischen Staat, der nach außen hin nach kapitalistischen Regeln der Marktwirtschaft geführt wird. Schalck war naiv genug, zu glauben, daß er diesen einzigartigen sozialistischen Staat in der Welt schaffen kann. Daß er eine konvertible Währung auf Gold gründen kann, die auch in allen Ländern des Westens akzeptiert würde und nicht nur in den sozialistischen Bruderländern. Der hatte begonnen, sich im eigenen Keller an der Wallstraße eine sozusagen private Gold-Staatsreserve einzulagern. Er sah sich als eine Art Treuhand – nur innerhalb eines geschlossenen, sozialistischen Staates."

Autor: "Also der gute Alex, der immer nur das Beste wollte für die DDR?"

Franz H.: "So komisch es klingt – im Fernsehen hat er ja gesagt, daß er für alles Gute in der DDR stand. Davon war der wirklich ehrlich überzeugt. Daran glaubt der auch heute noch."

Autor: "Etwa so wie Robin Hood, der seiner Ansicht nach nur Gutes tat, wenn er die Reichen ausraubte, um den Armen zu helfen? Dachte denn Schalck, er dürfe zu Lasten des reichen Westens betrügen, fälschen und erpressen, um den armen Osten zu füttern?"

Franz H.: "So muß man das sehen. Der sah sich als jemand, der wollte, daß dieses System überhaupt aufrechterhalten werden konnte. Und daß es der Bevölkerung besserging. Daß in seinem Bereich unglaubliche Schweinereien passiert sind, das ist ihm klargeworden. Aber er fühlte sich nicht persönlich verantwortlich dafür. Da hat er kein Unrechtsbewußtsein. Er denkt, daß für seine wichtige Aufgabe auch in Kauf genommen werden mußte, daß sich kriminelle Elemente in dem Bereich getummelt haben. Er selber will nur an seinen Ansichten und Absichten gemessen werden. Er macht es sich natürlich zu einfach, das alles beiseite zu schieben und zu sagen, er hat es ja gut gemeint. Er hat von den Schweinereien gewußt, er hat sie nicht unterbunden. Und da muß er die Verantwortung tragen. Er – und nur er."

Der Geist aus der Flasche – Wie KoKo ins Unermeßliche wuchs

Die früheste uns vorliegende Aktennotiz stammt aus dem Jahre 1965. Damals berichtete Alexander Schalck noch seinem zuständigen Politbüromitglied Hermann Matern über das fällige Jahresergebnis. Mit Datum vom 29. Dezember, also etwas verspätet für die "Weihnachtsgratifikation", rechnet Schalck vor:

"Insgesamt wurden im Jahre 1965 abgeführt:
An das Zentralkomitee in bar 1.239.500,00 DM-West
Darüber hinaus wurden an die Abteilung Verkehr, Genossen Szigulla, übergeben:
2 Pkw (fabrikneu), Type BMW 1600,
mit einem Gesamtwert von 18.400,00 DM-West
und
1 Pkw (gebraucht), Type Opel Kapitän 5.000,00 DM-West
An Genossen Steidl wurden übergeben:
2 Kopiergeräte mit einem Wert von 2.766,55 DM-West

Mit Stand vom 28. Dezember 1965 befinden sich noch Barmittel im Werte von 262.170,15 DM-West in meinen Händen, die ich Dir unmittelbar am Jahresbeginn übergeben werde.
Aufgrund der getroffenen Absprache mit Genossen Steidl wurden die an der Erwirtschaftung der Mittel beteiligten Genossen anläßlich des Jahrestages der Republik und des Jahreswechsels 1965 mit Geld- und Sachprämien ausgezeichnet."

Bescheidene Anfänge, die sich mit der Zeit ins Riesenhafte auswuchsen. Schalck war für die DDR so etwas wie der Geist aus der Flasche, wie er in Märchen vorkommt. Anfangs ein kleines Kerlchen, eingeschlossen in einem verkorkten Glasballon, das seinen Finder anfleht, es doch herauszulassen.

Aber kaum ist es frei, bläht es sich und wächst unaufhörlich, wird turmhoch, wird zum Giganten...

Gigantisches konnte Schalck 1989 für die Modrow/Krenz-Regierung auflisten: "Seit Bestehen des Bereiches wurden ca. 27,8 Milliarden Valutamark erwirtschaftet und an den Staat abgeführt... Durch den Leiter des Bereiches, der ihm unterstellten Mitarbeiter der Hauptabteilung II im engen Zusammenwirken mit beteiligten Staatsorganen wurden Voraussetzungen für Einnahmen von ca. 23 Milliarden VM durch Vereinbarungen mit der Regierung der BRD und dem Senat von Berlin (West) gesichert."

In solchen Berichten wirft sich Alexander Schalck selbstgefällig in die Brust, stellt sich als "Leiter des Bereichs" gern in den Vordergrund. Da prahlt er noch mit dem, was er heute kategorisch bestreitet: daß er nämlich verbotene High-Tech-Güter beschafft und so die COCOM-Liste umgangen hat. Nach der COCOM-Liste durften ganz bestimmte Güter nicht in die Ostblockstaaten geliefert werden.

In Schalcks Bericht ist das so formuliert: "Darüber hinaus werden durch den Leiter des Bereiches Kommerzielle Koordinierung... auch ausgewählte Maßnahmen zur Sicherung einer hocheffektiven Produktion in ausgewählten Industriezweigen... geleitet. In diesem Bereich liegen Firmen, die ausschließlich für die Sicherung dringend benötigter Embargopositionen für die gesamte Volkswirtschaft, besonders der Mikroelektronik, notwendig sind. Sie unterliegen im Interesse der Sicherheit der Firmen und der Personen im Ausland wie in der DDR der strengsten Geheimhaltung. Durch die außergewöhnlichen Anstrengungen aller Beteiligten bei der Beschaffung solcher Ausrüstungen wurden überhaupt erst Voraussetzungen geschaffen, z. B. die Mikroelektronik in der DDR zu entwickeln."
Es ist längst kein Geheimnis mehr, daß die DDR schamlos im Westen klaute, um an Computertechnik oder an Computerpro-

gramme zu kommen. Robotron lieferte Computer, darin steckte die Elektronik der IBM jenes Jahrgangs, den Schalck zufällig hatte ergattern können. In den VEB-Werkstätten wurde westliche Technik genau nachgebaut und in Einheitsgehäuse gesteckt. Schalck also auch der Vater des DDR-Computers.
Schalck war aber auch der Weihnachtsmann, der Retter in der Not. Denn immer wenn die Versorgung der Bevölkerung durch die Planwirtschaft nicht gesichert werden konnte, war die KoKo gefragt. Sie sorgte für Grund zur Freude an Weihnachten, sie regelte Engpässe auf dem Kinderhosensektor, sie hatte tätig zu werden, wenn es etwa in der Hauptstadt an Lebenswichtigem wie Käse, Sekt oder Bananenmark fehlte.
Zum Weihnachtsfest 1987 hätten ohne die Zusatzimporte, die Schalck arrangierte, die Glocken sicher erheblich weniger süß geklungen. Denn Schalck machte es möglich, daß 1000 Tonnen Tafelschokolade ins Land kamen. Er brachte 400 Tonnen Pralinen herbei, 10.000 Hektoliter Sekt, 2000 Tonnen Orangen. Damit es dem Volk etwas wärmer ums Herz werden konnte, beschaffte Schalck 650.000 Kinderhosen und 100.000 Erwachsenen-Anoraks.
Schalck war es gewohnt, Beschaffungs-Nothelfer zu spielen. Denn seine KoKo war auch dafür zuständig, die Bonzensiedlung in Wandlitz mit alldem zu versorgen, was ein normaler DDR-Bürger nicht in den HO-Läden kaufen konnte. Ob Apfelsinen, ob Videorecorder, ob Damenhygieneartikel – Schalck schaffte es herbei. Schalck besorgte auch die Anzüge für den Genossen Staatsratsvorsitzenden. Margot Honecker ließ dem Devisen- und Anzugbeschaffer Schalck bei Bedarf handschriftliche Notizen zukommen, aus denen genau hervorging, wie sich Brustumfang und Bauchmeridian des Genossen Erich seit dem letzten Anzugkauf entwickelt hatten.

Aber für das alles brauchte Schalck freie Hand. Dafür brauchte er den Schutz des geheimnisvollen Dunkels, mit dem er seine Geschäfte gern bemäntelte.
So argumentierte er auch, ganz unverhohlen: "Insgesamt kann festgestellt werden, daß besonders bei Veröffentlichun-

gen und Offenlegen der Geschäftsverbindungen und Kontakte ein nicht gutzumachender außenpolitischer und finanzieller Schaden für die DDR entstehen würde", heißt es in einem seiner Berichte. "Die Sicherheit einer Reihe von Personen wäre nicht mehr gewährleistet. Damit würde sich auch für die Zukunft stabiler konspirativer Verbindungen der Nutzen unmöglich machen."
Schalck wußte, wie man diplomatisch droht: Wenn ich meine Karten unbedingt auf den Tisch legen soll, dann bitte. Aber dann kann ich für nichts mehr garantieren. Weder für Devisen noch für Apfelsinen.

Schalck wußte auch genau, wann und wo er sich selbst auf die Schulter klopfen – oder wann und bei wem er sich beklagen mußte. Beim Staatsratsvorsitzenden brüstete er sich gern mit den von ihm beschafften Devisensummen, seinen zuständigen ZK-Sekretär Günter Mittag machte er mit den unangenehmen Seiten des Geschäftes vertraut. Zum Beispiel mit der Kostenentwicklung.
In einem Bericht vom 5. September 1988 stellt Schalck die Situation der Warentransaktionen und der Ex- und Importgeschäfte so kostenaufwendig dar, daß der Aufsichtsrat eines westlichen Konzerns – hätte man ihm diesen Bericht vorgelegt – an der Geschäftstüchtigkeit des Berichterstatters höchste Zweifel angemeldet hätte.
Denn Schalck machte darauf aufmerksam, daß bei den Warentransaktionen im Import-/Exportgeschäft durch die schlimme Lage auf dem Kreditmarkt der Kostenanteil über Jahre hinweg 35 bis 45 Prozent – teilweise bei Im- und Exportgeschäften sogar bis zu 60 Prozent – betragen habe.

Nun ist auch einem Laien verständlich, daß eine Firma, die in erster Linie aus einem Chef und seiner Sekretärin, aus einem Briefkasten und einem Büro besteht, nicht so wahnsinnig hohe Kosten verursacht. Es fallen erträgliche Kosten an – da es keine Lagerhallen, keine teuren Maschinen, keinen Riesenstamm von Mitarbeitern und damit keine konstanten Lohn-

summen gibt. Eine solche Firma hat Porto- und Telefonkosten. Sie muß für die Bewirtung von Besuchern Kaffee und Mineralwasser beschaffen, und sie muß vielleicht sogar teure Kredite aufnehmen, um Waren vorübergehend finanzieren zu können, die sie aus eigener Kasse nicht bezahlen kann. Und dann muß sie vielleicht auch noch Transportkosten verauslagen, die sie aber, wenn sie normal kalkuliert, einschließlich der hohen Kreditkosten, beim Verkauf der Waren wieder einstreicht. Im kapitalistischen Westen rechnet man für Firmen, die im Import-/Exportgeschäft tätig sind, nicht mehr als zehn bis zwanzig Prozent an "Kosten".
Alexander Schalcks Firmen waren da offenbar anders. Schalck beruft sich auf den Kreditboykott der frühen achtziger Jahre: "In den Jahren 1981 bis 1983, in denen Kredite von den Banken überhaupt nicht gewährt und selbst ihre kurzfristigen Depoteinlagen von unseren Banken abgezogen wurden, mußte alles Geld über äußerst kurzfristige Warentransaktionen beschafft werden, die Kosten von 35 bis 45 Prozent, zum Teil bei Ex-/Importgeschäften bis zu 60 Prozent pro Jahr verursachten. Die Bezahlung dieser Kosten wiederum war auch nur durch derartige Transaktionen möglich, auch sie wurden praktisch bis zum Folgejahr kreditiert."

Schalck tröstet Günter Mittag mit der Bemerkung, daß aber Mitte der achtziger Jahre ein Kostensatz von 25 Prozent erreicht werden konnte. Und daß er bemüht sei, bis Ende der achtziger Jahre den Kostensatz auf zwanzig Prozent herunterzudrücken. Er kündigt jedenfalls an, daß "im Verlaufe der Jahre 1986 und 1987 gegenüber den geplanten Kosten von 23 bzw. 22% weitere Kosteneinsparungen, die 1987 wirksam werden können, als ein erreichbares Kampfziel anzusehen sind."

Hätte Günter Mittag wirklich diesen Alexander Schalck durchschaut, hätte sein Kampfziel bei solcher Argumentation eigentlich lauten müssen: Weg mit Schalck!
Aber der scheint Narrenfreiheit und gefährliche Handlungsfreiheit besessen zu haben – solange er eben das beibrachte,

was auch das Außenhandelsministerium nur unzulänglich herbeischaffen konnte: harte Devisen.

Als Honecker abgetreten war, war dies auch Schalcks bestes Argument im Kampf um die weitere Handlungsfreiheit und Selbständigkeit seines Imperiums:
"Aus diesen Gründen wird dem Vorsitzenden des Ministerrates empfohlen, die Hauptabteilung I des Bereiches Kommerzielle Koordinierung und die in der Anlage aufgeführten Firmen zum Bereich der Nationalen Sicherheit zu erklären."

In der Anlage fanden sich:
– BERAG Export-Import GmbH, Friedrich-Engels-Str. 35, Berlin 1110
– CAMET Industrievertretungen und Beratungen für Chemie-, Agrar- und Metallurgie-Export/Import, Burgstr. 23, Berlin 1020
– Günther Forgber, Schlegelstr. 15, Berlin, 1040
– Fa. F.C. Gerlach, Export-Import, Parkstr. 76/77, Berlin, 1120
– Asimex, Import-Export-Agentur, Warschauer Str. 8, Berlin, 1034
– Delta Export und Import GmbH, Friedrichstraße, Internationales Handelszentrum, Berlin, 1086
– Interport, Industrievertretungen, Straßburger Str. 40, Berlin, 1055
– Agrima, Außenhandelsvertretung GmbH, Albrechtstr. 11, Berlin, 1040
– Firma Simpex GmbH, Büro für Handel und Beratung, Schönhauser Allee 26 a, Berlin, 1086
– IMES GmbH, Friedrichstraße, Internationales Handelszentrum, Berlin, 1086
– Importhandelsbreich IV im AHB Elektronik, Alexanderplatz 6, Berlin 1026.

Eine spezielle Rolle spielte die "Simpex GmbH", gegründet 1973. Als Vertretergesellschaft war sie gemeinsam mit der KoKo bemüht, "wesentliche Umsatzsteigerungen zu erreichen".

In Schalcks Strukturbericht heißt es: "Der Simpex GmbH kam dabei als Vertreter für diese Firmen eine wichtige Rolle zu. Durch Erhöhung der Aktivitäten und Unterstützungshandlungen gegenüber den Firmen gelang es, im Rahmen der Gesamtvalutaeinnahmen den Anteil der Provisionseinnahmen ständig zu erhöhen."
In diesem Zusammenwirken von KoKo und Simpex entwickelten sich die Parteifirmen "zu Absatz- und Bezugsorganisationen für den Außenhandel der DDR, für die Kombinate und Betriebe. So entwickelte sich der Umsatz im Provisions- und Eigengeschäft Export-Import kontinuierlich und erreichte 1989 3,0 Milliarden VM."

Nachstehend die Listen der Firmen, an denen die Partei Beteiligungen hielt. Diese Listen stellte Schalck gewissermaßen als eigene Leistungsbilanz Erich Honecker zur Verfügung.
Die erste Liste – die der Parteifirmen – zählt alle Betriebe in Westberlin, in der Bundesrepublik und in den Niederlanden auf, an denen die Partei Besitzanteile hielt. Oft führten die über Holdings. Die Liste der Auslandsverbindungen NSW (nicht- sozialistischer Wirtschaftsbereich) nennt alle Firmen, die der KoKo gehörten – teilweise über Außenhandelsbetriebe, die der KoKo unterstellt waren.

Unter II. werden die Beteiligungen der KoKo im westlichen Ausland angeführt. Bei der Schweizer "Intrac S.A." in Lugano hielt Schalcks Stellvertreter Manfred Seidel 40 Prozent der Anteile – auf seinen eigenen Namen.

Unter III. sind Geschäftsverbindungen der KoKo in die BRD und nach Österreich aufgeführt. Beispielsweise wurden über das Diakonische Werk in Stuttgart die Warenlieferungen abgewickelt, die von der Bundesrepublik zum Freikauf von Häftlingen erbracht werden mußten.
Der Rest der Tabellen erläutert die finanzielle Ausstattung der Parteifirmen und Beteiligungen mit Stammkapital bzw. Grundkapital

EINNAHMEN (IN TDM/TVE)

Parteifirmen	Einnahmen brutto 1986	**Einnahmen brutto 1988**
Chemo-Plast GmbH, Berlin	8.472,1	**9.172,0**
INTEMA GmbH, Essen	13.651,2	**10.253,4**
Fenematex B.V.,Amsterdam	—	**656,2**
Wittenbecher & Co. GmbH, Essen	1.527,1	**1.614,7**
Wittenbecher & Co. HG mbH, Berlin	4.600,7	**10.616,8**
EMA Industrieanlagen HG mbH, Essen	(359,8)	**816,9**
noha HG mbH, Bochum	6.485,2	**8.090,2**
DHG West-Ost mbH, Berlin	2.265,6	**3.117,2**
Melcher GmbH, Elmshorn/	1.902,3	**4.111,8**
Mebama B.V., Hellevoetsluis		
Friam B.V., Haarlem	2.076,3	**4.414,6**
R. Ihle GmbH, Hamburg	2.648,5	**3.002,6**
Trans-Ver-Service GmbH, Essen	—	**100,0**
INWACO GmbH, Hamburg	330,0	**317,4**
Einnahmen Parteifirmen	44.318,8	**56.283,8**
Sonstiges	224,0	
dar.: - Heska-Portuguesa, Mieten		**395,9**
- Verkauf Trans-Ver		**930,0**
	44.542,8	**57.609,7**
	=======	========
Aufwand für Anteilserwerb, Steuern, Leibrenten	2.344,2	**3.503,6**

Auslandsverbindungen NSW–Firmen und Einrichtungen

I. Firmen im Eigentum des Bereiches und unterstellter Außenhandelsbetriebe

1. Befisa S.A., Lugano/Schweiz (Firmengruppe)

Gesellschafter und -anteil	M. Seidel, Bereich KoKo	93 %
	(Frau Peloni)	1 %
	Frau Bode	1 %
	O. Hermann	1 %
	G. Hermann	4 %

INVER CANARY S.A., Las Palmas/Kanarische Inseln

Gesellschafter und -anteil	Befisa S.A., Schweiz	100 %

J. Plon AS, Allerod/Dänemark

Gesellschafter und -anteil	Befisa S.A., Schweiz	50 %
	J. Plon	50 %

Gerhard Wachsen Im- und Export GmbH, Westberlin

Gesellschafter und -anteil	Befisa S.A., Schweiz	70 %
	Ch. Wachsen	30 %

Hotel Bellevue Betriebs-GmbH, Wien/Österreich

Gesellschafter und -anteil	Befisa S.A., Schweiz	95 %
	I. Tempel, Treuhänder	5 %

Passauer Betriebs-GmbH, Wien/Österreich

Gesellschafter und -anteil	Hotel Bellevue Betriebs-GmbH,Österreich	100 %

A. F. Buri Holding AG, Zug/Schweiz

Gesellschafter und -anteil	Befisa S.A., Schweiz	52 %
	Dr. Albert Buri	5 %
	Herr Leuwer, BRD	43 %

IA.F. Buri Trading AG, Zürich/Schweiz

Gesellschafter und -anteil	A.F. Buri Holding AG, Schweiz	100 %

2. RKL-International GmbH, Neunkirchen/BRD

Gesellschafter und -anteil	Rexim S.A., Lugano, Schweiz (Bereich KoKo)	51 %
	M. Lämmerzahl	49 %

3. Intrac America Latina S.A., Panama

Gesellschafter und -anteil	H. Steinebach, AHB Intrac	90 %
	K. Neubert, AHB Intrac	9,99 %
	Dr. Kästner	0,01 %

4. Elmsoka Establishment, Vaduz/Fürstentum Liechtenstein

Gesellschafter und -anteil	Intrac HG mbH	100 %

5. Central Trading Company, Beirut/Libanon

Gesellschafter und -anteil	300 Gesellschafteranteile à 1.000 LL	
	davon:	
	K. Neubert, AHB Intrac	215 Anteile
	A. Senf, AHB Intrac	55 Anteile
	H. Beydoun, Beirut	15 Anteile
	R. Yazbeck, Beirut	15 Anteile

II. Beteiligungen des Bereiches an kapitalistischen Firmen

Intrac S.A., Lugano/Schweiz

Gesellschafter und -anteil	G. und O. Hermann	40 %
	M. Seidel, Bereich KoKo	40 %
	Herr Bersot	7 %
	Frau Bersot	7 %
	Herr Herb	5 %
	Herr Düby	1 %

Intex Im- und Export GmbH, Westberlin

Gesellschafter und -anteil	Intrac S.A., Schweiz	100 %

Intrag AG, Westberlin

Gesellschafter und -anteil	Intrac S.A., Schweiz	64 %
	K.-P. Hermann	12 %
	W. Wiegand	12 %
	H.-H. Wrede	11 %
	U. Wrede	1 %

WAN-GmbH, Westberlin

Gesellschafter und -anteil	O. Hermann	50 %
	K.-P. Hermann	25 %
	W. Wiegand	25 %

Dimter GmbH Maschinenfabrik
Illertissen/BRD

Gesellschafter und -anteil	WAN-GmbH, Westberlin	100 %

III. Beziehungen zu Einzelfirmen und Einrichtungen im NSW

Servo-King GmbH, Wien/Österreich

Gesellschafter:	H.-P. Schillinger
	Th. Schillinger

Cheminst Chemie und Instrumente GmbH, Wien/Österreich

Gesellschafter:	E. Eppler

Remex, Westberlin

Inhaberin:	R. Müller

Diakonisches Werk der Evangelischen Kirche in Deutschland, Stuttgart/BRD

Direktor:	N. Helmes	
	E. Orth	– Mitarbeiterin
	L. Geißel	– ehemaliger Direktor

FIRMEN IM BESITZ DER PARTEI (HOLDING)

	Stammkapital 31.12.1988
Gesamt	**2.945.080,-DM**
Anstalt Hanseatic, Vaduz	119.000,- DM
Anstalt Infino, Vaduz	59.500,- DM
Etablissement Monument, Vaduz	59.500,- DM
Refinco Establishment, Vad	35.700,- DM
Anstalt Unisped, Vaduz	47.600,- DM
Anstalt Polyindustrie, Vaduz	59.500,- DM
Anstalt Befimo, Vaduz	47.600,- DM
Anstalt Monvey, Vaduz	35.700,- DM
Hippokrates-Anstalt, Vaduz	23.800,- DM
Rexim S.A., Lugano	2.380.000,- DM
Delhi Corp. N.V., Curaçao	15.580,- DM
Redel N.V., Haarlem	17.600,- DM
Interholding B.V., Haarlem	8.800,- DM
DIM B.V., Haarlem	17.600,- DM
Walbouw B.V., Haarlem	17.600,- DM

FIRMEN IM BESITZ DER PARTEI (HANDELS- BZW. DIENSTLEISTUNGSFIRMEN)

	Stammkapital 31.12.1988
Gesamt	**25.610.000,00 DM**
Chemo-Plast GmbH, Berlin	**5.000.000.00 DM**
davon: Rexim S.A., Lugano	(5.000.000,00 DM)
INTEMA GmbH, Essen	**3.000.000,00 DM**
davon: Redel N.V., Haarlem	(300.000.00 DM)
Interholding, B.V., Haarlem	(720.000,00 DM)
DIM B.V., Haarlem	(660.000,00 DM)
Friam Handel B.V., Haarlem	(660.000,00 DM)
Friam Techniek B.V., Haarlem	(660.000,00 DM)
Fenematex B.V., Amsterdam	**44.000,00 DM**
davon: DIM B.V., Haarlem	(44.000,00 DM)
Wittenbecher & Co. GmbH, Essen	**2.000.000,00 DM**
davon: Chemo-Plast GmbH, Berlin	(2.000.000,00 DM)

	Stammkapital 31.12.1988
Wittenbecher & Co. HG mbH, Berlin	**3.000.000,00 DM**
davon: Anstalt Befimo, Vaduz	(2.587.575,00 DM)
W. Welker als Treuhänder	
W. Schwettmann als Treuhänder	(412..425,00 DM)
EMA Industrieanlagen HG mbH, Essen	**650.000,00 DM**
davon: Wittenbecher & Co. HG mbH, Berlin	(650.000,00 DM)
DHG West-Ost mbH, Berlin	**1.000.000,00 DM**
davon: Arbuthnot Latham (Nominees), London *	(750.000,00 DM)
S. Burmester	(250.000,00 DM)
noha HG mbH, Bochum	**1.000.000,00 DM**
davon: Refinco Establishment, Vaduz	(1.000.000.00 DM)
Melcher GmbH, Elmshorn	**3.000.000.00 DM**
davon: Anstalt Polyindustrie, Vaduz	(3.000.000.00 DM)
M. Melcher aals Treuhänder	

* als Treuhänder der Anstalt Monvey, Vaduz

	Stammkapital 31.12.1988
Mebama B.V., Hellevoetsluis	**2.460.000,00 DM**
davon: Anstalt Polyindustrie, Vaduz M. Melcher als Treuhänder	(2.460.000,00 DM)
Friam B.V., Haarlem	**506.000,00 DM**
davon: Interholding B.V., Haarlem	(506.000,00 DM)
R. Ihle GmbH, Hamburg	**3.500.000,00 DM**
davon: Anstalt Unisped, Vaduz	(3.500.000,00 DM)
INWACO GmbH, Hamburg	**450.000,00 DM**
davon: Interholding B.V., Haarlem	(90.000,00 DM)
Redel N.V., Haarlem	(90.000,00 DM)
DIM B.V., Haarlem	(90.000,00 DM)
Friam Handel B.V., Haarlem	(90.000,00 DM)
Friam Techniek B.V., Haarlem	(90.000,00 DM)

GEMISCHTE GESELLSCHAFTEN

		(Grundkapital)	Bestand **31.12.1988**
Gesamt			**4.720.608,00 DM**
EUMIT SPA, Turin		(ges.2.268.000,00 DM)	
Treuhand: VE Metallurgiehandel	30,6 %		**694.008,00 DM**
Euro-Union-Metal S.A., Brüssel		(ges.4.700.000,00 DM)	
Treuhand: VE Metallurgiehandel	50,0 %		**2.350.000,00 DM**
Charlemetal S.A., Brüssel		(ges.1.410.000,00 DM)	
Treuhand: VE Metallurgiehandel	50,0 %		**705.000,00 DM**
Traafer S.A., Brüssel		(ges.180.000,00 DM)	
Treuhand: VE Metallurgiehandel	50,0 %		**94.000,00 DM**
Euro-Union-Metal France S.A., Paris		(ges.576.000,00 DM)	
Treuhand: VE Metallurgiehandel	50,0 %		**288.000,00 DM**
Imog B.V., Rotterdam		(ges.880.000,00 DM)	**589.600,00 DM**
Treuhand:			
VE Komb. DEUTRANS, Berlin	67.0 %		(308.716,00 DM)
VE Deutfracht/Seereederei, Rostock			(175.287,00 DM)
VEB Binnenreederei, Berlin			(105.597,00 DM)

FIRMEN IM BESITZ DER PARTEI
ÜBER TREUHÄNDER

	Kapital 31.12.1988
Gesamt	**55.000,00 DM**
Reisebüro	55.000,00 DM

STATUS DES VERMÖGENS (Grundlage Bilanz per 31.12.1987) IN TDM

	CP	INTEMA	Wittco	WIHAG	EMA	noha	DHG	Melcher	Mebama	Friam	Ihle	inwaco
Eigenkapital	20.313	10.488	7.309	7.106	564	7.537	2.065	3.821	2.470	1.899	11.108	539
davon: Stammkapital.	5.000	3.000	2.000	3.000	650	1.000	1.000	3.000	444	506	3.500	450
freie Rücklagen	6.280	17	7	1.500	---	2.987	500	---	1.576	511	6.000	
Gewinn	9.033	7.471	5.302	2.606	86	3.550	565	821	450	882	1.608	89
Anlagevermögen	7.717	1.988	5.272	320	402	262	246	2.627	165	70	2.242	103
Beteiligungen an anderen Firmen	2.000	307	14	650	10	---	300	500	---	1.370	205	---
Darlehen (ausgereicht aus dem Fonds der Partei)	1.800	10.000	---	---	---	---	1.500	---	500	---	---	---
Umsatz 1988 (Provisions- und Eigengeschäfte)		in Millionen VM										
Export	110	325	125	67	90	100	68		41	---	135	
Import	270	315	6		390	5	208	520	155		70	

Schalcks vegetarische Schiebergeschäfte

Keine Erbse, keine Himbeere, keine Paprikaschote war zu gering, um nicht für ein lukratives Geschäft zwischen Deutschland-Ost und -West herhalten zu dürfen. Hauptsache, nicht nur die Erbse, sondern auch die DM rollte. Und wenn schon eine schräge Sache zwischen der DDR und Westdeutschland abzuwickeln war – dann hatte garantiert eine KoKo-Firma aus dem Schalck-Imperium die Finger im Spiel.

Für den Geschäftsführer einer westdeutschen Tiefkühl-GmbH im grenznahen oberfränkischen Hof bedeuteten Schalcks Schachzüge mit vegetarischen Delikatessen großen Kummer. Einschließlich Gerichtsverhandlung, Geldstrafe und drohenden Berufsverbots. Weil er nämlich mit landwirtschaftlichen Erzeugnissen handelte, die auf dem Weg nach Hof in Thüringen die ursprünglich ungarische Nationalität verloren hatten und sozusagen mit falschem DDR-Paß in die Bundesrepublik einreisten.

Dahinter steckte nicht etwa der Widerwille der westlichen Verbraucher gegen ungarische Feldgemüse oder Beeren; womöglich hätten sich westdeutsche Familien lieber ungarische Erbsensuppe einverleibt als Hülsenfrüchte aus einer Landwirtschaftlichen Produktionsgenossenschaft der DDR. Der Appetit auf Himbeeren oder Apfelsaft aus der Pußtaregion dürfte noch allemal größer sein als das Verlangen nach Beerenobst, zum Beispiel aus der Bitterfelder Gegend oder aus der Region Aue, in der radioaktives Erz gefördert wurde. Jedenfalls kamen in Hof die Tiefkühlzüge aus Triptis in Thüringen an – und in Wirklichkeit hatten sie Sauerkirschen, Stachelbeeren oder Erbsen aus der Volksrepublik Ungarn geladen. Die Papiere wiederum bescheinigten, daß es sich um DDR-Ware handelte.

Der Trick dabei: DDR-Ware durfte abgabenfrei eingeführt werden; ungarische Ware hätte sowohl hohen Zoll als auch

Einfuhrumsatzsteuer gekostet. Der Waren- und Dienstleistungsverkehr mit der DDR war nämlich damals – wir schreiben das Jahr 1983 – steuerlich begünstigt.
Der Hofer Tiefkühlkost-Unternehmer wurde also auf frischer Tat ertappt. Und schuld war nicht nur der eigene Leichtsinn und Geschäftssinn – sondern auch die sprichwörtliche sozialistische Schlamperei, von der später noch die Rede sein wird. Von der waren weder die DDR-Stellen noch die ungarischen Lieferanten frei. Sie trieben letztlich den Unternehmer vor das Landgericht.

Der Vorgang findet sich natürlich mit allen Einzelheiten, mit Schrift- und Telexverkehr, komplett in Schalcks Papieren. Denn als klar war, daß es dem Partner im Westen an den Kragen ging, gab es bei der KoKo kritische Fragen an die Adresse der zuständigen Firma "BERAG": Haben wir was falsch gemacht? Was lernen wir daraus?

Doch davon später. Die Geschäfte gehen vor.

Die beruhten auf Verträgen zwischen der Hofer Tiefkühl-Firma und der "BERAG" Export-Import Berlin (Ost), Friedrich-Engels-Straße 35 – dem Schalck-Aktenleser bereits geläufig. BERAG war Teil der sogenannten Hauptabteilung 1 der KoKo, von wo aus im Westen Betriebe wie "Gerlach", "Asimex", "Camet" oder "Forgber" gesteuert wurden. Es gab Verträge über die Lieferung von rund 1500 Tonnen Erbsen, von 500 Tonnen Sauerkirschen und 170 Tonnen Stachelbeeren.
Das Geschäft, das die DDR dabei machte, liegt auf der Hand: Sie tätigte mit Ungarn ein sogenanntes Kompensationsgeschäft und kassierte harte West-Mark am Ende. Die Ungarn lieferten Erbsen, die DDR baute dafür in Ungarn eine Fabrik auf.
In diesem Fall war das Sondergeschäft laut Schalck-Akte so gestrickt:
"Lieferung einer Fertigungslinie zur Herstellung von Konservendosen an den AHB Techno-Impex, Budapest, im Wert von 4,0 Millionen Rubel – und Bezahlung durch Lieferung von

Gegenware in Form von Tiefkühlerzeugnissen durch den Außenhandelsbereich 'Hungarofruct' im gleichen Wert."
Von vornherein sollte die Tiefkühlware an die Firma R. in Hof/BRD geliefert werden. Alle Seiten waren sich einig: die Ungarn, der westdeutsche Geschäftspartner, die Kommerzielle Koordinierung – allerdings unter der Voraussetzung, daß diese Drittlandverträge in harten DM abgeschlossen würden. Nun aber begannen alle drei in den Vertrag verwickelten Partner, ihre Fehler zu machen.
– Der größte Fehler des Hofer Unternehmers: Er ließ sich darauf ein, direkt mit den ungarischen Erzeugern in Schriftwechsel zu treten, Termine abzustimmen und Reklamationen über Fernschreiber loszulassen. Der Schriftwechsel wurde später komplett in der Firma gefunden. Und als höchst belastend befunden.
– Der größte Fehler der ungarischen Partner: Sie hielten sich weder an die verlangten Qualitätsvorschriften noch an die Liefermengen, noch an die Absprachen hinsichtlich der Verpackung. Das brach dem Geschäft vorzeitig das Genick.
– Der größte Fehler der KoKo-Geschäftspartner: Sie als die eigentlichen Träger des Geschäftes ließen den Auftrag am langen Zügel schleifen, kontrollierten wenig oder kaum, betrauten inkompetente Mitarbeiter mit dem Auftrag.

Dies alles führte dazu, daß sich beim Unternehmer in Hof die Aktenordner mit Beschwerdeschreiben füllten und sein Zorn anschwoll.
Als es zur Verhandlung kam, gab ein Mitarbeiter des "Fortschritt Landmaschinen Export-Import" in einem Brief an das Ministerium für Außenhandel der DDR, Ländersektion BRD, zu:
"Es ist für uns eine sehr schwierige Situation, da der AHB Fruchtimex und die Fa. Berag schriftliche Bestätigungen abgegeben haben, daß es sich um DDR-Ware handelt. Ich bitte Sie um Prüfung dieser Angelegenheit, um gerichtliche Schritte zu verhindern, da wir mit dieser Firma inzwischen auch andere Geschäfte abwickeln."

Der volkseigene Außenhandelsbetrieb der DDR, "Fruchtimex", Träger des Ordens "Banner der Arbeit", hatte am 10.7.1984 tatsächlich folgende schriftliche Bestätigung losgelassen:
"Hiermit wird bestätigt, daß die bisher an die Fa. F. gelieferten und noch zu liefernden Tiefkühlkirschen und -erbsen DDR-Ursprung sind."

Das allerdings war nicht der Fall. Und das war auch gar nicht das Problem, das war schlicht eine Frage der Qualität.

Ständig hatte der Geschäftsführer Grund zur Beschwerde – mal bei den Ungarn, mal bei den KoKo-Leuten, die ihm ja eigentlich verantwortlich waren.

Einmal wurde die Erbsenqualität harsch reklamiert:
"Wir haben am 25. und 26. März in Triptis Erbsen abgeholt. Die beiden Lkw gingen an den gleichen Empfänger, mit welchem wir Kontrakte getätigt haben. Dieser reklamiert nun bei beiden Lastzügen die Qualität der Ware. Diese ist von unnatürlicher Farbe, hat einen eigenartigen Geruch und Geschmack, außerdem ist ein hoher Anteil von geschrumpften, hellen Erbsen vorhanden..."
Ein andermal geht es um 2000 Kartons à zehn Kilo Erbsen, die im Ursprungsland abgeholt wurden, aber die falsche Größe hatten. F. verzichtete entgegenkommenderweise darauf, die vollen Frachtkosten zu berechnen, stellte aber andere Frachtkosten in Rechnung: Gewürzgurken waren nämlich nach Berlin statt nach Triptis in Thüringen geliefert worden.
Im dritten Fall wurde wiederum nicht genügend Ware geliefert, was F. zum Beschwerdetelex zwang:
"Mit der Kürzung bei Erbsen sind unsere beiden Abnehmer nicht einverstanden. Diese haben uns gestern angekündigt, daß sie Deckungskäufe vornehmen wollen. Wir sind langfristige Bindungen eingegangen, damit eine reibungslose Plazierung möglich war. Schon im Januar haben wir unsere Ab-

nehmer vertrösten müssen... und nun bekommen wir das Resultat, daß wir nicht mehr lieferfähig sind."
Das war für den Unternehmer um so bitterer, als er wußte: Es lag durchaus nicht am wachstumshemmenden Klima in der VR Ungarn, sondern: "Andererseits ist im Monat Januar von Debrecen die Ware in großen Mengen anderweitig verkauft worden".
Der Unterzeichner mußte schon bitten, daß mit Debrecen unmittelbar Rücksprache gehalten wurde, damit er zu seinen 100 Tonnen Erbsen kam, die er dringend brauchte. "Die Sache ist sehr pressant", schrieb er. "Ferner haben Sie noch Gemüse-Erbsen in Triptis stehen. Wir bitten doch hierfür um Übersendung eines Kontraktes, ebenfalls für die Mehrmengen Tomatenmark und Himbeergrieß. Mit freundlichen Grüßen."

Bei "Hungarofruct" wurden im August 1983 drei Lkw mit roten Johannisbeeren angemahnt. Abgerufen wurden ein Lkw Gurken und vierzig Tonnen Erbsen.

Am 19. März 1984, etwa ein Vierteljahr, bevor der illegale Dreieckshandel aufflog, wurde die "BERAG" in Berlin aus Hof fernschriftlich instruiert: "Wir wären Ihnen dankbar, wenn die angeforderten sechs Lkw Gurken verladen werden könnten, für die wir bereits den Vertrag haben. Zwei Lkw sollten mit unseren Etiketten ausgezeichnet werden und vier Lkw mit 'a&p-Etiketten'. Aus dem neuen Kontrakt sollten ferner sieben weitere Lkw Gurken geliefert werden, auch mit 'a&p'-Etikettierung. Bemerken möchten wir noch, daß wir bei dem Geschäft mit den Sauerkirschen nichts erlösen werden, da bei diesem Artikel ein Überangebot besteht. Wir würden die Ware nur übernehmen, um Ihnen behilflich zu sein."

Am meisten erbost zeigte sich die Hofer Firma aber über eine Lieferung von Sauerkirschen, die jeder Beschreibung spotteten. Die Firma BERAG mußte lesen:
"Wie Ihnen bereits mitgeteilt, waren die ersten gelieferten Sauerkirschen unter jeder Kritik und keiner Norm entspre-

chend. Ein Großteil der Ware war noch mit Stielen, obwohl wir ohne Stiel gekauft hatten. Die Größe war zum Teil nur 1 cm Durchmesser. Ein Teil ließ sich überhaupt nicht entsteinen und wanderte von der Maschine weg in den Abfall... Wenn die Größe nicht gewährleistet ist, so hat es keinen Sinn, weitere Ware zu liefern."

Im Juni 1984 war es dann soweit, daß die Erbsenzähler vom Zoll argwöhnisch wurden. Ein mit zwanzig Tonnen tiefgefrorener Erbsen beladener Kühlzug rumpelte in die Grenzkontrollstelle Rudolphstein. Aber die Kartons des angeblich reinrassigen innerdeutschen Handels trugen teilweise den Vermerk "ungarisches Erzeugnis", teilweise war handschriftlich daraufgemalt: "borso". Das ist ungarisch. Und heißt: Erbsen.
Kurzer Prozeß: Erbsen beschlagnahmt, Firma angezeigt.

Zu allem Übel gab es auch noch Zeugen, die das Kühlkost-Lagerhaus in Triptis/Thüringen als heimlichen Umschlagplatz der DDR für Ware aus anderen Ländern identifizierten. Einer der Zeugen hatte sich sehr gewundert, als er Erbsen von Debrecen über die CSSR nach Triptis brachte. Die Erbsen blieben dieselben, nur die Frachtpapiere änderten sich. Und mit Erbsen, die plötzlich die DDR-Staatsbürgerschaft angenommen hatten, ging es weiter in die Schweiz. Ähnlich widerfuhr es einem anderen Fahrer, dessen Ladung Paprika aus Debrecen in Triptis ostdeutsch wurde – ehe sie nach Hof weiterrollte.
Die Staatsanwaltschaft stellte fest, daß es durchaus keine Lappalien waren, um die es bei den Zoll- und Steuerbetrügereien ging. Einmal lag die hinterzogene Zolltaxe bei 252.778,50 DM, und zum anderen betrug die Ersparnis bei der betrügerisch verhüteten Einfuhrumsatzsteuer immerhin 112.259,70 DM. Das Ganze hieß vor Gericht dann "Zollhinterziehung in Tateinheit mit Einfuhrumsatzsteuerhinterziehung in Tatmehrheit mit Umsatzsteuerhinterziehung".
Die Anordnung eines Berufsverbots nach § 70 StGB lag nahe.

Kein Wunder, daß sich der Unternehmer bei seinem Geschäftspartner, dem KoKo-Unternehmen BERAG, bitter beschwerte: "Bei korrekter Verladung von völlig neutralen Kartons, so wie vereinbart, wären niemals Schwierigkeiten entstanden. Sollten in dieser Angelegenheit Zahlungen auf uns zukommen, so lehnen wir diese ab."
Das tat eiskalt auch die BERAG. "Da alle Lieferungen korrekt abgewickelt worden sind." Im übrigen, ließ man wissen, wäre dazu auch der entsprechende Nachweis zu führen.

Nur intern gestand Genosse Schneider von der BERAG seinem KoKo-Ansprechpartner Neubert, daß man sich Gedanken mache, wie sich solch unangenehme Geschichten künftig vermeiden ließen. Immerhin mußte der Hofer Unternehmer eine halbe Million hinterzogene Beiträge nachzahlen. Das tat der BERAG ebensowenig weh wie der KoKo. Aber ihnen entgingen möglicherweise künftige Geschäfte. Und das schmerzte.
Immerhin konnte Schneider melden, daß die Verträge mit Hof und die Verträge mit den ungarischen Vertragspartnern "abgewickelt" wurden. Die Anlage für Konservendosen war geliefert worden, "läuft ohne Beanstandungen".

Das Unglück des West-Unternehmers führte auf der Ostseite in der DDR zu einigen Konsequenzen:
- Zu gründlicheren Vorbereitungen von Verträgen,
- zu exakteren Kontrollen der vereinbarungsgemäßen Realisierung von Verträgen,
- dazu, daß VE-Verträge (VE = Valuta-Einheiten) nicht mehr mit Drittlandware beliefert wurden.

Das aber war schon das höchste der Mitgefühle, zu denen ein KoKo-Mitarbeiter fähig war.

Kleine Geschenke erhalten die Freundschaft

Wenn einer wußte, wie man sich Kollegen und Mitarbeiter geneigt macht, dann war es Schalck. Schon 1965 hatte der Devisenbeschaffer, wie in seinem Brief an den Genossen Matern erwähnt, seine Mitarbeiter "mit Geld- und Sachprämien ausgezeichnet". Schließlich mußten die "an der Erwirtschaftung der Mittel beteiligten Genossen" bei der Stange gehalten werden. Das Sprichwort, daß kleine Geschenke die Freundschaft erhalten, war Schalck wohl nachhaltig in Erinnerung. Schließlich vergaß er auch nie, seine Geschäftspartner daran zu erinnern, daß sie nach Abschluß des Geschäftes doch einen Teil des Gewinns abzweigen und ihm, Schalck, unauffällig über seine Tarnfirmen zukommen lassen sollten.
Eine Hand wäscht die andere.

Besonders wirksam sind Aufmerksamkeiten, wenn sie dem Empfänger das Leben auf Dauer erleichtern. Und was bietet sich da an – in einem Staat, in dem alle, fast ohne Unterschied, jahrelang auf eine mittelmäßige Zweizimmerwohnung warten müssen? Was bietet sich an in einem Land, in dem ein nagelneuer Zweitakt-Trabant für den Normalbürger das höchste aller Gefühle ist?

Richtig. Es bietet sich an, den Menschen, von denen man seinerseits einen Gefallen erwartet, auf dem Wohnungs- oder Autosektor behilflich zu sein.

Was Schalck nach Kräften tat. Er hatte schließlich finanzielle und behördliche Kräfte, über die so schnell kein anderer in der DDR verfügte. Mit der Zeit entstanden insgesamt 42 Einfamilienhäuser, zum Teil mit luxuriöser Ausstattung aus dem Westen, die an den bürokratischen Hürden der DDR vorbei vermietet werden konnten.

Erst als die "Sonderkommission Ministerrat" Ende 1989/Anfang 1990 in den KoKo-Bereich wie in ein Wespennest hineinstocherte, kam die Wahrheit ans Licht. Und die DDR-Bevölkerung, die sich zu Recht übers Ohr gehauen fühlte, war empört.

Schalck hatte ja nicht nur an verdiente Mitarbeiter, sondern natürlich auch an sich selbst gedacht, als er feudale Einfamilienhäuser bauen ließ, wie sie sonst keinem in der DDR ohne weiteres zur Verfügung standen. Er setzte auch seinen Stellvertreter, Stasi-Oberst Manfred Seidel, ins gemachte Nest. Er lud Leiter und Mitarbeiter seines KoKo-Bereiches, aber auch Generaldirektoren von Bereichen, die KoKo ständig zur Durchführung ihrer geheimnisvollen Geschäfte brauchte, zum behaglichen Wohnen in KoKo-Immobilien ein. Staats- und Wirtschaftsfunktionäre genossen das Wohnen im West-Standard – dank Schalck.

Selbst Subalterne wie Kraftfahrer, Sekretärinnen, Telefonistinnen, Bauleiter oder eine Kassenverwalterin hatten etwas davon, mit zum KoKo-Clan zu gehören. Sie durften zwar nicht auf Dauer in die Villen oder Reihenhäuser – aber für sie fielen die Wochenendobjekte ab, die sich Schalcks Koko mit der Zeit ebenfalls zugelegt hatte. Ein Wochenende im Grünen – und schon lief die Arbeit unter der Woche wieder wie geschmiert.

In KoKo-Wohnhäusern lebte zum Beispiel als Nachbar Schalcks an der Berliner Manetstraße, Nummer 13, Herr Holger B. mit Familie, ein wichtiger Mitarbeiter im Paß- und Meldewesen. Da wohnte "Am Lerchengrund" 8 c Dr. W., Handelsrat in der Botschaft der DDR in Frankreich. Sein Nachbar wiederum war Kurt F., Generaldirektor des Außenhandelsbereichs Chemie. Und auch der Hauptabteilungsleiter vom Ministerium für Außenwirtschaft, Peter Sch., hatte das Privileg eines KoKo-Häuschens. Oberärztin Dr. J. durfte am Reetzer Weg 61 zur Miete wohnen. Kurt Blecha, der Stiefvater von Schalcks zweiter Frau Sigrid Gutmann, hatte dort ebenfalls seine Unterkunft. Und auch Frau Gutmanns Bruder, Prof. Manfred Gutmann, stellvertretender Institutsdirektor der Akademie der Wissenschaften, wohnte im KoKo-Besitz an der Augustastraße 2.

Die Sonderkommission Ministerrat, die Ende 1989 die skandalösen Zustände untersuchte, hatte für die Vermietungspraktiken Schalcks zwei Ausdrücke parat: "Korruption" und "Amtsmißbrauch"

Schalck selbst verstand das Ganze als "soziale Leistungen". Als solche pries er sie auch in einer Art Rechenschaftsbericht dem zuständigen Ausschuß der Volkskammer an, als der sich Ende 1989 dafür interessierte. Noch zwei Tage vor seiner Flucht stellte Schalck den Bau und die Verwaltung der KoKo-Einfamilienhäuser als das Normalste von der Welt hin. Die KoKo habe eben den gesamten "Komplex der Sozialleistungen, die von jedem Betrieb in der DDR für seine Mitarbeiter geschaffen werden, selber erwirtschaftet", heißt es. "Dazu gehören u. a. der Bau betriebseigener Einfamilienhäuser und Ferienobjekte."
Dann erklärte er noch, weshalb die Ausstattung solcher Häuser immer aus dem Westen kam, wohingegen die Bauarbeiten selbst aus eigener Kraft bewältigt wurden: "Importiert wurden als Beistellung zum Bau solche Materialien und Ausrüstungen, die nachweislich aus DDR-Aufkommen in entsprechender Qualität, Menge ujnd zum vorgesehenen Einbautermin nicht beschaffbar waren. Die Genehmigung zur Verwendung derar tiger Materialien und Ausrüstungen ist in einer Weisung des Ministers für Bauwesen (Nr. 142/87) festgelegt."

Die Sonderkommission des Ministerrates betrachtete die Geschichte aber etwas differenzierter. Denn die gesetzlichen Bestimmungen der DDR sahen zwar die Unterstützung der Bürger durch ihre Betriebe vor, wenn einer sich ein Eigenheim selbst bauen wollte. Aber: "Eine Nutzung von Eigenheimen zur Vermietung ist nicht vorgesehen."

Im Kommissionsdeutsch ausgedrückt, lautete der Vorwurf an Schalck: "Es handelt sich beim Vorgehen des Bereiches KoKo um eine Maßnahme zur Bindung eigener und fremder, für die Tätigkeit des Bereiches wichtiger Personen an den Bereich: Korruption."
Und: "In gleicher Weise ist die Vermietung von Wochenendobjekten zur dauernden individuellen Nutzung einzuordnen."
Das aber ist nicht der einzige Vorwurf, es geht noch weiter: "Der Bau der Einfamilienhäuser erfolgte unter Ausnutzung der Stellung und Möglichkeiten des Bereiches KoKo außerhalb von bestehenden Plänen und Bilanzen. Durch den Bereich wurden den betreffenden Baubetrieben importierte Rationalisierungsmittel als Gegenleistung besorgt und gegen die Bauleistungen verrechnet: Amtsmißbrauch."

Einen normalen Ex-DDR-Bürger muß es schon gewaltig fuchsen, wenn er hört, daß diese KoKo-Häuser fast alle mit sauberen Buderus-Gasheizungen ausgerüstet waren, während er selbst Braunkohle oder Holz einschüren mußte. Der Puls muß ihm schneller schlagen, wenn die Rede auf die Ausstattung kommt, die von der Sauna bis zu chromblitzenden Armaturen reichte.
Nur die KoKo war in der Lage, all diese Sachen mit ihrem langen Arm zu beschaffen.

Der Ratsvorsitzende des Kreises Bernau, ein Herr Thiemicke, war einigermaßen verzweifelt, als er sich an die Sonderkommission des Ministerrates wandte. Er hatte nämlich eine ganze Liste von KoKo-Objekten, die gar nicht auf den offiziellen Aufstellungen Schalcks vorkamen.

Die Stimmung der Menschen in den Gemeinden Wandlitz und Stolzenhagen, so ließ Thiemicke wissen, war "gereizt bis aggressiv". Was man nicht nur bei der Sonderkommission verstehen konnte. Denn beispielsweise gab es da einen Bungalow in Stolzenhagen, Basdorfer Str. 25, der in der Liegenschaftsaufstellung der KoKo überhaupt nicht auftauchte. Das Grundstück war für die KoKo von einem gewissen Herrn W. gekauft worden. Die Bürgermeisterin von Stolzenhagen wußte noch, daß dieser mal bei Schalcks Firma "Intrac" beschäftigt – aber dann wegen Spionage inhaftiert worden war. Herr W. hatte aber inzwischen seine Haftstrafe abgebüßt, befand sich im Westen und wollte mehr: Er erhob von Westdeutschland aus Anspruch auf das Grundstück.

Damit nicht genug: Die KoKo ließ noch eine ganze Anzahl weiterer Häuser bauen, die dann einfach auf die Staatssicherheit, auf den Ministerrat oder andere zentrale Organe des SED-Staats übergingen.

Vor allem erhitzten zwei Bungalows, bei denen das Besitzrecht sogar eindeutig geklärt werden konnte, die Gemüter der Bürger. Die Flachbauten standen in Stolzenhagen, Uferstraße 27/28. Darin wohnten die geschiedene Frau sowie der Sohn von Schalck. Die Bürgermeisterin erklärte, daß für diese Bungalows noch nie Gemeindesteuern gezahlt worden seien.
Was passiert damit? wollten die Bürger wissen. Jetzt war die Zeit des SED-Regimes vorbei, jetzt mußte es doch möglich sein, die Häuser, die auf den Entbehrungen der Menschen, auf ihrem Verzicht auf bessere Lebensumstände gegründet waren, für die Allgemeinheit zu nutzen.

Es trug nicht zu ihrer Beruhigung bei, als bekannt wurde, daß manche der Häuser, die die KoKo gebaut hatte, an Privatpersonen verkauft wurden – was für DDR-Verhältnisse ganz besonders ungewöhnlich war.

Beispiele:
– Herr Schalck-Golodkowski war Eigentümer der beiden Bungalows an der Uferstraße 27/28, in denen seine geschiedene Frau und sein Sohn lebten.
– Herr Seidel, also Schalcks Stellvertreter, war Eigentümer des Objektes "Straße am See" 51/51 a.

– Die Firma Forgber, eine der wichtigen aus dem Schalck-Imperium, war Besitzerin des Anwesens Triftstraße/Ecke Wildgatter.

Die Mitglieder der Sonderkommission des Ministerrates gingen davon aus, daß beim Verkauf dieser Objekte nicht alles mit rechten Dingen zugegangen war. Sie sahen vor allem die teure West-Einrichtung, die Saunen und die Verbundglasfenster und argwöhnten: "Daß diese bei der Ermittlung des Verkaufspreises nicht so bewertet wurden, wie es den geltenden Rechtsvorschriften entspricht (z. B. mindestens Umrechnungskoeffizient 1:4,4)."

Damit mochten sie recht haben. Denn zimperlich wurde mit den Kosten beim Bau dieser Luxushäuser nicht umgegangen. In Schalcks Papieren findet sich eine Kostenaufstellung für drei Wohneinheiten in Schildow, die immerhin schon 1981/82 erstellt worden waren. Allein die Rohbaukosten waren mit 2,2 Millionen Mark veranschlagt (Inlandspreis für die Bauleistung der Firma Spezialbau Potsdam). Für den Innenausbau wurden 758.953,43 Mark aufgewendet. Und die Außenanlagen kosteten allein 687.040,77 Mark; darunter fast 105.000 Mark für Erzeugnisse der "Elbenaturstein" in Dresden und 87.000 Mark für die Zaunanlage und ein eigenes Stromerzeugungsaggregat.

Natürlich handelte es sich da um ein ganz spezielles Objekt. Denn es war sozusagen ein kleines Geschenk, um die Freundschaft von Günter Mittag zu erhalten. Mittag war Auftraggeber, als Rechtsträger fungierte das Ministerium für Außenhandel – Bereich Kommerzielle Koordinierung.

Schalcks Akten tragen den Vermerk: "Nach Fertigstellung wurden zwei Häuser mit Wirkung vom 1.7.1982 an die Töchter des Genossen Günter Mittag vermietet." Doris K. hieß die eine, Marianne H. die zweite. Das dritte Haus hatte keinen festen Bewohner. Also wurde die dritte Wohneinheit als Gästehaus deklariert. "Und als Reserve für Wochenend- und eventuellen Alterssitz für Genossen Mittag betrachtet."

Beinahe hätte damals noch die evangelische Kirche den Töchtern und Mielke einen Strich durch die Rechnung gemacht. Denn wie die Schalck-Akte sagt, "existierte ein aktueller Bedarf der evangelischen Kirche am Bau von Einfamilienhäuser". Und es gab bei der KoKo in der Tat "vorübergehende Gedanken, die im Bau befindlichen Häuser evtl. für diesen Zweck zur Verfügung zu stellen."
Am Ende siegten dann doch die Töchter. Mit der Kirche gab es ohnehin keine festen Absprachen. Familie Mittag ging vor.

Auch Alexander Schalck kam, wie erwähnt, durch die KoKo zu einem feudalen Domizil. Sein Haus war indes eher bescheiden, gemessen an der wahren Bedeutung des Riesen Schalck.
Der KoKo-Fürst wohnte zur Miete. Allerdings hatte er sich Gestaltung, Größe, Raumaufteilung und Ausstattung selbst aussuchen können. Was nicht unbedingt jedem Mieter gestattet wird. Aber schließlich hatte Schalck, ein Mann mit ausgeprägtem Kunstsinn, auch ganz bestimmte Vorstellungen von einer Behausung.
Fast zeitgleich wie beim Genossen Mittag keimte in Schalck der Wunsch, durch die KoKo zu angemessenem Wohnraum zu kommen.Dabei wurde er durch die Genossen Mittag und Mielke unterstützt. Also entstand im Berliner Stadtteil Hohenschönhausen an der Manetstraße 14 auf circa. 150 Quadratmetern Grundfläche ein Flachbau, in dem sich's leben ließ.
Verwunderlich ist nur eines: Während der Dreispänner für die Familie Mittag mehr als 3,9 Millionen Mark kostete (allerdings mit allem Drum und Dran), wurde für Schalcks Flachbau vom gleichen bauausführenden Unternehmen, dem "VEB Spezialbau Potsdam", nur ein Betrag von 151.200 Mark in Rechnung gestellt – ohne Innenausbau und ohne technische Gebäudeausstattung. Die Möbeleinbauten hat Schalck nach

seiner eigenen Aktennotiz selbst bezahlt, bevor er als Mieter einzog.
Als Leser der Aktennotizen gewinnt man den Eindruck, als wären auf Günter Mittags Ruf hin irgendwelche horrenden Kosten, die anderswo entstanden waren, einfach auf sein Wohnungsbauprojekt abgewälzt worden. Denn schon die Grundbaukosten für Schalcks Haus in Berlin waren gehoben bis gesalzen für jene Zeit, in der ein DDR-Häuslebauer, wenn er es überhaupt bewerkstelligen konnte, für 60.000 bis 80.000 Mark ein Heim hinstellte. Bei angemessenen Eigenleistungen, versteht sich.
Die Kosten für die Mittag-Häuser kann man in dieser Relation nur noch als aberwitzig bezeichnen.
Als das brüchige SED-Gebäude DDR zusammenbrach, traten Günter Mittag und Töchter die Flucht nach vorn an. Selbst das protokolliert Schalck noch genau:
"Durch G. Mittag wurde an den Ministerrat das Ersuchen gerichtet, geeigneten Wohnraum für sich und seine Ehefrau und die beiden Familien seiner Töchter bereitzustellen. Der Ministerrat hat daraufhin Möglichkeiten gesucht, Bürger zu finden, die Interesse am Kauf der Einfamilienhäuser haben und über geeignete Tauschwohnungen verfügen."
Aber der Verfasser dieser Aktennotiz ist wenig zuversichtlich, daß dabei der einfache Bürger zum Zug kommt: "Es kann sich dabei voraussichtlich nicht um kinderreiche Familien handeln, sondern um Angehörige der wissenschaftlichen Intelligenz, die in der Lage sind, das erforderliche Vermögen aufzubringen."

Wie recht er hat! Bei dem Baupreis!

Kuren und Karossen

Es ist wie bei einem Toten, bei dem Haare, Nägel und Bart noch tagelang weiterwachsen: Als der große Alex sich bereits in den Westen abgesetzt hatte, wuchsen seine Akten immer noch. Das Büro bestand schließlich noch, nur wurde es jetzt in neuem Geist geführt.
Da findet sich ein Brief von einem achtbaren Professor der Medizin Ende des Jahres 1989, der an den Ministerrat der DDR – Untersuchungsabteilung für die Aufklärung der Vorgänge um Mißbrauch und Korruption – gerichtet war. In jenem Brief beschwert sich der Verfasser geharnischt über den Staatssekretär Prof. Schneidewind im Ministerium für Gesundheitswesen.

"Eine Schlüsselfigur für die Misere im Gesundheitswesen der letzten Jahre ist nach meinem Dafürhalten der Staatssekretär", schreibt Prof. Dr. Jochen Neumann aus Köthen, "der – unabhängig von seiner merkwürdigen Karriere als Professor und Politiker – die Geschicke des Gesundheitswesens mit einer Mischung von Inkompetenz, Ignoranz und Willkür tiefgreifend in den letzten Jahren beeinflußt hat. Er hat sich zumindest mit seiner Amtsführung schuldig gemacht, wobei ich das Wort Korruption aber zunächst vermeide. Der Ausschuß sollte sich ausführlich mit ihm befassen."
In diesem Stil geht es weiter. Es gibt Klagen darüber, daß der Staatssekretär nach eigenem Gutdünken ungerechtfertigte Gehaltserhöhungen aussprach. Oder daß er für das neue Hotel "Dresdner Hof" ein Kurzentrum geplant hatte, was in Ermangelung von Konzepten, Leistungsplanungen und Rentabilitätsberechnungen einem "Verbrechen" gleichkomme.
"Für 1990 ist das Hotel bereits weitgehend ausgebucht, ohne daß medizinische Leistungen in erforderlichem Maße angeboten und verbucht wurden", schrieb der Professor. "Das

Ganze wäre nicht aufgefallen, da die Kosten über das Dresdner Gesundheitswesen haushaltsfinanziert worden wären, während der Gewinn über die KoKo abgeführt worden wäre. Der Staatssekretär arbeitete eng mit Dr. Schalck-Golodkowski zusammen."

Das stimmt, wie sich in den Schalck-Papieren zeigt .
Alexander Schalck schreibt 1986 an den Staatssekretär, Genossen Prof. Dr. Schneidewind:

"Lieber Ulrich,
beiliegend übermittle ich Dir, wie gestern besprochen, Bitten zur Bereitstellung von Kuren (siehe Anlagen).
Ich habe veranlaßt, daß bei Entscheidung des Standortes im Rahmen der getroffenen Vereinbarung der außerplanmäßige Import eines weiteren CT (Red.: Computer-Tomographen) in diesem Jahr erfolgen kann.
Was die Einrichtung einer Balneologischen Abteilung bei dem in Vorbereitung befindlichen Hotel in Dresden (ausschließlich NSW) betrifft, habe ich die Genossin Jutta Krönert beauftragt, mit Dir Kontakt aufzunehmen..."

Es folgt der Anhang über die besonders kurbedürftigen Personen. Gebeten wird um eine Kur in Karlsbad/Tschechoslowakei für:
Dr. Alexander Schalck-Golodkowski und
Sigrid Schalck-Golodkowski,
beide ab 15. Februar 1987 für fünfzehn bis siebzehn Tage.

Gebeten wurde auch um eine Kur für

W. Ingeburg, in Heiligendamm (ab 10.10.86).
Gebeten wird auch um eine Kur für Manfred W. und Ingeburg W. im April 1987 in Karlsbad.

Man kann davon ausgehen, daß den Kuren behördlicherseits nichts im Wege stand.

Widerstand konnte Schalck nicht ausstehen. Also suchte er sich seine Mitarbeiter und Gesprächspartner nach Möglichkeit entsprechend aus. Schalck mußte recht behalten. Schalck erpreßte, Schalck schmeichelte, Schalck intrigierte, um zum Ziel zu gelangen. Dort, wo es wirksam war, schmierte er. Schließlich brauchte er Loyalität und eine Portion Bewunderung.

Eines der wirksamsten Schmiermittel überhaupt waren Autos. Man muß sich das einmal vorstellen: ein Staat, in dem man bis zu siebzehn Jahre auf die Lieferung eines Autos warten muß. In der gleichen Zeit hat ein Geschäftsmann im Westen vier Mercedes von der Steuer abgeschrieben und bereits den fünften in Gebrauch, bis der DDR-Arbeiter seinen ersten tuckernden Trabant bekommt. Und sollte er ihn nicht gleich abholen, sobald er benachrichtigt wird (beispielsweise wegen Krankheit, Urlaub oder Dienstreise), kriegt diesen Wagen der nächste auf der Liste. Und unser Arbeiter muß wieder ganz vorn anfangen mit dem Warten.
Nur wenn man das weiß, kann man ermessen, was es heißt, in einem solchen Staat plötzlich mit einem russischen Lada vorzufahren. Oder aus einem nagelneuen VW Golf oder einem Peugeot auszusteigen.
Schalck machte es möglich. Schalck gab Gas. Schalck nutzte das Machtinstrument Auto gehörig aus.

Das Komitee für Volkskontrolle – auch eine Untersuchungsinstanz der neuen Regierung – erstellte einen ausführlichen Bericht darüber, wie Schalck mit Pferdestärken die Menschen schwach machte:
"Der Vertrieb von Pkw und Transportern war, wie der gesamte Bereich Kommerzielle Koordinierung, nach Prinzipien der konspirativen Arbeit organisiert. Es wurde streng darauf geachtet, daß jedem Mitarbeiter nur das zur Kenntnis gegeben wurde, was er unbedingt zur Erfüllung seiner Teilaufgabe benötigte."

Nach dem Kommissionsbericht war der direkt zuständige Mann in der KoKo-Behörde Schalcks Stellvertreter Manfred Seidel. Er war es, der die Vergabe von Autos entschied. Er war es, der die Bezahlung in DDR-Mark oder Devisen befahl. Er war es, der den Preis festsetzte – soweit nicht Schalck oder Honecker oder Mittag diese Modalitäten selber regelten. Aber das taten sie nur in ganz bestimmten Fällen.

Wer Schalck kannte, hatte es gut. Wer Seidel persönlich kannte, hatte es besser.
Besser hatte es zum Beispiel der Berliner Günter Bratvogel. Am 17. Januar 1989 schrieb er handschriftlich an Seidel:

"Werter Herr Seidel,
mit diesem formlosen Antrag möchte ich einen persönlichen Wunsch an Sie herantragen. Da wir schon viele Jahre in einem guten Mietverhältnis (Garagenhof Bratvogel, Rosenthal) zusammenarbeiten und ich auch immer bereit bin, Ihnen in notwendigen Lager- und Parkmöglichkeiten entgegenzukommen, bitte ich Sie, mir die Genehmigung zum Kauf eines Pkw Lada 2107 zu erteilen. Mit freundlichem Gruß..."

Was tat Seidel?
Schrieb er zurück: Sie sind wohl wahnsinnig geworden?
Ließ er bestellen: Mal sehen, was ich tun kann?
Ließ er das Schreiben vielleicht gar ohne Antwort?

Nein. Seidel schrieb: "Einverstanden: Seidel."

Wer von KoKo mit einem Auto bedacht wurde, ließ gewöhnlich seine offizielle Voranmeldung für einen Trabant oder Wartburg weiterlaufen. Daraus konnte sich ja in der maroden DDR noch ein Zusatzgeschäft ergeben. Nur in Ausnahmefällen gab es einen Vermerk, wonach die laufende Pkw-Anmeldung eines von der KoKo bedachten Vorzugsbürgers eingezogen wurde.

Es war übrigens eigenartig, wie die Empfänger an ihre Fahrzeuge kamen. Mitarbeiter der KoKo berichteten, daß sie von Manfred Seidel gewöhnlich den mündlichen Auftrag erhielten, Personenwagen abzuholen – entweder im BERAG-Lagerkomplex, im Internationalen Handelszentrum, bei der Firma "Transinter" oder bei der Leipziger Messe. In der Wallstraße, dem Sitz der KoKo, meldeten sich dann die Empfänger – "von Schalck, Seidel oder deren Sekretariat benannte Personen". Die Fahrzeugpapiere wurden zum Teil in geschlossenen Umschlägen ausgehändigt. Schriftliche Unterlagen über diese Transaktionen wurden in der Behörde später nicht gefunden. Aufgrund von Personalaussagen ermittelte die Verkehrspolizei neun Fahrzeughalter und konnte sogar feststellen, daß diese einen Kaufpreis für ihr Fahrzeug entrichtet hatten.
Das war durchaus nicht immer der Fall. Nach den Unterlagen der Kommission haben im Jahr 1989 allein dreizehn Empfänger von Autos ihr Fahrzeug überhaupt nicht bezahlt. In sieben Fällen hat Manfred Seidel die Anweisung erteilt, daß keine Rechnung gestellt werden sollte.
Wenn eine gestellt wurde, dann war die Höhe des Kaufpreises eher willkürlich. Waren es Trabis oder Wartburgs oder Ladas, dann mußte in DDR-Mark bezahlt werden; ausländische Fahrzeuge aus westlichen Ländern schlugen in DM zu Buche. Seidel machte aber Ausnahmen, wenn es nötig war. Dann gab es auch einen japanischen Mazda für 20.000 Ostmark, während einem anderen Kunden der Golf 19 E mit 22.160 DM-West berechnet wurde.

Besonders gut fuhren die ehemaligen Mitglieder des Politbüros und deren Angehörige. Für diesen Personenkreis waren Luxusausführungen des Volvo 360 vorgesehen. "Die Fahrzeuge wurden für die persönlichen Belange der Familienangehörigen ehemaliger Politbüromitglieder eingesetzt", konstatiert der Kommissionsbericht. "Die Anforderungen (jeweils mit Fahrer) erfolgten direkt durch die Familienangehörigen bei einem Einsatzdispatcher der ehemaligen Hauptabteilung Personenschutz."

Die Fahrzeuge waren dem "gehobenen Bedarf" entsprechend mit Hi-Fi-Elektronik und Klimaanlage ausgestattet. Rechnete man mit einer Laufleistung von 100.000 bis 150.000 Kilometern, dann kam – so rechnete die Kommission – bei 38 solcher Fahrzeuge insgesamt eine Fahrstrecke von 4,6 Millionen Kilometern zusammen.
Dafür waren allein 700.000 Mark an Benzinkosten nötig.

Die KoKo hatte selbstverständlich auch Vereinbarungen mit den zuständigen Kfz-Zulassungsbehörden. Das machte Schalcks Vetternwirtschaft unabhängig von den Amtsschimmeln der anderen DDR-Behörden. KoKo-Mitarbeiter konnten selbständig Kfz-Briefe ausstellen – die Zulassung erfolgte dann reibungslos, "auf der Grundlage einer Vereinbarung Schalck/Generalmajor Mally", wie es im Kommissionsbericht heißt. So kam mit der Zeit ein heilloses Durcheinander zustande: Dienstfahrzeuge waren auf Privatpersonen zugelassen; Privatfahrzeuge wurden zwar in Rechnung gestellt, aber nie bezahlt.
Und dennoch fand das Finanzministerium nie einen Grund zur Beanstandung bei den KoKo-Jahresrechnungen. Kein Wunder, auch die unbezahlten Rechnungen waren dann verschwunden.
Und keiner konnte nachprüfen, was ein Peugeot, ein Mazda oder ein Volvo wirklich gekostet hatte.

Außer Schalck.

Kopfgeldjäger Schalck – die Häftlingsfreikäufe

Verräterisch ist eine Aktennotiz, die Schalck am 17. März 1986 an den Genossen Carlsohn schickte. Der war im Ministerium für Staatssicherheit für die Abwicklung von Häftlingsfreikäufen und Familienzusammenführungen zuständig. Die Notiz bestand nur aus vier Zeilen, aber die hatten's in sich:

"Lieber Genosse Carlsohn!
Strauß und März bitten um Unterstützung in beiliegender Angelegenheit (Red.: Handschriftlich ist in Klammer zugefügt: 'Devisenschmuggel').
Es wird um eine kurze Verurteilung und anschließende Freilassung gebeten.
Mit kommunistischem Gruß.
Sch."

Die Notiz ist weniger deshalb interessant, weil sich Strauß und sein Freund März für einen Devisenschmuggler einsetzten. Strauß trat für viele Deutschen ein, die drüben festgehalten wurden. Und wie schnell einer in der DDR zum Devisenschmuggler wurde, weiß jeder, der an der Grenze von rüden DDR-Beamten bei der Rückkehr in die Bundesrepublik einmal mit DDR-Mark in der Tasche ertappt wurde.
Das Entscheidende steht im zweiten Satz Schalcks: "Es wird um eine kurze Verurteilung und anschließende Freilassung gebeten".
Wieso denn erst noch verurteilen, wenn dann doch die Freilassung ansteht?

Ganz einfach: Der Unterschied zwischen Freilassung ohne Urteil und Abschiebung mit Urteil bestand in genau 95.847 DM.
Das war seit 1977 exakt die Summe, die von der Bundesrepu-

blik pro Kopf eines Gefangenen beim deutsch-deutschen Häftlingshandel bezahlt wurde. Vor 1977 lag das Kopfgeld noch bei pauschal 40.000 DM. In den Anfängen des Menschenhandels zwischen Ost und West war es besonders kompliziert, da seinerzeit für jeden einzelnen Häftling ein individueller Preis ausgehandelt werden mußte – je nach Schwere der Straftat, je nach Bedeutung der Person für den Westen.
Der Ostberliner Anwalt Wolfgang Vogel, der drei Jahrzehnte Unterhändler war für jene humanitären Belange, erinnert sich in einem SPIEGEL-Interview: "Ursprünglich gab es gestaffelte Berechnungen. Für Hochbestrafte, für Lebenslängliche wurde mehr berechnet. Das war furchtbar, dazusitzen und auszurechnen, wieviel Strafrest noch zu bezahlen war, so kaufmännisch. Es war vor allem Rehlinger (Red.: Ludwig A. Rehlinger, früher Staatssekretär im innerdeutschen Ministerium, hat von Beginn an die Gespräche mit der DDR geführt), der gesagt hat: Das machen wir nicht mehr mit, wir müssen uns auf eine Pauschalsumme einigen."

Alexander Schalck tat am 17.3.1986 mit vier Zeilen seinem Münchner Gesprächspartner Franz Josef Strauß einen Gefallen – und zugleich auch seiner DDR, indem er ihr einen knappen Hunderttausender an Devisen verschaffte.
Denn der Menschenhandel, das zynischste und widerlichste der DDR-Geschäfte, lief selbstredend über die Firma, die zwischen Ost und West alles möglich machte: Schalcks KoKo.

Als Schalck im Dezember 1989 bereits auf dem Absprung in den Westen war, schlug er noch Kapital aus jenen über Jahrzehnte hinweg abgewickelten Menschengeschäften: Über Wolfgang Schäuble und Karl Heinz Neukamm, den Präsidenten des Diakonischen Werks, bat er sozusagen um Geleitschutz für seine Flucht. Schäuble und Neukamm waren für Schalck wichtigste Gesprächspartner in den Verhandlungen über Häftlingsfreikäufe gewesen.
Soviel heute bekannt ist, konnte Schalck geholfen werden. Er bekam vorübergehend Papiere auf den sinnigen Namen Gut-

mann – den früheren Namen seiner zweiten Frau; er bekam über anderweitige freundschaftliche Beziehungen die Villa am Tegernsee zur Miete.
Die über jeden Zweifel erhabene neutrale Wochenzeitschrift "Weltwoche" in Zürich konnte sich nur wundern: "Allenthalben in Ostdeutschland verlieren Menschen mit dem Arbeitsplatz oft auch ihr Selbstwertgefühl, und im weißblauen Freistaat sonnt sich, mit generösen Darlehen westdeutscher "Freunde" ausgestattet, einer der großen Drahtzieher der Diktatur."

Schon in seiner sogenannten Doktorarbeit, in Wirklichkeit eine Art Stasi-Hetzschrift mit klassenkämpferischen Akzenten, läßt Alexander Schalck eine menschenverachtende Einstellung zum eigenen Volk erkennen.

Da macht Schalck nämlich noch eine ganz andere Kopfgeld-Rechnung auf – bezogen auf die DDR-Bürger, die "durch Abwerbung und Menschenhandel in der Zeit vom 1.1.1950 bis 13.8.1961" von der Bundesrepublik angelockt worden waren.

Schalck im Originalton:

"a) Durch die Abwerbung von Bürgern der DDR im arbeitsfähigen Alter, insbesondere von Spezialisten und Facharbeitern, entstand in diesem Zeitraum ein Produktionsausfall von 88 Mrd. Mark. Unter Berücksichtigung des Produktionsverbrauchs und der individuellen Konsumption, die auf eine solche Produktionshöhe entfällt, ist der DDR ein Verlust an Nationaleinkommen, das für die Akkumulation bestimmt ist, in Höhe von 16.400 Millionen Mark entstanden.
b) Ökonomische Verluste ergeben sich aber nicht allein aus dem Produktionsausfall. Als Produktivkraft verkörpert jeder Mensch einen Wert, der sich aus dem Aufwand der Gesellschaft für den Lebensunterhalt, die Erziehung und Berufsausbildung ergibt. Die Abwerbung der in der DDR ausgebildeten Facharbeiter, Wissenschaftler, Ingenieure, Ärzte, Lehrer usw.

führt für die DDR zu einem Schaden in Höhe des Aufwandes für die Ausbildung und andererseits zu einer widerrechtlichen Bereicherung der westdeutschen Monopole."

Kein Wort über eventuelle menschliche Beweggründe, kein Ton von Verlusten für die menschliche Gemeinschaft. Kein Wort von verwandtschaftlichen Bindungen. Das Wort "Heimat" kommt bei Schalck nie vor. Heimat ist offenbar, wo der Sozialismus regiert. Das Wort "Familie" – ebenfalls unbekannt. Worte, die jedem Menschen so viel bedeuten, fehlen im Sprachschatz von Schalck: Vater, Mutter, Liebe, Glück. Menschen werden in Geld ausgedrückt, vorzugsweise in Valuta.
"Diese Verluste sind berechnet für den Zeitraum von 1950 bis 1961 mit 42.400 Millionen Mark", heißt es weiter.
"Nicht berechenbar ist der Schaden, der der DDR durch den eingetretenen Geburtenausfall sowie durch den Leistungsausfall der abgeworbenen Wissenschaftler, Forscher und Ärzte entstanden ist.
Für den Zeitraum von 1950 bis 1961 ist z. B. ein Arbeitsausfall bei Wissenschaftlern und Forschern von 28,5 Mio Stunden und bei Ärzten von 63,0 Mio Stunden eingetreten."

Diese Einstellung brachte Herrn Schalck einen Sack voll sozialistischer Orden und den Doktortitel ein.
Die Einstellung eines Mannes, der eine wichtige Rolle spielte beim Freikauf von insgesamt 33.755 Häftlingen, bei der kostenpflichtigen Zusammenführung von Kindern mit ihren Eltern, von zerrissenen Familien. Die Bundesrepublik hat für dieses Geschäft über die Jahre im ganzen 3,5 Milliarden DM bezahlt.

War das unmoralisch? Und die Kirche im Westen – hätte sie nicht die Freikäufe von Menschen verweigern müssen?

In Schalcks Papieren findet sich, sorgsam abgeheftet, eine Stellungnahme der katholischen Kirche, in der zum Ausdruck gebracht wird, mit welchem Widerwillen sich diese Institution auf solche Geschäfte eingelassen hatte – einzig und allein in der Verfolgung humanitärer Ziele. Nur einige Passagen daraus:

"Zu keinem Zeitpunkt hat die katholische Kirche diesem Staat Legitimität zuerkannt, da er nicht auf der Grundlage freier und geheimer Wahlen, also mit rechtsstaatlichen Mitteln, gebildet wurde. Dessenungeachtet mußte die katholische Kirche hierzulande – wie auch die Mehrzahl der Staaten – der Tatsache des Bestehens dieses Staates Rechnung tragen. Sie tat dies etwa im Sinne des heiligen Augustinus, wenn dieser von Staaten spricht, die den 'Charakter von organisierten Räuberbanden' haben.
Angesichts der Situation, daß Menschen mittels einer Willkürjustiz ihrer Freiheit beraubt wurden, auch Mißhandlungen erdulden mußten, hat sich die katholische Kirche aus ausschließlich humanitären Gründen entschlossen, Betroffenen alle nur menschenmögliche Hilfe zuteil werden zu lassen. Daß dies mit rechtsstaatlichen Mitteln nicht möglich war, weiß jeder, der mit der ungerechten Gewalt der Diktatur vertraut ist, die ja selbst die 'eigenen' Leute nicht verschont hat.
Manchem konnte geholfen werden, bei anderen stand einer wirksamen Hilfe das hartnäckige Nein von Leuten entgegen, die man kirchlicherseits nie zu Gesicht bekam und deren Namen unbekannt sind bis auf den heutigen Tag.
Ob man jemanden durch finanzielle oder materielle Mittel aus ungerechter und unmenschlicher Haft herauszubringen versucht, ist letztlich eine Gewissensfrage, die sich unter den gegebenen politischen Machtverhältnissen einer Beurteilung nach rechtsstaatlichen Kriterien entzieht. Wenn dies die einzige Möglichkeit ist, einem Menschen zu Hilfe zu kommen – darf man sie verweigern?"

Man darf nicht. Das war übereinstimmend die Ansicht aller Bundesregierungen seit 1963. Das war stets auch die Einstellung der Kirchen und der beteiligten karitativen Verbände.

Für den Westen war es ein humanitäres "Muß" – für die DDR hieß es lapidar: "Sondergeschäft B".
In der Freikaufbilanz der KoKo finden sich nur Reingewinne. Denn die Freigabe von Gefangenen brachte der DDR höchstens eine Kostenersparnis – wegen der wegfallenden Unterbringung und Verköstigung der Inhaftierten in den Kerkern von Bautzen und sonstwo.

Das sogenannte A-Geschäft wurde mit der evangelischen Kirche gemacht: Da ging es um Verträge über Lieferungen aus Handel, Wirtschaft und Industrie, die getätigt wurden, damit die KoKo entsprechende Gelder in kirchliche oder karitative Einrichtungen steckte. Das sogenannte C-Geschäft betraf ähnliche Transaktionen, die mit der katholischen Kirche vereinbart wurden.
Blieb noch das lukrativste aller Geschäfte: das B-Geschäft.
"B" stand für "Bonn" oder für "Bundesregierung".
Das B-Geschäft betraf nicht nur die Häftlingsfreikäufe, sondern auch die allgemeinen Zuwendungen, die von den westlichen Kirchen an die Sprengel der Glaubensbrüder im Osten gemacht wurden.
Auch für die frommen Gelder war Schalck sozusagen die Treuhand. Was Gläubige im Westen in den Klingelbeutel warfen, mußte durchs Nadelöhr KoKo, um in die Diaspora im Osten zu gelangen.
Natürlich war Schalck bestrebt, auch aus den Hilfsgeldern der Kirche finanzielle Funken für die DDR zu schlagen. Auch hierbei handelte die KoKo schlau. Statt Bargeldzahlungen wurden meist Lieferungen spezieller Waren vereinbart. Das ersparte verzwickte und kostspielige Umwege über KoKo-Firmen im In- und Ausland.
Das Diakonische Werk, der Caritas-Verband und die KoKo waren treuhänderisch tätig, um rare Güter wie Naturkautschuk, Wolle, Wolframerzkonzentrat, Kaffee, Erdöl, Kupfer, Quecksilber oder Diamanten herbeizuschaffen. Die Auswahl der Lieferanten blieb der bundesrepublikanischen Seite überlassen – da machte es sich Schalck leicht.

Waren Kaffee, Kautschuk oder Kupfer pflichtschuldigst geliefert, gab es verschiedene Möglichkeiten der Gegenleistung der DDR.
Diese bestanden erstens gelegentlich sogar in Bargeld: allerdings in Mark der DDR. Es liegt auf der Hand, daß damit zum Wohl der Kirchen wenig zu bewerkstelligen war.
Zweite Möglichkeit: Es wurden Bauprojekte realisiert. Nach gebührender Wartezeit, nach langfristiger Antragstellung konnte es schon sein, daß eine Kirchenrestaurierung, der Ausbau einer kirchlichen Ambulanz oder der Bau eines kirchlichen Gemeindezentrums genehmigt wurden. Allerdings mußte das in den Kram der SED passen. Beispielsweise war die Kirchenrenovierung im öffentlichen Interesse, damit das Stadtbild schöner wurde. Oder es fehlte ohnehin an Krankenpflegemöglichkeiten im Viertel – dann war auch mal die Hilfe der Kirche willkommen.
Drittens: Aus den Kirchengeschäften wurden auch Lieferungen für Krankenhäuser und landwirtschaftliche Betriebe finanziert.
Viertens bekamen Geistliche, die ja große Gebiete zu betreuen hatten, einen Pkw von der KoKo; damit sie mobil waren.
Man sieht: Schalcks KoKo war mild- und wohltätig. Aber nie, ohne aus der Hilfe ein Geschäft zu machen.

Das spielte auch eine beachtliche Rolle beim Schacher mit der Menschlichkeit – beim Freikauf der Häftlinge. Denn häufig war es mit der offiziellen Summe, die Bonn garantierte, noch nicht getan. Es wurden einzelne Fälle bekannt, in denen die KoKo über Schalcks Stellvertreter Manfred Seidel ein Nebengeschäft veranstaltete, das eindeutig in die Kategorie Erpressung fiel. Nur ein Beispiel:
Der Fall eines Fluchthelfers aus wohlhabender Familie, der zu zehn Jahren Gefängnis verurteilt worden war, gestaltete sich schwierig. Immer wieder wurde die Freigabe des jungen Mannes gegen (damals noch 40.000 Mark) Bares abgelehnt. Doch eines Tages kam er frei. Wie sich herausstellte, hatten Anwälte beim Vater des Fluchthelfers zusätzlich 410.000

Mark kassiert. Das Geld mußte auf ein Konto in der Schweiz einbezahlt werden. Danach stand der Rückkehr des jungen Mannes in die Bundesrepublik nichts mehr im Wege.

Erst nach der Ablösung des Honecker-Regimes hat Ost-Anwalt Vogel Einzelheiten über die früheren Freikauf-Praktiken erzählt. Beispielsweise, daß häufiger auch private Gelder geflossen seien. Beispielsweise um Häftlinge freizubekommen, bei denen Betrugs- oder Zoll- und Devisenvergehen vorlagen. In solchen Fällen weigerte sich Bonn, wo man nur "politische Gefangene" freikaufen wollte, die Namen auf die Liste zu setzen. Es ist bekannt, daß zu Zeiten der SPD-Regierung – bis 1982 – immer wieder allgemeine Kriminelle von der DDR gegen Kopfgeld in den Westen abgeschoben wurden. Später war das anders: In etwa zwanzig Fällen, so Vogel, kassierte die KoKo Summen von den Angehörigen im Westen. Über die Höhe dieser Summen schweigt er sich noch immer aus.

Wolfgang Vogel bestreitet heute, daß die Regierung absichtlich "politische Gefangene" machen ließ, um so schnell zu Geld zu kommen, wenn Devisen besonders knapp waren. Daß dies nicht stimme, lasse sich ganz einfach beweisen: Die Justizorgane, die zuständig waren für die Verurteilung, hätten in den meisten Fällen von den Freikaufpraktiken gar nichts gewußt.
Im Unterschied zur Bundesrepublik war dieses Geschäft nicht Gegenstand der Berichterstattung im öffentlichen Blätterwald. Allerdings gibt Vogel zu:
"Es gab wohl Mandanten, die es von sich aus darauf anlegten, ins Gefängnis zu kommen, weil sie hofften, dann schneller in den Westen freigekauft zu werden. Die haben sich – zum Beispiel – gesagt, jetzt bist du zum 25. Mal bei der Abteilung Inneres mit deinem Ausreiseantrag rausgeflogen. Dann gingen sie – solche habe ich oft verteidigt – mit dem Ausweis zum Übergang Friedrichstraße, sagten einfach: Ich will rüber – und warteten, daß sie verhaftet wurden. Das hat meist auch geklappt."

Vogel erinnert sich, daß viele Mandanten gar nicht glücklich waren, wenn ihr Anwalt für eine milde Ordnungsstrafe plädierte. In solchen Fällen "haben uns diese Mandanten ernste Vorhaltungen gemacht, weil sie ins Gefängnis wollten", sagt Vogel.

Verkehrte Welt: ein Staat, in dem die Verurteilung zu Gefängnisstrafe mit zu den größten Hoffnungen innerhalb der Bevölkerung zählt.
Verkehrte Welt: ein Staat, der sich einmauert und in dem Republikflucht ein Verbrechen ist – in dem aber, zumindest nach Westen hin, keine Anstalten getroffen werden müssen, Asylsuchende von dort zurückzuweisen.

Goldrausch im Osten

Absolute Herrscher hatten schon immer einen Drang nach dem Golde. August der Starke von Sachsen ließ die Alchimisten Johann Friedrich Böttger und von Tschirnhaus in Dresden an Verfahren zur Herstellung künstlicher Metalle arbeiten in der Hoffnung, sie würden vielleicht das gelbe Metall produzieren. Heraus kam immerhin zunächst ein braunrotes Steinzeug und schließlich das weiße Hartporzellan. Das erste in Europa überhaupt, das seit 1710 in der Meißner Porzellanmanufaktur erzeugt wird und seitdem Weltruf genießt.
Der Moneymaker der Honecker-Regierung, Alexander Schalck, ist kein Chemiker. Aber seine Aufgabe, dem stalinistischen Staat in Deutschland harte Devisen zu beschaffen – eine Aufgabe, der Schalck nach seinen eigenen Worten "mit Leidenschaft" nachkam –, ließ auch bei ihm die Gier nach dem edlen Metall entstehen.
Gründe und Begründungen für die Beschaffung von Gold

gab es mehr als genug. Brauchte die DDR nicht eine Reserve für Not- und Krisenzeiten? Konnte man mit einem ausreichenden Goldbestand nicht den westlichen Banken, die man immer wieder als Kreditgeber in Hartwährung brauchen würde, mit einer Goldreserve die notwendigen Sicherheiten, genannt Bonität, vorspiegeln?
Die Idee – einmal erwogen – ließ Schalck und seine KoKo-Leute nicht mehr los. Wie aber an das Gold kommen? Ulbricht hatte die Idee schon einmal Ende der sechziger Jahre erwogen. Ihm schwebte vor, man könne ein entsprechendes Unternehmen zur Goldförderung in der Mongolei gründen. "Wenn wir uns so einen Milliarden-Goldschatz anlegen können, werden wir eines Tages die westdeutsche Bundesrepublik überwinden und Deutschland als Ganzes in die Hand bekommen", meinte Honeckers Vorgänger.
Schalck richtete sein Augenmerk nicht auf solche Visionen. Ihm ging es ganz nüchtern darum, den Bankrott der DDR zu vermeiden oder wenigstens hinauszuschieben. Auch suchte er das gelbe Metall nicht in der Ferne Asiens. Als Mann des praktischen Denkens suchte er das Gold genau da, wo es in Europa versteckt liegt: in den Tresoren Schweizer und Londoner Banken.
Wie aber sollte die bankrotte DDR an dieses teure Gold kommen? Hier wurde Schalck nun doch noch zu einem Alchimisten moderner Art. Er kaufte das Gold, das er wollte, mit dem Geld der Banken, die das Gold hatten. Sprich: mit Krediten. Doch damit hatte Schalck noch nicht genug. Das angekaufte Gold wurde von Mittelsmännern in kleinen Mengen weiter-. verkauft und nach einem raffinierten System von anderen Mittelsmännern und Firmen Schalcks wieder aufgekauft – insgesamt mit entsprechendem Gewinn, versteht sich.
Auch versteht sich, daß bei diesem Import-/Export- und nochmaligen Import-Handel die Zollbestimmungen umgangen wurden: die der Bundesrepublik, Westberlins, der Schweiz und Großbritanniens ebenso wie die eigenen der DDR.
Unter dem Titel "Betr. Verkauf von Feingold in das NSW"

schreibt der mit dem Gold-Handel beauftragte Farken (seines Zeichens Leiter der aktiven KoKo-Firma "Kunst und Antiquitäten") am 14. Januar 1983 an den "Genossen Seidel" (das ist bekanntlich der Vertreter von Schalck):

"Werter Genosse Seidel!
Im Nachgang zu unserer Hausmitteilung vom 18.11.82 sind die Verhandlungen mit Herrn Bader so weit gediehen, daß am 20.1.83 bei der Deutschen Handelsbank AG ein Konto eröffnet wird. Das Konto wird die Nummer 802 erhalten und läuft auf den Namen von Herrn Bader.
Die buchhalterische Bearbeitung übernimmt Genosse Haubold, der auch allein zeichnungsberechtigt für dieses Konto sein wird. Die Modalitäten werden dazu zwischen Herrn Bader und uns noch gesondert vereinbart.
Herr Bader wird bis zum 20.1.83 dem o.g. Konto seinen Anteil in Höhe von 1,250 Mio gutbringen. Unser Anteil in gleicher Höhe wird ebenfalls zu diesem Zeitpunkt eingebracht.
Unabhängig von der zu schaffenden Möglichkeit des Goldverkaufs über die Staatsbank der DDR beabsichtigen wir, sofort mit dem Verkauf zu beginnen. Der Verkauf soll vorerst im Stadtbüro von KuA in der Französischen Straße 15 sein. Die Käufer werden zunächst Bekannte von Herrn Bader sein."

Bis zu diesem Punkt mögen manche vielleicht Schalcks Goldfinger-Aktivitäten als politisches Kavaliersdelikt einstufen. Aber er ließ auch noch mit gefälschten Deklarationen und Quittungen arbeiten, um die Quelle des Goldes in Finsternis zu hüllen. Das geht aus dem zweiten Teil des Briefes eindeutig hervor:
"Zur Verbringung des bei uns angekauften Goldes nach Westberlin bzw. in die BRD haben wir einen Beleg entworfen, der lediglich bei der Zollkontrolle der DDR nachweisen soll, wieviel Stücke mit welchem Gewicht insgesamt und zu welchem Preis gekauft wurden. Wir sind der Ansicht, daß dieses vereinfachte Verfahren möglich ist, da aufgrund des M/DM-Ver-

hältnisses beim Goldpreis ein illegaler Ankauf von Gold in der DDR auszuschließen ist.
Im Interesse des Schutzes der Namen von KuA und Delta würden wir diese Belege mit 'Globus BERLIN' abstempeln. Geben Sie dieser Verfahrensweise Ihre Zustimmung, werden wir die weiteren erforderlichen zolltechnischen Absprachen mit Gen. Schwerdtfeger treffen.
Herr Bader möchte nachfolgende Personen für den Goldtransport aus Zürich via Wien nach Berlin einsetzen:

1.) C., Werner Hans Dieter
soll ca. 1962 die DDR illegal verlassen haben, etwa 1975 habe man gegen ihn bei uns ein Strafverfahren wegen "Münzschiebereien" durchgeführt.

2.) Sch. geb. S., Monika Angelika
hat angeblich 1976 die DDR illegal verlassen.

Diese Personen würden mit dem Flugzeug in Berlin-Schönefeld einreisen, die Warenübergabe an uns vornehmen und über Friedrichstraße wieder ausreisen.
Die Modalitäten bei der Warenübergabe würden wir auch mit dem Genossen Schwerdtfeger beraten."

Das Pärchen gibt es auch heute noch in Berlin – nur sind die beiden nicht mehr so vertraut wie früher. Frau Sch. ist inzwischen eine geschiedene Frau Bader und offiziell eine verheiratete C. Sie wohnt aber allein unter dem Namen Sch. So hieß ihr allererster Mann.
Herr C. gilt in einschlägigen Kreisen, nämlich Münzen- oder Edelmetallhändlern, als "Rucksackhändler" in Sachen Münzen und Schmuck. Nicht gerade sehr seriös.
C. saß Anfang der siebziger Jahre für kurze Zeit. Weil er beim Münzschmuggel von Ost- nach Westberlin gefaßt worden war. Nach dreimonatiger U-Haft wurde er von der DDR freigekauft, mußte auch noch eine Strafe von 30.000 DM bezahlen. Das Geld will er von seinem damaligen Arbeitgeber

"Kriegsbehinderten-Werkstätten" Worbeck bei Essen vorgestreckt bekommen haben. Tatsächlich wai er ein paar Jahre (1968 bis 1978) Vertreter für Bürsten und Schnürsenkel im Dienst dieser Firma. Er sagt in seiner Zweizimmerwohnung in einem roten Backsteinbau in Berlin-Lichterfeld: "Ich bin ein armer Schlucker". Angeblich sitzt ihm die Steuer mit einer Nachzahlung von rund 30.000 Mark im Nacken.
Schon wieder der ominöse Betrag von 30.000.
C. stottert, wenn man ihn nach Herrn Bader fragt. Oder nach Schalck. Oder nach Goldschmuggelgeschäften für die KoKo. Ein paarmal, so gibt er zu, will er Münzen geschmuggelt haben.

Aber wenigstens kennt er Angelika C., seine Frau – von der er getrennt lebt. Angelika C., geschiedene Bader, geschiedene Sch. Ihr gemeinsamer Sohn Robert ist heute acht Jahre alt.
C. lernte Angelika kennen, als er 1982 für Herrn Bader arbeitete. Denn Bader kennt er auch. Und Angelika war damals dessen Frau.
Edgar Bader heißt "Edi" in der Szene. Noch zu Beginn der achtziger Jahre hatte Bader drei Gold-Silber-Schmuckgeschäfte in Berlin: Keithstraße, Potsdamer Straße und in der Gotzkowskistraße. Dort war die Zentrale. Bader trug Vollbart, C. war als Kurier zwischen den Geschäften im Einsatz. Und auch anderweitig. Edi soll, so sagt C., sehr unberechenbar gewesen sein.
In den zwei Jahren, in denen die C. für Bader gearbeitet hat, mußte er zwei- bis viermal pro Monat von Berlin nach Pforzheim. Mit einer ganz normalen Aktentasche. Da war wohl Bruchgold drin. Wegen der Transitsperre mußte er von Ostberlin aus das Flugzeug nehmen.
In Pforzheim saß die allgemeine Scheideanstalt, wo Bruchgold, meist eine Legierung, wieder in Feingold verwandelt werden konnte. Bruchgold, vorwiegend aus gebrauchten Schmuckstücken wie Armreifen, Ringen oder Halsketten. Die Aktentasche war schwer: Zwei bis vier Kilo Gold haben ihr Gewicht. Zweimal will C. mit der Aktentasche auch nach

Zürich geflogen sein. Dort ist ebenfalls eine Scheideanstalt. C. erinnert sich an nichts Schlimmes: "Da war nichts Unsauberes dabei. Immer mit den dazugehörigen Papieren."
Und wo ist Herr Bader heute? C. will ihn 1985 zuletzt gesehen haben: "Irgendwie war wohl die Steuer an ihm dran. Ich glaube, er ist dann nach Costa Rica abgehauen".
Im Mai 1986, so wissen Insider, besaß Edgar Bader eine Finca in Puta Violin in Costa Rica, direkt am Pazifik. Bei der Berliner Justiz wird Bader wegen dreier Haftbefehle gesucht:
- Steuerhehlerei wegen 360 Kilogramm geschmuggelten Goldes,
- Beihilfe zur Steuerhinterziehung in Millionenhöhe
- Urkundenfälschung beim Ankauf von gestohlenem Schmuck.

Alle drei Haftbefehle ruhen. Wegen fehlender Anschrift. Schalck ruht am Tegernsee. Er ruht sich aus.

Noch im Mai 1983 heißt es in Schalcks Papieren in einer weiteren Mitteilung an den "Gen. Seidel":
"Zur reibungslosen Abwicklung des 'Goldgeschäftes' und damit bei Überweisungen von Filialen der Staatsbank der DDR der Valutazugang zum Konto vollinhaltlich den gesetzlichen Bestimmungen entspricht, ersuche ich Sie um Genehmigung zur Führung eines Kontos bei der Deutschen Handelsbank AG.
Das Konto sollte unter dem Namen 'Globus' eröffnet werden und wird nur im Rahmen der Delta GmbH genutzt. Zeichnungsberechtigt sollte nur der Gen. Haubold sein.
Mit Einrichtung des Kontos werden alle Mittel vom Konto 802 (Herr Bader) darauf überwiesen, und somit wird das Konto 802 nicht mehr durch Überweisungen der Staatsbank bedient.
Gen. Ziesche gab mir heute einen Hinweis, in der beantragten Form der Kontoeinrichtung zu verfahren."

Schon zuvor war ein weitreichender Plan des Goldgeschäfts entworfen und von 1982 an auch realisiert worden. Lassen wir am besten wieder die Dokumente sprechen.
Unter dem 18. November 1982 teilt der Direktor der "Kunst und Antiquitäten GmbH", Farken, dem Stellvertreter Schalcks "folgende Geschäftskonstruktion" mit:

"1.) Wir stellen 1,250 Mio DM und Herr Bader stellt 1,250 Mio DM für ein bei der Deutschen Handelsbank AG einzurichtendes Konto zur Verfügung.
Die Kontenführung wird durch uns vorgenommen.

2.) Die bei der Deutschen Handelsbank AG geführte Kontensumme von 2,50 Mio DM ist Grundlage für eine zu erteilende Bankbürgschaft gegenüber einer Schweizer Bank für den Ankauf von Feingold (Barren und Münzen).

3.) Der Goldankauf wird in der Schweiz vorgenommen, und damit entfällt die Mehrwertsteuer.

4.) Der Verkauf von Barren und Münzen sollte zweckmäßigerweise gegen Zahlung einer Provision in den Filialen der Staatsbank im Bahnhof Friedrichstr. und auf dem Flughafen Berlin-Schönefeld erfolgen.

5.) Der Verkauf muß entsprechend den Eigenkalkulationen unter Berücksichtigung der täglichen Edelmetallkurse erfolgen.

6.) Durch den ständigen Einkauf und Verkauf von Gold kann bei mindestens 22 -bis 25maligem Einsatz der Kontensumme der Gewinn in einem Jahr ca. 100 Prozent betragen."

Noch detaillierter wurde besagter Farken am 4. Oktober 1982. "Herr Bader beabsichtigt", heißt es da, "mit unserer Hilfe große Teile des bundesrepublikanischen bzw. Westberliner Edelmetallmarktes auf dem Gebiet der Alt-Edelmetalle in die

Hand zu bekommen. Gegenwärtig arbeitet er hauptsächlich in Berlin-West und in Hannover. Um den Ankauf von Goldschmuck, Bruch usw. auszudehnen und dabei insbesondere durch eine teilweise Überbietung bei Ankauf die Konkurrenz zu verdrängen, ist sein gegenwärtiges Eigenkapital einschließlich Krediten nicht ausreichend. Seine Vorstellungen sind daher wie folgt:
Der DDR-Partner stellt einen Kapitalanteil in Höhe von ca. 10 Mio DM bereit. Mit diesem Plafond wird er in die Lage versetzt, den Ankauf wie oben beschrieben zu forcieren, so daß erhebliche Marktanteile gesichert werden.
Das angekaufte Material wird von Herrn Bader selbst eingeschmolzen. Damit werden die bei den Scheideanstalten errechneten Schmelzverluste erheblich gemindert. Das geschmolzene Gut wird in die Schweiz verbracht und dort von einer Scheideanstalt zu Granulat verarbeitet und die sonstigen Bestandteile des Goldes, wie Platin, Palladium, Silber usw., getrennt. Die Ware verbleibt nach o. g. Behandlung in der Schweiz und wird entsprechend den Marktbedingungen verkauft.
Herr Bader schätzt ein, daß mit dieser o. g. Konstruktion, auf den Schnitt eines Jahres bezogen, Gewinne zwischen 20 – 30 Prozent erlösbar wären. Die Gewinne setzen sich zusammen aus dem direkten Ankauf des Altmaterials, der Ausschaltung der Scheideanstalten beim Schmelzen und dem direkten Verkauf auf dem Markt."

So also wurde es gemacht. Der Goldhandel des Schalck-Golodkowski durchlief einen regelrechten Kreislauf über eine bekannte Schweizer Bank, dann auf legalen und illegalen Wegen und Umwegen von Zürich über Wien zu dem DDR-Flughafen Schönefeld. Schalck bestimmte dann, was zu welchen Bedingungen wieder ex- und wieder importiert wurde.
So landeten nicht nur mindestens 21 Tonnen Gold mit einem zeitweiligen Kurswert von 508 Millionen DM im Keller eines Bürohauses in der Ostberliner Wallstraße, in dem Schalck mit seiner KoKo residierte. Der durch Vermeidung von Zöllen,

Archivschrank Nr. 4 im Tiefkeller des ehemaligen ZK-Gebäudes am Werderschen Markt: 87 Kilo Gold – kümmerlicher Rest von insgesamt 21 Tonnen
Wolfgang Mrotzkowski

Steuern und Weiterverkauf und Wiederzuführung in das Depot Schalck nach den Aussagen seines Stellvertreters Seidel auch noch darüber hinaus erbrachte Gewinn betrug bis zu 28 Prozent nach Abzug der Kosten der Kredite, mit denen das Gold gekauft worden war.
Daß auf diese Weise den westlichen Banken, die als Kreditgeber auftraten, auch noch eine schier unerschütterliche Bonität der DDR demonstriert wurde, versteht sich von selbst.

Übrigens auch solche Beispiele hat es in der Geschichte schon gegeben. Als dem Feldherrn Napoleon I. das Geld für seine Truppen ausging, verkaufte er 1803 Louisiana für fünfzehn Millionen Dollar an die USA. Und da den USA das Geld dafür fehlte, liehen sie es sich bei einer Bank in Amsterdam, die dann – welch gesegneter Zufall – den französischen Truppen in die Hände fiel.

Dieses "Glück" hatten die DDR und Schalck – wie wir wissen – nicht.

Waffenhandel nur auf Weisung?

Mit Waffen hatte der politische Friedensstifter Schalck ebenfalls eine Menge zu tun. Dieses Kapitel im Schaffen des Alexander Schalck ist wohl das traurigste und politisch-moralisch auch schäbigste. Er hat das immer gewußt. Und deshalb auch versucht, seinen Teil in diesem schmutzigen Geschäft herunterzuspielen. Glaubt man Schalck, so hat er das Waffengeschäft nur widerwillig und auf "Weisung" von Honecker ausgeführt, und zudem – so Schalck – hätten die Waffengeschäfte auch nur einen sehr geringen Umfang gehabt. So seien es zum Beispiel 1989 "nur" sechzehn Millionen DM gewesen, die der

Export von Kriegswaffen eingebracht habe. Was er nicht sagt: daß ihm die demokratische Brise, die neu durchs Land wehte, die meisten seiner beabsichtigten Geschäfte kaputtmachte. Doch die Dokumente aus Schalcks Akten sprechen auch in dieser Beziehung ihre unbestechliche Sprache.
1982 gründete Schalck auf Weisung Honeckers die Firma IMES, die den Waffenexport aus der Produktion, vor allem aber aus den Beständen der "Nationalen Volksarmee" (NVA), auch anderer "bewaffneter Organe" der DDR (Grenzpolizei, Einsatzbereitschaften etc.), organisierte.
Der Umfang des Waffengeschäftes war 1982/1983 besonders hoch, weil offenbar vorhandene Bestände aufgelöst wurden. Bis einschließlich 1989 wurden aus diesem Geschäft 581,2 Mio. Valutamark an den Staatshaushalt abgeführt. Doch diese Summe umfaßt nur den abgeführten Gewinn. Die Gesamteinnahmen der DDR aus dem Waffenhandel beliefen sich auf über eine Milliarde Valutamark.

Die Ermittlungen des Militärstaatsanwaltes ergaben, daß zwei besonders interessante Lieferungen 1989 "aufgrund der staatsanwaltlichen Ermittlungen und Regierungsentscheidungen" nicht mehr realisiert werden konnten:
200 Panzer T 55A sollte die ITA an Äthiopien liefern
Sechzehn MIG-21 sollte die IMES dem Iran geben.

Aber die politischen Vorzeichen hatten sich geändert. Da konnte auch das MfS nicht helfen, das ansonsten doch stets mit tatkräftiger Hilfe zur Seite stand. "Die uneingeschränkte Geheimhaltungspraxis im speziellen Export und Import begründet das aktive Mitwirken von Diensteinheiten des ehemaligen MfS", stellte der Staatsanwalt fest. "Eine enge Verzahnung wird vor allem auf dem Gebiet der geheimdienstlich initiierten speziellen Beschaffung und der Abwicklung von brisanten Geschäftsoperationen – zum Teil entgegen internationalen Gepflogenheiten – offenkundig. Zwischen den Entscheidungsträgern E. Mielke und A. Schalck-Golodkowski bestanden dafür unzweifelhaft Direktbeziehungen."

Nichts Neues, aber immer wieder interessant zu hören. Vor allem, da Schalck ja hartnäckig leugnet, als MfS-Oberst etwas mit dem Stasi zu tun gehabt zu haben.

Er hatte übrigens auch zu tun mit einem besonders anrüchigen Waffengeschäft, das über einen syrischen Bürger namens Nicola Nicola über die IMES abgewickelt wurde. Der Bericht des Staatsanwaltes ist beredt genug:

"Die Weisung zu diesem Geschäft ging von Mielke an Schalck-Golodkowski, der sie wiederum zur Realisierung weitergab. Nicola wollte alle Transportformalitäten und Wege für die Bereitstellung von ca. 3000 bis 4000 MPi Kalaschnikow und Pistolen selbst regeln und wurde dabei im Interesse der Geschäftsrealisierung von Angehörigen des ehemaligen MfS unterstützt.
Nicola ließ in Griechenland Tankfahrzeuge präparieren, in deren Tanks dann die Waffen in der DDR eingelagert und exportiert wurden. In einem Fall wurden in Kavelstorf auch Tanks, die bereits mit Waffen gefüllt waren, wieder entleert und die Waffen in Fässer eingelagert. Die wurden wiederum in Containern auf Sattelschleppern über den Seeweg nach Saudi-Arabien durch Nicola exportiert. Der Inhalt der Fässer war mit 'Öle und Fette' deklariert. Die Tankfahrzeuge wurden in Kavelstorf demontiert."
Die Waffen gingen angeblich an Stammeskrieger vor allem in Nordjemen. Und die Tankfahrzeuge (ohne Tank) wurden nach Westdeutschland gebracht. Und als Nutzfahrzeuge verkauft.

Die Liste der mit Waffen aus der DDR belieferten Länder ist lang. Aus der Lieferliste für 1982 ergibt sich allein für den Iran ein Lieferumfang von 236 Millionen Mark. Empfängerländer 1983 waren Iran, Irak, Nordjemen, Ägypten und die PLO. Besonders brisant erscheint es, daß die DDR im sechsjährigen Krieg zwischen dem Irak und dem Iran Waffen an beide Seiten lieferte. Überhaupt dürften die Waffenlieferungen für

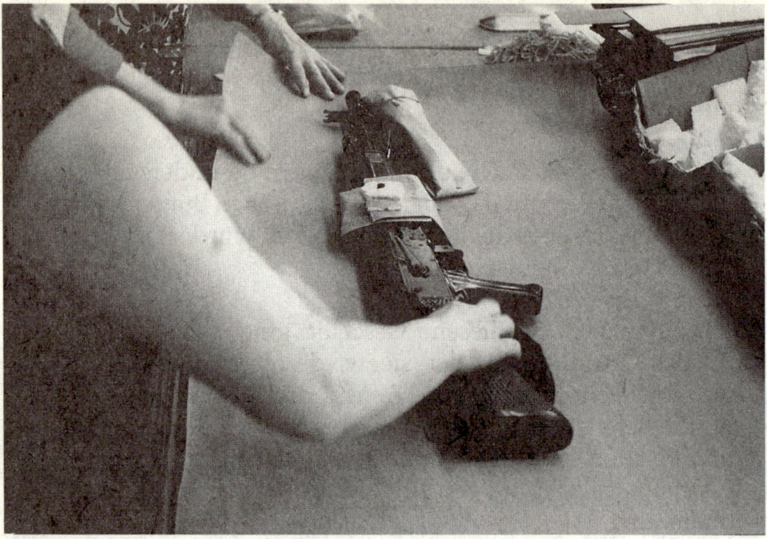

Kalaschnikow-Produktion in Suhl: Diese Waffen wurden als Version mit verkürztem Kolben angefertigt – "zur besseren Handhabung", wie Terroristen es wollten
Peter Brüchmann

DDR-Tankwagen vor dem VEB Synthesewerk Schwarzheide: In solchen Tranportern wurden faßweise Maschinengewehre geschmuggelt – deklariert als "Öle und Fette"
ADN

manchen "Friedensfreund" im Westen wohl so das letzte sein, was er von der DDR erwartete.
Der Außenhandelsbetrieb IMES unterhielt für den Waffenhandel ein spezielles Lager in Kavelstorf im Norden der DDR, das geheimgehalten wurde. Von dort wurden die Waffen abtransportiert, zumeist auf Handelsschiffen der DDR. Als das geheime Waffenlager 1989 entdeckt wurde, wurde der Bestand sichergestellt. Aus dem Protokoll über die beschlagnahmten Waffen ergibt sich, daß im Dezember 1989 dort noch Waffen im Wert von über zwölf Millionen Mark lagerten:

Waren-bezeichnung	ME	Menge	Mark	gekauft von	verkauft an bzw. zum Verkauf vorgesehen an
Munition, alt	M-43 Stück	568.320	144.040,70	aus Beständen des früheren Amtes für Nationale Sicherheit	Ministerium für Verteidigung der VDR Jemen
Munition, alt	M-43 Stück	66.600	27.349,28	aus Beständen der Staatsreserve	"
Munition, alt	M-43 Stück	35.520	14.586,29	Kombinat Spezialtechnik Dresden	"
Munition	M-43 Stück	23.598.600	11.988.088,80	aus Beständen der Staatsreserve	"
		24.269.040	12.174.065,07		

Noch am 30. November 1989, drei Tage vor seiner Flucht in den Westen, macht sich Alexander Schalck in einem Bericht an Hans Modrow für die Aufrechterhaltung der Waffengeschäfte auch in Zukunft stark. Stolz berichtet er, daß die IMES zu diesem Zeitpunkt einen Auftragsbestand von rund dreißig Millionen VM verbuchen konnte. Für weitere 150 Millionen VM seien Geschäfte angebahnt. Zu erwartender Nettogewinn: 20 bis 25 Millionen DM. Schalck bittet um die Vollmacht, die bestehenden Verträge über militärische Lieferungen und Leistungen noch realisieren zu dürfen. Das hat sich ja dann kurz darauf erübrigt.

Der Schlußbericht der Ermittler von der Staatsanwaltschaft klingt am Ende etwas ratlos, wenn nicht verzweifelt. Denn die Ermittler wissen zwar, daß "durch die allmähliche Umwandlung der Macht der Partei in ein politisches Monopol auf illegitime Weise eine Diktatur von Einzelpersonen" im Staat entstanden war. Die Strafbarkeit der Waffengeschäfte war aber nicht zu begründen:
"Die rechtsstaatlich geführten Ermittlungen sind allein an geltende Strafbestimmungen gebunden. Eine Straftat und strafrechtliche Verantwortlichkeit können nur durch Gesetz begründet werden. In Ermangelung solcher gesetzlichen Gebote und Strafbestimmungen zum Zeitpunkt der Waffenexporte ist die Anwendung des Strafrechts für diese spezifische Außenhandelstätigkeit ausgeschlossen."

Was nicht auszuschließen war: die vom Strafrecht nicht erfaßbare "politische Verantwortung und moralische Schuld".
Die tragen die Waffenschieber.

Aber nicht nur in dem geheimen Lager Kavelstorf lagerten Waffen für den Export. Im "VEB – Geräte- und Werkzeugbau Wiesa" fanden sich weitere Bestände mit einem Wert von über 85.000 Mark. In einem Lager "Wolfsruh" der NVA weitere Bestände über einen Wert von 468.000 Mark, im Sprengstoffwerk Schönebeck Bestände mit einem Wert von über 85.000 Mark. Im Bereich des früheren "Amtes für Nationale Sicherheit" fanden sich Waffenbestände mit einem Bestandswert von nahezu sechs Millionen Mark. Auch sie waren zum Export gegen harte Devisen bestimmt.
Das "DDR-Ministerium für Außenwirtschaft, Bereich Spezieller Außenhandel – ITA" verfaßte jedes Jahr eine Übersicht über die "Entwicklung der Lieferungen und Leistungen militärtechnischer Ausrüstung in befreundete Entwicklungsländer". Schauen wir uns einmal die Liste für 1984 an.

Kistenweise Pistolen, Munition und Handgranaten: In Kavelstorf (Bezirk Rostock) unterhielt Alexander Schalck das größte geheime Waffenlager
ADN/Zentralbild

1984 = 150,4 Mio. VM
Irak 65,9 Mio VM
Nordjemen 13,1 Mio VM
Algerien 10,1 Mio VM
Ägypten 7,2 Mio VM
Libyen 0,9 Mio VM
Nikaragua 38,3 Mio VM
SAR 2,5 Mio VM
Guyana 2,8 Mio VM
PLO 9,5 Mio VM
Moçambique 6,7 Mio VM

Schalck ließ sogar eine eigene Waffe entwickeln, die nur für den Export bestimmt war. Die Kalaschnikow AK 49 wurde auf NATO-Munition umgerüstet. Auf diese Weise konnte sie problemlos in Länder verkauft werden, die zur NATO gehörten oder von NATO-Ländern beliefert wurden.
Alexander Schalck hat anfangs überhaupt geleugnet, daß er Waffenhandel betrieben habe. Als das Leugnen angesichts stichhaltiger Beweise nicht mehr half, berief er sich auf die Weisungen Honeckers. In der ARD-"Brennpunkt" Sendung antwortete Schalck auf die Frage: "Haben Sie keine Skrupel gehabt, im Bereich der Kommerziellen Koordinierung Waffenhandel weltweit zu betreiben?" folgendermaßen:
"Wir haben Waffen exportiert. Dazu hatte ich staatliche Weisungen. Für mich sind Weisungen des Staatsratsvorsitzenden verbindlich gewesen. Und die wurden von uns auch dementsprechend durchgeführt. Wobei ich Ihnen sagen muß, daß in den letzten Jahren der Export so bedeutend zurückgegangen ist, daß wir im letzten Jahr, nach meiner Kenntnis, glaube ich, sechzehn Millionen in DM Exporte hatten, weil die Qualität der Waffen, die überhaupt zur Verfügung standen, nicht exportfähig war und die ganze Welt modernste Technik angeboten hat zu außerordentlich günstigen Preisen, so daß also dieser zeitweise Einstieg in dieses Geschäft zu Ende ging, ohne Perspektive."
Schalck fuhr fort: "Erstens hat die DDR bedauerlicherweise,

wie viele andere Länder, Waffen exportiert. Möchte auch mal den SPIEGEL korrigieren, damit das endlich mal klar ist; in der letzten Nummer wird immer behauptet, daß der Ingenieur-technische Außenhandel (ITA), der ja auch nach der Wende weiterhin angeblich Waffenexporte durchgeführt hat, mir unterstand. Der hat mir nie unterstanden. Der unterstand immer dem Minister für Außenhandel und wurde von ihm geleitet. Und daß ich mich mal erstmalig abgrenzen möchte, das ist aber ein Punkt, der mich ständig bewegt, was ist Wahrheit und was ist nicht Wahrheit."

Wahrheit ist, daß sich in Schalcks Akten sowohl die Lieferlisten für ITA als auch für IMES finden. Und allein IMES hat mehr als eine Milliarde Umsatz mit Waffen gemacht – die ITA noch gar nicht gerechnet. Aus deren Lieferprogramm nur eine Auswahl von Daten:

1980: an Irak für 22,9 Millionen Maschinenpistolen und Munition
1981: an Irak für 25,9 Millionen Maschinenpistolen, Flugzeuginstandsetzung und Feldküchen
1981: an Libyen für 3,5 Millionen Flugzeugfanganlagen und Munition
1981: an die PLO für 22,8 Millionen Maschinenpistolen und Munition
1982: an Irak für 115,4 Millionen Maschinenpistolen, Handgranaten, Infanterieminen, Tarnsätze und Flugzeuginstandsetzungen
1982: an Libyen für 16,8 Millionen Maschinenpistolen und Munition
1983 an Irak: für 71,7 Millionen Raketenstartanlagen, Werkstattwagen und Handgranaten
1983: an Libyen für 13,7 Millionen Munition, Medizintechnik
1983: an Algerien für 9,1 Millionen Maschinenpistolen
1983: an die PLO für 3,6 Millionen 1250 Maschinenpistolen
1984: an Irak für 65,9 Millionen übliches Programm
1984: an Algerien für 10,1 Millionen Maschinenpistolen

1984: an Nikaragua für 38,3 Millionen Infanterieminen, Zelte etc.
1984: an die PLO für 9,5 Millionen 15.000 Maschinenpistolen
1985: an Irak für 112,1 Millionen übliches Programm
1985 an Nikaragua für 33,2 Millionen Ausrüstung
1985: an die PLO für 2,6 Millionen Maschinenpistolen
1986: an Irak erweitertes Programm (auch Fallschirmleuchtgeschosse, mobile Felddruckereien, Bremsschirme)
1986: an Nikaragua für 22 Millionen Ausrüstung
1987: an Irak für 51,4 Millionen Ausrüstung, u.a. 200.000 Handgranaten
1987: an Nikaragua für 20,5 Millionen Ausrüstung
1987: an die PLO für 6,5 Millionen Ferngläser
1987: an Indien für 27,8 Millionen Reservebrücken für Brückenlegepanzer
1988: an Irak für 13 Millionen Instandsetzungsprogramme
1988: an Iran für 12,4 Millionen Panzerinstandsetzung
1988: an Indien für 41,5 Millionen Lieferungen
1988: an Syrien für 1,7 Millionen Triebwerksinstandsetzungen
1989: an Irak für 13,8 Millionen (auch Motorräder und Luftbildfilme)
1989: an Äthiopien für 44,9 Millionen Maschinenpistolen und Panzer
1989: an Indien für 12,9 Millionen Maschinenpistolen, Munition
1989: an Nikaragua für 12,3 Millionen Zelte, Schnürstiefel und Motorräder.

Die IMES-Liste ergänzt die vorstehenden Geschäfte in bezeichnender Weise:

1982: an Iran für 236 Millionen Schützenwaffen und Munition
1983: an Iran für 56 Millionen Waffen, Munition, Treibladungen
1983: an Irak für 25 Millionen Panzer, Geschütze, Brückenleger
1983: an die PLO für 2,3 Millionen Schützenwaffen und Munition

Tarnen, täuschen, gut verstecken: Die Firma "IMES Import-Export GmbH" belieferte unter anderem Terroristen in aller Welt

Bernd Lammel

Sowjetpanzer auf dem Gelände der ehemaligen Offiziershochschule Lobau bei Dresden: Die KoKo verscherbelte uralte Fahrzeuge aus NVA-Bestand

amw

1984: an Iran für 37,7 Millionen Schützenwaffen etc.
1985: an Iran für 23,9 Millionen Waffen, Munition, Kraftwagen
1985: an die PLO für 6,9 Millionen Schützenwaffen und Munition
1986: an Iran für 18 Millionen Waffen und Munition
1986: an Jordanien für 17,1 Millionen Waffen, Munition, Ersatzteile
1986: an Uganda für 12,6 Millionen Waffen
1987: an Iran für 15,5 Millionen Munition
1987: an Irak für 13,3 Millionen gepanzerte Fahrzeuge
1988: an Iran für 26,8 Millionen Munition und Ersatzteile
1988: an Äthiopien für 6,1 Millionen Waffen, Munition
1989: an Iran für 5,6 Millionen Trainingsflugzeuge
1989: an Österreich für 600.000 Mark alte Pistolen, Munition und Pulver.

Aber immer ist es das alte, bekannte Lied: Ich habe nur Weisungen befolgt und Befehle ausgeführt. Doch was soll's: War Kommunisten nicht schon immer jedes Mittel recht, wenn es um die eigene Macht ging? Kommunisten stalinistischer Prägung waren schon immer die Kriminellen in der Politik. Wer mit ihnen verhandelt, muß einen "langen Löffel" haben. Wer ihnen bedingungslos vertraut, ist – wenn er dies nicht weiß – nur ein Dummkopf. Wer dies weiß und trotzdem glaubt, er habe es mit fairen Partnern zu tun, ist selbst ein Verbrecher. Wie könnte man da den Versicherungen Schalcks Glauben schenken, der Waffenhandel sei ihm "von oben aufgezwungen" worden?
Schließlich sagt und schreibt Schalck selbst: "Wir könnten (mit dem Waffenhandel) ein Vermögen verdienen." Und an anderer Stelle heißt es bei Schalck, die Devisenlage der DDR sei so prekär, daß auch dieser Handel genutzt werden muß, um Abhilfe zu schaffen. Schalck hat selbst das Konzept jener Weisung verfaßt, mit der Herr Mielke den Aufbau eines Geheimdienstes befahl. Spricht also nicht vieles dafür, daß auch diese Idee des Waffenhandels von Schalck selbst stammt? Daß er sie

sich dann in Form einer Weisung Honeckers diktieren ließ, spricht nicht gegen diese Vermutung. Im Gegenteil, Schalck wußte, wie man solche Dinge "systemgerecht" und "wasserdicht" nach innen und außen organisierte. Und wer anders als Schalck sollte denn sonst mit der Durchführung dieses Geschäftes betraut werden?

So schließt sich der Kreis: Die Idee kam von Schalck, er ließ sie sich von Honecker in eine Weisung kleiden, und er führte sie schließlich auch aus. Daß unter den exportierten Waffen aus der DDR auch mancher ausrangierte Schrott gewesen ist, rundet das Bild nur ab. Denn auch im Schrotthandel hat Schalck seine Finger gehabt. Schon vor vielen Jahren hatte die DDR damit begonnen, ihre ausrangierten Handelsschiffe als Schrott gegen Devisen zu verkaufen.
Und wie sollte es anders sein: Auch diese Idee stammte von Schalck.

Schalcks eigener Geheimdienst

Erfolgreich war er, der Große Alex. Reich war er auch. Und mächtig. Aber er wollte noch mächtiger werden. Längst genoß er Schutz und Unterstützung durch General Mielkes nahezu allmächtigen Stasi-Apparat. Aber er wollte – und bekam – seinen eigenen Geheimdienst. Sozusagen einen Neben-Stasi. Für weltweite Wirtschaftsspionage. Und zur Vorbereitung auf einen etwaigen Krisen- bzw. Verteidigungsfall.
In Schalcks Akten gibt es ein Organisationsschema vom Ko-Ko-Bereich, das sich grundlegend unterscheidet von allen Darstellungen, die Alexander Schalck bisher den Staatsschützern im Westen offenbart hat.
Normalerweise stellt Schalck seinen Bereich mit der Aufglie-

derung in drei Hauptabteilungen vor, die jeweils eine Gruppe von genau bezeichneten Firmen und Aktivitäten zu betreuen haben. Über allem thront der zuständige Staatssekretär für den Bereich KoKo, also er selbst. Und über ihm gibt es jeweils nur noch als weisungsberechtigt den Sekretär für Wirtschaftsfragen des ZK.
In dem jetzt aufgetauchten, bisher unbekannten Organisationsschema schwebt noch ein anderer über dem KoKo-Chef: das Ministerium für Staatssicherheit nämlich; gemeint ist Erich Mielke, von dem sich eine direkte Weisungslinie zum Staatssekretär für den Bereich KoKo zieht: zu Schalck also. Und als Unterabteilung des MfS taucht eine "AG BKK" auf: die Abteilung "Bereich Kommerzielle Koordinierung", die eigens beim Staatssicherheitsdienst geschaffen worden war, um die Geschäfte Schalcks zu schützen und zu decken.

Das hat übrigens Geschichte. Denn schon 1965, in jenem bereits erwähnten Brief mit der Jahresabschlußrechnung an den Genossen Matern, bat Schalck dringend um den Beistand des Geheimdienstes. Er holte dazu etwas weiter aus, um dem Politbüro die Sache auch richtig schmackhaft zu machen:
"Der bisherige Rahmen meiner Tätigkeit war relativ klein gehalten", schrieb Schalck, "weil auch zeitlich keine Voraussetzungen bestanden, dieses Aufgabengebiet weiter auszudehnen. Aufgrund der gesammelten Erfahrungen bin ich der Auffassung, daß reale Möglichkeiten bestehen, daß der Parteiführung im Jahre 1966 3 bis 4 Millionen DM-West zur Verfügung gestellt werden können."
Dafür aber stellte Schalck Bedingungen. Und dabei gab er bezeichnende Hinweise auf die Seriosität seiner Geschäfte.
Schalck verlangte zum Beispiel "eine klare Abgrenzung und Festlegung der Vollmachten für die auf diesem und angrenzenden Gebieten tätigen Genossen". Schalck wollte eine einheitliche Leitung der Außenhandelsgesellschaften durch das Ministerium für Außenhandel und innerdeutschen Handel. Er verwies auf die bisher fehlende einheitliche Leitung bei Börsengeschäften, Switchgeschäften, Geld- und Warenopera-

tionen, bei denen "Devisen direkt für den Staatshaushalt" erwirtschaftet würden.
Hintergrund für die Bitte um "einheitliche Leitung" sind wohl Schwierigkeiten mit der Abteilung Verkehr im Zentralkomitee der SED, die auf Schalcks Geschäfte ein Auge zu werfen hatte. Erst 1977 war es so weit, daß Günter Mittag in die Verantwortlichkeit für die ökonomischen Beziehungen zu diesen Firmen im Ausland eingesetzt wurde.

In einem Aktenvermerk aus der Abteilung Schalck heißt es: "Der Einflußnahme der Abteilung Verkehr im ZK der SED auf die Geschäftsführer und ihre Geschäftstätigkeit, die zu einigen Disproportionen geführt hatte, war durch diese Festlegung ein Ende gesetzt. Es handelte sich in einigen Fällen um ungerechtfertigte Bereicherung und um Verluste aus der Geschäftstätigkeit, z. B. bei der Intema GmbH."

Aber zurück zu Schalcks Brief von 1965 – und dazu, wie er seine unsauberen Geschäftspraktiken darin verrät: "Dieser Kreis der Geschäfte wird von unserer Tätigkeit nur indirekt berührt, indem wir mit einigen Geschäftspartnern dieser Unternehmen – nach Vorliegen eines ausgehandelten Preises mit dem Außenhandelsunternehmen – Absprachen treffen, um uns einen bestimmten Prozentsatz oder festgelegten Geldbetrag aus ihrem Gewinnanteil zu sichern. Da es sich hier mehr oder weniger um unseriöse Methoden handelt, können solche Funktionen durch den Staatsapparat oder durch die staatlichen Außenhandelsunternehmen im Prinzip <u>nicht wahrgenommen</u> werden."

Vor diesem Hintergrund bekommen natürlich Zeitungsartikel einen Sinn, die von seltsamen Zahlungspraktiken mancher westdeutscher Firmen berichten, die damals mit der DDR Geschäfte machten. So meldet die "Süddeutsche Zeitung" vom 24. August 1991:
"Nicht nur die Rosenheimer Firma März hat im Handel mit der DDR ungenehmigte Sonderzahlungen zugunsten von Fir-

men geleistet, die der 'Kommerziellen Koordinierung' des Schalck-Golodkowski oder dem Ministerium für Staatssicherheit der DDR unterstanden, sondern auch der Fleischkonzern Alexander Moksel in Buchloe. Die Finanzbehörden stellten fest, daß Moksel zwischen 1975 und 1978 neben dem an die DDR entrichteten Preis für Waren fünf Prozent vom Umsatz im innerdeutschen Handel 'zurückstellen' und dann auf Weisung des DDR-Partners AHB Nahrung Export-Import zum Teil an andere Firmen weiterleiten mußte. Auf diese Weise waren 20,85 Millionen Mark aufgelaufen – was auf einen Umsatz von rund 400 Millionen Mark in den drei Jahren hindeutet".
Die Zeitung zitiert auch weitere Erkenntnisse des Zollkriminalinstituts Köln, das die Vorgänge untersuchte. Danach waren die Moksel-Zahlungen einmal als "Beteiligung an Handelsgeschäften (A-Meta-Beteiligung), ein anderes Mal als ausgehende Zahlung im Transitverkehr ("Vorauszahlung für Warenlieferungen 1977 nach Portugal") deklariert.

In Schalcks Brief an Matern kommt es aber noch erheblich dicker:
"Die dritte Gruppe von Geschäftsoperationen wird durch mich, in Zusammenarbeit mit einigen wenigen Genossen, organisiert. Dabei haben uns vor allem Vertrauensfirmen des MfS, die Firma Simon (Red.: Das war die Firma von Simon Goldenberg) und die Firma Gerlach, außerordentlich große Hilfe und Unterstützung gegeben. Ich halte es für durchaus real, daß die von mir eingeschätzten 3 bis 4 Millionen Mark-West für das Jahr 1966 erwirtschaftet werden können, wenn man diese Arbeit hauptamtlich durchführen könnte und wenn entsprechende Vollmachten durch den Minister für Außenhandel und Innerdeutschen Handel sowie eine enge Zusammenarbeit und Hilfe durch den zuständigen Bereich im MfS erfolgen würde. Diese Hilfe und Unterstützung ist deshalb notwendig, weil eine Reihe von Operationen, wie illegale Warentransporte, Versicherungsbetrug u .a. streng geheimzuhaltende Maßnahmen, die nur einem außeror-

dentlich kleinen Kreis – nicht mehr als zwei bis drei Mitarbeitern – bekannt sein dürfe, von ihnen durchgeführt werden sollten."

Allem Anschein nach hat das Politbüro die Zustimmung gegeben. Denn Schalcks Geschäfte wuchsen ins Unermeßliche. Der Geist aus der Flasche war in wenigen Jahren ins Riesenhafte gewachsen. Bald sollte er bis an die Wolken stoßen. Mitte der achtziger Jahre war es soweit.

"Spezielle Auslandsverbindungen" nannte Schalck diesen Apparat, der Firmen weltweit einbezog – von Japan bis Frankreich, von den Vereinigten Staaten bis nach England.

Vermerkt sind auch die einzelnen Ansprechpartner und die Aufgaben, die von den Firmen erwartet werden: zum Beispiel "Verwaltung, Sicherung und Einsatz von Geldvermögen". Oder: "Organisation von Warenlieferungen". Oder: "Übermittlung von Informationen". Oder: "Durchführung spezieller Geschäfte". Oder: "Spezielle Transaktionen und Vermittlung von Kontakten zu anderen Stellen/Personen".

Ob die Betroffenen nun davon wußten oder nicht – sie tauchten in Schalcks "speziellem Firmenregister" auf. Entweder sollten die Kontakte erst noch angebahnt, intensiviert oder bereits konkret nachrichtendienstlich ausgeschöpft werden – oder sie waren bereits von Schalcks Kurieren angezapft. Daß konspirativ Geldmittel geflossen sind, geht aus den Akten hervor. Daß konspirative Beziehungen zu verschiedenen Firmen bereits bestanden, ist ebenfalls aktenkundig.

Aber welchen Sinn sollte das machen, wenn Schalck seinen eigenen Nachrichtendienst aufzog? Industriespionage? Beschaffung von Gütern, die auf der COCOM-Liste standen?

Die Antwort liegt ganz woanders: Schalck, der Skeptiker und Pessimist, sorgte vor für den Ernstfall. Schalck rechnete, nachdem er die innere wirtschaftliche Lage der DDR ja zur Genüge kannte, offenbar ständig mit dem Tag, an dem die DDR definitiv zahlungsunfähig würde. Und er bezog in seine Überlegungen auch den Tag ein, an dem sich die DDR im Kriegszustand (Er nennt es: Verteidigungsfall) befinden würde.
Der kluge Schalck baut vor. In beiden Fällen wäre es wichtig gewesen, weiterhin aus dem Ausland versorgt zu werden. Mit Nahrung, mit Waffen, mit Maschinen. Und Schalck stellte ernsthaft die Weichen für diesen Fall.

Erst einmal stärkte er die Riege der MfS-Offiziere in den eigenen Reihen. In einem Brief vom 4. April 1985 teilte Schalck dem Leiter der Hauptabteilung Kader und Schulung des MfS, Generalmajor Möller, folgendes mit:

"Werter Genosse Möller!
In Durchsetzung der Weisung des Genossen Minister wurden durch den Bereich Kommerzielle Koordinierung erste spezielle Auslandsverbindungen geschaffen, um die Weiterführung der Tätigkeit des Bereiches auch unter komplizierten Lagebedingungen bzw. in besonderen Spannungssituationen zu sichern.
Wie bekannt, hat gerade in letzter Zeit der Genosse Minister erneut darauf orientiert, die Arbeit des Bereiches auf diesem Gebiet zu verstärken.
Die Führung und Entwicklung solcher spezieller Auslandsverbindungen erfordert die zielstrebige individuelle Arbeit mit den in diesen Verbindungen tätigen ausländischen Personen nach politisch-operativen Grundsätzen und Methoden. Das Ziel ist, abgedeckt und unter Nutzung aller legalen Möglichkeiten, IM-Verbindungen aufzubauen.
Zur weiteren Durchsetzung dieser komplizierten politisch-operativen Aufgabenstellung... schlage ich vor, daß folgende Genossen meines Bereiches, die auf diesem Gebiet tätig sind,

in die vorgesehenen differenzierten Regelungen zur materiellen und moralischen Anerkennung der Tätigkeit IM-führender Mitarbeiter einbezogen werden:

Oberst Seidel, Manfred
Oberstleutnant Schalck, Sigrid
Hauptmann Neubert, Klaus-Dieter.

Um Ihre Entscheidung wird gebeten.
Mit kommunistischem Gruß
Alexander Schalck"

Wie das in der Praxis weitergehen sollte, sagt ein internes Arbeitspapier, das Schalcks Mitarbeiter K. Meier verfaßt hat. Darauf beruht auch der Entwurf einer Weisung, den Alexander Schalck am 12. April 1985 mit dem Vermerk "Persönlich! Streng geheim" seinem Genossen Minister Erich Mielke zuleitete.
Im Anschreiben machte Schalck darauf aufmerksam: "Diese Weisung und Anlage sind untrennbarer Bestandteil der Führungsanweisung des Leiters des Bereiches in Vorbereitung der Mobilmachung und im Verteidigungszustand."

Das Projekt "spezielle Auslandsverbindungen" sollte sich nach dem Entwurf von K. Meier vor allem begründen "auf das politisch loyale, kommerziell korrekte und persönlich disziplinierte Verhalten der Inhaber, Geschäftsführer und anderer ausgewählter Mitarbeiter dieser Firmen und Einrichtungen bei der Durchführung der vom Bereich KoKo übertragenen Aufgaben".
Meier sprach auch die konkreten Vorleistungen an, die für die Tätigkeit erbracht worden waren:
"Durch Kapitalbeteiligungen und finanzielle Zuwendungen wurden materielle Abhängigkeiten ausgewählter Personen zum Bereich geschaffen. Nach den im Bereich zu treffenden Einschätzungen sind diese Personen unter Beachtung der notwendigen Differenziertheit bereit, auch unter komplizierten Lagebedingungen Aufträge des Bereiches zu erfüllen."

Über die Entwicklung der speziellen Kontakte hat K. Meier 1985 auch schon konkrete Vorstellungen:
"Die persönlichen Kontakte zu den bestehenden bzw. angenommenen Vertrauenspersonen in den Auslandsverbindungen sind weiter auszubauen und verstärkt nach politisch-operativen Grundsätzen zu führen. Dabei gewinnt das Studium dieser Personen anhand konkreter Aufträge eine besondere Bedeutung. Die bestehenden bzw. angenommenen Vertrauenspersonen in diesen Firmen sind zu beauftragen, unter Nutzung ihrer legalen Möglichkeiten bereits heute einen konkreten abrechenbaren Beitrag zur Aufklärung des Vorgehens kapitalistischer Behörden, Einrichtungen, Konzerne und Firmen gegenüber der DDR und anderen sozialistischen Staaten zu erarbeiten."

Was im einzelnen bezweckt werden sollte durch die speziellen Auslandskontakte, ist genau aufgelistet:
– Die unbedingte Sicherung, Erweiterung und der effektive Einsatz des Valutavermögens der KoKo,
– der Einsatz dieser speziellen Auslandsverbindungen bei der Abwicklung besonderer Finanz- und Geschäftsoperationen im nichtsozialistischen Wirtschaftsbereich,
– die Beschaffung strategischer und militärisch wichtiger Materialien, Ausrüstungen, Rohstoffe oder Waffen,
– die Erfassung und effektive Verwertung besonderer Versorgungsfonds.

Mit der Führung der speziellen Auslandsverbindungen wurde der Stellvertreter Schalcks, Oberst Manfred Seidel, betraut. In der Weisung heißt es: "Er koordiniert im Rahmen der ihm lt. Führungsanweisung übertragenen Vollmachten die notwendigen Maßnahmen mit den verschiedenen Diensteinheiten des MfS und den zentralen staatlichen und wirtschaftsleitenden Organen."

Speziell war Schalcks Stellvertreter verantwortlich für
– den Einsatz zusätzlicher Kader mit Auslandserfahrung,

– die Anwendung konspirativer Mittel und Methoden zur Führung der Auslandsverbindungen,
– den Aufbau des operativen Verbindungssystems.

Wichtig für die Arbeit war der weitere Ausbau vorhandener persönlicher Kontakte zu den Vertrauenspersonen in den Auslandsfirmen. Es hieß in der Weisung: "In die politisch-operative Führung ausgewählter Auslandsverbindungen des Bereiches sind schrittweise weitere Mitarbeiter des Bereiches und unterstellter Außenhandelsbetriebe einzubeziehen, die unter angenommenen Lagebedingungen ihre Aufgabe als Instrukteur bzw. Kurier gegenüber diesen Auslandsverbindungen realisieren."

Eine andere Aktennotiz gibt nähere Auskunft darüber, was über die "Vertrauenspersonen" in Erfahrung zu bringen war: zuerst natürlich deren Stellung und deren Verantwortung in den Firmen, dann das Eigentumsverhältnis zur Firma, die jeweiligen Verbindungen der Person zur DDR – und zwar geschäftlich wie privat; die geschäftlichen Verbindungen "im kapitalistischen Wirtschaftsgebiet, die für uns von Interesse sein könnten", die dazugehörigen Personen und deren Firmenverbindungen; die finanzielle Stabilität der Firmen; die geschäftlichen Transaktionen, die mit der Firma über die Vertrauensperson durchgeführt werden können.

Bevorzugt anzupeilen waren Auslandsverbindungen, "die in der Lage sind, bedeutende kommerzielle Aufgaben zu realisieren", z. B. Sicherung von Rohstoffen. Eine besondere Bedeutung hatten demnach auch Firmen in den sogenannten neutralen Ländern. Genannt werden Schweiz, Österreich, Schweden und Finnland. "Für jede Auslandsverbindung ist neben der zentralen Führung durch den Generaldirektor bzw. stellv. Generaldirektor ein weiterer Mitarbeiter als Instrukteur bzw. Kurier zu benennen", heißt es in der Schalck-Instruktion.

Dieser eigene Dienst der Schalck-Behörde sollte durchaus nicht die bisher geschätzte Unterstützung durch das MfS überflüssig machen. Schalck wollte sich nicht abnabeln, er wollte sozusagen eine eigene Firma zur Unterstützung seiner eigenen Ziele. Die Staatssicherheit stand ihm dabei zur Seite. So hieß es in Schalcks Weisungsentwurf: "Entsprechend der politisch-operativen Aufgabenstellung zur Führung der speziellen Auslandsverbindungen sind im engen Zusammenwirken mit dem Leiter der Arbeitsgruppe BKK alle notwendigen Maßnahmen zur Absicherung und Aufklärung einzuleiten, unter Einbeziehung der uns zur Verfügung stehenden operativen Möglichkeiten."

Auch in der DDR war es wohl allgemein nicht üblich, daß sich ein Mann wie Alexander Schalck zum Herrscher über ein Firmen- und Machtimperium aufschwang. Den Gipfel erreichte sein Machtstreben mit einem Vorschlag, wie der Bereich KoKo im Verteidigungszustand reagieren und umstrukturiert werden sollte. Die undatierte Aktennotiz Schalcks erläutert, daß für den Verteidigungsfall ein Gesetz vorbereitet sei, das folgende Festlegungen vorsehe:

"– Alle Valutakonten werden sofort gesperrt.
– Das Ministerium für Außenhandel u .a. zentrale Staatsorgane werden beauftragt, einen operativen Valutaplan für den Zeitraum eines Vierteljahres zu erarbeiten.
– Die in diesem operativen Valutaplan beantragten Mittel werden von der Staatsbank geprüft und wenn erforderlich zugewiesen."

Unter dieses Gesetz aber wollte Schalck mit seiner KoKo nicht fallen. Wichtig war ihm die Absicherung der Vermögenswerte des Bereiches KoKo. Also wurde eine Vereinbarung mit dem Präsidenten der Staatsbank angestrebt, wonach

"– das Valutavermögen des Bereiches von dem vorbereiteten Gesetz nicht erfaßt wird. Die volle Verfügbarkeit durch den Bereich bleibt erhalten.
– Die Deutsche Handelsbank wird im Verteidigungszustand

dem Leiter des Bereiches Kommerzielle Koordinierung unterstellt."

Schalck weiß natürlich auch, daß "solche Vereinbarungen bzw. doppelte Unterstellungen im Verteidigungszustand nur begrenzt wirksam" sind. Denn dann herrschen andere Führungsstrukturen.
Schalck glaubt aber, daß der relativ geringe Umfang und die Struktur seiner Behörde eine Sonderstellung im Verteidungsfall begünstigen könnten. Und er zählt auf:
"Zum Bereich gehören gegenwärtig vier Außenhandelsbetriebe und sechs Firmen mit insgesamt über 2000 Beschäftigten. Im Bereich arbeiten 16 attestierte Mitarbeiter der verschiedenen Diensteinheiten des Ministeriums für Staatssicherheit, drei attestierte Mitarbeiter existieren im Außenhandelsbetrieb Transinter/Internationales Handelszentrum. Die Sicherungskräfte des Bereiches und des Internationalen Handelszentrums sind ebenfalls Mitarbeiter des Ministeriums für Staatssicherheit."

Alexander S c h a l c k   Berlin, den 29. Dez. 1965

(10.)

Persönlich!

Mitglied des Politbüros
Genossen Hermann M a t e r n

Werter Genosse M a t e r n !

Mit Abschluss des Jahres 1965 möchte ich Dich zu zwei Komplexen informieren:

1. Erreichter Stand der im Jahre 1965 für die Partei erwirtschafteten Gelder;
2. Einige Gedanken über die Fortführung der Arbeiten im Jahre 1966.

<u>1.</u> Insgesamt wurden im Jahre 1965 abgeführt:

An das Zentralkomitee in bar:	1.239.5oo,— DM-West
Darüber hinaus wurden an die Abteilung Verkehr, Genossen Szigulla, übergeben:	
2 Pkw (fabrikneu), Type BMW 16oo, mit einem Gesamtwert von	18.4oo,— DM-West
und 1 Pkw (gebraucht), Type Opel-Kapitän,	5.ooo,— DM-West
An Genossen Steidl wurden übergeben: 2 Kopiergeräte mit einem Wert von	2.766,55 DM-West
Der Fa. NOLTE bzw. SOCOLI wurden zur Finanzierung der gegenwärtig in diesen Betrieben arbeitenden Funktionäre (Brankamp, Judick, Olek) sowie zur Einrichtung des Westberliner Büros im Jahre 1965 insgesamt gegen Quittung übergeben:	267.4o6,— DM-West

(In dieser Summe ist ein erheblicher Teil Mittel enthalten für den Ausbau des neuen Hauses in Bochum, Kurfürstenstr. 2o, das am 3o. 6. 1966 in das Privateigentum von Fritz Nolte übergeht).

- 2 -

Schalck rechnet ab: 1,2 Millionen an das ZK der SED – in bar. Dazu Fahrzeuge, Fotokopiergeräte und Extra-Geld für die KoKo-Agenten im Westen …

- 2 -

Zur Sicherung der von uns an die Fa. NOLTE übermittelten Gelder habe ich vorgeschlagen, dass über die von uns beim Ausbau des Hauses Kurfürstenstr. 20 investierten Mittel eine Vereinbarung zur Sicherung der Eigentumsrechte durch uns mit der Fa. NOLTE getroffen wird. Die Verfahrensweise müsste im einzelnen noch mit einem Rechtsanwalt abgestimmt werden. Ich bin der Auffassung, dass bis zum Vorliegen dieser Vereinbarung an die Fa. NOLTE keine weiteren Barzahlungen erfolgen (bis auf evtl. notwendige Gelder für die Finanzierung der drei Genossen), da keine Gewähr besteht, dass die über die Finanzierung der dort beschäftigten Genossen hinaus übermittelten Gelder uns zum grössten Teil erhalten bleiben.

Mit Stand vom 28. Dezember 1965 befinden sich noch Barmittel im Werte von | 262.170,15 DM-West | in meinen Händen, die ich Dir unmittelbar am Jahresbeginn übergeben werde.

Aufgrund der getroffenen Absprache mit Genossen S t e i d l wurden die an der Erwirtschaftung der Mittel beteiligten Genossen anlässlich des Jahrestages der Republik und des Jahreswechsels 1965 mit Geld- und Sachprämien ausgezeichnet.

2.

Der bisherige Rahmen meiner Tätigkeit war relativ klein gehalten, weil auch zeitlich keine Voraussetzungen bestanden, diesen Aufgabengebiet weiter auszudehnen.

Aufgrund der gesammelten Erfahrungen bin ich der Auffassung, dass reale Möglichkeiten bestehen, dass der Parteiführung im Jahre 1966 3 - 4 Mio DM-West zur Verfügung gestellt werden können. Dazu sind folgende Voraussetzungen notwendig:

- Es muss eine klare Abgrenzung und Festlegung der Vollmachten für die auf diesem und angrenzenden Gebieten tätigen Genossen vorgenommen werden. Dabei halte ich es für zweckmässig, dass direkt im Ministerium für Aussenhandel und Innerdeutschen Handel eine einheitliche Leitung der Aussenhandelsgesellschaften Zentralcommerz, Intrac und Transinter erfolgt, die bereits mehrere Jahre durch Börsengeschäfte, Schwitchgeschäfte u. a. Geld- und Warenoperationen -ohne Warenbewegungsplan- Devisen direkt für den Staatshaushalt erwirtschaften. Diese einheitliche Leitung ist bisher nicht in der notwendigen Form vorhanden und sollte durch einen stellv. Minister im MAI wahrgenommen werden, bzw. HA-Leiter des MAI.

  Dieser Kreis der Geschäfte wird von unserer Tätigkeit nur indirekt berührt, indem wir mit einigen Geschäftspartnern dieser Unternehmen -nach Vorliegen eines ausgehandelten Preises mit dem Aussenhandelsunternehmen- Absprachen treffen, um uns einen bestimmten Prozentsatz oder festgelegten Geldbetrag aus ihrem Gewinnanteil zu sichern. Da es sich hier mehr oder weniger um unseriöse Methoden handelt, können solche Funktionen durch den Staatsapparat oder durch die staatlichen Aussenhandelsunternehmen im Prinzip nicht wahrgenommen werden.

- 3 -

...und Genosse Matern bekommt 260.000 DM in bar von Schalck: Aber es soll noch mehr werden. Wie das vonstatten gehen soll? Siehe nächste Seite...

- 3 -

- Die zweite Gruppe von Sondergeschäften resultiert aus Vereinbarungen mit der Kirche und einem weiteren Sonderkomplex, die von einem Bevollmächtigten des Ministers im Ministerium für Aussenhandel und Innerdeutschen Handel direkt koordiniert werden. Auch bei diesen Geschäften werden unsere Interessen nicht berührt und sollten in der bisherigen Form weiter so gehandhabt werden.

- Die dritte Gruppe von Geschäftsoperationen wird durch mich, in Zusammenarbeit mit einigen wenigen Genossen, organisiert. Dabei haben uns vor allem Vertrauensfirmen des MfS, die Fa. SIMON und die Fa. GERLACH, ausserordentlich grosse Hilfe und Unterstützung gegeben. Ich halte es für durchaus real, dass die von mir eingeschätzten 3 - 4 Mio DM-West für das Jahr 1966 erwirtschaftet werden können, wenn man diese Arbeit hauptamtlich durchführen könnte und wenn entsprechende Vollmachten durch den Minister für Aussenhandel und Innerdeutschen Handel sowie eine enge Zusammenarbeit und Hilfe durch den zuständigen Bereich im MfS erfolgen würde. Diese Hilfe und Unterstützung ist deshalb notwendig, weil eine Reihe von Operationen, wie illegale Warentransporte, Versicherungsbetrug u. a. streng geheimzuhaltende Massnahmen, die nur einem ausserordentlich kleinen Kreis -nicht mehr als zwei bis drei Mitarbeitern- bekannt sein dürfen und von ihnen durchgeführt werden sollten. Der Genosse, der im Staatsapparat diese Aufgabe durchführt, sollte direkt Dir oder dem zuständigen Abteilungsleiter im Zentralkomitee rechenschaftspflichtig sein.

Alle Massnahmen, die der Unterbringung von Funktionären in legale Arbeitsverhältnisse dienen, sollten direktdurch im Parteiapparat des Zentralkomitees dafür verantwortlich zu machende Genossen durchgeführt werden. Ich bin der Meinung, dass eine strenge Trennung zwischen der Erwirtschaftung von Geldmitteln und der Verwendung dieser Mittel sowie des Einsatzes von Kadern in Westdeutschland erfolgen sollte. Bei einer solchen Arbeitsteilung und Zusammenarbeit würde zweifellos die Möglichkeit bestehen, die notwendige Geheimhaltung abzusichern und darüber hinaus keine Überschneidung der Arbeit einzelner Bereiche nach sich ziehen.

Alexander Schalck

Dieser Brief existiert in drei Exemplaren:

Original - Gen. Matern
1 Kopie - Gen. Steidl
1 Kopie -Gen. Schalck

... Schalck fordert bereits 1966 die Hilfe des MfS für "Versicherungsbetrug, illegale Warentransporte u.a." Heute behauptet er, auf "Weisung" gehandelt zu haben

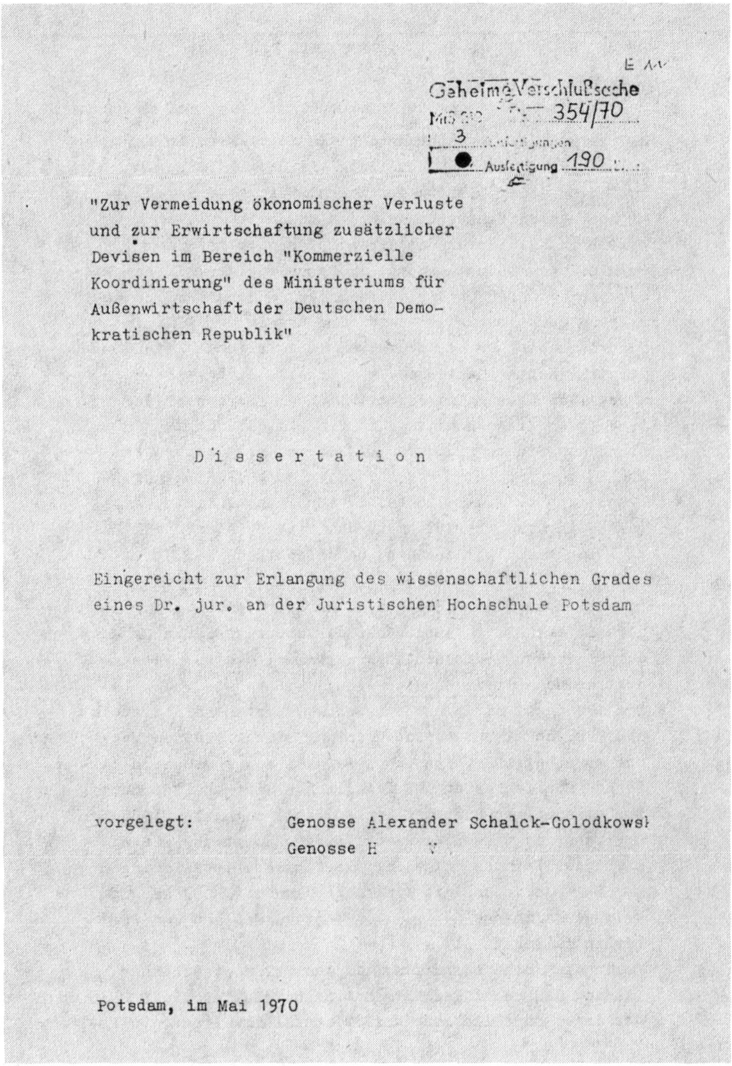

Geheime Verschlußsache
MfS 210 - 354/70
3 Ausfertigungen
Ausfertigung 190

"Zur Vermeidung ökonomischer Verluste und zur Erwirtschaftung zusätzlicher Devisen im Bereich "Kommerzielle Koordinierung" des Ministeriums für Außenwirtschaft der Deutschen Demokratischen Republik"

D i s s e r t a t i o n

Eingereicht zur Erlangung des wissenschaftlichen Grades eines Dr. jur. an der Juristischen Hochschule Potsdam

vorgelegt: Genosse Alexander Schalck-Golodkowski
Genosse H V

Potsdam, im Mai 1970

Geheime Verschlußsache MfS 210 – 354/70: Die "Doktor"-Arbeit des Alexander Schalck. Wissenschaftlich wertlos – aufschlußreich für Wirtschaftskriminalisten

GVS MfS 210 - 354/70

\- 91 -

DDR sein eigenes Wachstumstempo zu forcieren, in der ökonomischen Auseinandersetzung mit der DDR einen maximalen Zeitgewinn zu erreichen. Der Feind versucht mit seinen raffinierten Methoden und Mitteln auch weiterhin auf Kosten des Wirtschaftspotentials der DDR sein eigenes Wachstumstempo zu beschleunigen mit dem Zie der ökonomischen Unterwanderung der DDR und der Restaurierung der imperialistischen Ordnung in der DDR. Das Schuldenkonto des westdeutschen Imperialismus gegenüber der DDR wächst täglich an, wie bereits nachgewiesen wurde. Aus diesen Tatsachen leiten die Verfasser der Arbeit den Klassenauftrag und die Pflicht für die zuständigen Staatsorgane der DDR ab, ständig zu prüfen und Lösungsvarianten vorzuschlagen, wie die DDR durch Ausnutzung des feindlichen Wirtschaftspotentials, des westdeutschen Imperialismus, das eigene industrielle Wachstumstempo entscheidend beschleunigen kann.

Die Verfasser der vorliegenden Arbeit halten es für gerechtfertigt, in Anbetracht der uns zugefügten Schäden durch den westdeutschen Imperialismus, diesen Klassenauftrag so weit zu fassen:
Dem Feind mit allen uns zur Verfügung stehenden Mitteln und Möglichkeiten, durch Anwendung seiner eigenen Method und Moralbegriffe, Schaden zuzufügen sowie die sich bietenden Möglichkeiten des feindlichen Wirtschaftspotentia zur allseitigen Stärkung der DDR voll zu nutzen. Bei der Realisierung dieses Klassenauftrages kommt uns die Absicht des Feindes entgegen, die Wirtschaftsbeziehungen zur DDR auszubauen mit dem Ziel, ökonomische Abhängigkeitsverhältnisse der DDR von Westdeutschland und Westberlin zu schaffen.
Durch die volle Ausnutzung der zentralen staatlichen Planung und des Außenwirtschaftsmonopols ist die DDR in der Lage, ohne Erhöhung der Störanfälligkeit der Volks-

Schalcks "Doktorvater" Erich Mielke nahm mit besonderer Freude dessen "Klassenauftrag" zur Kenntnis: "Dem Feind mit allen... Mitteln... Schaden zuzufügen"

Alexander Schalck **Berlin, 14. November 1989**
Herta König

Mitglied des Politbüros
und Vorsitzender der
Staatlichen Plankommission

Genossen Gerhard Schürer

Lieber Genosse Schürer!

Im Zusammenhang mit der Notwendigkeit der Offenlegung
der Verschuldung der DDR haben wir eine Gesamtfassung
aller planmäßigen und außerplanmäßigen Forderungen,
Guthaben und Verbindlichkeiten angefertigt.
Dabei wird deutlich, daß die Dir bisher bekannte Ver-
schuldung tatsächlich um 12,6 Mrd. V
geringer ist.
Wir möchten ausdrücklich darauf hinweisen, daß
trotz dieser Differenz im Saldo der Dir bisher
bekannten Verschuldung sich an den Aussagen zur
Liquidität - wie sie von uns bisher getroffen und
den Anforderungen an den Export zugrunde gelegt
worden - nichts verändert. Allen unseren Berechnungen
wurde bereits zugrunde gelegt, daß der Einsatz der rd. 4,1 Mrd
Guthaben erfolgen wird,und bei der Beschaffung der
jährlichen 8 - 10 Mrd. V
Kredite durch die Banken ist bereits unterstellt,
daß die 8,5 Mrd.
Kreditquellen der DABA auch weiterhin zur Verfügung
stehen.

Anlage Mit sozialistischem Gruß

Alexander Schalck Herta König

Schalcks Versprechen: Die Vermögenswerte der KoKo, 4,1 Milliarden Valutamark, werden für Kredite zum Fortbestand der DDR bereitgestellt

A. Schalck   Berlin, den 12.04.1985

PERSÖNLICH
STRENG GEHEIM

Lieber Genosse Minister !

Beiliegend übermittle ich Ihnen den Arbeitsstand und die weitere Aufgabenstellung des Bereiches Kommerzielle Koordinierung hinsichtlich spezieller Auslandsverbindungen zu Firmen und Einrichtungen sowie Personen im nichtsozialistischen Wirtschaftsgebiet auch unter komplizierten Lagebedingungen bzw. in besonderen Spannungssituationen.

Diese Weisung und Anlagen sind untrennbarer Bestandteil der Führungsanweisung des Leiters des Bereiches in Vorbereitung der Mobilmachung und im Verteidigungszustand.

Bitte um Kenntnisnahme.

Mit kommunistischem Gruß

Vorliegendes Material existiert in
4 Exemplaren

1 Exp. Leiter des Bereiches
1 Exp. Oberst Seidel
1 Exp. Oberst Meier

Persönlich/streng geheim: Schalck berichtet direkt an Mielke über die Aufgaben seiner Agenten im Ausland, auch "unter komplizierten Lagebedingungen"

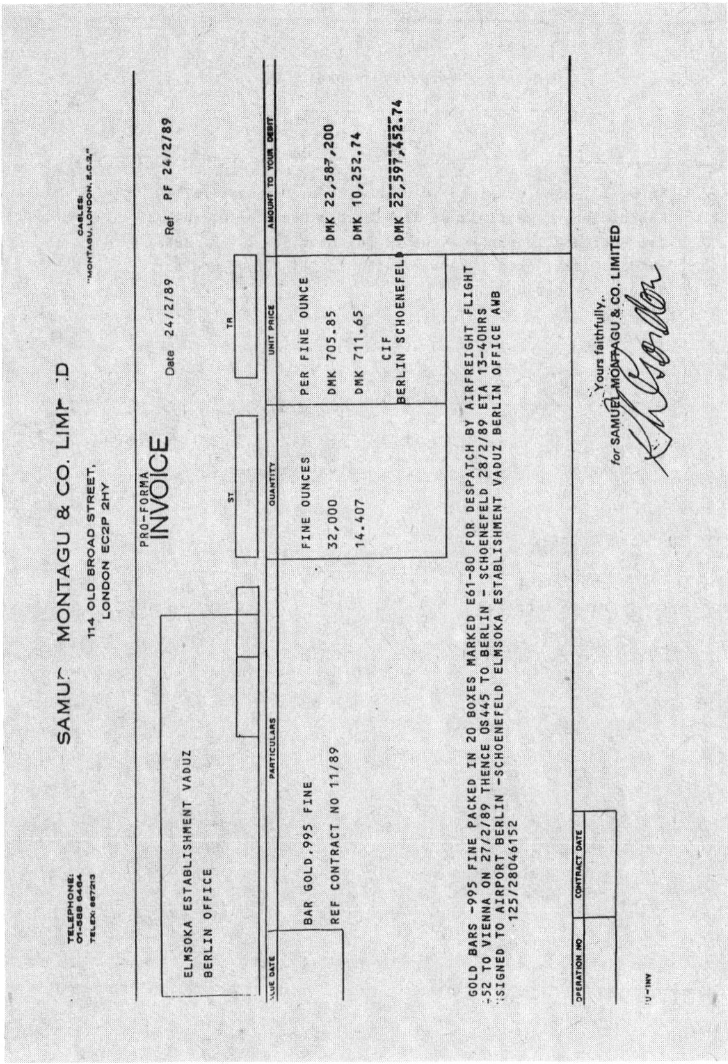

SAMU[illegible] MONTAGU & CO. LIM[illegible]D

TELEPHONE: 01-588 6464
TELEX: 887213

114 OLD BROAD STREET,
LONDON EC2P 2HY

CABLES:
"MONTAGU, LONDON, E.C.2."

PRO-FORMA
INVOICE

Date 24/2/89 Ref PF 24/2/89

ST TR

ELMSOKA ESTABLISHMENT VADUZ
BERLIN OFFICE

VALUE DATE	PARTICULARS	QUANTITY	UNIT PRICE	AMOUNT TO YOUR DEBIT
	BAR GOLD,995 FINE	FINE OUNCES	PER FINE OUNCE	
	REF CONTRACT NO 11/89	32,000	DMK 705.85	DMK 22,587,200
		14.407	DMK 711.65	DMK 10,252.74
			CIF BERLIN SCHOENEFELD	DMK 22,597,452.74

GOLD BARS -995 FINE PACKED IN 20 BOXES MARKED E61-80 FOR DESPATCH BY AIRFREIGHT FLIGHT
-52 TO VIENNA ON 27/2/89 THENCE OS445 TO BERLIN - SCHOENEFELD 28/2/89 ETA 13-40HRS
:SIGNED TO AIRPORT BERLIN -SCHOENEFELD ELMSOKA ESTABLISHMENT VADUZ BERLIN OFFICE AWB
125/28046152

OPERATION NO	CONTRACT DATE

Yours faithfully,
for SAMUEL MONTAGU & CO. LIMITED

:U-INV

Eine von vielen Rechnungen für Gold von der "Samuel Montague" in London an die "Elmsoka" in Liechtenstein: Zielflughafen war Berlin-Schönefeld

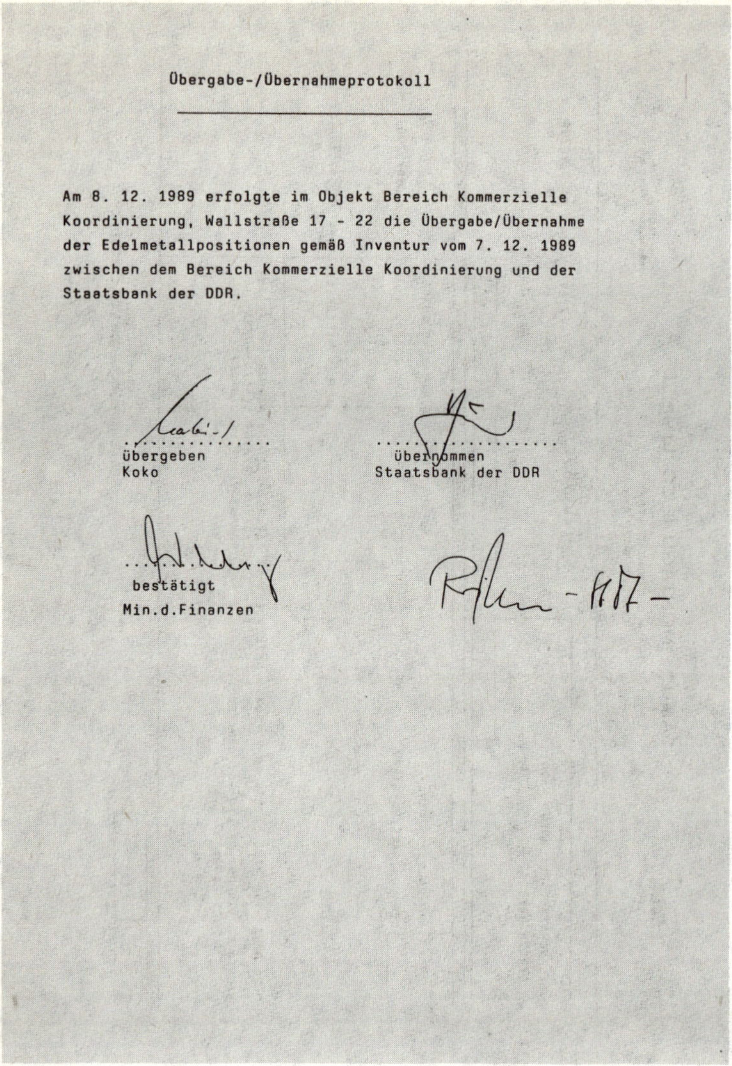

Übergabe-/Übernahmeprotokoll

Am 8. 12. 1989 erfolgte im Objekt Bereich Kommerzielle Koordinierung, Wallstraße 17 - 22 die Übergabe/Übernahme der Edelmetallpositionen gemäß Inventur vom 7. 12. 1989 zwischen dem Bereich Kommerzielle Koordinierung und der Staatsbank der DDR.

.... übergeben Koko

.... übernommen Staatsbank der DDR

.... bestätigt Min.d.Finanzen

Übergabeprotokoll an die Regierung Krenz: Buchhalterisch war mit dem Gold alles in Ordnung. Aber danach verliert sich die Spur

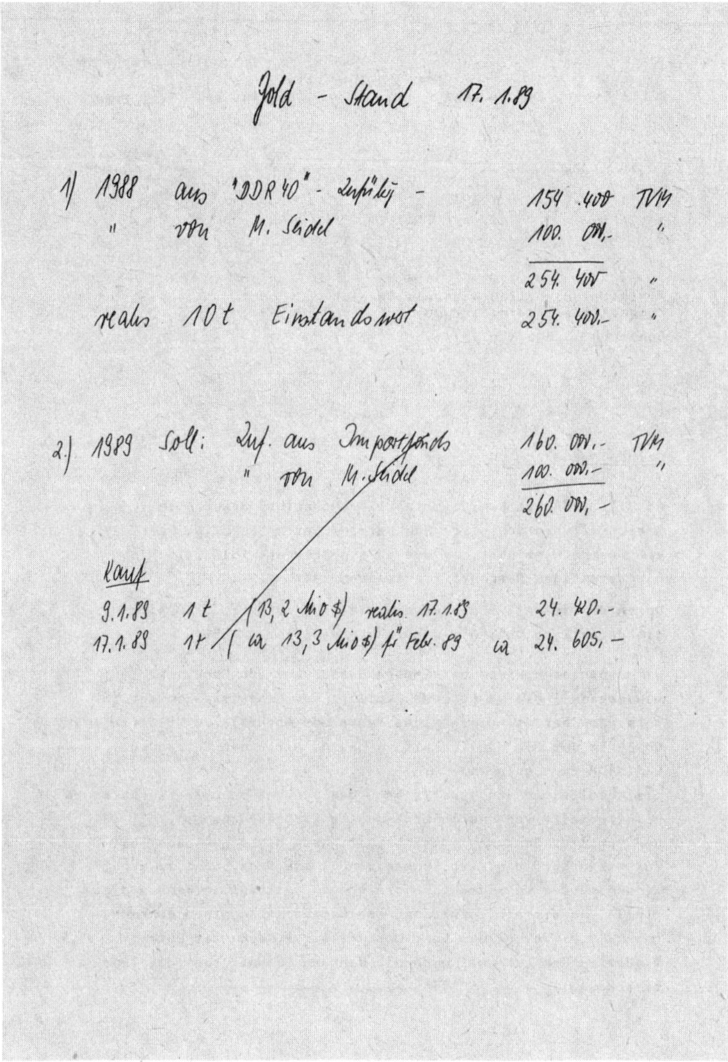

Gold - Stand 17.1.89

1) 1988 aus "DDR 40" - Zuführung - 154.400 TDM
" von M. Seidel 100.000,- "
254.400 "
realis. 10 t Einstandswert 254.400,- "

2.) 1989 Soll: Zuf. aus Importfonds 160.000,- TDM
" von M. Seidel 100.000,- "
260.000,-

Kauf
9.1.89 1 t (13,2 Mio $) realis. 17.1.89 24.400,-
17.1.89 1 t (ca 13,3 Mio $) für Febr. 89 ca 24.605,-

Schalcks Notizen zu den Goldkäufen: Rechnungslegung der Zuführungen aus "Importfonds", "DDR 40" und aus "Bar-Einlagen" seines Stellvertreters Seidel

DELTA Export-Import GmbH   Berlin, den 19.11.1984

H a u s m i t t e i l u n g

Ministerium für Außenhandel, Bereich
Kommerzielle Koordinierung

Genossen   S e i d e l

Geldanlage durch Goldkäufe

Am 7.11.1984 hat Gen. Richter während seines Besuchs in Zürich mit dem Schweizer Bankverein, Herrn Prokurist Baer, ein Gespräch geführt, in dem er geprüft hat, inwieweit sich ein derartiges Geschäft realisieren läßt.

Durch den Schweizer Bankverein wird eingeschätzt, daß sich ein derartiges Geschäft wie folgt realisieren läßt:

Wir deponieren einen bestimmten Betrag bei der Bank, der mindestens 1 Mio DM betragen sollte. Der Schweizer Bankverein wäre dann bereit, die gleiche Summe uns nochmals zu kreditieren, um somit uns die Möglichkeit zu geben, mit einem Betrag von 2 Mio DM zu operieren.
Die Kreditsumme von jeweils 5o % des von uns deponierten Betrages gilt für alle von uns in Erwägung zu ziehenden Summen.
Der Schweizer Bankverein ist bereit, nach einer gewissen Zeit der Zusammenarbeit die Kreditsumme von 5o % auf ca. 65 % zu erhöhen.
Zinsen würden dann jeweils nur für den Zeitraum in Rechnung gestellt, wo wir auch unbedingt den Betrag in Anspruch genommen haben, d.h. wo von uns Gold gekauft wurde. Wenn der Betrag wieder zurück auf das Konto als Währung fließt, ruht die Zinsberechnung.

Die Genossen Kommunisten am Werk: Kapitalismus reinsten Wassers, ausgetragen auf dem Rücken der Bevölkerung – mit ausdrücklichem Segen von Schalck...

Um hier den internationalen Geflogenheiten Rechnung zu tragen, schägt der Schweizer Bankverein vor, die Goldtransaktion auf der Basis US-Dollar durchzuführen, da alle kurzfristigen Bewegungen erst einmal in US-Dollar ausgewiesen werden und später dann in die jeweiligen Währungen umgerechnet werden, was bedeutet, daß bei der Umrechnung von US-Dollar auf DM bzw. Schweizer Franken ein gewisses Kursrisiko zugunsten der Bank enthalten ist.
Bei der Abwicklung der Geschäfte auf der Basis US-Dollar würden unsere DM als Sicherheit stehen und das Geschäft würde jeweils auf der Dollar-Basis durchgeführt, d.h. der An- und Verkauf, so daß am Ende nur der Gewinn auf der Basis US-Dollar für uns zur Verfügung steht.

Durch Prokurist Baer wird eingeschätzt, daß sich durch günstigen An- und Verkauf eine Jahresrendite von mindestens lo bis 12 % netto erzielen lassen würde, also 5 bis 7 % über dem derzeitigen Zinssatz von DM.

Um diese Finanzoperation bei DELTA abwickeln zu können, wäre es notwendig, daß für diesen Zweck ein separates Konto beim Schweizer Bankverein eingerichtet wird, worüber nur diese Geschäfte laufen würden. Weiterhin wäre notwendig eine entsprechende Kommunikation einzuführen, d.h. wo innerhalb kürzester Frist ermittelt werden kann die Entwicklung der Goldkurse auf den jeweiligen Märkten. Angebracht wäre hier ein Anschluß an das Deutsche Kabelfernsehen/Teletext oder die Installierung eines sogenannten Reutertickers.

Ich bitte um Ihre Rücksprache in dieser Angelegenheit.

Farken

...Reuterticker, Dollarkonten, Kursrisiken: Ein Schalk, wer dabei an die DDR denkt

Kunst und Antiquitäten
GmbH

Berlin, den 18.11.1982

Mitteilung an Gen. Seidel

Werter Genosse Seidel!

Im Ergebnis der bisher mit Herrn Bader geführten Gesprächen, wäre folgende Geschäftskonstruktion denkbar:

1. Wir stellen 1,25o Mio DM und
   Herr Bader stellt 1,25o Mio DM
   für ein bei der Deutschen Handelsbank AG einzurichtendes Konto zur Verfügung.

   Die Kontenführung wird durch uns vorgenommen.

2. Die bei der Deutschen Handelsbank AG geführte Kontensumme von 2,5o Mio DM ist Grundlage für eine zu erteilende Bankbürgschaft gegenüber einer Schweizer Bank für den Ankauf von Feingold (Barren und Münzen).

3. Der Goldankauf wird in der Schweiz vorgenommen und damit entfällt die Mehrwertsteuer.

4. Der Verkauf von Barren und Münzen sollte zweckmäßigerweise gegen Zahlung einer Provision in den Filialen der Staatsbank im Bahnhof Friedrichstr. und auf dem Flughafen Berlin-Schönefeld erfolgen.

5. Der Verkauf muß entsprechend der Eigenkalkulationen unter Berücksichtigung der täglichen Edelmetallkurse erfolgen.

6. Durch den ständigen Einkauf und Verkauf von Gold, kann bei mindestens 22 - 25 mal Einsatzes der Kontensumme der Gewinn in einem Jahr ca. 1oo % betragen.

Finden die vorgenannten Darlegungen Ihre Zustimmung, wird die gesamte Konstruktion detaillierter dargestellt. Daraus werden sich Aufgabenstellungen ableiten, die im Gesamtvorhaben erforderlich sind.

Mit sozialistischem Gruß

Farken
Direktor

Architektur eines typischen KoKo-Geschäftes: Mehrwertsteuer-Umgehung, Schmuggel, Bankbürgschaften in der Schweiz. Gewinn: bis zu 100% pro Jahr

A. Schalck

30.11.89

Vorsitzender des Ministerrates
der Deutschen Demokratischen
Republik

Genossen Dr. Hans Modrow

Klosterstraße

B e r l i n

1020

Durchführung des Exportes "Militärischer Erzeugnisse und Leistungen" durch den Außenhandelsbetrieb IMES Import-Export GmbH

Lieber Genosse Modrow!

Im Zuge der im Jahre 1982 beschlossenen Sondermaßnahmen zur Sicherung der Valutaliquidität der Deutschen Demokratischen Republik wurde auf Weisung des ehemaligen Generalsekretärs des ZK der SED und des Sekretärs für Wirtschaft der Außenhandelsbetrieb IMES Import-Export als GmbH mit Wirkung vom 04.01.1982 gegründet.
Er erhielt den Auftrag zur Erwirtschaftung von frei konvertierbarer Währung aus

- dem Export von freigestellten Kontingenten der bewaffneten Organe der DDR (NVA, MdI, MfS);
- dem Export von Freigaben gleicher Warenfonds aus der Staatsreserve;
- **dem Export von außerplanmäßig produzierten militärischen Erzeugnissen der Militärindustrie der DDR und**
- **aus internationaler Geschäftstätigkeit.**

Ein brisantes Dokument: Alexander Schalck schlägt Hans Modrow vor, die Tarnung des Waffenlagers Kavelstorf aufrechtzuerhalten, bis alles gewinnbringend verkauft ist...

Auf der Grundlage einer Abstimmung mit dem ehemaligen Minister für Staatssicherheit wurde das durch den AHB IMES in Kavelstorf, Bezirk Rostock, errichtete Lager-Objekt mit legendierten Mitarbeitern des MfS besetzt.

Gegenwärtig wird, ausgehend von einer Forderung des Amtes für Nationale Sicherheit, die Übernahme von den dort tätigen Mitarbeitern durch den AHB IMES geprüft.
Zur Zeit lagern dort militärische Erzeugnisse (im wesentlichen Schützenwaffen und dazugehörige Munition) im Gesamtwert von ca. 28 Mio Valutamark.

Auskunft erteilt. Dabei sind jedoch die mit den bereits realisierten oder bestehenden Auslandsverträgen bestehenden Verpflichtungen zur Wahrung der Vertraulichkeit über Kunden, Waren, Preise usw. nicht zu verletzen. In

Der AHB IMES verfügt zur Zeit über einen Bestand an zu realisierenden Auslandsverträgen für 1989/1990 in Höhe von ca. 30 Mio Valutamark und über Geschäftsanbahnungen für 1990 und später in einer Höhe von ca. 150 Mio Valutamark, aus denen in den nächsten 2 Jahren ein Valuta-Nettogewinn von ca. 20 - 25 Mio Valutamark als frei konvertierbare Währung erwirtschaftet werden könnte.
Während der hauptsächliche Gegenstand der bestehenden Verträge der Verkauf von freigestellter Technik der bewaffneten Organe (z.B. 16 Kampfflugzeuge MiG-21) sowie von Lagerware ist, setzt sich das genannte Anbahnungsvolumen in Verfolgung internationaler Entwicklungen schon stärker aus der Vermarktung von freigewordenen Instandsetzungskapazitäten für Militärtechnik, der Nutzung von freiwerdenden Produktionskapazitäten der Militärindustrie für zivile Produktionen und Leistungen zusammen.

Zur Zeit verhandelt der AHB IMES z.B. über die Herstellung von Kooperationsbeziehungen mit der Deutschen Lufthansa, dem Messerschmidt-Bölkow-Blohm Konzern und dem französischen Triebwerkshersteller SNECMA auf ausschließlich zivilem Gebiet.

...auf gar keinen Fall dürfen "Preise, Waren und Kunden usw." der Öffentlichkeit preisgegeben werden...

Ich schlage Ihnen vor, zu bestätigen, daß der AHB IMES Vollmacht erhält, die bestehenden Verträge über militärische Lieferungen und Leistungen weiter zu realisieren, vorhandene Anbahnungen auf der Grundlage von bei der Regierung zu beantragenden Geschäftsgenehmigungen in Verträge umzusetzen und zukünftig mit zunehmender Orientierung auf die Nutzung freiwerdender Produktionskapazitäten der Militärindustrie für zivile Exporte tätig zu werden.
In diesem Sinne kann auch das Lager Kavelstorf sowohl für die Einlagerung IMES-eigener Waren als auch zur Erwirtschaftung von Mark und Valuta mittels Vermietung von Lagerflächen an in- und ausländische Firmen genutzt werden.

Ich erbitte Ihre Zustimmung.

Mit sozialistischem Gruß

...denn von Kavelstorf wurden mit Waffen beliefert: die PLO, Abu Nidal, untereinander kriegsführende Länder und Südafrika

[illegible]
Januar 1981

Vorbereitung des Bereiches Kommerzielle Koordinierung auf den Verteidigungszustand

Eine Kernfrage der Vorbereitungsarbeiten ist die Sicherung des Valutavermögens des Bereiches. Das Valutavermögen des Bereiches . . 1,2 Mrd. ist beinahe vollständig bei der Deutschen Handelsbank konzentriert. dar. 7 to Gold
Der Anteil der Einlagen des Bereiches an den Gesamteinlagen der Deutschen Handelsbank beträgt . . ca. 70 . . Prozent.

Für den Verteidigungszustand ist ein Gesetz vorbereitet, das folgende Festlegung vorsieht.

> Alle Valutakonten werden sofort gesperrt.
> Das Ministerium für Außenhandel u. a. zentrale Staatsorgane werden beauftragt, einen operativen Valutaplan für den Zeitraum eines Vierteljahres zu erarbeiten.
> Die in diesem operativen Valutaplan beantragten Mittel werden von der Staatsbank geprüft und wenn erforderlich zugewiesen.

Bei Inkrafttreten dieses Gesetzes würde das Valutavermögen des Bereiches sofort blockiert und von der Staatsbank verwaltet. Die Staatsbank untersteht im Verteidigungszustand dem Gen. Neumann.

Die Vorbereitungsarbeiten des Bereiches und der ihm unterstellten Außenhandelsbetriebe werden gegenwärtig selbständig unter Anleitung der Hauptabteilung XVIII des Ministeriums für Staatssicherheit auf der Grundlage einer Vereinbarung mit dem Ministerium für Außenhandel, Abteilung I durchgeführt. Der Bereich gehört nach wie vor zur Führungsstruktur des Ministeriums für Außenhandel. Das Ministerium für Außenhandel ist im Verteidigungszustand dem Gen. Schürer unterstellt.

Schalcks Anweisungen für den "Verteidigungszustand": Bereits 1981 hatte Schalck 1,2 Milliarden Valutamark, davon sieben Tonnen in Gold, zur Seite geschafft...

- 2 -

Um die Vermögenswerte des Bereiches abzusichern, wäre eine weitere Vereinbarung mit dem Präsidenten der Staatsbank notwendig, die festlegt

> Das Valutavermögen des Bereiches wird von dem vorbereiteten Gesetz nicht erfaßt. Die volle Verfügbarkeit durch den Bereich bleibt erhalten.
> Die Deutsche Handelsbank wird im Verteidigungszustand dem Leiter des Bereiches Kommerzielle Koordinierung unterstellt.

Solche Vereinbarungen bzw. doppelte Unterstellungen sind im Verteidigungszustand nur begrenzt wirksam, da sie den festgelegten Führungsstrukturen nicht entsprechen.

Deshalb ist es erforderlich, die generelle Unterstellung des Bereiches im Verteidigungszustand entsprechend der bestehenden Festlegungen zu bestimmen.

Dabei sind der Umfang und die Struktur der Führung des Bereiches zu berücksichtigen.
Zum Bereich gehören gegenwärtig vier Außenhandelsbetriebe und 6 Firmen mit insgesamt über 2000 Beschäftigte.
Im Bereich arbeiten 16 attestierte Mitarbeiter der verschiedenen Diensteinheiten des Ministeriums für Staatssicherheit. 3 attestierte Mitarbeiter existieren im Außenhandelsbetrieb Transinter / Internationales Handelszentrum. Die Sicherungskräfte des Bereiches und des Internationalen Handelszentrums sind ebenfalls Mitarbeiter des Ministeriums für Staatssicherheit.

Dr. Schalck

...und die KoKo erhält einen Sonderstatus : Im Verteidigungsfall darf das Firmen-Vermögen nicht angetastet werden. Und die Deutsche Handelsbank AG wird Schalck unterstellt

Kunst- und Antiquitätenhandel

Schalcks Kunst-Griffe

Herleshausen, deutsch-deutsche Grenze. Ein Dezembertag 1974. Durch den Todesstreifen schleppt sich ein alter Mann in dünner Sträflingskleidung. Fünf Kilometer bis zur Freiheit. Der Mann geht gebeugt, bewaffnete Volkspolizisten neben ihm, hinter ihm. Keiner spricht. Endlos erscheint dem Alten der Weg.

Noch 100 Meter. Da sieht er das Auto, die Frau. Seine Frau. Plötzlich geht er aufrecht. Die letzten Meter. Die Grenze. Die Freiheit. Horst Kempe (69) geht auf seine Frau zu, sinkt ihr in die Arme. Es ist wie das glückliche Erwachen aus einem Alptraum.

Ein Jahr zuvor: Dresden, im Sommer 1973. Der Kunsthändler Horst Kempe ist ein unter Kollegen, Museumsdirektoren, Kunstexperten und Sammlern hochgeschätzer Mann. An diesem Tag hatte er Besuch von der Stasi. "Wir würden es sehr begrüßen", sagte einer der Männer, deren Auftreten an die Gestapo erinnerte, "wir würden es sehr begrüßen, wenn Sie

uns in Zukunft schriftliche Berichte darüber anfertigen, was westliche Kunsthändler so reden, wie sie denken..."
Kempe wand sich. Blanke Ablehnung konnte das Aus für Firma und Familie bedeuten. Es gelang ihm, die ungebetenen Besucher erst einmal hinzuhalten.
Wenige Wochen später begann der Alptraum. Er fing ganz unvermutet an. Frau Kempe machte eine Westreise, erkrankte in der Bundesrepublik. Diagnose: Krebs. Sie mußte operiert werden und die Heimreise aufschieben. So überschritt sie die erlaubte "Urlaubszeit" von sechs Monaten im Westen. Sie wußte genau: Bei der Wiederkehr hätte sie mit Gefängnisstrafe rechnen müssen – sie blieb im Westen. Schrieb an ihren Mann, er sollte doch nachkommen.

Kempe begriff, was er zu tun hatte. Er beschloß, seine Kunsthandlung "Nova" an seinen Sohn Frank zu übergeben: "Du beantragst jetzt eine Gewerbegenehmigung", sagte er zu ihm. Aber die Genehmigung wurde nicht erteilt. Begründung aus dem Dresdner Rathaus: "Der Antiquitätenhandel gehört nicht zu den Bereichen unserer Volkswirtschaft, für die in der Folge weitere private Genehmigungen erteilt werden. Zur Befriedigung der auf diesem Gebiet existierenden Bedürfnisse steht in zunehmendem Maße der Volkseigene Handel zur Verfügung." Kempe junior könne allerdings Chef einer Filiale des volkseigenen "Handelsringes Antiquitäten" werden. Für die Filiale stünden ja wohl nach dem Weggang des alten Kempe dessen Firmenräume zur Verfügung. So viel Zynismus ließ Frank Kempe unbeantwortet.

Am Tag vor Kempe seniors Abreise in Richtung Westen bekamen die Kempes im Frühling 1974 wieder Besuch. Zwanzig Mann von Zoll- und Steuerfahndung stürmten ins Haus. Sie brachen die Kisten auf, in denen sich Kempes Habe befand – darunter Kunstwerke und Antiquitäten aus Familienbesitz. "Handelsware!" erklärten die Fahnder. Diesmal nahmen die Stasi-Schergen Horst Kempe mit. "Zur Befragung", sagten sie. Er sah sein Haus nie wieder.

Als Kempe seinerzeit die Übersiedlung zu seiner kranken Frau beantragt hatte, hatte er, wie es die DDR-Ordnung befahl, sein Geschäft aufgelöst, eine Steuernachzahlung geleistet. Um ganz sicherzugehen, ließ er ein paar Stücke aus seinem Besitz nach den Kulturschutzbestimmungen überprüfen. Einige Teile vermachte er vorsichtshalber staatlichen Museen.

Nun aber wurde auf die in den Kisten gefundene "Handelsware" eine Steuerschuld von 291.740 Mark der DDR erhoben. Eine solche Summe konnten die Kempes unmöglich aufbringen. Das hatte Folgen: So wurde eben der gesamte Besitz "als Sicherheit" gepfändet.

Kempes Hausanwalt durfte ihn im Gefängnis nicht besuchen. Der alte Herr hatte eine Herzattacke erlitten – trotzdem schrieb ihn der Gefängnisarzt haftfähig. Der Ostberliner Anwalt Dr. Wolfgang Vogel nahm sich des Falles an. Er veranlaßte, daß Horst Kempe auf die Liste jener Menschen gesetzt wurde, die ausreisen durften – also abgeschoben wurden. Frank Kempe: "Mein Vater und Herbert Wehner waren Klassenkameraden..."

Rechtsanwalt Vogel ließ den alten Kempe das Formular unterschreiben, in dem dieser erklärte, mit der festgesetzten Summe der Steuerschuld einverstanden zu sein.

"Dr. Vogel hat dafür gesorgt, daß meine Schwester Margret und ich ausreisen durften", erzählt Frank Kempe. Der Preis dafür wurde mit der dafür zuständigen Stelle ausgehandelt: mit der "Zentralen Koordinierungsstelle" der Stasi. Hoch genug war er, dieser Preis: Die Kempes mußten am 29. September 1975 das Elternhaus in der Wachwitzer Bergstraße an einen Dresdner Diplomjuristen verschenken. "Aus persönlichen Gründen", bescheinigte eiskalt der Notar.
Der alte Kunsthändler Kempe wohnt heute in Rosenheim. In München machte sein Sohn Frank (43) einen neuen Anfang. Er gründete die Galerie "Saxonia" in der Galeriestraße.

Verkaufssalon in Mühlenbeck: Auf der grünen Wiese, nördlich von Berlin, ließ Schalck Biedermeier-Mobiliar und Original-Lithographien von Picasso verramschen
Dr. Günter Blutke

Frank Kempe, 43, in seiner Münchner Galerie "Saxonia": Sohn des Dresdner Kunsthändlers Horst Kempe, der seinen gesamten Besitz durch Schalck verlor
Praefke

Seitdem hatte er mehrfach Besuch von sogenannten Experten aus der DDR. Sie waren höflich, sie waren interessiert an seinem Geschäft. Sie scheuten sich auch nicht, ihm Angebote zur Zusammenarbeit zu machen. Kempe junior lehnte ab: "Ich wollte nicht zum Hehler werden."

Zu tief saß der Schmerz über das, was der Familie widerfahren war. Sie war sozusagen unter die Kunst-Strauchdiebe der DDR gefallen. Kunsthändler Kempe war ein Opfer des Kunsträubers Schalck-Golodkowski geworden.

Denn Staatsverbrecher Schalck verschob nicht nur Waffen in Krisengebiete. Er ergaunerte nicht nur Tonnen von Gold an der bundesdeutschen Mehrwertsteuer vorbei und unterhielt nebenbei mit Genehmigung von höchster Stelle seinen eigenen KoKo-Geheimdienst. Schalck machte auch in Kunst und Antiquitäten. Und zwar wie alle anderen Geschäfte auch: ohne jegliche Skrupel.

Tausende von Kunstliebhabern und -sammlern in der ehemaligen DDR ließ der rücksichtslose Antiquitäten-Raffer ausplündern und bestehlen. Hunderte von Kunsthändlern wurden seine Opfer. Keine Kirche war vor ihm sicher, kein Museum. Bescheidene Volkskunstsammlungen kleiner Städtchen suchte Schalck ebenso heim wie große und weltberühmte Museen. Seine Helfershelfer räumten ganze Schlösser leer. Rissen Kunstschmiede-Arbeiten von den Portalen ehrwürdiger Villen. Sie brachen Butzenscheiben aus den Mauern historischer Gebäude. Sie demontierten kunstvoll geschnitztes Chorgestühl. Sie machten auch nicht vor der Würde des Todes – vor alten Grabdenkmälern halt:
Schalck tat, was dem Kommunismus und dem "real existierenden Sozialismus" nützte. Er ließ räubern und plündern, von der Staatsmacht gedeckt, ja sogar angeleitet. In Zusammenarbeit mit dem gefürchteten Ministerium für Staatssicherheit (MfS). Schalck mit seiner KoKo war sozusagen der "Hehler in staatlichem Auftrag".

Die Raubzüge liefen nach einem teuflischen System ab, und dieses war nahezu perfekt. Mielkes Stasi und Schalcks KoKo arbeiteten Hand in Hand. Im MfS gab es in der Ostberliner Normannenstraße eine geheime "Zentrale Arbeitsgruppe VII/13 - Kunstfahndung". Ihr letzter Leiter war ein Oberst Eichborn. Mielke-Stellvertreter Generaloberst Mittig hatte die Oberaufsicht.

Die unter Kunstsammlern und -händlern verhaßten Fahnder arbeiteten allesamt in klassischer Stasi-Manier. Systematisch sammelten sie Informationen über Leute, die Antiquitäten und Kunstgegenstände besaßen. Sie schnüffelten im Privatleben der Kunstliebhaber, forschten in Finanzämtern, bis sie eine Handhabe fanden. Schien der Zeitpunkt günstig, hetzten sie Steuerfahnder auf ihr wehrloses Opfer. Diese schätzten dann Sammlung oder Handelsware – und siehe da: Beinahe immer entsprach der geschätzte Wert einer plötzlich auftretenden Steuerschuld. Die wurde so hoch bemessen (bisweilen in Millionenhöhe), daß der angebliche "Steuersünder" sie nicht bezahlen konnte. Das Finanzamt war, wie es eben immer ist: unerbittlich. "Dann trennen Sie sich eben von Ihrer Sammlung", hieß es.
Handelte es sich um einen Kunsthändler, dann rieten sie: "Räumen Sie halt Ihr Lager..."
Der Aufkäufer war schnell zur Stelle: die Kunst- und Antiquitäten-Abteilung von Schalcks KoKo.

Die Mitarbeiter der Stasi-"Kunstfahndung" waren alles andere als zimperlich; fanden sie ein Kirchlein verschlossen, in dem sie eine wertvolle alte Statue oder Kelche aus Edelmetall wußten oder vermuteten, dann brachen sie – berichten reumütige (oder neidische) Stasi-Kollegen heute – auch schon mal ein. Sie alle tauchten übrigens im Durcheinander der Wende und im Chaos der Stasi-Auflösung unerkannt unter. Die Kenntnisse von immer noch verborgenen Schätzen nahmen sie mit.

Mit dem Verhökern der Kunstgegenstände war Schalcks KoKo in ihrem eigentlichen Element. Denn nun wurde die Beute in andere Lager abtransportiert: in die Hallen und Schuppen, Scheunen und Magazine der "Kunst und Antiquitäten GmbH/Internationale Gesellschaft für den Export und Import von Kunstgegenständen" in dem Dorf Mühlenbeck/Mark Brandenburg und in deren Filialen.
Diese volkseigene Kunst- und Antiquitäten-Firma unterstand als Außenhandelsbetrieb der KoKo. Weil die KoKo jedoch zum Bereich der MfS-Hauptabteilung 1 gehörte, war folglich auch die "Kunst und Antiquitäten GmbH" indirekt ein Stasi-Betrieb.

Generaldirektor war Joachim Farken. Als kunstsinniger Untergebener Schalcks sorgte er – mit Amtssitz in der Französischen Straße 15 in Ostberlin – für gewinnträchtigen Export und Vertrieb.
Das eine oder andere Prachtstück ging wohl auch in Schalcks Privatbesitz über. Meist sogar ganz legal – er setzte ja selbst den Kaufpreis fest, und "rechtmäßig beschlagnahmt" oder aus Steuer-Not veräußert war es schließlich auf der Grundlage von DDR-Gesetzen!

Wie überhaupt jede staatliche Schändlichkeit in der DDR durch ein Gesetz abgedeckt war, hatte auch der staatliche Kunstraub mit Schalck als Räuberhauptmann seine rechtliche Basis.

Die Geschichte des KoKo-Handels mit Kunst und Antiquitäten geht zurück auf den 18. Januar 1973. Damals hatte DDR-Regierungschef Willi Stoph einen Erlaß herausgegeben, wonach unter den Museumsbeständen des Landes eine wahre Plünderungs-Orgie veranstaltet werden sollte.
Devisen mußten in die leeren Ostberliner Kassen geschaufelt werden – Stoph und Genossen hofften auf 55 Millionen Valutamark aus dem Verkauf von Kulturgütern. Der Angriff auf die unersetzlichen nationalen Werte konnte vorerst von den

Museumsdirektoren abgewehrt werden. Sie bestanden darauf: Die auserkorenen Stücke seien von "hohem kunsthistorischem Wert" und somit unverkäuflich. Außerdem fürchteten die SED-Machthaber um ihr internationales Renommee.

Stoph gab erst mal nach.
Schalck nicht. Der stand sowieso längst außerhalb jeder Kontrolle. Und so beauftragte er am 20. Februar 1973 zwei KoKo-Mitarbeiter mit der Gründung eben der "Kunst und Antiquitäten GmbH".
Damit jeder sich eine Vorstellung davon machen kann, wie die Genossen die kulturellen Schätze des Landes plünderten: Schon im Jahr 1974 fuhren sie elf Millionen Devisenmark ein.

Die "Weisung Nr. 55/73" der DDR-Regierung war unter anderem dazu da, auch gleich jede Konkurrenz auszuschließen. Sie verlieh der GmbH das Exklusivrecht – nur sie allein durfte "Antiquitäten, bildende und angewandte Kunst, Volkskunst sowie Gebrauchtwaren mit kulturellem Charakter exportieren und importieren".

Aber so ganz konkurrenzlos funktionierte das denn doch nicht. Es gab da nämlich noch den "Staatlichen Kunsthandel der DDR" in Ostberlins Neuer Bahnhofstraße 26. Der kam den Schalck-Händlern immer wieder in die Quere.
Kunsthändler aus der Bundesrepublik, aus Skandinavien, aus den USA scherten sich nicht darum, mit welchem hochoffiziellen Staatshandelskaufmann sie Geschäfte machen durften. Sie machten sie, Hauptsache, es klappte. Hauptsache, die Ware war erstklassig. Hauptsache, der Staat als unzweifelhafter Eigentümer war mit von der Partie.

Soweit die Konkurrenz beim Verkauf.
Beim Ankauf aber war der "Staatliche Kunsthandel der DDR" ganz schnell weg vom Fenster. Die KoKo-Aufkäufer boten schlicht bessere Preise. Wer also wirklich als Privatmann oder als privater Händler noch etwas zu verkaufen hatte (was viel-

leicht von den "Fahndern" übersehen worden war), der ging damit natürlich gleich zu den KoKo-Leuten. Bei denen landete ja sowieso alles.

Eigens für den Einkauf hatte sich die Kunst und Antiquitäten GmbH unterdessen die private Firma "Antikhandel GmbH" im sächsischen Pirna, Markt 14, unter den Nagel gerissen. Dem Besitzer wurde ein kriminelles Delikt untergeschoben – und schon war er seinen Laden los. Und damit alle lohnenden Adressen.
Fortan zog nicht mehr der private Kunsthändler über Land und durch die Provinz. Er war nicht mehr auf der Jagd nach immer neuen Schätzen, er war nicht mehr in ständigem Kontakt mit Zubringern, Lieferanten, Sammlern, Tauschern.
Jetzt bliesen Schalck und als sein Erfüllungsgehilfe Farken zum großen Kunst-und-Antiquitäten-Halali.

Schalcks Kolonnen von Kunst-Häschern entging nichts. Denn mit dem Konstruieren von Straftaten (zum Beispiel Republikflucht), um an Kunstgegenstände zu kommen, waren die Möglichkeiten des Beschaffungssystems der KoKo-Kunstabteilung "VEB (K) Antikhandel Pirna" noch lange nicht erschöpft. Schalck und Farken setzten Aufkäufer ein, welche die Republik geradezu flächendeckend abgrasten. Von 94 Aufkauf-Filialen schwärmten sie aus. Ihre Züge durch die Gemeinden glichen Plünderungen.

Da wurde abgefischt, wo es nur ging. Der Chefreporter der "Neuen Berliner Illustrierten", Dr. Günter Blutke, notierte den größten Kunstraub, der systematisch und geplant jemals in Deutschland begangen wurde, in seinem Buch "Obskure Geschäfte mit Kunst und Antiquitäten" (Linksdruck Berlin, 1990). Kunstwissenschaftler Blutke: "Mit den permanenten Anzeigenkampagnen, die Barzahlung und einen Aufkäufer in der Nachbarschaft versprachen, wurde der Markt ständig gemolken. Die Liste gesuchter Waren wechselte dabei, denn die Kundenwünsche auf den Exportmärkten veränderten

Generaldirektor Joachim Farken (r.) und Stellvertreter Hans Kopmann im "Kunst & Antiquitäten"-Lager Mühlenbeck: Farken machte alles. Skrupellos
Neue Revue

Ausladendes Wohnzimmer-Bufett im "Kunst & Antiquitäten" - Lager: Schalcks Raffgier war grenzenlos – er ließ selbst kitschigste Scheußlichkeiten sammeln
Archiv Blutke

sich mit den Nostalgiewellen, und außerdem mußte immer wieder Neues gesucht werden, damit Bewegung im Geschäft blieb. Für Antiquitäten, alte Kunst oder besseren Trödel bezahlte niemand mehr als die Leute vom Antikhandel, da konnte kein Kunsthändler und noch weniger ein Museumsdirektor mithalten."

Wie Schalck der Kunst zur Republikflucht verhalf

Schalcks Leute zahlten zwar viel – aber in schwacher DDR-Mark. Dies freilich war die Voraussetzung dafür, daß Kunstgegenstände und Antiquitäten im devisenstarken Westen so preiswert auf den Markt gebracht werden konnten. Heute muß sich Staatshehler Schalck den Vorwurf gefallen lassen, daß seine KoKo deutsche Kulturgüter für Devisen richtiggehend verschleudert hat. Der kunsthandelnde Stasi-Oberst Schalck in einem Interview nach seiner Flucht:

"Das muß erst mal ganz klar auch vor der Öffentlichkeit gesagt werden, ohne dabei meine Verantwortung oder die Verantwortung der zuständigen Generaldirektoren hier wegzumachen. Denn wir haben das ja exportiert. Was Kunstgegenstände anbetrifft – nun kann ja jeder heute sich drehen und wenden, wie er will, eines stimmt, das ist unbestreitbar: Was früher vielleicht Tausende Kunsthändler, private Kunsthändler, durchgeführt haben, Exporte, Importe, Handel, Kauf und Verkauf, wurde durch das Staatsmonopol ersetzt. Das ist aber auf allen Gebieten im wesentlichen durch Staatsmonopole ersetzt worden in der DDR. Ich denke an das Importmonopol und viele andere Fragen, wo der Staat von seinem Recht – ich sag' mal, damaligem Recht – Gebrauch gemacht hat, zu sagen, wir wollen hier die Spekulation und den privaten Handel nicht fördern. Wir machen das als Staat. Dazu wird eine Kommission eingesetzt. Für den Inhalt hat der Minister für Kultur die Verantwortung zu tragen, und die hat er auch bis zum Ende wahrzunehmen."

So schiebt er den Schwarzen Peter dem Kulturminister der DDR zu.
Der hieß zuletzt in der DDR Dietmar Keller. Keiner kennt ihn. Kellers Vorgänger? Liegt die Verantwortung vielleicht bei dem? Der hieß Hans-Joachim Hoffmann. Und der hat im November 1984 mit Schalck vereinbart:
"Auf der Grundlage zum Kulturgutschutzgesetz, Gesetzblatt I/Nr.24, S. 432, wird das Ministerium für Außenhandel, Bereich Kommerzielle Koordinierung, dem Außenhandelsbetrieb Kunst und Antiquitäten GmbH... die Ausfuhr von geschütztem Kulturgut gestatten.
Die vom Außenhandelsbereich Kunst und Antiquitäten GmbH gesiegelten Ausfuhrdokumente berechtigen somit zur Ausfuhr."

Das erklärt auch, warum Besitzer harter Währung in den "Antik-Shops" der DDR-Interhotels so manches rare Stück abschleppten: Zusammen mit der Quittung reichten die Verkäufer gleich eine gestempelte Zollbescheinigung über den Tresen. Und es zeigt, wo die wahre Verantwortung lag und liegt: bei Staatshehler Schalck.

Zwar hatten Hoffmann und Schalck auch vereinbart, daß die "Kulturgutschutzkommission" des Ministeriums für Kultur der DDR zweimal monatlich bei der Kunst und Antiquitäten GmbH prüft, "ob bei der zur Ausfuhr vorgesehenen Exportware Kulturgut der Kategorie I und der Spitze der Kategorie II vorhanden ist. Dieses Kulturgut wird nicht ausgeführt."
Kategorie I waren Arbeiten von "hohem kunsthistorischem Wert", die in den offiziellen Sammlungen und Museen zu bleiben hatten.

Zur Kategorie II gehörten Werke, die dem Museumsbestand der DDR nicht verlorengehen durften.
Zur dritten Kategorie endlich zählte, was "museumsunwürdig" war. "Museumsunwürdig" – dieses Wort hat den Klang vom Dritten Reich, von "entarteter Kunst".
Wie sich die Diktaturen gleichen!

Jedoch: "Über die Verwendung des nicht zur Ausfuhr freigegebenen Kulturguts treffen der Vorsitzende der Kulturgutschutzkommission... und der Leiter des Außenhandelsbetriebes Kunst und Antiquitäten GmbH jeweils gesonderte Vereinbarungen." Etwa darüber, wie zwei aus einem Einbruch in Schloß Rheinsberg bei Berlin stammende Bilder des Malers Jean Baptiste François Pater (1695 bis 1736) am besten ins Londoner Auktionshaus Sotheby's geschafft werden. Dort wurden sie im Juli 1989 versteigert.

Schalck versucht auch, sich aus der Verantwortung für die erzielten Preise zu stehlen: "Für die schlechten oder guten Preise ist verantwortlich der Generaldirektor des zuständigen Außenhandelsbetriebes, der mir unterstand, Herr Farken. So ist das in der Praxis abgewickelt worden. Und wenn heute sich jemand hinstellt und sagt, wir haben nationales Kulturerbe exportiert gegen den Widerstand von Museen, muß ich energisch widersprechen. Dann soll ein Museumsdirektor... sagen, das und das Kulturgut wurde gegen seinen Willen durch Entscheidung von Schalck oder Farken oder anderen Leuten im Außenhandel exportiert."

Als ob es die Proteste gegen den Ausverkauf nicht lautstark genug gegeben hätte! Günter Blutke notiert: "Einen permanenten (und gezwungenermaßen) variantenreichen Widerstand gegen die staatlich lizenzierte Ausplünderung leisteten Mitarbeiter großer Museen. Bedeutende Werke konnten von Kunsthistorikern gerade noch rechtzeitig aus Mühlenbeck herausgeholt werden, und in einigen Fällen waren Museen schneller als die Jäger der GmbH. Im letzten Jahr ihrer Existenz verloren diese beispielsweise an die Nationalgalerie ein bedeutendes Bild des Malers Max Liebermann, die Vorstudie zu seinen zwei Porträts des Barons Berger, von denen das eine in Hamburg und das andere in der Dresdner Galerie Neue Meister hängt."

Über Empfehlungen der Experten aus den Museen setzten sich Schalk und Farken ohnedies normalerweise souverän hinweg.
So wurde der "Kulturgutschutzkommission" in Mühlenbeck eine Zink-Plastik des Wilhelminischen Hofbildhauers Reinhold Begas zur Begutachtung vorgeführt. Schalck wollte sie exportieren lassen. "Geht nicht", befanden die Gutachter, "gehört zur Kategorie eins und muß im Land bleiben."

Zähneknirschend boten die Mühlenbecker die Skulptur der DDR-Nationalgalerie an. Die wäre davon auch begeistert gewesen, aber da sie bereits mehrere bedeutende Arbeiten des Künstlers besaß, empfahl ihre Direktion im Oktober 1988: "Geben Sie die Plastik in ein anderes Museum der DDR, die freuen sich darüber ungeheuer! Sie darf unter gar keinen Umständen dem Kulturbesitz unseres Landes verlorengehen!"
Ging sie aber offenbar doch auf dunklen Wegen – jedenfalls wurde sie nie wieder gesehen.
Und der Aufschrei aus Mühlenbeck? Er blieb aus.

Kam aber einmal eine Reaktion, noch dazu von ganz oben, dann ganz schön ruppig.
Im November 1986 hatte sich beispielsweise der Leiter der Antiquitätengalerie in der Berliner Friedrichstraße, Gerhard Glienicke, zu einem persönlichen Brief an den DDR-Staatschef Erich Honecker entschlossen, weil er lange selbst gezwungen war, an dem staatlich organisierten Ausverkauf des Landes teilzunehmen.
Kunsthistoriker Dr. Günter Blutke: "Nach seiner Erfahrung hatte es 'einen so umfangreichen, flächendeckend so gut organisierten Verkauf von alten Gegenständen' noch niemals ge-

geben. Ein Satz in dem Brief ist so absichtsvoll hineingeschrieben, daß ein sensibler Empfänger wahrscheinlich verstimmt gewesen wäre: 'Was nützen uns der Erhalt und der Wiederaufbau repräsentativer Gebäude, wenn die Gegenstände, die sie ausfüllen sollen, langsam verschwinden.' "
Die rotzige Antwort an Glienicke: "Im Auftrag bestätigen wir den Eingang Deines Schreibens und teilen Dir mit, daß es den zuständigen Stellen zur Kenntnis übergeben wurde." Unterschrift: "H. Ruhmke, Büro Honecker."
Zur Kenntnis. Das war alles.

Widerstand war zwar ehrenhaft, aber zwecklos. Der staatlich befohlene, von Schalck und Farken organisierte Kunstraub in den Museen war nicht zu stoppen. Kleine Museen der DDR waren bereits in den frühen sechziger Jahren gezwungen worden, Stücke aus ihrem Besitz zum Verkauf abzugeben. Doch wie rabiat tatsächlich auch größere und große Aussteller gerupft, betrogen und gebeugt wurden, zeigt ein Bericht der "Kommission zur Untersuchung von Kunstverkäufen der Staatlichen Museen Dresden" vom Februar 1990:

"Geschäftliche Verbindungen zwischen den 'Staatlichen Sammlungen Dresden' (SKD) und der Kunst und Antiquitäten GmbH bzw. deren Vorläuferfirmen sind seit Ende der 60er Jahre belegt. Seit dem 1.10.1983 besteht zu den geschäftlichen Beziehungen eine 'Vereinbarung über die Verwertung von Gegenständen, die für den Export freigegeben sind'.
Unterzeichner dieser Vereinbarung war der ehemalige Generaldirektor der KuA, Herr Joachim Farken; ihre Zustimmung gaben der damalige Dresdner Oberbürgermeister sowie ein Vertreter des Ministeriums für Außenhandel, Kommerzielle Koordinierung. Diese Vereinbarung enthält unter anderem präzise finanzielle Regelungen für den Export von Kunstgut sowie Bestimmungen zu dessen Freigabe. Aus den Akten ist ersichtlich, daß bis Mitte des Jahres 1988 an die Kunst und Antiquitäten GmbH mehrere Nachlässe verschie-

dener Künstler vollständig oder teilweise zum Verkauf übergeben wurden.
Ebenfalls zum Export überlassen wurde ein bedeutendes Gemälde von Joos de Momper, 'Blick auf eine Bucht', das von Fachleuten als 'galeriewürdig' eingeschätzt wurde. Die SKD hatten das Bild seinerzeit als 'Aufwandsentschädigung' für Lager-, Pflege- und Transportkosten aus dem Nachlaß Prof. Hermann Gürtlers von der Erbin beansprucht und erhalten. Dem Vorschlag des damaligen Generaldirektors der SKD, Prof. Dr. Bachmann, an die Kulturgutschutzkommission beim Ministerium für Kultur folgend, wurde das Gemälde der K&A zum Verkauf übergeben. Soweit aus den Akten ersichtlich, ist keine Ausnahmegenehmigung für den Export dieses nach dem Gesetz geschützten Kulturgutes der Kategorie I erteilt worden. Der Minister stimmte mit Brief vom 21.10.1983 lediglich der 'Abgabe an eine geeignete staatliche Einrichtung' zu."

Leider beweist der Bericht, der nach der Wende entstand, auch deutlich, daß manche Museumsdirektoren – resigniert oder weichgemacht? – beim schmutzigen Ausverkauf durch Schalcks Kunst und Antiquitäten GmbH nur allzu bereitwillig mitzogen:

"Aus den Akten geht hervor, daß die Praxis der Kunstverkäufe durch die SKD sich seit jener Vereinbarung in den folgenden Jahren kontinuierlich fortsetzte, und zwar unter direkter Beteiligung der Hauptabteilung Planung und Finanzen beim Ministerium für Kultur (MfK), vertreten durch deren Leiter Herbert Micklich. So konnte Herr Micklich auf eine Information des Stellvertretenden Generaldirektors der SKD, Herrn Johannes Winkler, bezüglich der 'Durchsicht von nicht museumsgeeigneten Beständen', am 21.11.1988 erwidern: 'Die von Ihnen zu verantwortende Zahlengröße stimmt optimistisch.' "

Für Schalcks Vize Manfred Seidel war all das sowieso weniger Kunst als vielmehr "Material zum Zwecke der kommerzi-

ellen Verwertung". Als die Devisenknappheit im Honecker-Reich immer ärger wurde, wurde auch der Druck auf Kunstbesitzer und Museen immer stärker.
Ab August 1988 zum Beispiel sollten die "Staatlichen Sammlungen Dresden" über einen Zeitraum von einem Jahr hinweg nach und nach rund 1000 Graphiken, Zeichnungen und Gemälde als "verwertbar" an Schalcks KoKo-Kunstladen abgeben. Zwei Wochen nach einer ersten Vereinbarung wurden an die Kunst und Antiquitäten GmbH aus dem Museumslager Pillnitz die ersten 241 Stücke ausgehändigt.
Der Kommissionsbericht meldet: "Nach den uns vorliegenden Protokollen übernahm die Kunst und Antiquitäten GmbH für ihr Lager in Mühlenbeck von August 1988 bis Juni 1989 in vier Transporten insgesamt 668 Gemälde... Alle unmittelbar Beteiligten, deren Kreis bewußt klein gehalten war, hatten Kenntnis davon, daß sie Zuarbeit für Kunstexport leisteten – in einer Weise, die geltenden Gesetzen widersprach."

Alexander Schalck aber sitzt in seinem Prachtbau am Tegernsee. Bislang straffrei.

Vom Kunstsinn der Behörden

Zynisch und gewissenlos residiert Kunstsammler Schalck dicht vor den Toren Münchens, einem internationalen Mekka der Kunstsammler und -händler. Schalck, der Staatsverbrecher und -hehler, der andere Kunstsammler gnadenlos um ihre Schätze brachte. Mit Raffinesse, Phantasie und großer krimineller Energie bediente er sich dabei der willfährigen Dienste von Ämtern und Behörden. Exekutivorgane wie Polizei und Zoll machten mit; Finanzbehörden zeigten sich allzeit be-

reit, Steuerrecht zu verbiegen und sich dem allmächtigen Drang nach Devisen unterzuordnen.
221 Unrechtsfälle listen die Mühlenbecker in ihrer Buchhaltung selbst auf. Sie beweisen, wie Sammler und Händler vorsätzlich kriminalisiert wurden. Wie Schalck und Konsorten sie betrogen, um ihre Existenz und ihren Besitz brachten.

Rathenow, DDR, 8. Dezember 1981. Polizei fährt im Wartburg am Haus des Restaurators Werner Schwarz vor.
Der wundert sich – Polizei? Wollen die zu ihm? Er trägt voll Stolz den Titel "Anerkannter Kunsthandwerker", ist ehrenamtlicher Denkmalpfleger im Kreis Rathenow bei Berlin. Ein angesehener Mann. Und jetzt die Sicherheitsorgane?

Der Restaurator macht die Tür auf.
"Herr Schwarz?" fragt einer der Beamten. "Sie sind festgenommen!" Er entfaltet ein Papier, weist dem sprachlosen Werner Schwarz einen Haftbefehl vor.
Der Überrumpelte stammelt, will wissen warum.
Das werde er früh genug erfahren, bekommt er zu hören und: "Packen Sie ein paar persönliche Sachen für Ihre Körperpflege ein, und kommen Sie mit."

Sie bringen ihn in die Untersuchungshaftanstalt Potsdam. Dort wartet er auf seinen Prozeß, inzwischen wurde ihm auch die Anklage eröffnet: "Mehrfache Steuerverkürzung in schwerem Fall und versuchte Steuerverkürzung."
Im Hintergrund: die Stasi-"Kunstfahnder". Und ein lachender Dritter, der sich – wie immer in solchen und ähnlichen Fällen – auf die fette Beute freut: Alexander Schalck.

Während Schwarz einsitzt, fällt ein "wissenschaftlicher Mitarbeiter" namens Walter des VEB (K) Kunsthandel Pirna in Schwarz' Haus ein. Peinlich genau registriert er alle Kunstgegenstände, Antiquitäten, Bilder, Rahmen, Skizzen – einfach alles. So kommt er auf 1774 Positionen. Hinter jede schreibt er eine geschätzte Wertangabe. Dann addiert er alles zu einem

Gesamtwert. Und kommt auf 1.444.170 Mark der DDR. 1,4 Millionen. Ein Vermögen.

Nun folgt der übliche Trick: Die bei der Zeitwertfeststellung ermittelten Schätzwerte werden als Handelsgewinne angesehen und versteuert (in anderen Fällen werden sie als Beweise für vorsätzliche Steuerhinterziehung behandelt).
Beinahe alle Sammler, die ihre Kollektion aktuell und lebendig halten wollen, verkaufen bekanntlich immer wieder Teile daraus, um neue dafür zu erwerben. So fiel es den Steuer-Manipulatoren leicht, immer wieder Sammler als "Unternehmer" zu belangen.
Aus den Unterlagen mancher ruinöser Steuerverfahren und aus Gerichtsakten ist in den seltensten Fällen von Außenstehenden zu erkennen, ob und in welchem Umfang die heikle und schmale Grenze zur Handelstätigkeit überschritten wurde. In Zweifelsfällen jedenfalls wurde immer zugunsten der Finanzämter entschieden. Die hatten einen vorgegebenen "Plan", der erfüllt werden mußte – er setzte das Einnahmesoll fest. Beurteilt und bemessen wurde nach den DDR-Steuerparagraphen für selbständige Unternehmer: "Gewerblich oder beruflich ist jede nachhaltige Tätigkeit zur Erzielung von Einnahmen, auch wenn die Absicht, Gewinn zu erzielen, fehlt." So konnten leicht bis zu neunzig Prozent von einem willkürlich festgestellten "Handelsgewinn" weggesteuert werden.

Die sehr hohen Antiquitätenpreise in der DDR – durch die Aufkäufer des Pirnaer Antikhandel künstlich hochgetrieben – werden also auch im Fall Schwarz als Handelsgewinn ausgelegt, der entsprechend zu versteuern ist.
Tatsächlich wird Werner Schwarz vom Bezirksgericht Potsdam am 2. Dezember 1982 wegen mehrfacher Steuerverkürzung in schwerem Fall und wegen versuchter Steuerverkürzung zu fünfeinhalb Jahren Freiheitsstrafe verurteilt. Eine Geldstrafe von 100.000 Mark bekommt er obendrein aufgebrummt.
Am 18. Dezember 1984 kann die Evangelische Kirche Schwarz

freikaufen. Er wird mittellos in den Westen entlassen. Die Trauer um seine geliebte Sammlung aber läßt ihn nicht los.

Später wird das Westberliner Kammergericht (vor dem Schwarz Klage erhoben hat) die Steuermanipulationen der DDR-Finanzbehörden gerichtsnotorisch schildern:

"Am 15. Dezember erließ das Finanzamt Rathenow eine sogenannte Sicherungsverfügung, durch die wegen einer Steuerforderung gegen den Kläger in Höhe von 2 Millionen Mark sein bewegliches und unbewegliches Vermögen (gepfändet wird)..."

Danach wurden die in der Liste erfaßten Gegenstände auf Veranlassung des Finanzamtes noch im Dezember aus dem Hause des Klägers abtransportiert und in das in Mühlenbeck befindliche Auslieferungslager der Firma Kunst und Antiquitäten GmbH/Internationale Gesellschaft für den Export und Import von Kunstgegenständen und Antiquitäten (Berlin/Ost) gebracht.
"Am 17. März 1982 setzte das Finanzamt aufgrund eines Prüfungsberichts vom 15. März 1982 gegen den Kläger eine Steuernachzahlung für Einkommens-, Umsatz- und Vermögenssteuer für den Zeitraum vom 1. Januar 1972 bis zum 31. Dezember 1981 in Höhe von insgesamt 1.517.739 Mark fest."
"Die von dem Rechtsanwalt des Klägers Lothar de Maizière gegen die Nachbesteuerungsbescheide vom 17. März 1982 eingelegte Beschwerde vom 11. Mai 1982 wies das Finanzamt durch Bescheid vom 18. Juni 1982, gegen den kein Rechtsmittel gegeben ist, zurück. Gleichzeitig setzte es für das Beschwerdeverfahren eine Gebühr in Höhe von 94.973 Mark fest. Nach dem damit rechtskräftigen Abschluß des Steuerverfahrens verwertete das Finanzamt die gepfändeten Gegenstände am 8. Juli 1982 durch den Verkauf an die Kunst und Antiquitäten GmbH, in deren Auslieferungslager sie zuvor gebracht worden waren."

Als das Westberliner Kammergericht den Fall rekonstruierte, war Schwarz inzwischen frei und im Westen. Sein Schicksal/Ost aber hatten erst einmal Schalck, das Finanzamt, die Justiz- und die Vollzugsbehörden bestimmt. Während seiner Untersuchungshaft in Potsdam nämlich wurden – wohl weil sein antiquarischer Besitzstand so ansehnlich war – noch einmal weitere Gutachter eingesetzt. Der Luckenwalder Goldschmiedemeister Hans-Joachim Förster gibt im Februar 1982 ein Gutachten ab, das den Schätzpreis der Silbersammlung und des Schmucks aus dem Haus Schwarz nennt: Materialwert 310.178,60 Mark der DDR. Pokale, Dosen, Kannen, Tabletts, Karaffen – allesamt aus der Zeit zwischen 1780 und 1850. Schwarz heute: "Diese Sachen kamen meines Wissens gar nicht auf den Kunstmarkt. Meinen Informationen nach hat man die kostbaren Stücke eingeschmolzen."

Da war auch noch eine Sammlung von 625 Medaillen und Münzen. Darunter eine wertvole Rarität: ein Taler von 1727, nie in Umlauf gewesen, wohl auch noch nicht im Handel, Preußen, von Friedrich Wilhelm I. gegeben. Wert: 25.000 DDR-Mark. Über die Gesamtsammlung gutachtet Experte Gierow: 285.750 DDR-Mark.

Werner Schwarz wartet auf seinen Prozeß, schreibt voller Zorn und Trauer an Kulturminister Hoffmann.
Hoffmann wiederum will jetzt endlich grundsätzlich klären, wie das Zentralkomitee der SED die Steuerwillkür und ihre entsetzlichen Folgen für das staatliche Kulturgut und das "kulturelle Erbe" sieht.

Der Mann, dem Schalck kühl die Schuld am Ausverkauf anlastet – bekommt er plötzlich Gewissensbisse? Jedenfalls teilt er dem ZK mit, daß er in letzter Zeit immer öfter davon erfahre, daß "andere Staatsorgane geschütztes Kulturgut, darunter solches von höchster Bedeutung, schematisch veräußerten bzw. veräußern wollen". Dann wird er konkret und nennt beim Namen, wer die Antiquitäten verscherbelt: "Der Außenhandel."

Ganz ungewohnten Tadel läßt der Kulturminister da mitschwingen, wenn er schreibt: "Ich bin der Auffassung, daß auch bei Berücksichtigung der bekannten außenwirtschaftlichen Situation dennoch unwiederbringliche Teile des kulturellen Erbes der DDR nicht automatisch zur Ausfuhr gelangen dürften."
Da träumte ein blauäugiger Kulturpolitiker womöglich von einer Gesetzesnovelle, die den Ausverkauf von Kulturgut bremsen könnte.
Schalck war mächtiger.

Immerhin erfolgt eine Reaktion auf den Schwarz-Brief an Hoffmann. Die "Kulturgutschutzkommission" läßt den stellvertretenden Kulturminister Wagner wissen, daß "unabhängig von einer generellen Regelung durch eine eventuelle Ministervorlage die Sammlung Schwarz, die sich in Verwahrung der Finanzorgane befindet, geprüft werden wird".
Zweck der Übung: Um außenpolitische Peinlichkeiten zu vermeiden, sollen Stücke von besonderer Bedeutung und internationalem Ruf ausgemustert werden.
Schalck kann damit leben – es gab genügend andere Sammler, an deren Kleinode und Pretiosen er auf dem Umweg über die hilfswilligen Steuer-Organe kommen konnte.

Wo es was zu holen gibt, stellen sich immer auch die Nassauer ein: Bei der Sammlung Schwarz ist es ein Herr Th., seines Zeichens Abteilungsleiter für Kultur beim Rat des Bezirkes Potsdam. Unterstellt man dem Funktionär Gutgläubigkeit und den Glauben an Recht und Ordnung in der DDR, dann hat er sich gewiß weniger Gedanken um Schuld und Schicksal des inhaftierten Denkmalpflegers gemacht. Dann hat er vielmehr an den "Staatlichen Museumsfonds des Kreises Potsdam" gedacht. Und hatte auch gleich ganz präzise Vorstellungen davon, was er abzuschleppen gedachte: "Berliner Porzellan (1767 bis 1850)", schnorrt er die Kulturschutzgutkommission brieflich an, "Gläser der Hütten Potsdam, Zechlin und Neustadt/Dosse, bäuerliche Volkstrachten, alte Waffen (Schwedenzeit), Möbel und Hausgeräte (Sammlung Bauernstühle) und Zinngerät."

In den Unterlagen der ehemaligen Kulturgutschutzkommission findet sich eine lange Liste, die Schwarz selbst noch zusammengestellt hat und auf der er jene Stücke aufzählt, die ihm die liebsten waren:
"Barockschrank, Nußbaum, um 1700 aus Senzke, Berliner Pilasterspind, Meisterstück, Barockschrank, Nußbaum, 1660/80, stammt aus dem kaiserlichen Jagdschloß Letzlingen, Barockschrank um 1720, Braunschweiger Arbeit, mit sehr schönen mehrfarbigen Blumenintarsien, Tabernakelschreibsekretär, sehr reiche Rokokoarbeit 1740/50, reiche Intarsien aus bunten Hölzern und Elfenbein, Barocktruhe mit leicht gewölbtem Deckel, sehr reicher Eisenbeschlag (Thomas v. d. Hagen), 1718 aus Hohennauen, in den Kunstdenkmälern des Kreises Westhavelland erwähnt, Renaissancestühle, Mitte des 16. Jahrhunderts, Eiche und Obstbaumholz, gedrechselte Stollen, Spiegel, Rokoko, Potsdamer Arbeit, um 1700, Zinnkrüge vom 17. bis zum Anfang des 19. Jahrhunderts, Pokale von 1650 bis 1820, Schraubkannen von 1652 bis 1780, Öllampen, zwei Öluhren und weiteres Zinngerät. Alle haben neben dem Meisterstempel den Stadtstempel, oft den brandenburgischen Adler. (Meine Zinnsammlung war für den Kreis Rathenow einmalig und ist nie wieder zu beschaffen.)
Schwert des Hasso von Bredow um 1400, Kettenhemd um 1400, desgleichen zwei Spieße, Pokal, Potsdam um 1690/1700, Tiefschnitt FWC, Kurhut und brandenburgischer Adler, Pokalgläser mit Dekor FWR und Kurhut, verschiedene sehr seltene farbige Gläser von Kunkel, Berliner Porzellantassen mit Berliner und Potsdamer Ansichten von 1825/30, Standuhr, Barock, Anfang 18. Jahrhundert, Wurzelmaser, auf Eiche furniert, Vinzens (mit s: sic!), Mendl, Amsterdam, Standuhr, etwa 1770/80, Apfelbaum mit vergoldeten Ranken, von C. E. Kleemeyer, Berlin, dem Hofuhrmacher von Friedrich II., Spindeltaschenuhren deutscher, französischer und englischer Uhrmacher, in Gold, Silber, mit Emaille oder Schildpatt von 1740."

Klar, daß die Kleemeyer-Uhr dem Werner Schwarz lieb und besonders teuer ist. Die Schätzer von Pirna meinen: 15.000 Mark.
Die Sammlung von Werner Schwarz und damit die Standuhr verschwindet nun erst in Mühlenbeck, dann im internationalen Kunstmarkt.
Nicht ganz auf Nimmerwiedersehen jedoch. Denn in Westberlin entdeckt Werner Schwarz nach seiner Abschiebung in der feinen "Antik-Shop-Antiquitätengalerie GmbH & Co." in der Paulsborner Straße 2 seine Kleemeyer-Standuhr im Schaufenster.

Nun folgt ein besonders trauriges Kapitel in der Lebensgeschichte des passionierten Möbelrestaurators Werner Schwarz und in dem wechselvollen Weg seiner Standuhr. Im Antik-Shop erfährt er den stolzen Preis: 34.000 Mark. Schwarz verlangt die Herausgabe "seiner Standuhr" auf dem Klagewege. Hoffnung kommt auf, ja sogar Freude: Die vierte Zivilkammer des Landgerichts Westberlin gibt Schwarz am 10. Dezember 1986 recht.
Der Galerist, Generalkonsul Wolfgang Böttger, sieht nicht ein, warum er die Uhr herausrücken soll, wo er sie doch ganz legal von der Staatshandelsfirma Kunst und Antiquitäten GmbH der DDR erworben hat. Er geht folglich in die Berufung.
Abermals triumphiert Werner Schwarz. Diesmal vor dem 17. Zivilsenat am 29. September 1987.

Allmählich geht's ins Geld, denn der Generalkonsul gibt nicht auf. Die Streit-Sache landet mithin beim Bundesgerichtshof in Karlsruhe. Als Werner Schwarz dessen Urteil und die Begründung vernimmt, versteht er die Welt nicht mehr:
– "Die Klage ist abzuweisen, weil der Kläger nicht mehr Eigentümer der Standuhr ist."
– Die Auffassung, "das gegen den Kläger durchgeführte Nachbesteuerungsverfahren, das zum Verlust seiner gesamten Kunst- und Antiquitätensammlung geführt habe, stelle

bei angemessener Würdigung der gesamten Begleitumstände eine entschädigungslose Enteignung dar... (hält) der rechtlichen Würdigung nicht stand."
– "Von wesentlicher Bedeutung ist... daß das Berufungsgericht nicht hat feststellen können, daß das gegen den Kläger durchgeführte Besteuerungsverfahren wegen seiner An- und Verkäufe von Antiquitäten als Sammler eine reine Willkürmaßnahme der Finanzbehörden der DDR dargestellt hat."
Verkündet am 22. September 1988. "Im Namen des Volkes."

Am 4. November 1988 schreibt "Kunst und Antiquitäten"-Farken "mit sozialistischem Gruß" an den "werten Genossen Seidel", Schalcks Stellvertreter: "Gestern wurde uns das schriftliche Urteil des Bundesgerichtshofes im Rechtsstreit um die Standuhr übergeben. Ich füge dieses Urteil als Anlage bei."
Wieder ein Sieg für Staatshehler Schalck.

DDR: Wann Luxus strafbar wurde

Der ehemalige Stasi-Bedienstete Hans-Joachim Farken indes macht weiter gute Geschäfte mit guter Adresse im Ostteil Berlins. Alexander Schalcks Frau Sigrid, Stasi-Obristin a.D., jobbt in einem Gmunder Antiquitäten-Laden. Wohl um nicht aus der Übung zu kommen.

Und Werner Schwarz? Der 69jährige, dem in der früheren DDR durch die Helfershelfer von Schalck und Genossen ein Vermögen abgepreßt wurde – dieser Mann lebt in Minden in Westfalen von 2000 Mark Rente.
Wo seine Standuhr jetzt steht, weiß er nicht. Auch nicht, wo der Rest seiner großen Sammlung geblieben ist und wer alles daran verdient hat. Seine Frau Barbara: "Manchmal taucht

noch irgendwo ein Stück auf. Bei einem Händler hier haben wir mal eine Barockkommode aus unserem Besitz entdeckt. Man hat sie uns gnädig für 2000 Mark überlassen. Es sind ja noch so viele Stücke von der alten Antiquitäten GmbH in Umlauf", erzählt sie. "In Verden an der Aller zum Beispiel taucht immer wieder mal etwas auf, was aus den Lagern von Mühlenbeck stammen muß."

Werner Schwarz mag seinen geliebten Beruf nicht missen: "Nebenbei arbeitet er noch ein bißchen als Restaurator im Museum", sagt seine Frau. Aber es ist nicht allein die Passion, die ihn treibt. Das Zubrot hat der Kunstliebhaber bitter nötig: "Schließlich müssen wir an Herrn Konsul Böttger noch die Gerichtskosten abstottern..."

Schwarz war Restaurator, Sammler. Nicht Händler.
Denen erging es freilich auch nicht besser unter der KoKo-Knute. Die wenigen Kunst- und Antiquitätengeschäfte in der DDR lassen sich in zwei Typen einteilen: die auch unter dem SED-Regime privat geführten Antiquitätengeschäfte sowie den "Staatlichen Kunsthandel der DDR".

Erstere kann man an einer Hand abzählen. Sie fristeten in der alten DDR ein mühseliges Dasein. Von über siebzig Privaten noch vor zwanzig Jahren blieben ganze fünf übrig: Mag in Potsdam, Mau in Rostock, Löwe, Rausch und Kühl in Dresden.

Der zweite Typ, der dem Ministerium für Kultur unterstehende "Staatliche Kunsthandel der DDR" mit seinen 39 Filialen, fristete zwar kein mühseliges Dasein. Aber auch er hatte gegen die radikale Auszehrung des Marktes durch die Häscher aus Pirna zu kämpfen. Der "Staatliche Kunsthandel" wurde im April 1990 in die "Art Union GmbH" umgewandelt. Vorstandsvorsitzende ist Bärbel Schläbe – die jahrzehntelang für die Staatsgalerie arbeitete. Gesprächsbereitschaft zeigt sie heute nur, wenn man ihr verspricht, nichts über Mühlenbeck zu fragen und zu schreiben.

Die meisten Lager der verbliebenen "Art Union"-Verkaufsstellen sind immer noch gefüllt mit Trödel und Hausrat, aber auch mit schönen Möbeln. Wann – und vor allem wie – diese zusammengetragen wurden?
"Die waren hier schon...", heißt es heute. Haushaltsauflösungen? Beschlagnahmungen bei "Republikflüchtigen"? Erbschaften? Oder vielleicht doch aus den Beständen von Händlern, die Schalck ruiniert hat?

Die Spuren werden immer verschwommener. Fest steht: Die Schicksale der Kunst- und Antiquitätensammler unter dem Schalck-Regime sind nicht weniger bitter als die der Händler. Der Fall des Dresdners Helmuth Meissner wurde von seinem bei München lebenden Sohn dokumentiert. Er stützt sich auf Tonbandkassetten seiner Mutter. Die Endsiebzigerin hielt auf ihnen fest, was an jenem verhängnisvollen 31. März 1982 und in den Tagen danach geschah:

Ihren Mann hat man an diesem Mittwoch für 8.30 Uhr zur Kriminalpolizei bestellt. "Zwecks Klärung eines Sachverhalts", heißt es in der "Einladung" geheimnisvoll. Er ist pünktlich. Eine halbe Stunde später klingelt es bei Frau Meissner. "Sechs bis sieben Männer und eine Frau, darunter auch Leute aus Berlin, standen draußen vor der Tür", erinnert sie sich. Ein Mann hält einen Hausdurchsuchungsbefehl hoch. "Ich kann Sie nicht hereinlassen", wehrt sie ängstlich ab, "mein Mann ist nicht da."
Spöttisch wird ihr geantwortet: "Das wissen wir. Der ist bei uns." Zusammen mit Kripo fallen Steuerfahnder und Gutachter der Kunst und Antiquitäten GmbH in die Wohnung ein. Durchwühlen Kommoden, Truhen. Kramen in Schränken das Unterste zuoberst. Nehmen Bilder von den Wänden, rücken Möbel. Jedes Teil wird markiert, bekommt eine laufende Nummer, die in Listen registriert wird.
Um die Mittagsstunde kehrt ihr Mann heim. Ein Kripomann, der an der Tür wacht, sagt gutmütig: "Erschrecken Sie nicht, da sind Leute drin..."

Die Bestandsaufnahme "zum Zwecke einer Zeitwertfestsetzung" soll Grundlage für eine Steuerprüfung werden. Anderntags dringen die Steuer-Leute und die KoKo-"Kunstexperten" in das Geschäft in der Bautzener Straße ein; auch ins Wochenendhaus der Familie im Elbsandsteingebirge kommen sie.
Am 5. April wird eine erste "Sicherungsverfügung" festgesetzt: Die zu erwartende Steuernachforderung soll zwei Millionen Mark betragen. Noch ein paarmal wird die Summe erhöht. Als am 19. August 1982 die Untersuchungen abgeschlossen sind, wird Helmuth Meissner mitgeteilt: "Sie haben Steuern in Höhe von 6.552.598 Mark nachzuzahlen."

Für den 79jährigen ist das ein verheerender Schlag. Er bricht zusammen. "Mit Gewalt und gegen meinen Willen" wird er am 3. April 1983 in die Nervenheilanstalt des Bezirkskrankenhauses Arnsdorf bei Dresden eingeliefert.
In den sechs Monaten, die er dort bleibt, vernehmen ihn Steuerfahnder. Er lehnt es ab, Auskünfte zu geben. Stumm sitzen die behandelnden Ärzte dabei, greifen nicht ein, fordern nicht Schonung für den alten kranken Mann.
55 Jahre lang hat der Kunsthändler selbst auch gesammelt, hat manches schöne Stück ganz natürlich für sich selbst behalten. Malereien, Graphiken, Fayencen, Möbel, Münzen – und selbstverständlich Kostbarkeiten aus der Porzellanmanufaktur Meißen. Darunter sein Lieblingsstück, ein sogenannter Birnkrug aus dem Jahre 1722/23. (Ein Birnkrug ist ein wegen seiner typischen und eigentümlichen Form so genanntes Fayence-Gefäß. Porzellan-Birnkrüge sind selten.)
Der Krug wird dem Porzellanmaler Johann Christoph Horn zugeschrieben. Kunstexperten schätzen, daß es weltweit allenfalls noch vier oder fünf solcher Krüge gibt. Gegenwärtig hat so ein Gefäß einen Handelswert von über 100.000 Mark. Im Standard-Werk "Meißner Blaumalerei aus drei Jahrhunderten" ist der Krug ausführlich beschrieben:
"Peitschenmarke, gegitterter Rhombus zwischen vier Punk-

ten, pseudochinesisches Zeichen. Höhe 16,8 cm. Porzellansammlung Dresden. Inventar-Nummer P.E. 7292. Herkunft: 1985, erworben von der Kunst und Antiquitäten GmbH, Berlin, vorher im Besitz von Kunsthändler Meissner, Dresden. Birnförmiger Krug mit einfachem Wulstenhenkel, Dekor: Umlaufend bemalt in Gelb, Grün, Graubraun, Eisenrot und Unterglasurblau mit gebirgiger Landschaft in fleckigem Unterglasurblau. Im Hintergrund Häuser und Türme einer Stadt. Im Vordergrund eine Badeszene in Aufglasurmalerei. Im Boot mit zeltartigem Aufbau drei leichtgekleidete Damen, die im Begriff sind, mit Hilfe eines unbekleideten Mannes ins Wasser zu steigen. Eine weitere steht bereits hinter ihm. Ungewöhnlich an diesem Mischdekor ist das durchdachte Aussparen der für die Schmelzfarbenbemalung vorgesehenen Partien aus dem vorher einzubrennenden Unterglasurblau. Deshalb entstand die Malerei auch in der Manufaktur und nicht als Hausmalerei. Während das Blau relativ undifferenziert und wolkig erscheint, zeichnet sich der übrige Farbauftrag durch eine außerordentliche Feinheit aus. Die prallen Körper sind mit malerischen Mitteln modelliert. Der Krug steht qualitativ über allen anderen, ebenfalls J. Chr. Horn zugeschriebenen Stücken."
Ein unvergleichliches Einzelstück, unter Kennern weltberühmt.

Eine Steuerschuld von sechs Millionen! Natürlich kann Meissner nicht zahlen. "Geben Sie doch einfach Ihren Besitz frei", raten ihm die Zyniker vom Finanzamt. "Wir nennen das 'zur Verwertung an Zahlungs Statt'."

Es ist das Ende des Antiquitätenhändlers und Kunstsammlers Helmuth Meissner. Der Staatsanwalt stellt ein nach Abschluß des Steuerverfahrens zusätzlich eingeleitetes Ermittlungsverfahren wegen vorsätzlicher Steuerhinterziehung gegen Helmuth Meissner am 31. Juli 1985 endgültig ein. Aus gesundheitlichen Gründen ist der Kunsthändler inzwischen vollkommen verhandlungsunfähig.

So rasch wie möglich werden seine Kunstwerke und Antiquitäten in die Lager der Kunst und Antiquitäten GmbH transportiert. Schalcks Antiquitäten-Jäger mahnen zur Eile, doch der Umfang des Meissner-Besitztums ist so gewaltig, daß Dresdens Stadtrat für Finanzen um Aufschub ersucht. "Bei Umfang und Größenordnung der aufzunehmenden Gegenstände war eine sofortige Übergabe einer listenmäßig aufbereiteten Gesamtaufstellung nicht möglich", antworten die kommunalen Kunstfreunde.

"Aus dem riesigen Besitz wählt, nach rechtsgültigem Abschluß des Steuerverfahrens und der danach erfolgten offiziellen Übernahme durch die GmbH zur Verwertung... die 'Kulturgutschutzkommission' Antiquitäten und Kunstwerke im Werte von 280.000 Mark aus", recherchierte Günter Blutke. Diese Stücke galten nach Meinung der Gutachter als "erstrangiges Kulturgut der Kategorie I oder der oberen Gruppe II" und durften mithin nicht für den Export freigegeben werden.

Es ist an dieser Stelle anzumerken: Alexander und Sigrid Schalck sammeln selber seltene und kostbare Stücke aus Meißner Porzellan.

So einfach war das: Man spricht von Staats wegen dem Kunstbesitz den Charakter einer Sammlung ab – und schon werden aus Malereien und Graphiken, aus Porzellan und Fayencen, Möbeln oder Münzen sogenannte gehortete Warenbestände. Damit entfallen sogar die (etwas niedrigeren) Vermögenssteuersätze, wie sie für Kunstsammlungen üblicherweise gelten.
Meissner half auch nicht eine Bescheinigung des "Amtes zur Wohnraumlenkung". Darin genehmigten ihm die Beamten zwei zusätzliche Zimmer. Das Motiv der sonst bekannt pingeligen "Wohnraumlenker": eine "Stellungnahme der Staatlichen Kunstsammlungen Dresden", die besagte, daß die in Meissners Wohnung befindliche "Sammlung" nicht nur einen

Meißner Porzellanfiguren besaß Schalck im Überfluß. Hier das berühmte "Affenorchester". Neupreis einer einzigen Figur im Westen: 800 Mark. Mindestens...

Acht von insgesamt 267 Gemälden, die der DDR-Außenhandels-Staatssekretär in seinem Privathaushalt versteckte: Gemütlich machte er es sich bis ins Dachatelier

bedeutenden Wert darstellt, sondern auch Aufsicht und Pflege braucht.

In Mühlenbeck frohlockten die Zuständigen: "Meissner war der dickste Brocken, den uns die Steuer je hingeworfen hat und den wir je schluckten." Es frohlockten aber auch die Stammkunden der Mühlenbecker in den Kunsthandel-Metropolen London und New York, München und Köln, Zürich, Brüssel, Rom.

In Lugano freute sich ein gewisser Ottokar H., ein mehrfacher Millionär mit Luxusvillen im Tessin, Inhaber der Firma Intrac S.A. (die dem KoKo-Imperium zugeschrieben wird). H. verkaufte auch DDR-Antiquitäten. Und als in einem Münchner Auktionshaus plötzlich 44 Werke aus der Meissner-Sammlung auftauchten (Werke deutscher Künstler des 19. und 20. Jahrhunderts wie Adolf Menzel, Ernst Barlach, Otto Dix, Max Liebermann), da führte über die Einliefernummer eine Spur in die Schweiz. Ottokar H.: "Sicher habe ich DDR-Antiquitäten verkauft." Daß Kulturgüter darunter waren, bestreitet er.

Bei solchen "dicken Brocken" stützten sich die Steuerbehörden des Arbeiter- und Bauernparadieses DDR auf "Interne Richtlinien des Finanzministeriums der DDR zur Handhabung der Steuergesetze (Informationsbrief 1/82)". Sie waren geheim.

"Bei der Beurteilung, ob Gegenstände den Kunstgegenständen, Sammlungen, Luxusgegenständen oder dem Hausrat zuzurechnen sind, sowie bei der Entscheidung, ob die Erhaltung solcher Gegenstände wegen ihrer Bedeutung für Kunst, Geschichte oder Wissenschaft im öffentlichen Interesse liegt und demzufolge Steuerbefreiungen bzw. -vergünstigungen zu gewähren sind, ist in jedem Fall eine enge Zusammenarbeit mit der Abteilung Kultur des Rates des Kreises bzw. des Bezirkes zu sichern."

Der Haken verbirgt sich im Begriff "Luxus": "Zur Abgrenzung der Luxusgegenstände im Sinne... des Bewertungsgesetzes von Kunstgegenständen und Sammlungen... ist folgendes zu beachten: Gegenstände, die zu den Kunstgegenständen gehören oder Bestandteil einer Sammlung sind, können nicht als Luxusgegenstände erfaßt werden." Aber: "Zu den Luxusgegenständen gehören Gegenstände, die nicht zur Ausstattung der Wohnung gehören. Als solche gelten z.B. antiquarische Gegenstände, die das übliche Maß einer Wohnungsausstattung überschreiten. Dabei ist es unerheblich, ob diese Gegenstände auch genutzt werden."

Luxus hat seinen Preis! Vor allem, wenn der Einkommensteuersatz bei 76,2 Prozent liegt. Im übrigen schrieben die Steuereintreiber der DDR fest:
"Bei der Ermittlung der Besteuerungsgrundlagen ist von den durch die Bürger erklärten Werten auszugehen. Bestehen berechtigte Zweifel über die Richtigkeit der angegebenen Werte, ist den Bürgern aufgegeben, ihre Wertangaben zu überprüfen."
Der Haken ist wiederum im Zusatz versteckt: "Erforderlichenfalls ist ihnen zu empfehlen, die Werte von der zuständigen staatlichen Handelseinrichtung feststellen zu lassen." Und da kam eben nur die Kunst und Antiquitäten GmbH in Frage! Womit sich der Hehlerkreis zwischen Stasi-General Mielkes "Kunstfahndern", Schalcks KoKo-"Kunstsachverständigen" und den Steuer-Erpressern des DDR-Finanzministeriums schloß.

KoKos Kunstbanausen

Schalcks "Kunstsachverständige" allerdings waren ein ganz besonderer Haufen. Wirkliche Experten, ausgebildete Kunstsachverständige mit umfassenden Kenntnissen in Malerei oder Kirchenkunst zum Beispiel, in frühgeschichtlichem Kunsthandwerk oder Antiken waren in der Minderheit. Den meisten unter ihnen war das ganze Metier fremd. Die Einstellung dieser Leute zu ihrer Tätigkeit war die von Trödlern.

Nun sollten aber Schalcks Kunst-Beschaffer mindestens eine oberflächliche Ahnung vom Geschäft haben. Also stattete sie der "Kunst und Antiquitäten"-Generaldirektor Farken mit klugen Fibeln aus, die das Erfassen von Kunstschätzen einigermaßen idiotensicher machten. Die anhängenden Preislisten wurden kontinuierlich dem aktuellen Preisniveau des internationalen Kunsthandels angepaßt. Der 283 Seiten dicke Leitfaden (Ausgabe von September 1979, Verfasser: Siegfried Brachhaus) beispielsweise belehrt den "Kunstexperten":

"Das vorliegende Handbuch wurde von den Mitarbeitern der Kunst und Antiquitäten GmbH zusammengestellt, um damit ein einheitliches Arbeitsmittel für den Ankauf, die Bewertung und Zuordnung von Antiquitäten zu geben.
Gleichzeitig soll diese Übersicht dazu dienen, die derzeitig international üblichen Warengebiete des Handels mit Kunstgegenständen und Antiquitäten darzustellen. Es wird kein Anspruch auf Vollständigkeit erhoben.
Das vorliegende Handbuch bleibt uneingeschränktes Eigentum der Kunst und Antiquitäten GmbH und ist nur für den Dienstgebrauch zu verwenden.
Die Weitergabe an Dritte ist nicht gestattet."

Um zu verhindern, daß das Handbuch in unbefugte Hände kam, waren die Exemplare durchnumeriert.

"Als der VEB (K) Antikhandel am 28. Februar 1990 seine Geschäfte offiziell beenden mußte, hatte er nur einen einzigen Mitarbeiter mit einer fachbezogenen Ausbildung, einen diplomierten Historiker", berichtet Blutke. "Die anderen griffen, wenn ihnen eine Oma ein Porzellankännchen mit einer unklaren Marke unterm Fuß brachte, zu ihrem schlauen Buch und blätterten die Seiten 119 bis 130 auf. Dort fanden sie nicht nur die blauen Meißner Schwerter aller Perioden seit 1710 und die Zeichen der Königlich Preußischen Porzellanmanufaktur KPM, sondern auch eine Überschau aller bewußten oder zufälligen Nachahmungen des berühmten Meißner Markenzeichens. Schon an dieser Aufkäuferfibel ist der universelle Ansatz des Antikhandels als grundlegendes Geschäftsprinzip erkennbar. In Fotos gezeigt und kommentiert werden nicht nur die klassischen Bereiche des Antiquitätenhandels, sondern auch alle hinzugekommenen Randgebiete wie Spielzeug, Spielzeugeisenbahnen, bäuerliches Gerät und die sogenannte Varia" – von alten Kohlebügeleisen bis zu eisernen Rodelschlitten.

Fand ein Aufkäufer oder ein "Schätzer" einen Gegenstand nicht in seinem schlauen Buch und mußte er so auf vorgedruckte Richtpreise verzichten, dann setzte er einfach selbst einen Preis fest. Der fiel dann auch schon mal nach seinem Geschmack oder nach seinen Vorlieben aus.
So konnte es passieren, daß "Kunstexperten" des "Dienstleistungsbetrieb Berlin" (DLB), Filiale Wilhelm-Pieck-Straße, eines Tages eine schöne rote Flasche angeboten wurde, die alt aussah. Der Mann, der sie anbot, machte zwar einen wenig vertrauenswürdigen Eindruck. Aber die Aufkäufer waren ihrerseits ja auch nicht gerade die Seriosität in Person. Also meinten sie unbeeindruckt: "Schön, wir zahlen ihnen 400 Mark." Der Verkäufer zog fröhlich mit dem Erlös ab.

Jetzt erhob sich aber aus dem Märkischen Museum großes Wehklagen, weil dort eingebrochen und unter den ausgestellten Pretiosen geplündert worden war. Stücke von unschätzbarem Wert seien verschwunden, jammerten die Museumsleute, darunter eine kostbare Rubinglasflasche. Die sei von Johann Kunckel und überhaupt nahezu unbezahlbar.
Dieser Johann Kunckel war ein Genie unter den Glasmachern des 17. Jahrhunderts gewesen. Der hochgebildete Alchimist und erfahrene Praktiker (1630 bis 1703) hatte von seinem

brandenburgischen Kurfürsten den Auftrag erhalten, Gold herzustellen – wie Johann Friedrich Böttger (der statt dessen das Meißner Porzellan erfand). Kunckel experimentierte – und erfand statt des Goldes das Rubinglas. Dieses geheimnisvolle, mit Gold gefärbte Glas schuf Meister Kunckel für Friedrich Wilhelm von Brandenburg in der Glashütte Drewitz bei Potsdam, ab 1679 dann in der eigens für ihn gegründeten Hütte am Hackendamm in unmittelbarer Nähe der Stadt (später Potsdamer Hütte genannt). Kunckels Versuche hatten an ältere Erfahrungen angeknüpft; er experimentierte mit den Färbeeigenschaften des Goldes. Für seine Rubingläser und -flaschen nahm er pures, in einem Gemisch aus Salpeter- und Salzsäure gelöstes Gold. Den Gläsern schrieben seine Zeitgenossen magische Kräfte zu. (Wie dem armen Porzellan-Böttger sein Geheimrezept gestohlen wurde, so ging auch Kunckel seiner Rezepte verlustig – wie er selbst überlieferte, stahl sie sein eigener "Christallmeister".)

Als die wahre Herkunft und der offenkundige Wert der angekauften "roten Flasche" in den Hehlerkreisen von Mühlenbeck bis Pirna herauskamen, frohlockten die Staatsganoven: Die würde Devisen machen! (Ein vergleichbares Stück brachte 1990 im Londoner Auktionshaus Sotheby's stolze 30.800 Pfund, circa 100.000 Mark.)
Es wurde dann aber doch nichts mit den Devisen – die Flasche wanderte zurück ins Museum, weil die Öffentlichkeit durch Bekanntwerden des Diebstahls und durch die Fahndung nach den verschwundenen Schätzen aufmerksam geworden war.

Die Geschichte von Diebstahl und Verkauf dieser Flasche ist zugleich eine Dokumentation der Pannen.
Den "Kunstexperten" aus der Wilhelm-Pieck-Straße war der wahre Wert des prächtigen Stücks nicht bekannt. Deshalb stellten sie es zunächst achtlos in ein Regal mit Plunder, anstatt es sofort und möglichst teuer abzustoßen, nachdem der gefaßte Dieb ausgepackt und seine Abnehmer verpfiffen hatte.

Die zweite Panne muß den Sicherheitsorganen passiert sein. Das System der staatlichen Hehler von Pirna und Mühlenbeck schloß normalerweise Polizei und Zoll vollkommen aus. Ohne die in aller polizeilichen Unschuld ausgeschriebene Fahndung hätte die kostbare Flasche von Mühlenbeck gewiß den Weg in den westlichen Kunstmarkt angetreten. Nun wurde auch öffentlich gefragt, wo das Diebesgut wohl auftauchen würde. Der Einbrecher konnte dingfest gemacht werden. Ein Gericht bezifferte den von ihm angerichteten Gesamtschaden auf 200.000 Mark.
Eine Rubin-Tasse aus der Kunckel-Produktion blieb verschwunden. Wahrscheinlich waren KoKo-Aufkäufer einer anderen "Kunst und Antiquitäten"-Filiale cleverer.

Aus den Filialen der Schalck-Aufkäufer, -Fahnder und -Hehler wanderten aber nicht nur Antiquitäten und Kunstgegenstände in die Lager von Mühlenbeck. Das Imperium des Devisen-Beschaffers Schalck hatte auch Juwelen aller Art gehortet. Schmuck und Edelsteine wurden von Ausreisewilligen erpreßt, wurden verarmten Witwen abgeschachert, bei den üblichen konstruierten Zoll- oder Steuervergehen beschlagnahmt.

Diese Hinterlassenschaft gelangte nach Schalcks Flucht Anfang Dezember 1989 erst einmal "bergeweise" (ein beteiligter Polizeibeamter) in die Hände von Fahndern der DDR-Militärstaatsanwaltschaft. Auf rund eine halbe Milliarde Mark wurde damals allein der Materialwert des Schatzes geschätzt. Seither ist der Schatz auf wundersame Weise geschrumpft.

Als in den KoKo-Kellerräumen der Schalck-Zentrale in Berlin die 22 Tonnen Goldbarren entdeckt wurden, drangen die Fahnder auch in den benachbarten "Verschlag 0017" ein. Hier fühlten sie sich wie auf ein Piratenschiff versetzt: schwere Goldketten, hochkarätige Steine, Broschen und Ringe in Koffern, Kisten und sogar lose auf Tischen und Regalen. Wie schon die Goldbarren kamen auch diese Funde um die Jahreswende zur Tresorverwaltung der Ex-DDR-Staatsbank. Dort wurden sie katalogisiert. Der Katalog ist Verschlußsache.

Die Ermittlungsakten seien am 2. Oktober – am Vorabend der deutschen Einheit – der Bundesanwaltschaft in Karlsruhe übergeben worden, heißt es heute in Kreisen der ehemaligen DDR-Militärstaatsanwälte. Generalbundesanwalt Alexander von Stahl habe es nunmehr auch in der Hand, mögliche Vorbesitzer der zusammengerafften Pretiosen feststellen zu lassen.

Der Chef der Berliner Außenstelle des Bundesfinanzministeriums bestätigte ADN-Reportern gegenüber "das Vorhandensein von Schmuck in den Tresoren", dementierte aber zugleich den Begriff "Unmengen". Es seien lediglich Bestände aus Zollvergehen und Erbschaftsangelegenheiten, in denen sich keine Erben gemeldet hätten. "Sachen von Schalck liegen mit Sicherheit nicht hier in der Außenstelle", beteuerte er.

Im Gespräch mit den Reportern der ehemaligen DDR-Nachrichtenagentur ADN bestritt Schalck nicht nur jede Verantwortung für die Schmuck-Vorräte. Er hält auch die angegebenen Mengen für unwahrscheinlich. "Das lag mit Sicherheit unter 80 Kilogramm – und zwar mit Verpackung", so der Stasi-Offizier zu seinen ehemaligen Mitbürgern. Möglicherweise habe sein früherer Vize Manfred Seidel als "Staatsgeschenke" gedachten Edelschmuck in KoKo-Bestände übernommen, der zuvor in Panzerschränken von Staatschef Erich Honecker und Wirtschaftslenker Günter Mittag sowie auch einzelner SED-Ressorts geparkt war.

Seidel dagegen: "An dem Ganzen ist überhaupt nichts wahr." Die Wahrheit liegt wahrscheinlich in jenem Bermuda-Dreieck begraben, dessen Spitzen von DDR-Militärstaatsanwaltschaft, KoKo-Staatsverbrecher Schalck-Golodkowski und dessen Stellvertreter Seidel markiert werden.

Nun war es ja nicht so, daß man immer mit Druck und Erpressung arbeitete. Nein, man zeigte sich durchaus entgegenkommend, wenn einem Bürger partout nichts Böses nachzuweisen war. Wenn auch mit größter Anstrengung keine Straftat konstruiert werden konnte. Wenn also an der Lauterkeit eines Menschen auch unter sozialistischen Vorzeichen nicht gezweifelt werden konnte – und trotzdem wollte man an seine Antiquitäten oder an seine Kunstgegenstände. Koste es, was es wolle.
Es kostete dann eben ein Auto. Und zwar die Koko. Hatte die etwa ein bisher verborgen gebliebenes karitatives Gesicht? Durchaus nicht, der Schieber-und-Hehler-Moloch dieses "VEB Volksbetrug" verdiente auch daran.

Anfangs waren es noch knorrige Ostautos, die nach dem Schwarzmarkt-Prinzip der Nachkriegsjahre ("Tausche altes Tafelsilber gegen Elektroherd") verschachert wurden. Geschäftsgrundlage für beide Teile war ein sogenannter AT-Vertrag. AT stand für "Antiquitäten-Autotausch". So schrieb am 12. Oktober 1983 der Antiquitäten-Generaldirektor Farken an den "Genossen Seidel, Ministerium für Außenhandel, Bereich Kommerzielle Koordinierung":
"Gemäß der mir erteilten Weisung habe ich begonnen, die von den Zollorganen übernommenen Fahrzeuge aus der NSW-Produktion im Inland zu vermarkten, d.h. ich tausche diese Fahrzeuge gegen Antiquitäten. Als erstes Ergebnis kann ich Ihnen mitteilen, daß durch den Tausch von 4 Fahrzeugen eine zusätzliche Valutaeinnahme von über 100.000 Verrechnungsmark erreicht werden konnte."

Jetzt kommt Farken dem Seidel mit einem recht bizarren Vorschlag. Er plant nämlich den Einkauf von Autos im "nicht-sozialistischen Wirtschaftsgebiet", die in "sozialistischem Wirtschaftsgebiet" produziert worden sind – verkehrte Welt! Farken:

"Da die Belieferung des DDR-Marktes mit PKW z.Z. nicht ausreichend ist, beabsichtige ich, in Belgien Ladas zu kaufen. Ge-

genwärtig liegt mir ein Angebot für den Lada 1500 S und Nova L zu einem Preis zwischen 5000 und 6000 Mark vor. Ihr Einverständnis vorausgesetzt, würde ich 10 PKW Typ Lada aus Belgien importieren und sie gegen Antiquitäten im Lande tauschen. Der Valutaerlös dieser Operation würde nach meiner Einschätzung den 4fachen Wert des Valutaaufwandes betragen."
Was das Geschäft zusätzlich dubios macht, ist: Auf dem Umweg über Belgien wird so auch noch der Hersteller im "sozialistischen Bruderstaat" Sowjetunion um Desiven beschummelt.

Der Schacher lief über lange Zeit prächtig. Der vorsichtige Farken freilich sicherte sich mit jeder neuen Tausch-Operation gegenüber seinen KoKo-Vorgesetzten ab. Farken-Brief an Seidel am 2. April 1984:
"Gemäß Antrag hatten Sie uns den Import von 10 PKWs LADA zum Tausch gegen Antiquitäten bestätigt. Diese 10 Fahrzeuge wurden zwischenzeitlich getauscht und haben nach Abzug der Importkosten einen Netto-Valutaerlös von durchschnittlich 19,5 TVM (Red.: Tausend Verrechnungs-Mark) pro Stück erbracht. Da es eine Reihe weiterer Anfragen gibt, bitten wir um Genehmigung, weitere Importe durchführen zu können und diese Importe auch auf andere Typen auszudehnen. Garantiert wird mindestens ein Valutaerlös von 100%."

Gewinne, die sich sehen lassen konnten!

Längst gab's auf Wunsch und gegen Kunst auch mal einen begehrten Golf oder BMW. Nach Gutdünken oder persönlicher Sympathie wurden die Preise gestaltet: Ein gewisser Fred Frohberg zahlte für einen Golf 22.160 Mark; fürs gleiche Modell wurden einer Ruth Lerche 27.858 in Rechnung gestellt. Im Juli erhielt Schalck-Mitarbeiterin Rita Zurek einen Golf CL – gratis.

Farken arbeitete also weiter in diese Richtung, weitete seine Sonderangebote sogar aus. Am 3. Dezember 1984 schrieb er an Seidel:

"Das uns von Ihnen bestätigte Geschäft, importierte PKWs gegen Antiquitäten zu tauschen, hat sich nach unserer Einschätzung sehr gut bewährt. So konnte nach Abzug aller Valutaaufwendungen ein Nettogewinn von 850 TDM erlöst werden. Hinzu kommt, daß wir keinerlei Aufwendungen in Mark hatten."

Das freute natürlich den Schalck-Stellvertreter. Allerdings mußte Farken auch zugeben, "daß diese Antiquitäten in den wenigsten Fällen von Bürgern gegen Mark an uns verkauft worden wären". Das bremste ihn allerdings nicht in seinem Tatendrang: "Ausgehend von diesen positiven Erfahrungen beabsichtige ich, die Palette der Tauschobjeke auch auf andere hochwertige Konsumgüter, wie Fernseh-Geräte, Hi-Fi-Anlagen u.ä. auszudehnen. Hierzu bitte ich um Ihre Genehmigung."
Die wurde gern erteilt.
Ein flotter Kaufmann, der Herr Farken. Allein im Jahr 1988 ertauschte er aus der Differenz zwischen dem investierten Kaufpreis für die Autos und dem Verkaufserlös für die Antiquitäten rund 400. 000 Mark.
Heute wohnt Geschäftemacher Farken in Berlin-Mitte, in einem sandsteinfarbenen komfortablen Mietshaus, in bester Lage direkt an den Ufern der Spree. In dem Haus, das noch 1989 im Auftrag von Schalcks KoKo fertiggestellt wurde, betreibt Farken eine "Allgemeine Berliner Handelsgesellschaft mbH". Beraten von Rechtsanwalt und Notar Manfred Wünsche. Der wohnt im Stockwerk darüber und hat schon die Angelegenheiten von Schalck geregelt.

In Mühlenbeck und in den KoKo-Filialen der Bezirke stapelten sich aber auch Kunst und Trödel aus den Asservatenkammern von Strafvollzug und Polizei. Alles Gegenstände, die als Beweismittel nach Straftaten in amtliche Verwahrung genommen worden waren. Es waren freilich auch Gegenstände darunter, deren Einfuhr ins Arbeiter- und Bauernparadies verboten war (oder ihre Mitnahme nach einem Besuch in der DDR). Damit der staatliche Kunstraub auch ein rechtliches Mäntel-

chen hatte, traf am 18. August 1986 der "Genosse Generalmajor Müller" als Stellvertreter des DDR-Ministers des Innern und Leiter der Versorgungsdienste mit dem "Staatssekretär Genossen Dr. Schalck" vom DDR-Ministerium für Außenhandel, Bereich KoKo, eine "Vereinbarung zur Verwertung eingezogener Gegenstände". Darin heißt es: "Mit der Realisierung der Aufgaben, die sich aus dieser Vereinbarung ergeben, wird durch das Ministerium für Außenhandel, Bereich Kommerzielle Koordinierung, die Kunst und Antiquitäten GmbH, 1409 Mühlenbeck, Kastanienallee 19/20, beauftragt."
Und weiter: "Es gelangen nur solche Gegenstände zur Übergabe, auf die keine Rechte Dritter mehr bestehen. Die Übergabe hat so zu erfolgen, daß keine Rückschlüsse auf eine Erfassung bzw. Lagerung durch Dienststellen des MdI (Red.: Ministerium des Innern) möglich sind. Die Abholung erfolgt durch die Kunst und Antiquitäten GmbH von den Bezirksversorgungslagern der Bezirksbehörden der Deutschen Volkspolizei. Die Erlöse aus der Verwertung werden... jährlich zum 31.01. für das abgelaufene Jahr auf das Konto bei der Staatsbank der DDR 666-13-100 034 mit dem codierten Zahlungsgrund (variabel) 7702 überwiesen."
Diese Vereinbarung schickte KoKo-Staatshehler Farken "mit sozialistischem Gruß" an den "werten Genossen Neubert", ebenfalls KoKo.

Ein halbes Jahr später fürchtete freilich der Schalck-Stellvertreter, Stasi-Oberst Manfred Seidel, immer noch, es könnte mal ein Stück durch die Maschen des flächendeckenden KoKo-Netzes rutschen, welches die DDR überzog. Also schrieb Seidel am 8. Januar 1987 an Farken:

"Verwertung von Waren aus den Asservatenlägern der Schutz- und Sicherheitsorgane der DDR: Für Gegenstände, die außerhalb des Handelssortiments Ihres Außenhandelsbereichs liegen, werden Sie beauftragt, eine Bestandhaltung vorzunehmen und diese Erzeugnisse in Ihrem Namen und auf meine Rechnung valutawirksam zu machen."

Seidels angefügter Befehl war ein Zeichen dafür, daß es eng und immer enger wurde im Staatssäckel Honeckers: "Die erzielten Valutaerlöse sind mindestens halbjährlich auf das Konto 0559-60-011-026 abzuführen!"
Jede West-Mark zählte: "Die Nachweisführung der Asservatengegenstände ist so zu gestalten, daß Gegenstände mit einem Valutawert ab 100,- VM (Red.: Verrechnungsmark) körperlich zu erfassen sind und durch Inventuren nachweisbar sein müssen. Gegenstände aus Edelmetall (mit Ausnahme Münzen, Medaillen, Antiquitäten) werden nur nach meiner Maßgabe exportiert."

Die Arbeiter-und-Bauern-Staatsganoven, die so unerschrocken in Amtsdeutsch über "Asservatengegenstände" verfügten, scheuten selbst vor dunkelsten Praktiken nicht zurück. Ihre Geschäftsräume beispielsweise stellten sie auch für angewandte Hinterziehung der westdeutschen Mehrwertsteuer zur Verfügung. Als 1988 Schalcks Millionengeschäft mit der Goldschieberei begann, wurde die Kunst und Antiquitäten GmbH voll mit einbezogen.

Keine Goldgrube dagegen war für die DDR-Kunst-GmbH der Handel mit Briefmarken. Er wurde über den "VEB Philatelie Wermsdorf" abgewickelt. Der angesehene Hamburger Briefmarken-Auktionator Wolfgang Jakubek: "Briefmarken waren für den ganzen KoKo-Bereich die allerletzten Peanuts in puncto Umsatz. Was die damit eingenommen haben, ist geradezu lachhaft!"
Hatte sich nach einem sogenannten Erbenaufruf kein Anwärter gemeldet, stand damit der Staat als Erbe fest. Nachlaßpfleger richteten sich dann nach der "Notariatsordnung der DDR" von 1979 und 1986. Diese schrieb vor, daß "Kunstgegenstände, Antiquitäten... und Briefmarken" dem Staatlichen Kunsthandel anzubieten waren. Aus Wermsdorf wanderten die kleinen bunten Wert-Papierchen alsbald westwärts.

Bisweilen druckte die DDR-Post allerdings Wertzeichen, die gar nicht erst für den Weg an den Schalter bestimmt waren. Die verscherbelten Schalcks Mitarbeiter gleich über die Grenze. Der pingelige Buchhalter Farken fertigte jeweils zu einem solchen Vorgang – ob postfrisch oder Ganzsammlung – "Mitteilungen", "Informationen", schrieb Briefe an Seidel oder ließ einfach einen "Vermerk" abheften. Wie beispielsweise diesen: "Entsprechend dem Auftrag der Hauptabteilung IX wurden über den Bereich Kommerzielle Koordinierung des Außenhandels in der DDR verbotene Briefmarken und ein geringer Teil postfrischer Briefmarken in Abstimmung mit dem Ministerium für Post- und Fernmeldewesen verkauft. Der Verkauf wurde von unserem Mitarbeiter Dieter Kühn... organisiert. Der Zeitraum von 1976 bis 1979 ist überprüfbar anhand der Kontenkarten."
Folgt eine Aufstellung, die viele Tausender-Summen, mitunter aber auch recht ansehnliche sechsstellige Beträge wiedergibt. Immer schön mit Datum und alles in D-Mark. Der Handel begann am 29. April 1976 gleich mit stolzen 111.088 DM und wurde bis 9. November 1979 mit 204.508,85 DM registriert.
Das ertragreichste Jahr war sicherlich 1978. Zwischen dem 4. Januar und dem 22. Dezember scheffelte Schalcks "VEB Philatelie" 885.827,03 DM.

Im übrigen hielt sich lange und hartnäckig der Verdacht, Schalcks Spießgesellen hätten im Staatsauftrag auch Marken gefälscht und unters West-Volk gebracht. Wolfgang Jakubek: "Während der Amtszeit der 'VEB Philatelie' ist nie eine Beanstandung von Geschäftspartnern erfolgt. Im übrigen: Wenn jemand Marken fälscht, dann nicht welche für 35 Pfennige, sondern teure. Teure Dinge – das ist so auch bei Gemälden oder etwa Antiken – werden aber grundsätzlich mit mindestens einer oder zwei Expertisen gehandelt. Die werden von sogenannten Verbandsprüfern erstellt, und davon gibt es höchstens hundert weltweit."
Wie tröstlich: Briefmarken fälschte er also nicht!

Klar ist aber, daß sich Honeckers oberster Hehler auch selbst das eine oder andere gute, seltene und teure Stück sicherte. Schließlich hatte er allerersten Zugriff, saß an der Quelle. Die Briefmarkensammlung in seinem Wochenendhaus wurde von Schätzern auf einen Wert von 365.650 DM beziffert. Und erst im August 1991 wurde ein weiterer Wertzeichen-Fund im Keller seines Berliner Hauses bekannt: zwei "Prachtsammlungen Bayern" (Wert: 119.000 DM und 51.500 DM) sowie eine "Sammlung Bayern" (32.200 DM).

Seine sozialistischen "Kunst- und Antiquitäten"-Komplizen waren immer auf der Höhe des kapitalistischen Zeitgeistes. Da konnte ihnen selbstverständlich der Hang der westlichen Wohlstandsgesellschaften zu dekorativem Trödel und Plunder nicht verborgen bleiben. Sie machten wahrlich das beste daraus. Und auf diesem Gebiet war es für die künstlerisch unbedarften Einkaufs-Fahnder auch geschmacklich leichter, Passendes aufzutreiben: ein staubiger alter Pferdeschlitten in der Remise eines enteigneten Bauern – der "VEB Antikhandel" ließ ihn fortschleppen. Eine vergammelte Kutsche in der Remise eines verlassenen Schlosses – dem "VEB Antikhandel" taugte sie immer noch. Ein altes Telefonhaus, ein Briefkasten aus der Kaiserzeit? Da würde sich schon ein Interessent im Westen finden, der sich das Postsouvenir an die Villa schraubt, das Häuschen als Partyklo in den Garten setzt.
"Kulturelle Gebrauchtwaren" wurden diese Dinge genannt. Im Kreis Meißen unterhielt der "Antikhandel" ein richtiggehendes Kitschlager. Da türmten sich (in Körben, die ihrerseits "kulturelle Gebrauchtware" darstellten) alte geschundene Quirle, stumpfe Hackmesser, wurmstichige Nudelhölzer. Gestickte Küchensprüche in zerfasertem Holzrahmen, Butterfässer und Nachtgeschirre fand man gestapelt neben uraltem Wirtshausgestühl und Gipsmadonnen.

Einmal freilich protestiert Joachim Farken gegen Anweisungen seines Chefs Schalck. Als er nämlich "gebrauchte Textilien, gebrauchte Werkzeuge, gebrauchte PKW-Reifen und -Fel-

gen, gebrauchte Kfz-Ersatzteile, Glühlampen, Leuchtstoffröhren, Schrauben und Nägel aus Bezirksversorgungslägern des Ministeriums des Innern" für den Export übernehmen soll, weigert er sich.
"Da (ist) keine Erschließung zusätzlicher Exportreserven mittels Verwertung... möglich", schreibt er am 20. November 1987 an den "Stellvertreter des Ministers und Leiter der Versorgungsdienste" im Ministerium des Innern, an den Genossen Generalmajor Müller.
Schalck, der Lumpenhändler.

Im Kreis Pirna bestand ein Klavierlager mit gebrauchten Pianos, aus dem sich nicht nur westdeutsche Gebrauchtwarenhändler gegen harte Mark bedienten. Freilich war der "Antikhandel"-Umgang mit den empfindlichen Instrumenten nicht der sensibelste. Noch im Januar 1990 beschwerte sich die Firma "Pianogroothandel H. D. Voss" aus einem Ort im Kreis Eindhoven in Holland: Es sei doch wohl angezeigt, die Flügel und Klaviere wirksam gegen Regen und Temperaturschwankungen zu schützen. Beim Abholen einer Ladung hatten die Transporteure beobachtet, daß Regen durchs Dach tröpfelte. Durch undichte Fenster pfiff eisiger Wind.

Da sah es in den Mühlenbecker Lagerhallen entschieden besser aus. Wohltemperiertes Innenklima umhüllte die wertvollen Stücke wie Möbel und Gemälde, Uhren und teure Teppiche. Die Kunden erster Wahl aus dem Westen konnten sich in eigens eingerichteten Verkaufssalons umsehen, wählen, feilschen. Wer Plunder oder Trödel suchte, wurde in die Provinzlager verwiesen.

In den Bezirken war aber nicht nur gelagert. Aus den Bezirken schöpfte Schalcks KoKo-Kunst-GmbH unermüdlich für den merkwürdigsten Export.
Zum Beispiel Pflastersteine. Da läßt sie zunächst in den Bezirken Leipzig, Halle und Magdeburg einen Bestand von 9,2 Millionen Tonnen Pflastersteinen ermitteln. Fort damit –

im Westen schätzt man die Basaltbrocken beim Restaurieren alter Stadtkerne oder historischer Gebäude. Bald wurde im Lande gedichtet: "Ach wär' ich doch ein Pflasterstein, da würd' ich schnell im Westen sein."
Allein 1989 wurden noch 3,7 Millionen Mark für 37.000 Tonnen Basaltwürfel kassiert. Alte Eisenbahnschwellen, ausrangierte Dampfloks fanden begeisterte Interessenten in westdeutschen und westeuropäischen Eisenbahnvereinen.

Makaber das Schreiben, das Farken am 13. Juni 1986 an seinen Genossen Seidel richtete: "Zur Realisierung eines Exportauftrages über alte Grabdenkmäler mit einem Valutaerlös von 200.000 VE (Red.: Verrechnungseinheiten) benötigen wir ein Spezialfahrzeug zum Beräumen der Friedhöfe."
Höchstens fünf Monate, mutmaßt Farken, könne der Transporter "effektiv genutzt werden". Leihen sei deshalb billiger als kaufen. "Partner für dieses Leasing-Geschäft wäre die PEMA Kraftfahrzeughandelsgesellschaft mbH/BRD. Die Kosten auf Leasing-Basis würden 3000 VE im Monat betragen, wobei Komplettservice gewährleistet" ist.
Schalck, der Grabschänder!

Die reine Raffgier der Schalckschen Kunst-GmbH trieb aber auch Blüten in anderer Richtung. Etwa wenn ein ranghoher SED-Bonze einen Sonderwunsch äußerte, den Schalck erfüllen mußte. Gleichgültig, ob er sich nun wie der Dritte Mann im Staat gebärdete oder nicht. Dann konnte es auch mal teuer werden – sehr teuer, sauteuer. So befahl er seinem Vize Seidel eines Tages Ende Februar 1987: "Wir haben eine Information, daß in München eine Taschenuhr Lenins versteigert werden soll. Diese Uhr muß her. Egal, wie. Das ist ein Auftrag."

Seidel spurte. Erst mußte er mal den Katalog beschaffen lassen. Dafür gab es den Genossen Krolikowski. Der gab die Weisung seinerseits an den Leiter der "Ständigen Vertretung der DDR" in Bonn, den Genossen Moldt, weiter. Am 18. März ging der Katalog des Münchner Auktionshauses "Hermann

Historica OHG/16. Auktion 10./11. April – Alte Waffen – Orden und Ehrenzeichen der Kaiserzeit – Militaria – geschichtliche Objekte" mit Kurier nach Ostberlin. Moldt an Seidel: "Das gewünschte Objekt ist unter der Nummer 2933 aufgeführt, ein Bild befindet sich noch im ersten farbigen Bildteil."

Seidel schlug den Katalog auf, sah sich die Uhr an. Ein roter Stern mit Hammer und Sichel zierte die Rückseite. Lenin hatte sie einst dem Gründer und Führer des deutschen kommunistischen Spartakusbundes geschenkt. Für wen war die Uhr bestimmt? Für Schalck selber? Dann hätte der sich nicht so aufgeführt. Für Mielke? Für Honecker gar? Der Schätzpreis, das Ausgangsgebot für Bieter, war mit 45.000 DM angegeben. Seidel pfiff durch die Zähne.

Noch einmal las er Moldts Brief. "Ich erlaube mir, auf ein weiteres Objekt für die Auktion, was unter der Nummer 2934 angeführt ist, aufmerksam zu machen." Noch eine Taschenuhr. Darunter stand: "Arbeiter-Chronometer mit graviertem Sowjetstern. Halle 1920. Erinnerung an Genossen Herzfeld mit Faksimile-Unterschrift von Thälmann. Taxe 5000,- DM." Donnerwetter! Ein Erinnerungsstück an den kommunistischen Reichstagsabgeordneten Ernst Thälmann, den die Nazis im KZ ermordet hatten. Ein guter Tip von diesem Moldt.

Das mußte Farken erledigen. Er reiste also zusammen mit dem Westberliner Kaufmann Wiegand am 9. April 1987 an die Isar. Dieser ist der Inhaber der Firma Wiegand-Consulting GmbH (WiCon), die gern und gut mit der Mühlenbecker Kunst-GmbH gedealt hat. Wiegand nahm er mit, weil sie zu zweit steigern wollten. Farken hatte Seidel schriftlich mitgeteilt, daß Wiegand sich bereits um eine Bieter-Nummer (wie sie bei Antiquitätenversteigerungen meist vorher ausgegeben werden) bemüht hatte: "Wobei wir allerdings getrennt im Auktionssaal auftreten. Herr Wiegand wird als Privatperson steigern. Er wird sich ausreichend mit Barmitteln versehen, um sofort nach der Auktion im Erfolgsfall den Gegenstand zu

übernehmen." Seidel hatte 150.000 DM bewilligt. "Ich ging davon aus, daß man bei Versteigerungen auf maximal das Dreifache des Schätzpreises geht", sagte er später.
Das Duo bot. 60.000 DM, erste Konkurrenten mußten passen. Bei 85.000 DM warf ein Russe das Handtuch. Die Chancen stiegen. Da reizte ein Kölner Antiquitätenhändler die Uhr mit einem 300.000-Mark-Gebot aus, zog mit Lenins Uhr ab. Farken und Wiegand waren so platt, daß sie an die Nummer 2934 gar nicht mehr dachten – auch Thälmanns Uhr ließen sie sich durch die Lappen gehen.

Kleinlaut rief Farken seinen Chef in Berlin an. Schalck bekam einen Tobsuchtsanfall. Das Lenin-Stück hatte sich Günter Mittag als Geschenk für Michail Gorbatschow ausgeguckt! Er schrie Seidel an, der schrie durchs Telefon zurück: "Diese Scheißzwiebel war doch keine 150.000 wert!" Was in Anbetracht einer Lenin-Uhr schon beinahe eine Gotteslästerung darstellte.
"Schaff die Uhr her!" bellte Schalck. "Das ist ein Befehl." Der Befehl wurde dann sehr teuer. Denn vom Händler aus Köln hörte Farken – auch telefonisch –, daß die "Scheißzwiebel" jetzt auf 450.000 Mark geklettert war. Farken schluckte. Da legte der schlaue Kunsthändler noch mal nach: "Ach ja, und dann geb' ich das Stück natürlich nur her, wenn Sie gleichzeitig noch ein Gemälde dazunehmen."

Farken muß wohl blaß geworden sein. "Was soll denn das noch kosten?" fragte er. Der Händler kühl: "300.000." Nach mehreren Schrecksekunden wiederholte Farken die Zahl in andächtiger Wut.

Schalck schluckte, zahlte 750.000 Westmark aus seinen gehüteten Devisenkonten. DDR-Wirtschaftslenker Mittag erfuhr den Preis erst lange danach. DDR-Bürger erfuhren ihn natürlich gar nicht. Die wußten noch nicht mal, was die Uhr geschlagen hatte, wenn ihre Scheißzwiebel aus sozialistischer Produktion gerade mal wieder die Arbeit eingestellt hatte.

Alles wurde verschachert: Nashorn im Schlußverkauf

Für Lenins Taschenuhr und die kostspielige Gemälde-Zugabe gaben die "Kunst"-Händler der KoKo nicht viel weniger aus, als sie sich vom Verkauf alter Nashorn-Nasenhörner erhofften. Die sollten "einen Valutawert von ca. 850.000 DM" bringen, so Farken in einer Hausmitteilung an Seidel.
Dieses Horn-Geschäft ist kein Witz. Es zeigt, auf welche ausgefallenen Ideen Schalck, Seidel und Farken verfielen, um die letztmögliche Mark an Devisen in die ausgeblutete DDR zu lenken. Allerdings weniger, um dem Volk zu dienen, sondern vielmehr, um den Luxus der SED-Funktionäre dieser "klassenlosen Gesellschaft" zu mehren.

Und so lief das mit den Nasenhörnern: Schalcks Antiquitäten-GmbH waren aus den Lagerräumen der Ostberliner Humboldt-Universität 98 Stück Nashorn-Nasenhörner "für den Export" angeboten worden. Insgesamt 232 Kilo. Da muß ein Kenner der wahren Geschäfte der KoKo in der Uni gesessen haben, der um den Wert des "Horns des Rhinicerotidae" wußte. "Dieses Material ist wissenschaftlich nicht mehr verwertbar", betonte der Anbieter. Weg damit also.
Darüber dachte nun aber eine völlig untergeordnete Behörde ganz anders. Und legte sich beim Export unverhofft quer. Am 12. Januar 1987 schickte Farken an Seidel einen Brief, den dieser unterschreiben sollte. Er war für den Stellvertretenden Minister für Land-, Forst- und Nahrungsgüterwirtschaft, den Genossen Rüthnik, bestimmt.
Der Ärger steht zwischen den Zeilen, als Farken gegenüber Seidel begründet, warum der den Vizeminister informieren soll: "Wir mußten leider diesen Schritt wählen, da es uns bislang nicht gelungen ist, mit dem Grenzveterinärdienst der DDR beim Ministerium für Land-, Forst und Nahrungsgüterwirtschaft, das in der Unterstellung dem Genossen Rüthnik

zugeordnet ist, eine Einigung über die Ausfuhr des Nashorns zu erzielen.
Der Export erfolgt mit Zustimmung des Museums für Naturkunde, das zur Humboldt-Universität gehört, der Inhalt des gleichen Briefes (Red.: Den Seidel unterschrieben an Rüthnik schicken soll) ist mit dem Leiter des Museums, Gen. Prof. Barthel, abgesprochen. Ich bitte um Ihre Unterstützung bei diesem Geschäft."

Seidel schickt also den Brief ab. Darin wird der Genosse Stellvertretende Minister beruhigt: "Bei diesem Material handelt es sich auch nicht um Kulturgut der DDR, denn wegen fehlender oder viel zu allgemeiner Herkunftsbezeichnungen (Abschlußprotokolle mit Hinweis auf den übrigen Tierkörper fehlen) ist ein wissenschaftlicher Wert nicht vorhanden."
Die Hörner seien "eine schlecht dokumentierte Trophäensammlung". Jedoch "auf dem internationalen Markt läßt sich hierfür ein hoher und interessanter Preis erzielen. Der Export ist vorgesehen nach Hongkong." Daran knüpft Seidel die Bitte um Ausfuhrgenehmigung. Mit dem üblichen sozialistischen Gruß. Bei Gelegenheit ließ er den Unterminister noch wissen, daß die Chinesen dem gemahlenen Nashornhorn eine potenzsteigernde Wirkung zuschreiben.

Der Deal endete kläglich. Ein vorgesehener Abnehmer in Hongkong sperrte sich. Und als das Horngut nach Taiwan umgeleitet werden sollte, lehnte Taiwan gleichfalls eine Importgenehmigung ab. Inzwischen liegen die Hörner im Hafen von Rotterdam beim niederländischen Zoll. Der hat die ganze Lkw-Ladung unter Berufung auf das Artenschutzabkommen beschlagnahmt.
Da werden wohl ein paar Chinesen und Japaner im dritten Frühling traurig gewesen sein... Traurig sind freilich auch die Kustoden des Berliner Naturkundemuseums. Sie distanzierten sich im Dezember 1989 in einem Brief an den Generalforstmeister der DDR von diesen Machenschaften der KoKo. Und baten um Rückführung der Hörner.

Für Schalck, der als Anstifter dieser Verletzung des Washingtoner Artenschutzabkommens von 1979 gelten muß, wäre allein dafür leicht eine Haftstrafe bis zu fünf Jahren drin. (Die Geldstrafe von 100.000 Mark würde ihm schwerlich weh tun.) Denn auch die DDR hat das Artenschutzabkommen unterzeichnet. Und die Bundesrepublik sowieso. Skrupellose Gesellen wie er aber sorgen dafür, daß Spitz- und Breitmaulnashörner bald ganz von dieser Erde verschwunden sein werden.

In der Versenkung verschwunden ist jedenfalls die Idee einer westdeutschen GmbH für Porzellan, Keramik, Glas und Kunstgewerbe. Die hatte im März 1988 den gar nicht mal so schlechten Einfall, eine Porzellanfigur von der sozialistischen Eisprinzessin Katarina Witt anzufertigen und zu vertreiben. Gedacht, getan – erst mal schrieb die Geschäftsleitung an Fräulein Witt. "Eine Auflage von 500.000 Stück halte ich für realistisch. Aus dem günstigen Verkaufspreis würden DM 1,50 für Sie und DM 1,- für einen wohltätigen Zweck anfallen."
Ein hübsches Sümmchen für das Eismädel.
Zwanzig Zentimeter sollte das Porzellanfigürchen hoch sein. Weiß, mit Gold abgesetzt. Im Sockel die Signatur der Künstlerin, die aus der Kälte kam.

Das Fräulein Witt übergab das Schreiben seinem Betreuer-Trainer-Aufpasser. Und der schleuste es an die Kunst und Antiquitäten GmbH. Wo es bei Farken landete. Der verhandelte nun mit den Westdeutschen. Und weil durch die eben errungene Goldmedaille der Preis für den Wittschen Körper in Porzellan gut hochzutreiben war, verhandelte Farken erfolgreich. An Seidel berichtete er: "Wir erhalten eine Lizenzgebühr von DM 2,50 pro Stück, das entspricht bei einer Gesamtrealisierung der vorgesehenen Stückzahl einem Valutaerlös von 1250 TDM." 1,2 Mio also für Schalcks KoKo.

Und wo blieben Katarina Witt und die Wohltätigkeit? Farken an Seidel: „Die Forderung, 1,00 DM/pro Figur durch Katarina Witt für wohltätige Zwecke spenden zu lassen, wurde von uns abgelehnt."
Die KoKo war nun mal keine Caritas.

Was für Alex abfiel

Die KoKo war ein knallhartes Staatskartell in der Hand von Staatsverbrechern. Schalck war der Ranghöchste von ihnen. Als Ranghöchstem stand ihm folglich auch die fetteste Beute zu (den Löwenanteil kassierten Honeckers SED, ihre Bonzen und die Stasi).

Was für Alexander Schalck-Golodkowski aus den trüben, dunklen und auch kriminellen Geschäften mit der Kunst und Antiquitäten GmbH und dem "VEB (K) Antikhandel" blieb, war reichlich.

Allein in seinem Wochenendhaus im märkischen Gollin – dessen Beschlagnahme wiederaufgehoben wurde – entdeckten Berliner Staatsanwälte Kunstgegenstände im Wert von 57.800 DM. Plastiken und Gemälde im Wert von 1.434.570 DM stehen, hängen und liegen in seinem Berliner Wohnhaus. Dazu kleinere Kunstgegenstände und Porzellan und Elfenbein, die auf 407.250 DM geschätzt werden. Die Briefmarkensammlungen, eine Münzsammlung im Wert von 32.720 DM sowie Schmuck, Uhren und Edelmetallgegenstände im Wert von 217.270 DM.

Als in seinen Berliner "Amts"-Räumen am 16. Januar 1990 Inventur gemacht wurde, glaubten die Männer, denen der Stasi-

Lager des VEB Antikhandel Pirna (Sachsen): Hier gab es alles, was nicht niet- und nagelfest war – Hauptsache, es sah irgendwie alt, gebraucht und museal aus

Dr. Günter Blutke

Blick in das private Arbeitszimmer von Schalck: Luxus, von dem DDR-Bürger nicht mal träumen konnten. Ein Riesenvermögen

Oberst sechs Wochen zuvor durch die Lappen gegangen war, in eine Hamsterhöhle zu kommen. Sie fanden jede Menge Uhren, Schmuck, teure Modefeuerzeuge, Mokkalöffel aus Edelmetallen, Bilderrahmen von Cartier, Designer-Kugelschreiber, Kosmetikkoffer und Damenhandtaschen aus edlem Leder, wie sie die werktätigen Frauen des sozialistischen Paradieses DDR nie gesehen hatten.
Mit einem Jahresgewinn von elf Millionen DM hatte der räuberische Spuk 1974 begonnen. Als nach der Wende am 22. November 1989 ein Exportstopp verfügt, die Geschäfte der "Kunst und Antiquitäten GmbH" und ihres "VEB (K) Antikhandel" beendet wurden, waren allein für dieses letzte Jahr bereits 37 Millionen DM in den unergründlichen Konten der SED- und Schalck-Mafia versickert.

Kaiser Napoleon war einer der bedeutendsten Kunsträuber seiner Zeit gewesen. Den Obelisken etwa, der heute die Place de la Concorde in Paris als weltbekanntes Wahrzeichen schmückt, brachte Bonaparte 1796 von seinem ägyptischen Blitzkrieg als Beute mit. Und ein beträchtlicher Teil der Kunstschätze des Louvre sind Beutestücke aus seinen Kriegen.
Schalck indes hat seine Beutezüge im eigenen Land veranstaltet. Seine Opfer waren die eigenen Landsleute. Von denen jetzt Millionen arbeitslos sind. Die vielleicht das letzte gute Stück verpfänden müssen, das Schalcks Erpressern und den "Kunstfahndern" von der Stasi nicht in die Hände fiel.
Er aber lebt mit diesem Bewußtsein frei und kunstsinnig wie eh und je im Tal der Millionäre. Der Staatshehler vom Tegernsee.

8.1.1987

Kunst und Antiquitäten GmbH

Generaldirektor, Genossen Farken

Französische Str. 15
Berlin
1 0 8 0

Verwertung von Waren aus den Aservatenlägern der Schutz- und Sicherheitsorgane der DDR

Werter Genosse Farken!

In Ergänzung zum Schreiben vom 1o.12.85 werden folgende Festlegungen getroffen.

1. Für Gegenstände, die außerhalb des Handelssortiments Ihres AHB liegen, werden Sie beauftragt, eine Bestandshaltung vorzunehmen und diese Erzeugnisse in Ihrem Namen und auf meine Rechnung valutawirksam zu machen. Die erzielten Valutaerlöse sind mindestens halbjährlich auf das Konto 0559-6o-011-o26 abzuführen. Die entsprechenden Mark-Aufwendungen sind mir in Rechnung zu stellen.
   Die Nachweisführung der Aservatengegenstände ist so zu gestalten, daß Gegenstände mit einem Valutawert ab 1oo,- VM körperlich zu erfassen sind und durch Inventuren nachweisbar sein müssen.

2. Gegenstände aus Edelmetall (mit Ausnahme Münzen, Medaillen, Antiquitäten) werden nur nach meiner Maßgabe exportiert. Sofern vom Einlieferer keine M-Rechnung gelegt wird, ist der Markgegenwert zum durchschnittlichen Weltmarktpreis plus Richtungskoeffizient zugrunde zu legen.und dem Einlieferer zu vergüten. Die Gegenstände sind körperlich zu erfassen und durch Inventuren nachzuweisen.
   Einmal jährlich ist mir die Bestandsmeldung zu übergeben sowie die verauslagten Markaufwendungen.

Mit sozialistischem Gruß

Seidel

Befehl von oben: Die "Kunst & Antiquitäten GmbH" soll alles verkaufen, was sie hat. Also auch alles, was irgendwie von der Bevölkerung beschlagnahmt wurde

Ministerrat
der Deutschen Demokratischen Republik
Ministerium für Außenhandel
Der Staatssekretär

Ministerium des Innern
Stellvertreter des Ministers
und Leiter der Versorgungs-
dienste
Genossen Generalmajor Müller

Mauerstr. 29-32

Berlin

1o86

Berlin, den 20. 11. 1987

Werter Genosse Generalmajor Müller!

Mit Wirkung vom 01. 10. 1986 trat die Vereinbarung zwischen dem Ministerium des Innern und dem Ministerium für Außenhandel, Bereich Kommerzielle Koordinierung, zur Verwertung eingezogener Gegenstände in Kraft. Ab diesem Zeitpunkt wurden durch den von mir beauftragten Außenhandelsbetrieb Kunst und Antiquitäten GmbH die Übernahmen aus den Bezirksversorgungslägern des Ministeriums des Innern begonnen.

Die Sichtung und Bewertung der übernommenen Gegenstände zeigte, daß es sich fast ausschließlich um gebrauchte Textilien, gebrauchte Werkzeuge, gebrauchte PKW-Reifen und -Felgen, gebrauchte Kfz-Ersatzteile, Glühlampen, Leuchtstoffröhren, Schrauben und Nägel sowie gebrauchte Technik handelte. Darüber hinaus wurden auch PKW verschiedener Typen und älterer Baujahre (LADA, Skoda, Trabant und Wartburg 311) sowie Motorräder von den MdI-Dienststellen übernommen und in das Zentrale Objekt Mühlenbeck des Außenhandelsbetriebes transportiert.

Die bisherigen Erfahrungen besagen, daß fast alle Gegenstände nicht mehr im exportfähigen Zustand sind und ebenso nicht mehr an Interessenten innerhalb der DDR verkauft werden können. In geringem Umfange könnten veraltete PKW und Motorräder zur Ersatzteilgewinnung verwendet werden.

Die sich in den vergangenen Wochen häufenden Übernahmen aus den Bezirksversorgungslägern des Ministeriums des Innern der Republik sind nicht mehr zu bewältigen. Sowohl die Inanspruchnahme von qualifizierten Arbeitskräften, Fahrzeugen, Lagerkapazitäten des Außenhandelsbetriebes sowie die aufwendigen Bewertungen und Begutachtungen stehen in keinem vertretbaren Verhältnis mehr zu den Ergebnissen.

Da die Erschließung zusätzlicher Exportreserven mittels Verwertung der eingezogenen Gegenstände durch das Ministerium des Innern nicht möglich ist, schlage ich vor, die vorstehend genannte Vereinbarung mit Wirkung vom 31. 12. 1987 außer Kraft zu setzen.

Ich bitte Sie, meinen Vorschlag zu prüfen und um schriftliche Zustimmung.

Mit sozialistischem Gruß

Bankrotterklärung durch Alexander Schalck: Die DDR ist ausgeblutet – es gibt nichts mehr, was gepfändet werden kann. Datum: November 1987

MINISTERRAT
DER DEUTSCHEN DEMOKRATISCHEN REPUBLIK
Ministerium für Außenhandel
Bereich Kommerzielle Koordinierung

102 Berlin, den 14. 1. 87
Wallstraße 17-22

Stellvertreter des Ministers
für Land-, Forst- und Nahrungs-
güterwirtschaft
Genossen Rüthnick

Köpenicker Allee 39 - 57
Berlin
1 1 5 7

Werter Genosse Rüthnick !

In dem mir unterstellten Außenhandelsbetrieb Kunst und Antiquitäten sind aus Beständen der Humboldt-Universität ca. 232 kg = 98 Stück Nashörner (Horn des Rhinicerotidae) für den Export angeboten worden, da dieses Material wissenschaftlich nicht mehr verwertbar ist.
Es handelt sich hierbei um Material, was teilweise um die Jahrhundertwende auf unser heutiges Gebiet gelangt ist. Diese Tiere wurden also vor Inkrafttreten des Artenschutzabkommens vom 3.3.1973 erlegt.

Bei diesem Material handelt es sich auch nicht um Kulturgut der DDR, denn wegen fehlender oder viel zu allgemeiner Herkunftsbezeichnungen (Abschußprotokolle mit Hinweis auf den übrigen Tierkörper fehlen) ist ein wissenschaftlicher Wert nicht vorhanden.

Nach Einschätzung der zuständigen Museumsexperten handelt es sich um eine schlecht dokumentierte Trophäensammlung.

Unsere Absicht ist jetzt, dieses Material zum Zwecke der kommerziellen Verwertung zu exportieren. Auf dem internationalen Markt läßt sich hierfür ein hoher und interessanter Preis erzielen. Der Export ist vorgesehen nach Hongkong.

Ich bitte Sie, meinen Vorschlag zu prüfen und falls Ihr Einverständnis vorliegt, Ihre zuständigen Organe anzuweisen, damit sie dem AHB Kunst und Antiquitäten die entsprechenden Genehmigungen zur Ausfuhr des genannten Materials erteilen.

Mit sozialistischem Gruß

S e i d e l

BN 90185014

(741) Ag 101-76-1156

Nashörner von der Humboldt-Universität: Bitte um Genehmigung für den Export der Trophäensammlung nach Hongkong ...

Berlin, 13. 5. 1987

Vermerk

Entsprechend dem Auftrag der Hauptabteilung IX wurden über den Bereich Kommerzielle Koordinierung des Außenhandels in der DDR verbotene Briefmarken und ein geringer Teil postfrischer Briefmarken in Abstimmung mit dem Ministerium für Post- und Fernmeldewesen verkauft.
Der Verkauf wurde von unserem damaligen Mitarbeiter Dieter Kühl und dem inhaftierten Neumann organisiert.

Der Zeitraum von 1976 - 1979 ist überprüfbar anhand der noch vorhandenen Kontenkarten. Belege existieren dazu nicht mehr.

Umseitig aufgeführte Geldeingänge sind gebucht:

1976 - DM		1977 - DM		1978 - DM		1979 - DM	
29.4.	111.088,00	20.5.	85.929,36	4.1.	28.009,22	9.11.	**204.508,85**
30.7.	77.989,28	14.6.	16.000,00	17.1.	268.442,43		
10.12.	118.132,20	9.8.	12.437,70	1.2.	9.409,37		
31.12.	60.000,00	2.11.	45.000,00	23.2.	70.705,50		
		9.11.	15.984,50	14.4.	27.436,55		
		22.12.	50.000,00	16.5.	88.577,46		
				13.6.	85.000,00		
				3.8.	108.424,00		
				21.9.	98.117,00		
				22.12.	101.588,50		

Der Anschluß des weiteren Verkaufes von Briefmarken muß bei Kunst und Antiquitäten überprüft werden.

M. Seidel

Verkaufsliste verbotener Briefmarken: Sie wurden der Bevölkerung per Strafanzeige abgeknöpft und im Westen als Rarität auf den Markt gebracht

FENA CREATION

PORZELLAN · KERAMIK · GLAS · KUNSTGEWERBE GMBH

FENA CREATION · Gewerbegebiet [illegible] · 520[illegible]

GEWERBEGEBIET OBERHEIST
5206 NEUNKIRCHEN-SEELS
☏ (02247) 69193
TELEX: 889561

Frau
Katharina Witt

Karl Marx-Stadt
DDR

1. März 1988 ff/fu

Sehr geehrte Frau Witt,

zuerst möchte ich Ihnen herzlichst zur errungenen Goldmedaille gratulieren. So wie ich waren sicherlich Millionen Menschen von Ihrer faszinierenden Ausstrahlung begeistert. Meiner Meinung nach ist es vorher noch keiner Eiskunstläuferin gelungen, so viel Aussagekraft und Gefühl in den Vorführungen auszudrücken.

Aus diesen Gründen möchte ich eine Porzellanfigur "Katharina Witt" fertigen und vertreiben.

Besser, so glaube ich, sehr geehrte Frau Witt, kann man Ihre Faszination nicht zum Ausdruck bringen.

Eine Auflage von 500.000 Stück halte ich für realistisch. Aus dem günstigen Verkaufspreis würden DM 1,50 für Sie und DM 1,-- für einen wohltätigen Zweck Ihrer Wahl anfallen.

Sollte Ihrerseits Interesse bestehen, so würde ich mich über eine Rückantwort sehr freuen.

Mit freundlichen Grüßen

Ferdinand Frier

Brief an SED-Sportidol Katarina Witt: 500.000 Porzellanfiguren von ihr. "1,50 Mark für Sie, eine Mark für wohltätige Zwecke" . . .

2

die sich technisch in Porzellan umsetzen läßt.
Im Sockel die Signatur von Katharina Witt,
wobei daran gedacht ist, eine limitierte Auflage
mit Handsignatur zu versehen.

Die Produktion soll in einer BRD Porzellanfabrik, voraussichtlich im bayrischen Raum erfolgen.
Ins Auge gefaßt ist eine Produktionsmenge von
500.000 Stück, der Verkaufspreis (Ladenpreis)
soll knapp unter 50,00 DM liegen.

Vertriebswege:	Fachgeschäfte Warenhäuser und ähnliche Bereiche
Vertriebsräume:	überwiegend BRD, USA und Japan
gewünschter Beginn des Verkaufs:	November 1988

Zugesichert wurde, daß damit keine kommerzielle
Werbung verbunden ist.

Zahlungsmodalitäten:

Die Forderung, 1.00 DM/pro Figur durch Katharina
Witt für wohltätige Zwecke spenden zu lassen,
wurde von uns abgelehnt.
Wir erhalten eine Lizenzgebühr von DM 2,50 pro
Stück, das entspricht bei Gesamtrealisierung
der vorgesehenen Stückzahlen einem Valutaerlös
von **1.250 TDM**.
Bei Zustandekommen des Vertrages zahlt die
Firma FENA CREATION an uns eine Art Garantiepauschale in Höhe von 100.000,00 DM, die später
mit der Lizenzgebühr je nach Verkauf verrechnet
wird.

Die Idee, einen Teil des Gewinns an den Witt-Figuren für wohltätige Zwecke abzuführen, wird abgelehnt. Die KoKo will von Katarina Witt ganz allein profitieren

Die frühen Drähte nach Bonn

Eine Schiene zur SPD-Regierung

Schalck wurde im Auftrag Erich Honeckers schon sehr früh zum politischen Missionar. Er war dafür genau der Richtige. Schließlich ging es meist nicht wirklich um Politik, sondern um Geld. Um soviel Geld wie nur möglich. Geld für die Autobahnen. Geld für die Postdienste. Geld für den Transitverkehr. Da brauchte Honecker einen, der die richtige Einstellung hatte und der beinhart verhandeln konnte.

War es nicht Alexander Schalck, der die unsittlichen Annäherungen der westlichen Wirtschaft an das DDR-System schon früh durchschaut und geharnischt dagegen in seiner "Dissertation" vom Leder gezogen hatte?

Da war zu lesen – und nicht nur deswegen wanderte die Doktorarbeit Schalcks in den Giftschrank der Staatssicherheit:"Eine weitere, gegenwärtig verstärkt praktizierte Methode ist das Unterbreiten von scheinbar ökonomisch günstigen Kooperationsangeboten westdeutscher Konzerne an volkseigene Betriebe der DDR, Angebote zum gemeinsamen Auftreten auf internationalen Märkten, Angebote zur Aufteilung der Marktanteile in anderen Staaten und vieles andere mehr. Die Einbeziehung von DDR-Betrieben in solche Kooperationen bringt den westdeutschen Konzernen einseitige materielle und finanzielle Vorteile. Ein derartiges gemeinsames Auftreten mit westdeutschen Konzernen würde grundsätzlich die Politik der DDR in diesen Ländern unglaublich machen, weil damit die Existenz zweier deutscher Staaten negiert wird... Deshalb darf ein solches gemeinsames Auftreten nicht zugelassen werden."

Ein Mann, der so argumentierte, mußte in den Augen von Erich Honecker vertrauenswürdig sein. Den konnte man auf den Westen loslassen. Also wies Honecker Schalck, zum Beispiel am 7.7.1975, persönlich ein, wie in einem ersten anstehenden Gespräch mit "Sanne" zu verfahren sei.
Carl Werner Sanne, der 1981 an Krebs starb, war Mitte der siebziger Jahre im Kanzleramt zuständig für auswärtige und innerdeutsche Beziehungen. Helmut Schmidts Plan, Sanne später sogar offiziell als Staatssekretär für Deutschland- und Ostpolitik im Kanzleramt einzusetzen, scheiterte. Zu groß war der Widerstand des Außenministers Hans-Dietrich Genscher, der einen Kompetenzstreit zwischen seinem Amt und Sanne befürchtete.

Schalck hat über sein Gespräch mit Honecker die übliche Aktennotiz verfertigt:
"Wir stimmen mit Gaus (Red.: Günter Gaus, damals Leiter der Ständigen Vertretung in Ost-Berlin) überein, daß gegenwärtig die Verhandlungen an einem toten Punkt angekommen sind und Experten das zerreden, was zwischen dem Bundeskanzler und Erich Honecker im Briefwechsel vereinbart wurde. Aufgrund dieser Sachlage sind wir bereit, den gordischen Knoten zu zerschlagen und zu zwei entscheidenden Komplexen kurzfristige Einigung zu erzielen:
– über eine Vereinbarung zur Transitpauschale für die Jahre 1976 – 1980,

– Vereinbarung zur Rekonstruktion der Autobahn von Berlin (West) nach Marienborn."

Allerdings war bei den "Autobahnrekonstruktionen" der Schwarze Peter – wie immer, wenn es um Geld ging – auf seiten der Bundesrepublik. Die DDR wollte dreißig Prozent der Gesamtkosten (circa 570 Millionen DM) tragen, wenn die Bonner Regierung 400 Millionen übernähme. Allerdings waren die DDR-Betriebe auch nicht im Besitz der erforderlichen Maschinen zum Bau einer modernen Autobahn. Für 50 Millionen DM sollte die Bundesrepublik auch diese noch liefern. Gratis, versteht sich.
"Sanne ist mitzuteilen", schrieb Schalck, "daß ich im Auftrag und Vollmacht des Genossen Erich Honecker die Verhandlungen zu den dargelegten Komplexen führe."

Das Gespräch fand statt. In "sachlicher Atmosphäre", wie Schalck vermerkte – und er hatte danach offenbar ein gutes Gefühl: "Insgesamt kann nach der zweiten Verhandlungsrunde eingeschätzt werden, daß die BRD-Seite alles unternehmen wird, um zu einer für sie vertretbaren Transitpauschale für 1976 bis 1980 zu kommen."
Die Bonner Regierung war durchaus nicht begeistert von den finanziellen Vorstellungen, die Schalck in Honeckers Auftrag entwickelte. Sanne kritisierte: Es handele sich teilweise um eine Verdreifachung der Kosten – was in keiner Weise der realen Lage entspreche.

Aber die reale Lage hat die DDR-Regierung ja nie sonderlich interessiert. Weder die im eigenen Land noch die im Westen. Ein real denkender Politiker wie Helmut Schmidt wollte offenbar die logischen Konsequenzen ziehen. Sanne teilte Schalck mit – wie aus einem seiner Aktenvermerke hervorgeht –, "daß er Gelegenheit hatte, gestern ausführlich den Bundeskanzler über das letzte interne Gespräch zu informieren. Diese Information hat bei dem Bundeskanzler dazu geführt, daß er es nicht für zweckmäßig hält, die Gespräche weiterzuführen."

Aber die Gespräche liefen weiter, beinahe zwangsläufig. Es ging für die DDR um existenziell Wichtiges: Geld. Und für die Bundesrepublik ging es um Deutschland als Ganzes, also um mehr als Geld.

Honecker und Schmidt trafen sich am Rande der KSZE-Konferenz in Helsinki. Jene denkwürdige "Konferenz über Sicherheit und Zusammenarbeit in Europa" unterzeichnete am ersten August die sogenannte Schlußakte – in der zwischen den Völkern Europas das Prinzip des Gewaltverzichts, die Achtung der Menschenrechte sowie die Gleichberechtigung und Selbstbestimmung der Völker festgeschrieben wurden.
Nach den Schalck-Papieren bedankte sich "E. H." bei Bundeskanzler Helmut Schmidt für die Einladung zu diesem Treffen am 29.7.1975, bat um präzisierte Terminvorschläge und ging ferner davon aus, "daß das Gespräch ohne Tagesordnung geführt wird und jede Seite die sie interessierenden multilateralen und bilateralen Fragen anschneidet".

In der nächsten Phase der Beziehungen trat Günter Gaus auf den Plan: "Dem Bundeskanzler liege viel daran, daß nach dem Gespräch in Helsinki 'die Sache weiterläuft' ", vertraute er dem Genossen Joachim Herrmann an, der in diesem Fall verhandeln durfte. Herrmann war Sekretär für "Agitation und Propaganda" – Agitprop – im Politbüro. Er fertigte ein Protokoll des Gesprächs für Honecker an. Und für Schalck.

Gaus gab zu, daß es "Fehlentwicklungen" gegeben habe. Er sprach von Schwierigkeiten mit der Presse – zum Beispiel auch in der Sache "Sanne/Schalck".
So, wie das Gespräch verlief, bekam Herrmann den Eindruck: "Es war die Absicht von Gaus... klarzumachen, daß er als Verhandlungspartner akzeptiert werden müsse." Denn Gaus gestand, daß er bisher nicht die richtigen Gesprächspartner auf DDR-Seite hatte.
Herrmann konstatiert: "Ihm (Red.: Gaus) sei es gleich, mit wem er spreche; der Betreffende müsse nur das Vertrauen des

Ersten Sekretärs haben. Er sage das alles nicht unter Bezugnahme auf die Vergangenheit, sondern auf die Zukunft gerichtet. Seit Helsinki hätte man schon weiter sein können. Mit dem Gespräch Honecker – Schmidt kamen die Dinge in Fluß. Er, Gaus, gebe sich offen. Er, Gaus, möchte freimütig seine Meinung sagen und wäre dankbar, wenn Genosse Honecker das erfährt."

So erfuhren Honecker und Schalck die freimütige Meinung von Gaus: "Die BRD und die DDR sind in wirtschaftlichen Schwierigkeiten. Bonn wisse, daß man der DDR politisch nichts abkaufen kann... Man sei sich im klaren, daß nicht spekuliert werden darf, politisch etwas für Geld zu bekommen."

Diplomatensprache. Man sagt das genaue Gegenteil von dem, was eigentlich erreicht werden soll. Natürlich war auch den Vertretern der sozialliberalen Koalition klar, daß nur Geld die DDR-Regierung zu irgendwelchem praktischen oder menschlichen Entgegenkommen bewegen konnte.

Jedenfalls bot sich Günter Gaus als kompetenter Gesprächspartner für alle Fragen an – vom Autobahnausbau über bessere Eisenbahnverbindungen bis zur Neueröffnung von Grenzübergangsstellen Sein operativer Vorschlag – wie er dann in Herrmanns Aktennotiz einging:
"Er hätte es gern, das ganze Paket aufzuschnüren, ganz gleich, ob er mit Schalck... oder Herrmann oder Seidel oder ganz gleich wem sprechen könne, wenn es nur Genossen Honecker recht sei. Ihm sei es auch egal, ob er allein oder zusammen mit Bräutigam spreche... Die DDR-Seite müßte doch zugeben, daß er, Gaus, bisher nicht geschwätzt habe. Er wäre bereit, dafür zu sorgen, daß keine Leute vor der Tür stehen (Red.: Er meint: daß die Presse keinen Wind davon bekommt)."
Gaus handle direkt im Auftrag von Helmut Schmidt, heißt es weiter:
"Der Bundeskanzler habe ihn gebeten, eine solche Aussprache herbeizuführen, um die von ihm genannten Punkte direkt

an Genossen Honecker heranzutragen, damit man Lücken sieht und schließen kann.
Der Bundeskanzler habe zu Gen. Dr. Kohl gesagt (Red.: Gemeint ist der inzwischen verstorbene Dr. Michael Kohl, DDR-Verhandlungsführer für innerdeutsche Abkommen und spätere Leiter der Ständigen Vertretung der DDR in Bonn), zu viele Köche verderben den Brei. Die Zeit sollte genutzt werden, damit er dem Bundeskanzler nach Rückkehr von seiner Auslandsreise schon ein paar Mitteilungen machen könnte.
Er bittet sehr,
– seine Information an Genossen Honecker weiterzuleiten
– ihm Nachricht zu geben, ob die Möglichkeit eines solchen von ihm gewünschten Kontaktes besteht, um entsprechend nach Bonn berichten zu können.
Ihm wäre es sehr lieb, wenn er zu einem Gespräch zu Genossen Honecker kommen könnte, um ihm einmal 'alles unterbreiten zu können'. Das Gespräch könnte streng geheimgehalten werden."

Zu diesem Treffen kam es vorerst nicht. Gaus mußte mit Schalck vorliebnehmen. Es wurde hin und her verhandelt – vor allem die geforderte Höhe der Transitpauschale war strittig. Am Nikolaustag des Jahres 1975 schnürte Schalck in einer mündlichen Mitteilung an Gaus – von der natürlich auch ein Protokoll existiert – den Gabensack auf:
"... möchte ich Ihnen nochmals verbindlich sagen, daß das von uns unterbreitete Angebot ein großes Entgegenkommen auf besonderen Wunsch des Bundeskanzlers ist. Es wird Wert darauf gelegt, daß dies dem Bundeskanzler persönlich und umgehend übermittelt wird. Bei Beachtung dieser Ihnen bereits bekannten Standpunkte der DDR wäre es möglich und für beide Seiten nützlich, in den nächsten Tagen die unterschriftsreifen Vereinbarungen zu unterzeichnen."

Anscheinend war das "große Entgegenkommen" Honeckers doch nicht groß genug. In Schalcks Akten findet sich eine Weisung von Honecker, daß Herrn Gaus am 9. Dezember durch Schalck folgende Mitteilung zu machen war:

"Dem Bundeskanzler sind die Vorschläge des 1. Sekretärs des ZK der SED gut bekannt. Sie wurden mit dem Bundeskanzler in Helsinki besprochen. Wenn die Bundesregierung den unterbreiteten Vorschlägen nicht zustimmen kann, liegt das ausschließlich an ihr. Wir schätzen die Vorschläge der DDR als einen wichtigen Beitrag zur Unterstützung der sozialliberalen Koalition ein.
Ihnen ist bekannt, daß ich Vollmachten hatte, die erreichten Verhandlungsergebnisse informell zu paraphieren. Da Sie sich dazu nicht imstande sehen, ist mein Mandat erschöpft."

Alle waren erschöpft. Gaus, Honecker und vor allem Schalck. Vermutete Honecker, daß sein Unterhändler Alexander Schalck Fehler gemacht hatte?
Nach Honeckers ausdrücklicher Weisung war Gaus jedenfalls folgendes mitzuteilen:
"Es ist festgelegt worden, daß die Verhandlungen durch den Stellvertreter des Ministers für Auswärtige Angelegenheiten, Kurt Nier, fortgesetzt werden."

Funkstille. Herr Schalck war als Polit-Unterhändler erst mal vor die Tür gesetzt worden.
Fünf Jahre später gehörte er wieder dazu, saß er wieder im inneren Zirkel der Macht.

Der Kanal Kaiser

Die ominösesten Beziehungen zwischen Schalck und der SPD-Regierung in Bonn datieren aus den Jahren 1969 bis 1973. Ominös deswegen, weil alle möglichen Namen in Schalcks Papieren auftauchen, die auch den entsprechenden Personen

zuzuordnen sind. Nur die Identität einer Kontaktperson, nämlich Kaiser, hat Schalck verschlüsselt.
Kaiser sprach im Auftrag von Herbert Wehner. Kaiser sprach sich mit dem Bundeskanzler ab. Schalck war in der Wohnung von Dr. Kaiser. Bonn ließ nachfragen, "ob ein Treffen über den Kanal Kaiser in dessen Wohnung mit zwei führenden SPD-Politikern in den nächsten Tagen stattfinden kann". Kaiser bringt sogar eine vermutlich geheime Studie über die weitere Entwicklung Berlins in den Osten.

Wer ist Kaiser? Alle Anfragen in Bonn – ob beim Kanzleramt, ob bei der SPD – ergeben immer nur das eine, kopfschüttelnde Ratlosigkeit: "Es gibt keinen Kaiser."

Aber in Schalcks Akten gab es einen Kaiser. Mal heißt er in den Protokollen nur "K.". Mal heißt er "Dr. Kaiser". Dann heißt er wieder "Kanal Kaiser".

Über einen Zeitraum von fünf Jahren hinweg redete Schalck mit einem Verhandlungspartner, der bei Willy Brandt und Herbert Wehner ein und aus ging. Keiner kann sich an ihn erinnern. Auch Klaus Bölling verneint auf Anfrage. Kaiser? Er kann sich nicht vorstellen, wer das gewesen sein sollte. Dabei fielen in die Ära Kaiser wichtige Gespräche, etwa über Straßen- und Binnenschiffsverkehr, fielen entscheidende Postverhandlungen, Abkommen über Lieferungen von Getreide, Gespräche über den Status von Westberlin, über Energie-Lieferungen durch die Sowjetunion, die DDR-Gebiet berührten.

Kaiser? Selbst Schalck am Tegernsee, durch Bekannte vom Betreuungsdienst BND im August 1991 nach Kaiser befragt, mußte erst mal passen: Ihm wollte nicht gleich einfallen, wer damals mit ihm verhandelt hatte. Erst nach längerem Grübeln stellte sich heraus, daß die Lösung ganz simpel war: Kaiser = König.
Der Spaß an der Geheimniskrämerei hatte Schalck dazu be-

wogen, den früheren Berliner Wirtschaftssenator Karl König für die Akten zum "Kaiser" zu befördern. Karl König war unter anderem der Gründer der "Berlin Consult GmbH", einer Gesellschaft für Unternehmensplanung, die bald ansehnliche Aufträge auch aus der DDR buchen konnte. Zwangsläufig begegneten sich also König und Schalck. Zwangsläufig kamen sie miteinander ins Geschäft.
Karl König ist im Alter von 69 Jahren 1979 bei der Heimreise von der Leipziger Messe nach Berlin in der Eisenbahn an einem Herzschlag gestorben. Zwölf Jahre später kam in der eigenen Partei keiner mehr drauf, wer wohl "Kaiser" gewesen sein konnte . . .
Alexander Schalck freilich, nach wiedergekehrtem Erinnerungsvermögen, kramte im September 1991 vor dem Untersuchungsausschuß in Bonn Einzelheiten zum "Kanal Kaiser" aus: "Wenn ich mich heute an Karl König erinnere, wie wir dort im Wohnzimmer – ähnlich wie bei den Gesprächen mit Strauß – gemeinsam Abendbrot gegessen haben . . . Und ich erinnere mich noch heute gut, als mir dann Karl König anläßlich des Weihnachtsfestes meinen ersten Fernseher schenkte."

Fest steht, daß Schalck schon am 22. März 1969 einen Vermerk schrieb über ein "weiteres Treffen mit Kaiser". Zum Beispiel zeigte Kaiser damals Schalck ein Fernschreiben aus dem Bundeskanzleramt mit der kompletten Tagesordnung, die das Bundeskabinett vier Tage später abhandeln würde. Es ging ausschließlich um Themen, die Berlin oder den Interzonenhandel berührten.
"Als Hauptpunkt seiner heutigen Information teilt Kaiser mit, daß er offiziell von Herbert Wehner gebeten wurde, zu prüfen, ob ein Treffen über den Kanal Kaiser in dessen Wohnung mit zwei führenden SPD-Politikern in den nächsten Tagen stattfinden kann. Diese Kontaktlinie würde die Zustimmung des Bundeskanzlers haben. Es wird vorausgesetzt, daß auch von unserer Seite bei Zustandekommen eines solchen Treffens eine absolute Geheimhaltung gewährleistet wird.
Ob es bei einem ersten Treffen bleibt, würde von der Atmo-

sphäre einer solchen Zusammenkunft abhängen. Kaiser bittet uns, die Sache sehr ernst zu nehmen und ihm kurzfristig eine Antwort mitzuteilen."
Die erste "Wende" von Bonn war in Ostberlin bereits bekannt, noch ehe sie vollzogen war. Dank König:
"Kaiser machte längere Ausführungen darüber, daß durch die SPD-Führung alle Anstrengungen unternommen werden, um gemeinsam mit der FDP so viele Stimmen zu erhalten, daß sie die CSU/CDU in die Opposition drängen können", protokolliert Schalck. Und dann zitiert er König wörtlich: "Aber es ist bereits jetzt völlig klar, daß eine der ersten Maßnahmen einer solchen neuen SPD-FDP-Koalitionsregierung das Verbot der NPD wäre."
König hatte noch ein Gastgeschenk dabei, das Schalck nicht zu erwähnen vergaß: "Ausgehend von unserem Wunsch, die Studie über die weitere Entwicklung Berlins zu erhalten, hat Kaiser den politischen Teil als Ablichtung übergeben. Kaiser bat darum, daß nach Kenntnisnahme die von ihm erhaltene Fotokopie vernichtet wird."

Kein Zweifel, daß König gelegentlich Material transportierte, das offiziell nicht hätte in die Hände Schalcks geraten dürfen. König wurde wichtig genug, daß "ab sofort ein direkter Draht zwischen Kaiser und Grabert festgelegt wurde", hieß es in Schalcks Protokoll. Horst Grabert war damals Senator für Bundesangelegenheiten in Berlin, später Chef des Bundeskanzleramtes im Rang eines Staatssekretärs. König nahm über Schalck Verhandlungsvorschläge des Ostens entgegen – und brachte beim nächsten Mal die Stellungnahme des Westens vor.
In einer Aktennotiz vom August 1969 heißt es:

"Die Westseite erwartet jetzt einen konkreten Terminvorschlag für den Beginn der Postverhandlungen. K. erwartet jeden Tag eine schriftliche Bestätigung, wonach die 1. Verhandlung nur über finanzielle Fragen geführt und nicht mit anderen technischen Komplexen belastet wird. Er schlägt vor, daß die Verhandlungen in keinem Falle in Westberlin stattfinden, sondern entweder in der Hauptstadt der DDR oder in Frankfurt am Main."

Die Verhandlungen wurden aufgenommen, sie gingen aber nicht besonders gut aus. Besonders Karl König mußte sich den undiplomatischen Kasernenhofton gefallen lassen, den Schalck immer dann anschlug, wenn nicht alles nach seinen Vorstellungen lief. Oder nach denen seines obersten Auftraggebers.

Zum Postkomplex machte Schalck Herrn König den Standpunkt der DDR nachdrücklich klar. Und zwar:
"... daß wir nicht mehr einsehen, daß die Verhandlungen so weitergeführt werden wie bisher. Trotz großen Bemühens unserer Seite haben sie zu keiner Einigung geführt. Unter Zugrundelegung der bisherigen erreichten Ergebnisse muß festgestellt werden, daß unser Kanal wenig gebracht hat, weil im wesentlichen die bestehenden Schwierigkeiten nicht aus dem Weg geräumt wurden.
K. wurde mitgeteilt, daß wir auf Grund dieser Lage keine neue Einladung annehmen noch aussprechen werden, wenn nicht verbindlich und autorisiert erklärt wird, daß neue Verhandlungen unter Ausschließung des Westberlin-Komplexes stattfinden. Wenn keine Einigung über unseren Kanal möglich ist, dann wird dieser Komplex so behandelt, wie es einem Schuldner zukommt. Ein Kanal erweist sich als nicht zweckmäßig, wenn durch Vorklärungen nicht mehr herauskommt, als das bei den offiziellen Verhandlungen der Fall ist."
So, da hatte es König aber gesagt bekommen. Schalck setzte sich, wie in kritischen Situationen häufiger, aufs hohe Roß und drohte mit Abbruch der Beziehungen.
Und was tat König? Dem platzte der Kragen.
Bei Schalck heißt das: "Nach diesem übermittelten Standpunkt reagierte K. sehr erregt, besonders zu der Einschätzung der durchgeführten Vorklärungen."
Dann zitiert Schalck seinen Gesprächspartner wörtlich:

"Bitte nehmen Sie zur Kenntnis, daß die morgen im Kabinett vorliegende Entscheidung zum Postkomplex ausschließlich auf meine Initiative und das geführte Gespräch mit Wehner am 1.2.1970 zurückzuführen ist... Es ist unmöglich, solche komplizierten politischen Fragen ohne Beachtung des erreichten Standes der Vorklärungen auch auf unserer Seite durchzuführen. Wenn Sie den Kanal für wertlos halten, dann ist es am besten, daß wir ihn einstellen."

Da hatte nun Schalck sein Fett weg.

Schalck weigerte sich jedenfalls, den Standpunkt der DDR noch am gleichen Tag dem Bundeskabinett zuzuleiten: "Weil das einer glatten Drohung gleichkommen würde. Nach dem gegenwärtigen Stand der Vorbereitungen der Kabinettssitzung würde eine solche Information eindeutig zu der Reaktion führen, die Verhandlungen einzustellen."

"Begreifen Sie doch, daß sich weder Brandt noch die SPD-Regierung leisten kann, in der Öffentlichkeit mit der Losung konfrontiert zu werden, daß sie Westberlin fallengelassen habe", wird König wieder wörtlich von Schalck zitiert.

Von da an wurde vorläufig ein ständiger Kontakt mit K. aufrechterhalten: "Um unmittelbar bei Vorliegen eines Ergebnisses zu neuen Gesprächen zusammenzukommen."
Es scheint, als habe sich der harte Standpunkt von Herrn König rentiert. Die Gespräche gingen weiter.

König traf sich am 2.4.1970 in seiner Wohnung mit Schalck und ließ durchblicken, daß er wahrscheinlich am Wochenende mit Wehner zusammentreffe, um neue Schritte zur Fortführung der Verhandlungen in der Berlinfrage zu beraten. Schalck befragt ihn, mit wieviel Kompromißbereitschaft denn auf westdeutscher Seite zu rechnen sei. Da brachte König "sehr nachdrücklich zum Ausdruck, daß wohl in der nächsten absehbaren Zeit mit keinen sichtbaren Ergebnissen zu rech-

nen ist". König gab seine pessimistische Einschätzung zu Protokoll:
"Es wäre allein schon ein Erfolg, wenn das begonnene Gespräch weitergeführt wird. In seinen Kreisen ist man sich auch darüber im klaren, daß speziell die unterschiedlichen Standpunkte zu Westberlin kaum zu überwinden sind. Es ist deshalb zweckmäßig, in Detailfragen praktische Wege zu finden, ohne die großen politischen Gespräche weiter zu belasten."

So geschah es auch. Die Berlinfrage wurde bekanntlich erst nach dem Fall der Mauer einvernehmlich geregelt.

Also ging es künftig in den geheimen Ost-West-Verhandlungen um Details. Etwa um die Frage, ob von der DDR eine "engherzigere oder etwas großzügigere" Auslegung der Verplombungsvorschriften für Fahrzeuge zwischen Westberlin und der Bundesrepublik zu erwarten sei. Oder ob die DDR Interesse daran habe, einem Notstand Westberlins auf lukrative Weise abzuhelfen: "Kaiser machte erneut auf die Dringlichkeit der Klärung der Abkippung von Bauschutt von Westberlin in der DDR aufmerksam", notiert Schalck hellhörig. Zur Debatte stünden zwanzig Millionen Kubikmeter Bauschutt, die gut waren für eine Einnahme von insgesamt sechzig Millionen DM.
Schalck witterte ein Geschäft. Und nährte es gleich noch mit Zusatzideen:
"Dabei kommt es darauf an, günstige Transportwege auszuwählen und relativ hohe Kosten für die Abkippung zu vereinbaren. Möglicherweise könnten dabei im grenznahen Raum auch Lieferungen von... Sand nach Westberlin erfolgen."

Von König kam übrigens auch die vertrauliche Mitteilung, "daß die UdSSR mit der Deutschen Verbundgesellschaft der BRD Verhandlungen über den Bau von drei Energietrassen geführt hat, die unter Umgehung des Territoriums der DDR über die CSSR – Bayern – in die Schweiz bzw. CSSR – Frankfurt/M. – norddeutscher Raum und eine ähnliche dritte Trassenführung gebaut werden sollen".

Und König machte sich stark für wirtschaftliche West-Ost-Beziehungen. Vor allem für die Einbeziehung Westberlins in das deutsch-sowjetische Handelsabkommen, das damals vorbereitet wurde. Schalck berichtet, daß sich König im Januar 1972 mit Abrassimow in Paris getroffen und daß dieser einen Verhandlungstermin für König in Moskau arrangiert habe. Das Abkommen wurde übrigens später vom amtierenden Wirtschafts- und Finanzminister Karl Schiller in Moskau unterzeichnet.

Am 19. Juni 1972 schrieb Schalck über König: "Er wird diese Frage mit dem zuständigen Partner (Bahr) beraten und uns kurzfristig eine Antwort übermitteln."

Damals ging es um Verhandlungen über Grundstückstausch oder -kauf auf Berliner Gebiet: Im Bereich des Bahnhofs Potsdamer Platz wünschte die DDR zu bauen und war sogar bereit, "dafür die doppelte Fläche aus dem Bestand der Westberliner Exklaven und eine Zuzahlung von 1 Mio. DM" zu leisten.
Alexander Schalck wußte auch, daß ein Gespräch zwischen Egon Bahr und einem Vertreter des Politbüros über Wert und Sinn des Kanals Kaiser stattgefunden hatte. Bei dem Gespräch sei herausgekommen, daß alles beim alten bleiben solle.
Aber König wußte bereits alles. Er tat nicht überrascht, sondern ließ wissen, was Schalck dann notierte: "Er wird zu einem ersten Gespräch unter vier Augen am Sonnabend, d. 24.6.1972, mit Bahr in Bonn zusammentreffen. Der Termin ist so gewählt worden, um Grabert mit diesem Gespräch aus der Übermittlungslinie herauszubringen."
Der Kanal Kaiser blieb also intakt.
Karl König, gelernter Bauingenieur und promovierter Nationalökonom, war einer der ersten erfolgreichen deutschen

Osthändler. Er holte Lieferaufträge aus der Sowjetunion für Berliner Betriebe; er sorgte dafür, daß sich die Lieferungen in die DDR verdreifachten.
Über ihn wurde beispielsweise noch die Frage geregelt, ob nicht der notleidenden Westberliner Textilindustrie für Damenoberbekleidung durch Lieferungen in die DDR geholfen werden könne. Denn ausgerechnet durch Billigimporte aus sozialistischen und asiatischen Ländern fühlten sich die westlichen Damen-Konfektionäre in ihrer Existenz bedroht.
Über ihn wurde die Möglichkeit geklärt, ob nicht westliche Chemie-Werke wie die Farbwerke Hoechst oder die Firma "Ute" gemeinsam mit der DDR Lieferungen in Drittländer bewerkstelligen könnten.
Über ihn wurde Schalck auch das geheime Protokoll über eine Westberliner Beratung zu Fragen der Atomenergie angeboten. "Er wäre bereit, sein eigenes Exemplar zur Verfügung zu stellen", vermerkt Schalck hinterher. Aber auch: "Die Sowjetunion, die zu dieser Beratung eingeladen war, aber ihre Teilnahme absagte, hat offiziell um dieses Material gebeten, aber nicht erhalten. K. legte größten Wert auf Wahrung strenger Vertraulichkeit."
Was man ja verstehen kann. Ob das geheime Protokoll wohl die Ursache dafür war, daß Erich Honecker ein paar Wochen später, am 12. Dezember 1973, Schalck prüfen ließ, "ob die westdeutsche Seite bereit ist, ein Atomkraftwerk in der DDR einschließlich notwendiger Baumaßnahmen zu errichten, dessen Bezahlung im Rahmen eines langfristigen Kredites durch Stromlieferungen erfolgen solle".
König reagierte prompt, überbrachte "nach Rücksprache mit Bahr die Nachricht, daß die westdeutsche Seite im Prinzip mit der Durchführung eines solchen Projektes einverstanden ist".
Es war ein gigantisches Kernkraftwerk geplant mit einer Leistung von 4400 Megawatt. Das sollte mehr als die Hälfte des erzeugten Stroms in die Bundesrepublik, ein Fünftel nach Westberlin und die restlichen, aber immer noch stattlichen 1000 Megawatt im eigenen Land verteilen.

Aber die Politik ging andere Wege. Die Parole "Atomkraft, nein danke", aufgegriffen durch breite Schichten der westlichen Bevölkerung, legte ein Umdenken nahe.

Die schwierigen Verhandlungen von Günter Gaus

Günter Gaus war der Verhandlungspartner von Alexander Schalck, als 1980 über eine andere Form der Stromerzeugung verhandelt wurde. Schalck notiert: "Gaus unterbreitete die Bitte, daß die... Gespräche zur Lieferung eines Braunkohlenkraftwerkes auf Kompensationsbasis unter seiner Teilnahme geführt werden. Die Regierung der BRD hält es für zweckmäßig, im Zusammenhang mit den jetzt laufenden Gesamtverhandlungen auch diesen Komplex unter Einbeziehung von Gaus weiterzuführen."

Die Absicht war eindeutig: Die Bundesrepublik liefert das Kraftwerk zu günstigen Konditionen – erhält dafür Strom aus der DDR. Ein klares Geschäft. Überhaupt ging es bei all den Verhandlungen aus der Sicht der DDR fast immer um Geschäfte. Das verwundert niemanden, der weiß, daß Honecker nach der Übernahme der Macht in der DDR 1972 zu einem Kurs der devisenbringenden Politik mit Westdeutschland gezwungen war. Bei seinem Antrittsbesuch in Moskau hatte ihm nämlich der damalige sowjetische Ministerpräsident Kossygin unmißverständlich erklärt, daß die DDR aus Moskau künftig keine unterstützenden Devisenkredite mehr zu erwarten habe.
Kossygin gab – wenn auch mit anderen Worten – den Rat: Haltet euch an euren reichen Bruder Westdeutschland, da ist doch immer was zu holen.

Das war die Stunde von Alexander Schalck. Denn im Beschaffen von Geldern aus dem Westen hatte er sich bereits beachtliche Sporen verdient. Also ging es zwar in allen Gesprächen mit dem Westen vordergründig um politische Beziehungen – dahinter stand aber immer die Gier nach Geld.

Also protokollierte Schalck nach seinem Gespräch mit Gaus am 31. Januar 1980 zufrieden:
"Von Gaus wurden wie angekündigt heute erstmalig Orientierungssummen genannt, die die BRD bereit ist bei Einigung zu den Sachkomplexen an die DDR für die erfolgten Leistungen zu bezahlen:
Ausbau Mittellandkanal: Kostenbeteiligung der BRD 75 Prozent (ca. 170 Millionen DM). Ausbau von Verkehrsanlagen Wartha (ohne Großbrücke): Kostenbeteiligung der BRD 80 Prozent (250 Millionen DM). Kurzfristig wirksame Verbesserungen im Eisenbahnverkehr: Kostenbeteiligung der BRD 80 Prozent (ca. 80 Millionen DM)."
Und es standen noch weitere Devisenquellen aus dem Westen an, wie Schalck vermerkt:
"Gaus erklärte erneut, daß er die Möglichkeit sieht, daß die Kosten für die Brücke über die Werra, wenn die Arbeiten im Auftrag der DDR von westdeutschen Firmen durchgeführt werden und im Rahmen der geltenden Bestimmungen im Handel zwischen der DDR und der BRD abgewickelt werden, zusätzlich zu dem Finanzierungsrahmen von 500 Millionen DM übernommen werden."
Diese Aktennotiz Schalcks trägt den handschriftlichen Vermerk Honeckers: "Einverstanden, gez. E. H. 3./2.80."

Schalck versuchte sogar auszutesten, ob der erwähnte Finanzrahmen von 500 Millionen nicht gesprengt werden könne. Sein westdeutscher Gesprächspartner kam ihm wohl gesprächsweise entgegen:
"Gaus hält es für denkbar, daß die gegenwärtig über den Finanzrahmen von 500 Millionen DM hinaus anstehenden 19 Millionen DM geklärt werden können."

Eine wichtige Voraussetzung war in den Augen der West-Seite die Verbesserung der Eisenbahnverbindungen in Westberlin. Doch Schalck zeigte sich, wie sein Protokoll nachweist, in sehr bestimmtem Tonfall unzugänglich, wie immer, wenn es um Berlin-Fragen ging:
"Ich habe Gaus zu dieser Frage sehr eindeutig erklärt, daß die unterschiedlichen Rechtsstandpunkte zur Zuständigkeit für die Reichsbahn in Westberlin bekannt sind, dem nichts hinzuzufügen ist... Da die DDR nicht unter Zeitdruck steht, sind wir auch nicht dadurch zu beeindrucken, daß Konsultationen mit den drei Westmächten über diese Fragen längere Zeit in Anspruch nehmen würden. Die DDR ist nicht bereit, für einen Zeitvorteil politische Positionen aufzugeben."
Gaus warf ein, daß vielleicht ein Kontakt zwischen dem Bundeskanzler und dem Generalsekretär des ZK der SED, Erich Honecker, die Gespräche entscheidend weiterbringen könnte. Aber Schalck, im Vollgefühl seiner politischen Machtposition, wehrte ab:
"Ich habe gegenüber Gaus erklärt, daß ich dem Bundeskanzler nicht vorschreiben kann, wann und mit wem er spricht; dazu jedoch feststellen möchte, daß die von mir in dieser Frage vertretene Position im Rahmen meines bestätigten Mandats liegt. Gaus könne davon ausgehen, daß die DDR prinzipielle Positionen gegenüber Westberlin auch im Zusammenhang mit dem '500-Millionen-Paket' nicht aufgeben wird."
Die 500 Millionen waren aus westlicher Sicht die Schallgrenze. Mit den Westmächten war verhandelt worden, und Gaus konnte am 1. April 1980 mitteilen, daß "diese den vorgesehenen Regelungen und Vereinbarungen zustimmen würden". Aber es stand noch die Frage der Überschreitung des Kostenrahmens von 500 Millionen offen.
Schalck gibt das Tauziehen ums Geld in seinen Akten wieder:
"Gaus brachte zum Ausdruck, daß er weisungsgemäß die Frage stellen müsse, ob die DDR zum Abschluß der Vereinbarungen auch bereit sei, wenn vorgesehene Maßnahmen und Kostenbeteiligungen der BRD auf dem Gebiet des Eisenbahnverkehrs... herausgenommen werden.

Ich habe Gaus dazu eindeutig erklärt, daß die DDR einen solchen Vorschlag strikt ablehnt und nicht bereit ist, die Regelungen und Vereinbarungen abzuschließen, wenn die Kostenbeteiligung der BRD reduziert wird. Die DDR ist nicht bereit – weder bei den Maßnahmen zum Eisenbahnverkehr noch bei anderen Objekten –, eine Reduzierung der Kostenbeteiligung der BRD zu akzeptieren."

Das Finanzpaket wurde dann nicht, wie vorgesehen, in Höhe von 519 Millionen, sondern – als Kompromiß – mit 507 Millionen geschnürt.

Auch Klaus Bölling, der frühere Regierungssprecher der SPD-Regierung, bekam es mit Schalck zu tun, als er die Ständige Vertretung in Ostberlin übernahm. Heute sagt er, daß er sich ein paarmal mit Alexander Schalck getroffen habe; aber er könne wirklich nicht behaupten, daß Schalck ihm sonderlich sympathisch gewesen sei.
Kein Wunder. Schalcks ruppige Art, die sogenannten politischen Standpunkte der DDR zu vetreten, seine immer wieder durchbrechende Geldgier können einem gebildeten, in diplomatischen Umgangsformen geschulten Mann wie Bölling wenig behagt haben.
Es war freilich Bölling, über den sich das Treffen zwischen Bundeskanzler Helmut Schmidt und Erich Honecker angebahnt hat. Schalck bekam, einem Aktenprotokoll zufolge, am 20. April 1981 von Günter Mittag den Auftrag, noch am gleichen Tag mit Bölling zu sprechen:
"1.) Im Auftrag des Generalsekretärs den Bundeskanzler grüßen und sagen..., daß die DDR bereit ist..., auf allen Gebieten ihre Politik zur Entwicklung unserer Beziehungen zwischen der DDR und der BRD fortsetzen zu wollen.
2.) Wichtigste Sache ist, daß die DDR und die BRD entschlossen sind, die Politik der Entspannung fortzusetzen und damit friedensfördernd zu wirken.
3.) E. H. ist ebenso wie BK (Red.: E. H. = Honecker, BK = Bundeskanzler) sich darüber im klaren, daß ein Treffen zwischen

ihnen am besten zu einem Zeitpunkt stattfindet, der durch internationale Krisensituationen nicht zu sehr belastet ist."

Das Gespräch zwischen Schalck und Bölling kam tatsächlich noch am gleichen Tag zustande, es enthielt aber eine hochinteressante Passage, die in Günter Mittags Weisung ursprünglich nicht enthalten war:
"Ich habe Bölling übermittelt, daß der Bundeskanzler davon ausgehen kann, daß die DDR das bestehende Vertragswerk einhält.
Der Generalsekretär und Vorsitzende des Staatsrates ist bereit, im Zusammenhang mit den Wahlen am 10. Mai 1981 in Westberlin Gesten zu veranlassen, die die Wahl Vogels erleichtern. Aus diesem Grunde seien schon alle Maßnahmen getroffen, damit an der Grenze Zwischenfälle ausgeschlossen sind."
Honecker muß sich vom Andauern der SPD-Regierung Jochen Vogels in Berlin viel versprochen haben. Immerhin hat er, und das ist aus dieser Passage herauszulesen, für die Wahl 1981 den Schießbefehl aufgehoben. Denn anders sind "Zwischenfälle an der Grenze" nicht zu verstehen. Schießereien und blutige Zwischenfälle an der Grenze hätten sicher das Wahl-Pendel zugunsten der in DDR-Fragen damals noch sehr kompromißlosen CDU ausschlagen lassen.
Schalck geht auch noch auf das beabsichtigte Treffen zwischen Honecker und Schmidt ein:
"Abschließend hat Bölling nochmals festgestellt, daß er sich sofort darum bemühen wird, den Bundeskanzler am Brahmsee über die Grüße und übermittelten Standpunkte des Generalsekretärs... eingehend zu informieren. Er hält es für durchaus möglich, daß – wenn der Bundeskanzler dies wünscht – ein persönliches Gespräch durch ihn am Urlaubsort mit dem Bundeskanzler stattfindet."

Bölling traf Schalck am 29. April 1981 wieder. Es ging um die Verbesserungen der Berliner Verkehrsbedingungen. Der Regierende Bürgermeister Jochen Vogel wollte mit einer Pres-

seerklärung an die Öffentlichkeit gehen. Er hatte sie bereits mit den drei Westalliierten abgestimmt; nun wollte er sich noch zumindest des Stillhaltens der DDR-Regierung versichern. Schalcks Akten:
"Bölling äußerte den Wunsch, daß die DDR diese Presseerklärung und die dazu vorgesehenen Kommentare Vogels nicht negativ kommentiert. Es würde seine Arbeit sehr erleichtern, wenn dieser Bitte entsprochen würde und eine entsprechende Nachricht durch mich an ihn übermittelt wird."
Die Presseerklärung klang ganz harmlos:
"Ausgehend von dem Wunsch, im Interesse der Berliner zu einer Verbesserung der innerstädtischen Verkehrsbedingungen beizutragen, haben die beteiligten Seiten die Bereitschaft erklärt, Gespräche über die im Zusammenhang mit der S-Bahn in Berlin (West) stehenden Fragen mit dem Ziel einer positiven Lösung zu führen.
Sie werden sich in Berücksichtigung des Gesamtzusammenhanges der Beziehungen über die Aufnahme dieser Gespräche verständigen, sobald jede Seite die hierfür erforderlichen Voraussetzungen geschaffen hat."
Böllings Intervention war erfolgreich. Handschriftlich setzte Erich Honecker seinen Vermerk auf Schalcks Aktennotiz:
"Gen. Schalck ist berechtigt, eine entsprechende Mitteilung an Bölling zu übermitteln. E. H. 29.4.81."

Gute Beziehungen zwischen der DDR und der Bundesrepublik lagen Erich Honecker damals also doch sehr am Herzen. Wie sehr, erklärte er seinerzeit Günter Gaus, der dem Staatsratsvorsitzenden Ende Januar 1981 einen Abschiedsbesuch abstattete. Gaus wurde damals als Leiter der Ständigen Vertretung in Ostberlin abberufen, Bölling kam.
Das Protokoll über jenes Gespräch hat Schalck geführt und sorgsam abgeheftet. Danach erklärte Genosse Honecker:
"Wenn nicht alles erreicht wurde, was man sich erhoffte, so liegt das daran, daß die Fiktion von der Existenz des Deutschen Reiches in den Grenzen von 1937 in der BRD immer noch aufrechterhalten wird... Sie haben mit Recht bemerkt,

daß sich die gegenwärtige und vielleicht auch die nachfolgende Generation auf die Existenz von zwei deutschen Staaten unterschiedlicher Gesellschaftsordnung einzustellen hat. Wenn man davon ausgeht, sind alle notwendigen Voraussetzungen für eine gedeihliche Entwicklung zwischen beiden Staaten gegeben. Auch wir sind der Meinung, daß man sich in der BRD immer noch von dem Bestreben leiten läßt, wie man der DDR das System der BRD aufzwingen, wie man über 'innerdeutsche Beziehungen' dieses Ziel erreichen könnte. Das wird nie der Fall sein... Den Sozialismus kann man nicht durch Wunschträume aus der Welt schaffen. Hingegen werden die Träume von Marx und Engels, den größten Söhnen des deutschen Volkes, weiter in Erfüllung gehen. Damit muß man sich abfinden."

Die Geschichte der Jahre seit 1989 beweist, daß sich die Menschen im Osten Deutschlands niemals mit dem System abgefunden haben. Und daß die Wunschträume eines geteilten deutschen Volkes doch stärker waren als der Sozialismus.

Die Schalck-Strauß-Kontakte

Besuch aus Bayern

Die Verbindung zwischen dem bayerischen Ministerpräsidenten Franz Josef Strauß und dem DDR-Devisen-Unterhändler Alexander Schalck entstand auf eine sonderbare Weise. Strauß steuerte Ostberlin über den Umweg Rosenheim an. Über den mittlerweile ins Gerede gekommenen Fleischgroßhändler Josef März und seine Firma Marox.

Schon 1975 klopfte der geschäftstüchtige März aus Rosenheim bei Schalck an, bemühte sich um geschäftliche ebenso wie um politische Verbindungen.
Der Strauß-Duzfreund wird dies wohl kaum ohne Wissen des CSU-Vorsitzenden getan haben.

Schalck jedenfalls hatte wohl den Eindruck, daß sich hier Bedeutendes anbahne. Und er tat, was er nach allen Gesprächen tat, ob belanglos oder von Belang: Er protokollierte, und zwar ausführlich. Zur Kenntnis bekam das Protokoll natürlich die Spitze des Stasi: Erich Mielke, der Geheimdienstgeneral. Zu dessen Obliegenheiten zählte es ja, alle politischen Wind-

wechsel, die Schalck mit der Fingerspitze spürte, zur Kenntnis zu nehmen.
Am 16. März 1975 stellt Schalck in einem Vermerk "seinem Minister" den Großfleischer aus Rosenheim erst einmal gebührend vor:

"Zur Person: geb. 26.7.1925 in Rosenheim, Oberbayern, wohnhaft 8203 Oberaudorf, Schützenstr. 1.
März ist Mitglied der CSU, war Schatzmeister dieser Partei und ist jetzt Mitglied des Wirtschaftsausschusses der CSU, intimer Freund von Strauß.
März ist Käufer von Fleisch und Lebendtieren, ist für exakte kommerzielle Abwicklung bekannt.
Er bemüht sich gegenwärtig mit uns evtl. um die Bildung einer gemischten Gesellschaft mit Sitz im Libanon zum Export von Fleisch, besonders nach Saudi-Arabien."

Schalck legt darüber hinaus Wert auf die Feststellung, daß das Gespräch "auf Wunsch von März" stattgefunden habe.

Neben der "Gemischten Gesellschaft Beirut" standen auch "politische Perspektiven in der BRD" auf dem Gesprächsprogramm. Auf diese Weise erfuhr Schalck (und von ihm der Stasi-Minister), daß besonders aus Kreisen der Arbeiterklasse der verstärkte Ruf nach sozialer und innerer Sicherheit immer stärker werde. März beteuerte, daß er sich selbst davon habe überzeugen können bei einem Besuch in Städten an der Ruhr.

Dann freilich wird Schalck in seinem Protokoll etwas mysteriös: "Ohne sich weiter auf Einzelheiten einzulassen – die Sache ist noch nicht ganz spruchreif – bereitet sich ein zweiter führender Politiker der Unions-Partei für Kontakte mit Politikern in der DDR vor. März sah darüber hinaus auch konkrete Ansatzpunkte zu inoffiziellen Kontakten mit Strauß."

Offenbar bestehen schon zu jener Zeit Kontakte zu einem hochrangigen CDU-Politiker, der in den Schalck-Akten nicht

Mehr als eine Männerfreundschaft: Der Rosenheimer Fleisch-, Käse- und Bierunternehmer Josef März (l.) war Franz Josef Strauß auch politisch eng verbunden
Claire Reindl

namentlich genannt wird. Da gibt es endlose und auch knappe Protokolle über Begegnungen mit offiziellen Vertretern der sozialliberalen Regierung, mit den Leitern der Ständigen Vertretung der Bundesrepublik in Ostberlin (Bölling, Bräutigam, Gaus); da werden die konspirativen Treffs mit Dr. Kaiser alias Karl König abgehandelt. Aber der CDU-Kontakt bleibt ungenannt.

Als März andeutet, man könne sich ja eventuell mit Strauß "bei einer Jagd in Ungarn" treffen, wirft Schalck ein – so jedenfalls sein Vermerk – er halte es nicht für ausgeschlossen, daß sich auch die ungarische Seite für einen Besuch von Strauß interessiere.

März verabschiedet sich wieder, nicht ohne zu versichern, daß er jederzeit gern nach Berlin komme. "Um auf dem kommerziellen als auch politischen Gebiet Kontaktgespräche weiterzuführen." (So Schalcks Protokoll)

Die Kontakte zwischen Josef März in Rosenheim und Alexander Schalck in Ostberlin halten dreizehn Jahre – bis zum Tod des Marox-Chefs im Frühjahr 1988.
Immer wieder trifft sich Schalck mit März, immer wieder telefonieren die beiden. Und dabei geht es durchaus nicht nur um Fleischereitechnik oder Verkaufschancen von Lebend- und Schlachttieren; es geht bei fast jedem Treffen auch um handfeste Politik – vom Bericht über Gespräche zwischen Strauß und März bis zur subjektiven Einschätzung von Politikern, Wahlchancen und verpaßten Gelegenheiten auf dem bundespolitischen Schlachtfeld.

Um so unverständlicher ist das große Dementi, das die März AG als Reaktion auf eine Sendung, die im ZDF Ende Juni 1991 unter dem Titel "Schalck-Connections" lief, als Anzeige in mehreren Zeitungen schaltete. In dem sogenannten Klarstellungstext, unterzeichnet von Günter Oberst, Pressesprecher der Gebrüder März AG, wird zurückgewiesen, daß die März

AG in der Vergangenheit politische Protektion durch die CSU genoß. Zugegeben wird allerdings die persönliche Freundschaft zwischen Franz Josef Strauß und Josef März, die schon 1947 begonnen habe, also zu einer Zeit, "als Franz Josef Strauß noch Landrat in Schongau war".

Schon während des kalten Krieges, so heißt es in der Erklärung, habe die Marox GmbH Ostgeschäfte getätigt – also bereits zu einem Zeitpunkt, als die CSU bekanntermaßen noch "einen harten Gegenkurs zur DDR steuerte".

Die Art der Klarstellung las sich spannend und hatte hohen Aufmerksamkeitswert bei der Leserschaft. Vor allem bei jenen, die im ZDF vernommen hatten, daß sich zwei bayerische Unternehmen, nämlich neben der Marox die Firma Moksel AG, den Ost-Markt "aufgeteilt hätten wie ein Kartell".

Das ließen die Rosenheimer nicht auf sich sitzen. Immerhin herrscht zwischen ihnen und den Moksel-Leuten Konkurrenz bis auf die Knochen. Und in diesem Punkt untermauern die Schalck-Akten die Marox-Klarstellung aus Oberbayern tatsächlich: Im entsprechenden "Vermerk" notierte Schalck, daß ihm März sein Leid im Fleischgeschäft geklagt habe. März müsse sich von Strauß ständig den Vorwurf anhören, "daß es ihm nicht gelingt, in intensivere Geschäftsbeziehungen mit der DDR zu treten. Und daß immer wieder Konkurrenzfirmen wie Moksel der Vorzug gegeben wird." Schalck bestätigt diesen Sachverhalt sogar in seinem Protokoll: "Gegenwärtig ist es so, daß Moksel bei der Auftragserteilung bevorzugt wird."

Schuld daran war offenbar der zuständige Generaldirektor im Außenhandelsbetrieb Nahrung, Genosse Manfred Wolf, der bewußt oder unbewußt die Firma Moksel bevorzugte. Für Schalck muß das ein wirkliches Problem gewesen sein, denn er protokollierte: "Erstmals hat sich Strauß selbst mit der Bitte an mich gewandt, daß die eingetretene Verschlechterung zwischen den Geschäftsbeziehungen der Firma März und dem Außenhandelsbetrieb Nahrung auf Dauer zum Positiven verändert wird. Dazu wurde beiliegender Vorgang übergeben."

An diesem Vorgang sind mehrere Dinge erstaunlich:
– Erstens war es Josef März persönlich, der am 28. Januar 1987 die Bitte von Strauß um Verbesserung der Beziehungen AHB Nahrung/März AG überbrachte.
– Zweitens ist mit dem "beiliegenden Vorgang" eine Rechnung über einen Taxiflug zu 93.890 DM von München nach Lome im schwarzafrikanischen Togo und zurück gemeint. Die Rechnung wurde ursprünglich an die Gebrüder März KG (die 1990 in eine AG umgewandelt wurde) gestellt und nun bei Schalck mit der Bitte um "spesenfreie Überweisung" eingereicht.

Schalck sah keine andere Möglichkeit, als zu zahlen. (Warum, wird aus dem folgenden ersichtlich.) Er rechtfertigte das in seinem "Vermerk" an Mielke: "Es ist ... mehrmals mit Genossen Wolf darüber gesprochen worden, daß im Interesse der Erhaltung der politischen Verbindung atmosphärisch keine Belastungen aus den Geschäftsbeziehungen zwischen März und dem AHB Nahrung entstehen dürfen."

Die aber hatte es gegeben. Herr Wolf hatte angekündigt, daß er, um die Unstimmigkeiten beizulegen, unbedingt am 14. Januar nach Rosenheim kommen wolle, um mit März persönlich zusammenzutreffen. Dieser wies darauf hin, daß er da in Togo sei, um den Nationalfeiertag mitzufeiern. Da mußte März hin, denn Togo ist ein Staat, in dem März beachtliche wirtschaftliche Interessen zu vertreten hatte. Von dem Marox-Werk in Lome aus eroberte die Weißwurst die Schwarzen am Äquator. Im Restaurant "Alt-München" an der Atlantik-Promenade in Lome schnalzen die Zungen von Touristen und Einheimischen bei Leberkäs und Pressack aus der Marox-Produktion. Märzen-Bier aus Sudstätten der März AG löscht den Glutdurst unter afrikanischer Sonne.

Immerhin ist die März-Gruppe, was den Bierausstoß betrifft, unter den drei größten in ganz Deutschland. Laut "Spiegel" ist dies unter anderem einem Mann namens Michael Hohlmeier zu verdanken, der nämlich die Biergeschäfte der März KG betreut. Michael Hohlmeier ist der Schwiegersohn von Franz Josef Strauß, verheiratet mit dessen Tochter, des MdL Monika Hohlmeier, CSU.

Klammheimlich hat sich die März AG seit Anfang der achtziger Jahre im Biermarkt nach vorne gezapft. Am Anfang war die "Brasserie Benin" in Togo. Dann kam die Erste Kulmbacher Aktienbrauerei (EKU) hinzu. 1985 kaufte die Rosenheimer Gruppe dem Hamburger Zigaretten-Konzern Reemtsma die Nürnberger Tucher-Brauerei ab. Es folgten Henninger und schließlich die Bavaria St. Pauli in Hamburg mit ihrer Edelpils-Tochter "Jever".
Das Biergeschäft ist für die Märzens sozusagen stammfremd. Seit Jahrhunderten ist die Familie eigentlich im Vieh- und Fleischhandel tätig. In diesem Genre bewegte sich auch der frühere Jurastudent Josef März zunächst, nachdem er 1949 den elterlichen Milchladen in Rosenheim übernommen hatte. Daraus wurden "Maero", internationale Käsespezialitäten, "Marox", das Fleischgeschäft mit weltweiten Import/Export- und Transit-Geschäften, mit eigenen Viehfarmen und Fleischfabriken, z.B. in Griechenland, Frankreich und Togo. Daraus wurden auch Nudelfabriken in Gambia oder Zaire in Afrika. März-Wurst wird heute in Frankreich, in Griechenland und selbst in Kanada verzehrt. Statt Milch wird heute aber vornehmlich Bier ausgeschenkt. Das Märzen- und Pils-Imperium hat die Produktpalette erweitert auf Bier, Sekt, Wein, Cola und Mineralwasser. Selbst Destillen für Hochprozentiges sind da angegliedert, Braustätten oder Brennereien in China oder auf den Seychellen.

Aber zurück zu den Problemen zwischen März und dem AHB Nahrung: März war seinerzeit bereit, vorzeitig aus Togo zurückzufliegen, um Herrn Wolf aus der DDR zu treffen. Also charterte März eine Privatmaschine statt des ursprünglich geplanten Linienfluges. Die Rechnung präsentierte er über Schalck der Stasi. Und die zahlte, weil ihr die Beziehungen zum mächtigen Großfleischer aus Rosenheim nicht Wurst waren.

Der Witz bei dem aberwitzigen Unternehmen, das die DDR um fast 100.000 Mark Devisen ärmer machte: Josef März hatte zwar eine Taximaschine gechartert – aber wer zum verabredeten Termin nicht nach Rosenheim kam, war Herr Generaldirektor Wolf.

Der Ärger von März ist verständlich. Die Wut schlug sich auch in einem Brief nieder, den März seiner Flugrechnung quasi als Kommentar beilegte. Darin teilte er Alexander Schalck mit, daß bewußter Herr Wolf zwar abgesagt habe – mit der Begründung, er müsse am 14. Januar dringend wieder zurück in Berlin sein; am 15. Januar allerdings habe ein März-Mitarbeiter den längst wieder in Berlin vermuteten Generaldirektor Manfred Wolf leibhaftig in der Maschine zwischen München und Berlin getroffen. Mit Reiseziel Berlin.

Wie Schalck den Vorgang weiter behandelte, entzieht sich den Akten: Er bat in dieser Frage bei Günter Mittag "um eine mündliche Konsultation".

Soweit die Schalck-Akte zu den Bereichen "Bayerisches Fleischkartell" und "Politische Protektion" der Rosenheimer Fleischverwerter durch die CSU.

Aber auch zur politischen Rolle von Josef März geben die Schalck-Papiere Auskunft. Die "Klarstellung" aus Rosenheim will nun mit den Behauptungen des ZDF über eventuelle "Kurierdienste von Josef und Willi März" aufräumen. Und da wird es wirklich schwierig. Denn zu viele Papiere finden sich, die eindeutig aussagen, daß Josef März – und nach seinem Tode auch Willi März – Kontakte zwischen Schalck und der bayerischen Landesregierung angebahnt hat. Und zwar eindeutig mit politischem Hintergrund.

Die sogenannte Klarstellung (auszugsweise): "Es wurde behauptet, Josef März sei vom Mittelsmann zum Kurier geworden. Dessen Kurierfunktion habe nach dem Tod von Franz Josef Strauß und Josef März Herr Willi März übernommen. Willi März habe der DDR Geheimkontakte zu den neuen Männern in der CSU angeboten. Willi März sei als neuer Kurier gebilligt worden."

Dazu nimmt Willi März persönlich Stellung: Seit dreißig Jahren unterhalte die März KG geschäftliche Kontakte zur DDR – "und dies ohne jegliche politische Hintergrundarbeit. Für Josef März bestand also keine Veranlassung, wegen eines geschäftlichen Vorteils Mittelsmann zwischen Politik und Wirtschaft zu werden... Ich habe der DDR keine geheimen Kontakte zu den neuen Männern der CSU angeboten. Richtig ist, daß Schalck-Golodkowski nach dem Tod von Franz Josef Strauß und Josef März an mich mit der Bitte herangetreten ist, ich möge einen Ansprechpartner zur Weiterführung der bisherigen Gespräche finden..."

Fest steht nach Schalcks Akten, daß es am 13. Februar 1989 – also nach dem Tod von Franz Josef Strauß und Josef März – zu einem Gespräch kam zwischen Schalck und den führenden Köpfen der neuen bayerischen Regierung, dem bayerischen Ministerpräsidenten, Max Streibl, und dem Vorsitzenden der CSU, Theo Waigel. Und zwar nach Kontakten, die über Willi März zustande gekommen waren. Um so merkwürdiger müßte eigentlich der Inhalt dieser Gespräche Herrn Willi März berühren. Denn unter anderem ging es darum, ihn künftig als Mittler zwischen Ost und West auszuschalten.

Der Unterhändler aus Rosenheim

Anfang der achtziger Jahre, da war die große Zeit von Josef März. Da ging es um die Einfädelung des sogenannten Milliardenkredits. Da lernte, wer es noch nicht wußte, daß eine Milliarde neun Nullen hat, daß eine Milliarde tausend Millionen hat. Die wenigsten, die über den Milliardenkredit diskutierten, ihn verteidigten oder auch verteufelten, machten sich aber klar, daß man ein Jahr lang jeden Tag 2.739.726 Mark ausgeben muß (in Worten: zweimillionensiebenhundertneununddreißigtausendsiebenhundertundsechsundzwanzig), um eine Milliarde komplett zu verpulvern. Daß das immer noch in jeder Stunde dieses Jahres 114.155 Mark ausmacht. Daß jede Sekunde eines Jahres, in dem die Milliarde ausgegeben wird, 1902 Mark wert ist – das Doppelte eines guten Monatsgehaltes, geht man von dem Verdienst aus, der in der DDR noch üblich war, als die Milliarden fehlten.

Um solche Größenordnungen ging es, als Josef März hinter den Kulissen ein berühmter Mann wurde, über den Handel mit Hornvieh hinaus eine bedeutende Rolle spielte. Da ging es um politische Einschätzungen, um den Kontakt zum CSU-Vorsitzenden, um die Vorbereitung der ersten persönlichen Treffen zwischen Franz Josef Strauß und Schalck, später auch mit dem Staatsratsvorsitzenden Erich Honecker persönlich.

Schalck nimmt jede Gelegenheit wahr, den Gesprächspartner aus Rosenheim politisch "abzuschöpfen". Spannend genug, denn in ein paar Monaten, am 6. März 1983, wird gewählt. Und März hält mit seiner Meinung nicht hinterm Berg. "Man geht davon aus, daß die FDP und die Grünen nicht in den Bundestag kommen und dann die CDU/CSU die absolute Mehrheit haben wird und damit auch die Regierung stellt", vermerkt Schalck.

Es kam doch etwas anders, wie jeder weiß.

Schalck ist besonders interessiert daran, zu erfahren, ob Strauß selbst noch Interesse habe für zentrale Aufgaben. Da spielt März das Orakel von Rosenheim: Strauß fühle sich "außerordentlich gesund und kraftvoll".

Von Strauß soll März aber auch noch etwas anderes ausrichten: daß nämlich Leonid Breschnew, der damals gerade gestorben war, nach einem Gespräch mit Strauß über Krieg und Frieden, über das Zusammenleben zwischen beiden Weltsystemen habe zugeben müssen: "Endlich ein Politiker, mit dem man klar reden kann."

Bereits bei diesem Stand des Kennenlernens über den Mittelsmann März fühlt sich Strauß offenbar so gut eingeführt in der DDR, daß er März "autorisiert, einen speziellen Kanal zwischen ihm und dem Staatsratsvorsitzenden" über Schalck anzubahnen.
Dieser notiert fürs Protokoll: "Er würde es deshalb begrüßen, vielleicht Anfang des Jahres ein persönliches Zusammentreffen zwischen uns zu ermöglichen. Er würde garantieren, daß das so abgesichert wird, daß niemand etwas davon erfährt." Und am Ende des Protokolls teilt Schalck mit: "Es ist nicht ausgeschlossen, daß Strauß in absehbarer Zeit den Wunsch äußert, Dresden und Leipzig zu besuchen. Er würde davon ausgehen, daß ihm die Einreise in die DDR gewährt wird."

Die offizielle Lesart der Straußschen DDR-Kontakte klingt doch etwas anders. In seinem Buch "Die Erinnerungen" (Siedler Verlag, 1989) schildert sich F.J.S. selbst als den Passiven, an den die DDR über Schalck gleichsam als Bittsteller herangetreten sei. In seinen autobiographischen Aufzeichnungen ist Strauß der Held, der Schalck auch die Leviten gelesen hat.

Es ist gut möglich, daß beide Gesprächspartner nichts als die Wahrheit aufgezeichnet haben. Die Darstellungen unterscheiden sich dann allerdings erheblich durch die Dinge, die jeder von ihnen hat unter den Tisch fallenlassen.

Schalck berichtete danach zum Beispiel über die saftigen Vorwürfe aus dem Mund von F.J.S nicht nach oben. Etwa über den nachstehenden, vom Tonfall her glaubwürdig geschilderten Standpunkt von Strauß:

"Sie können die Bürger der Bundesrepublik an der Grenze und in Ihrem Lande nicht als Bürger eines Feindstaates behandeln und die Währung der Bundesrepublik als die Währung eines Freundstaates in Anspruch nehmen wollen."
Laut Strauß fragte Schalck sogar nach, was er denn damit meine. Und Strauß erläuterte:
"Die Praxis der Grenzabfertigung, das Gebrüll und Geschrei, die Schikanen, man meint ja wirklich, man kommt in einen Zuchthausstaat, wenn man bei Ihnen als normaler Tourist die Grenze überschreitet. Dieses Verhalten Ihrer Grenzorgane steht im scharfen Gegensatz zum Grundlagenvertrag – oben die schönen Worte, unten die brutale Praxis."
Schalck fragt nach: "Was verlangen Sie von uns?"
Strauß antwortet: "Das ist ganz einfach. Sie sollen unsere Bürger so behandeln, wie die Polizei in Frankreich, in Italien, Dänemark oder Schweden deutsche Bürger behandelt, wenn sie einreisen, genauso. Wir wollen einen normalen, freundlichen Umgangston, eine korrekte Abfertigung. Ich unterstütze weder Zoll- noch Devisenvergehen, die Ihre Wirtschaft ruinieren, aber Behandlung und Kontrolle müssen den zivilisatorischen Gepflogenheiten entsprechen. Die Unfreundlichkeit, das Geschrei, der Kasernenhofton müssen aufhören!"

Das klingt nun in der Tat ganz nach dem guten alten Franz Josef. Davon freilich findet sich kein Wort bei Schalck. Allerdings steht wiederum bei Strauß keine Zeile über insgeheime Kontakte zwischen den beiden, die in den Schalck-Akten ganze Ordner füllen.

Von den Kreditwünschen der DDR hat Strauß nach eigenen Angaben "zum erstenmal im Spätsommer 1982 erfahren". Woher und von wem – das läßt er offen.

"Nach dem Wechsel vom Oktober hat mir die DDR dann mehr Wirkungsmöglichkeiten zugetraut", schreibt er.
Weshalb? Wer hat ihm das mitgeteilt? Auch das bleibt offen.

Wenn sich Strauß an den Milliardenkredit erinnert, dann kommt ihm zunächst einmal ein tragischer Grenzzwischenfall in den Sinn: "Der Bundesbürger Rudolf Burkert, von Beruf Kraftwagenfahrer, war bei einem Verhör durch DDR-Grenzorgane am Kontrollpunkt Drewitz zu Tode gekommen!"
Man fand Kopf- und Halsverletzungen sowie Blutergüsse. Strauß erinnert daran, daß er damals öffentlich von "Mord" gesprochen habe: "Ich wählte bewußt eine deutliche Formulierung. Sie hat dann auch bombenmäßig eingeschlagen, hüben und drüben."

Daraus entwickelten sich, laut Strauß, die Beziehungen zwischen ihm und Schalck Ende April 1983:

"Etwa zwei Wochen nach dieser Äußerung kam mein Freund Josef März auf mich zu – ein Mittelsmann Erich Honeckers wolle mich sprechen. Er zweifle allerdings, ob ich ihn überhaupt empfangen wolle und ob die Begegnung nicht mit einem Hinauswurf enden werde. Auch in der DDR also dieselben Klischeevorstellungen wie hierzulande! Der Mittelsmann war Alexander Schalck-Golodkowski, ein, wie sich herausstellen sollte, ebenso gewandter wie zuverlässiger 'Intermediator'. Es wurde verabredet, daß ich ihn mit dem Wagen auf halber Strecke abholen ließ, Treffpunkt war ein Parkplatz der Transitstrecke. So hielten wir es auch bei unseren folgenden Begegnungen; Schalck-Golodkowski fuhr jeweils noch in der Nacht zurück, um gleich am anderen Morgen in Ostberlin Bericht zu erstatten."

Diese Berichterstattung hat sich Strauß wohl etwas anders vorgestellt, als sie tatsächlich erfolgte. Mag sein, daß er an Vier-Augen-Gespräche glaubte, die zwischen Schalck und dem jeweils zuständigen Ansprechpartner stattfanden. Mag sein, daß er sich intime Besprechungen im kleinen Kreis der DDR-Führungsspitze vorstellte, von denen nichts nach draußen dringen würde. Sicherlich hat er sich nicht vorstellen können, daß Schalck jeweils augenblicklich ein Gesprächsprotokoll verfertigte, das zuvorderst dem Minister für Staatssicherheit, Erich Mielke, in die Hände gelangte.

Nach den Protokollen Schalcks gab es zwischen Herbst 1982 und Sommer 1983 etwa ein Dutzend Treffen Schalck/März, ehe es zur ersten heimlichen Begegnung von Strauß mit Schalck kam.

Hintergrund und Schwerpunkt der Gespräche war damals der Milliardenkredit, den die DDR dringend benötigte – wiewohl Schalck die Gespräche so einzurichten wußte, daß seinen Gesprächspartnern klar wurde: Das Interesse, viel Geld zu geben, mußte eindeutig auf der Seite der Bundesrepublik sein. Denn ein Wort – und die humanitären Erleichterungen könnten revidiert werden. Schalck kleidete das zwar in diplomatischere Worte, aber das änderte nichts an seiner Haltung.

Daß er längst wußte, wie es wirtschaftlich um die DDR bestellt war, und daß er schon Anfang der achtziger Jahre die Zahlungsunfähigkeit der DDR kommen sah, hat er ja später freimütig zugegeben: Schon 1981, so sagt er im "Brennpunkt" 1991 vor den Fernsehkameras aus, hatte er den Auftrag, sozusagen das letzte Hemd der DDR zu verscherbeln, um an lebenswichtige Devisen heranzukommen.
Er formuliert das so: "Ich habe konkret den Auftrag bekommen, den Export von Erzeugnissen der DDR, die sehr eingeschränkt waren im Sortiment, vorzubereiten. Weil es eine außerordentlich angespannte Lage gab in der Zahlungsbilanz."

Erich Honecker hatte damals für Strauß eine etwas anders klingende offizielle Erklärung, weshalb die DDR so kreditbedürftig war, parat. Beim zweiten Treffen zwischen Schalck und Strauß am 27. Mai 1983 präsentiert Schalck einen elfseitigen Brief des Staatsratsvorsitzenden, den Strauß vorgelesen bekommt, den er später auch persönlich lesen, aber nicht behalten darf.
"Das sei kein Mißtrauen gegen mich", erinnert sich Strauß in seinen Memoiren, "aber wenn ich in Bonn mit diesem Brief operieren würde, was ich ja tun müßte, wenn ich ihn hätte, so stünde es ein paar Tage später im 'stern' oder im 'Spiegel'."
Schalck gibt in seinem Bericht für Mielke den Honecker-Brief offenbar ganz bewußt in indirekter Rede wieder. Es ist zu vermuten, daß der Brief ohnehin zum Großteil aus der Werkstatt von Alexander Schalck stammte. Honecker erklärte darin, daß die ökonomische Situation der DDR nicht nur von der BRD teilweise falsch eingeschätzt werde. Die DDR sei für weltweiten Handel, besonders auch für die Entwicklung des Handels mit der BRD "zum gegenseitigen Vorteil und Nutzen". Wenn der Handel eingeschränkt oder nicht durchgeführt würde, werde die DDR die Aufgaben mit Hilfe des RGW ("Rat für gegenseitige Wirtschaftshilfe": 1949 gegründete Wirtschaftsorganisation der Ostblockstaaten) lösen – und dann würden "die Schotten dichtgemacht". Die ökonomischen Beziehungen dürften freilich nicht mit politischen Problemen belastet werden.

In der Straußschen Version klingt das etwas anders: "Die Wirtschaft in der DDR sei nach wie vor in einer guten Entwicklung, so die übliche Beschönigungsphrase, aber man habe zuviel investiert und zuviel importiert, komme jetzt bei der Zahlungsbilanz in erhebliche Schwierigkeiten. Deshalb suche man einen Ausweg, wobei eine Einschränkung des Lebensstandards der Bevölkerung nicht in Frage käme."

Strauß gab auch nachträglich ganz offen seine Beweggründe preis, weshalb er sich so für den Milliardenkredit einsetzte:

"Wer mit Honecker umzugehen versteht, den kann man mit Diffamierungen nicht so leicht in die rechtsradikale Ecke drängen. Meine angestammten und eingefleischten Kritiker taten sich plötzlich schwer, weil das Strauß-Bild nicht mehr in die linke Schublade paßte. Dort war ich als weit rechts abgelegt worden, als Feind der Entspannung, als Rüstungspolitiker, als unversöhnlicher Gegner des Ostens."

Strauß weiter in seinen "Erinnerungen" über die Treffen mit Alexander Schalck: "Unsere Gespräche – insgesamt drei – führten wir im Gästehaus von Josef März." Gemeint ist Gut Spöck.

Anfang Januar 1983, also noch Monate vor der von Strauß angegebenen Kontaktaufnahme, steht im Schalck-Protokoll über eines seiner Treffen mit März: "Strauß bittet darum, daß die Unterhändler März und Schalck völlig aus den offiziellen Verhandlungen herausgelassen werden, weil sie möglicherweise für spätere wichtige Kontakte weiterhin zur Verfügung stehen sollten."

Dann kommt der geschäftliche Teil des Gespräches: "März erklärte, daß das Interesse auch von ihm und Strauß darin bestehe, daß die bisherigen Käselieferungen, die vorwiegend aus Bayern stammen und einen großen politischen Stellenwert haben gegenüber den Bauern, in der gleichen Höhe aufrecht erhalten werden wie 1982 (circa 25 Millionen) und daß seine Stellung als Haupthandelspartner – als einer der Haupthandelspartner – für Fleisch- und Fleischwaren und lebende Tiere auch weiterhin unangetastet bleibt. Diese Verhaltensweise der DDR-Seite würde völlig ausreichen, um seine und die Interessen seiner Freunde politisch zu befriedigen."

Aber der DDR-Verhandlungspartner Schalck ist zu der Zeit alles andere als befriedigt. Beim nächsten Treffen mit März ist er sehr unzufrieden, um nicht zu sagen zornig. Am gleichen Tag, an dem Strauß die Nachricht schickt, daß die Zeit heran-

gereift sei für den persönlichen Kontakt, macht Schalck gegenüber dem Überbringer dieser Botschaft seinem Ärger Luft.
März muß sich anhören, daß sich die Vorstellungen von Strauß "zu den zwischen uns im Gespräch befindlichen Projekten" nicht in Übereinstimmung befänden "mit dem persönlichen Auftreten von Strauß zu aktuellen politischen Fragen".

Schalck meint damit eindeutig den "Mörder"-Spruch von Strauß zum Tod der "Person Burkert" am Grenzübergang Drewitz. Schalck spricht in diesem Zusammenhang von "unwahren Verleumdungen". Schalck nennt auch einen in der Presse veröffentlichten, von Strauß an Kohl geschriebenen Brief zur Frage der Staatsgrenze der DDR. Nun soll März seinem Freund in München gefälligst bestellen, daß solche Äußerungen Strauß in der politischen Öffentlichkeit der DDR als Schädling zeigen. "Als denjenigen, der das in den letzten Jahren zwischen den beiden deutschen Staaten geschaffene Vertragswerk auf allen Gebieten nicht nur stören, sondern zerstören will."
Heute wissen wir, daß Schalck natürlich mit solchen Äußerungen seine Verhandlungsposition in Sachen Milliardenkredit stärken wollte.

ARD-Moderator Jürgen Engert fragte Schalck nach dessen Flucht in jenem "Brennpunkt"-Interview ganz konkret: "Das heißt, der Milliardenkredit, den Sie mit Franz Josef Strauß ausgehandelt haben, war eine Überlebenshilfe für die DDR?" Schalck: "Der Milliardenkredit hatte eigentlich zwei Funktionen. Aus der Sicht der DDR war das sicherlich die Chance, wieder kreditfähig zu werden für die internationalen Banken. Das ist unbestritten. Das war ein Signal der Bundesregierung für die internationale Öffentlichkeit, ich muß das mal aus meiner heutigen Sicht so sagen. Denn ohne eine Entscheidung des Kabinetts wäre ein Kredit, auch mit Befürwortung von Franz Josef Strauß, nicht zustande gekommen. Tatsache ist, daß er sich dafür eingesetzt hat. Und Franz Josef Strauß war zwar umstritten wie alle großen Persönlichkeiten – aber er hat demonstriert, daß er die Fähigkeit besaß, weit in die Geschichte hineinzugucken und zu sehen: Was wird in zehn Jahren möglicherweise sein?"

Strauß-Tochter Monika Hohlmeier weist heute mit Nachdruck darauf hin, daß ihr Vater schon 1983 öffentlich den in zehn Jahren bevorstehenden Zusammenbruch der DDR vorausgesagt habe. Wie er das gemeint hat – und weshalb er trotzdem das System stützte, statt den Zusammenbruch zu beschleunigen: Wir können ihn leider nicht mehr befragen.

Jedenfalls hat damals keiner so tief "in die Geschichte hineingeguckt", als daß er die heutige Wirklichkeit hätte voraussagen können. Weder Franz Josef Strauß noch Alexander Schalck, noch Bundeskanzler Helmut Kohl. Keiner von ihnen ahnte, daß sechs Jahre nach dem ersten Milliardenkredit die Mauer zwischen Ost und West aufbrechen würde. Keiner ahnte, daß nach dem kurzlebigen Versuch, zwei demokratische Deutschlands nebeneinanderher zu steuern, die Einheit kommen würde.
Gerade deshalb ist es falsch, Franz Josef Strauß in puncto Milliardenkredit Kurzsichtigkeit vorzuwerfen. Den Milliardenkredit hat er jedenfalls angebahnt, weil er für die Beziehungen zwischen den Menschen in beiden Teilen Deutschlands etwas Gutes wollte. Ein Stück mehr Menschlichkeit und Würde – Dinge, die eigentlich mit Geld nicht zu bezahlen sind. Strauß wollte wohl auch etwas Gutes für sich selbst. Nachdem ihm der höchste Stuhl in Bonn verwehrt geblieben war, nachdem er kaum mehr realistische Aussichten hatte, Hans-Dietrich Genscher aus dem Sattel des Außenministers zu hebeln – in Helmut Kohl hatte er ja keinen besonders beflissenen Steigbügelhalter –, wollte Strauß über den Milliardenkredit als kluger und mutiger Taktiker der deutsch-deutschen Beziehungen in die Geschichte eingehen.

Wie die Schalck-Akten enthüllen, war beim Tode von Strauß bereits ein Denkmodell herangereift, das intensivste Wirtschaftsbeziehungen zwischen Bayern und der DDR vorsah. Im Gespräch zwischen Schalck, Streibl und Waigel kommt das noch detailliert zur Sprache.

Es ist natürlich klar, daß Schalck auch Strauß gegenüber nicht mit offenen Karten spielte, was seine eigene Rolle im Staatsapparat betraf. Vor allem Josef März gegenüber taktierte Schalck mit elefantösem Pokerface. Der Großmetzger aus Rosenheim mußte sich wichtig vorkommen, mußte den Eindruck bekommen, er habe den Wurstzipfel der Macht erwischt.

Kühl notiert Schalck für seine beiden Dienstherren Mittag und Mielke: "März informierte am 28.10.1982, daß er zur Bereitstellung eines größeren Kredites von 300 bis 500 Millionen DM bereits Gespräche mit Strauß hatte und auf Bankenebene mit dem Vorstandsvorsitzenden der Bayerischen Hypothekenbank, Arend, sowie einem weiteren Vorstandsmitglied der Berliner Bank über Möglichkeiten der technischen Abwicklung und der Geldbereitstellung Vorgespräche geführt hat."

Weiter berichtet Schalck: "Aus Bankenkreisen wird das Vorhandensein der notwendigen Mittel, die reale Möglichkeit zur Bildung eines kleinen Konsortiums von drei bis vier Banken aus der BRD bzw. ihren Töchtern im Ausland, und damit auch der Abschluß eines Kreditvertrages mit der Außenhandelsbank realistisch gesehen."

Den wundesten Punkt der ganzen Kreditverhandlungen verschweigt Schalck durchaus nicht: die Sicherheit, die verlangt wurde für den Kredit. Diese bedurfte natürlich der Zustimmung der höchsten DDR-Spitze:
"Das Problem bleibt die notwendige Sicherheit gegenüber dem Bankenkonsortium, daß bei Nichtrückzahlung des Kre-

dites durch die Außenhandelsbank zum Fälligkeitstermin die Bundesregierung aus Zahlungsverpflichtungen an die DDR für die Sicherheit des Kredites bürgt."
Mit anderen Worten: Im Fall der Zahlungsunfähigkeit der DDR hätte die Bundesregierung einfach die vertraglich vereinbarte Zahlung der Bundesrepublik an die DDR, die sogenannte Transitpauschale, stoppen dürfen. Schon im Herbst 1982 begriff die DDR-Nomenklatura das, was Franz Josef Strauß den Menschen in der Bundesrepublik so schwer klarmachen konnte. Selbst die eigenen Parteifreunde begannen deshalb, an Straußens Verstand zu zweifeln. Dabei war der Kredit auf eine geradezu geniale Art und Weise abgesichert – mit den eigenen staatlichen Zahlungen als Unterpfand.

Strauß selbst führte sozusagen dem Finanzminister der DDR die Feder, wie er in seinen Erinnerungen anmerkt: "Ich habe dann – Politik geht manchmal seltsame Wege – in Stichworten den Brief entworfen, den der Finanzminister der DDR an Bundesfinanzminister Stoltenberg schreiben sollte. Die Bundesregierung brauche weder eine Bürgschaft zu geben noch eine Haftung zu übernehmen. Sie brauche nur zu erklären, daß sie mit dem Modus einverstanden sei, im Falle einer Zahlungsverzögerung durch die DDR die fälligen Beträge aus der Berlin-Pauschale abzuzweigen und an die federführende Bayerische Landesbank und die anderen Konsortialbanken zu überweisen. Mein Briefentwurf ist in Ostberlin so gut wie nicht geändert worden."

So wären, laut Strauß, wenigstens die Banken zu ihrem Geld gekommen.

Aber dieser Fall war natürlich völlig hypothetisch. Denn was tut, wenn es hart auf hart kommt, ein Staat, der schon bisher die Bundesrepublik mit humanen Zugeständnissen zu Zahlungen in schwindelerregender Millionenhöhe erpreßt hat? Wenn er selbst in so großen Zahlungsschwierigkeiten ist, daß er Zinsen und Tilgung für seine Auslandskredite nicht mehr

aufbringen kann? Der Staat, der immer wieder gezeigt hat, daß er zu allem entschlossen und zu allem fähig ist?
Richtig: Er setzt wieder mal die Daumenschrauben an, falls die Bundesrepublik Ernst machen sollte mit dem Einbehalten der sogenannten Sicherheiten. Er kappt die Reiseerleichterungen, unterdrückt und peinigt sein Volk so unerträglich, bis schließlich, wie gehabt, die Millionen aus dem Westen wieder fließen.
Aber soweit ist es ja glücklicherweise nie gekommen.

Der Milliardenkredit platzt – erst einmal

Damals, 1982, steckten die Bemühungen um den Milliardenkredit noch in den Kinderschuhen. Später hieß es offiziell, daß damit unter keinen Umständen das Junktim von Zugeständnissen der DDR-Seite verknüpft sein dürfe.
Im Klartext: Die DDR-Regierung wollte nicht, daß von der Gewährung des Kredites irgendwelche Zugeständnisse von DDR-Seite abhängig gemacht wurden. Aber darauf wollte sich Franz Josef Strauß nicht einlassen, da er sich bedeutende menschliche Erleichterungen als Ergebnis seiner Verhandlungen versprach.
Letztlich ist ja verschiedenes Wirklichkeit geworden – Verbesserungen bei der Grenzabfertigung, Abbau der Todesautomaten an der Grenze. Immer mit dem offiziösen Hinweis darauf, daß dies rein freiwillig von seiten der DDR geschehe und nicht in Zusammenhang mit dem Milliardenkredit zu sehen sei.

Nach dem Prinzip "Wehret den Anfängen!" legte Strauß über März erst einmal Protest ein gegen diese seltsame Haltung der DDR. Josef März ließ im Oktober 1982 durchblicken – und

Schalck gab das im Protokoll pflichtschuldigst weiter –, "daß bei der Durchführung einer solchen Transaktion natürlich von seiten der DDR zu gegebener Zeit auf anderen Gebieten gleiche Signale erwartet werden".
An dieser Stelle wird Schalck sofort zum eiskalten Unterhändler: "Ich habe März unmißverständlich gesagt, daß eine Verknüpfung des jetzigen Projektes mit sozialen oder anderen Fragen keine realistischen Perspektiven hat."

Das hindert März nicht, sich vier Wochen später wieder mit Schalck zu treffen. Strauß läßt ausrichten – so Schalcks Notizen – daß der Sachstand "Milliardenkredit" so weit vorangeschritten sei, "daß als Konsortialführer – gegenüber früheren Abstimmungen – jetzt die Berliner Bank mit ihrer Tochter mit Sitz in Luxemburg vorgesehen ist und sie drei bis vier weitere westdeutsche Banken bzw. ihre Auslandstöchter als Mitglieder für dieses Konsortium gewinnen wird".
Neben der technischen wird auch die politische Seite angesprochen: "Als einziger offener Punkt bleibt das noch nicht stattgefundene Gespräch zwischen Strauß und Kohl in dieser Frage."
Aber in dem Punkt kann Josef März seinen Gesprächspartner Schalck beruhigen. Die Beziehungen zwischen Strauß und Kohl hätten sich im Vergleich zu früheren Zeiten doch sehr gebessert. Schalck kann an Herrn Mielke die Erkenntnis weitergeben, "daß seit geraumer Zeit nach einem längeren persönlichen Gespräch zwischen beiden Politikern jetzt ein sachliches und freundschaftliches Verhältnis" bestehe.
Schalck zitiert in seinem Vermerk März sogar wörtlich: "Kohl weiß ganz genau, daß er Strauß als den Repräsentanten des rechten Flügels in der CDU/CSU in keiner entscheidenden Frage übergehen kann."
Sobald durch Kohl die positive Reaktion vorliege, würde März sich unter Ausschaltung aller anderen Verbindungen direkt telefonisch an Schalck wenden, nach Berlin kommen und das weitere Vorgehen abstimmen.
Schon am 23.12.1982 kann März übrigens telefonisch berich-

ten (und zwar gegen 16.30 Uhr, wie Schalck notiert), "daß auch das zweite ausführliche Gespräch zwischen Strauß und Kohl stattgefunden hat. Auch Kohl steht dem vorgeschlagenen Projekt positiv gegenüber und hat keine Einwände."

Damals war sich Schalck sicher, daß die Sache kurzfristig über die Bühne gehen werde – "wahrscheinlich zwischen dem 10. und 15. Januar 1983".
Doch es kam anders.

Schalck, der Miteinfädler, war nun in der denkbar besten Position. Und die wollte er stärken. "Ich schlage jetzt vor, aufgrund des erreichten Standes der Kontakte, daß ich offiziell in die Verhandlungsführung mit März eingeführt werde und daß Genosse Dr. Mittag mir dazu einen entsprechenden Auftrag erteilt."

Die Beziehungen gediehen weiter.

"Strauß hat beste Grüße an mich übermittelt und mich eingeladen, unmittelbar nach der Wahl ihn in München zu besuchen", schreibt Schalck nach seinem nächsten März-Kontakt. Inzwischen sind auch Rainer Barzel und Gerhard Stoltenberg ins Thema Milliardenkredit eingeweiht. "Die abschließenden Gespräche dazu finden in dieser Woche statt", frohlockt Schalck. "März glaubt nicht, daß der Standpunkt von Strauß und Kohl durch die Bundesminister negativ beeinflußt wird."

Aber die Freude war zu früh. Der Milliardenkredit platzte – wenigstens vorerst. Offensichtlich hatten Parteifreunde doch etwas gegen die Verfahrensweise, wonach mit dem Milliardenkredit keine vertraglich abgesicherten konkreten Bedingungen, etwa für Reiseerleichterungen oder Fortschritte in der Grenzabfertigung, verknüpft werden sollten. Möglicherweise kam noch hinzu, daß einige Politiker in der Union es gar nicht gern sahen, daß sich F.J.S. im weißblauen Freistaat durch den Kredit mit Ruhm bekleckern wollte. Aber das sind Mutmaßungen.

Tatsache ist, daß Schalck am 26. Januar 1983 eine "Information" abheftete, wonach an diesem Tag um 11.20 Uhr dem Beauftragten des Bankenkonsortiums folgender Text übermittelt worden war:

"Die ohne jegliches politische Junktim im beiderseitigen Interesse begonnenen Gespräche über die Vereinbarung eines Finanzkredites können durch das von Ihrer Seite am 25. Januar hergestellte politische Junktim nicht weitergeführt werden."

Der Beauftragte des Bankenkonsortiums war Josef März. Dem ließ Schalck übermitteln:
"Damit werden die von Ihrem guten Bekannten unterstützten vernünftigen Absichten undurchführbar. Sie können davon ausgehen, daß Sie als Person und auch Ihr guter Bekannter nirgends erwähnt wurden. Ich stehe Ihnen jederzeit zur Verfügung."

Zwei Tage später, am 27. Januar, ließ März telefonisch wissen: "Es muß eine Denkpause eingelegt werden." Das war um 9.30 Uhr. Um 11.45 Uhr muß März in einem zweiten Telefonanruf mitgeteilt haben, daß weitere Beratungen anstünden und er, März, am 1.2.1983 erneut berichten werde.

Bei diesem Gespräch aber überbringt März von Strauß die Bitte, "eine kleine Denkpause einzulegen, damit man in Ruhe die begonnenen Gespräche erfolgreich abschließen kann". Schalck zitiert aus jenem Gespräch Franz Josef Strauß, daß die Zeit, in der die Verhandlungen begonnen wurden, in den Wahlkampf gefallen sei. "Das ist auch aus der Sicht von Strauß ein ungünstiger Zeitpunkt, da er mit politischen Fragen und Emotionen belastet wird", protokolliert Schalck.

Schalck bringt geschickt das Gespräch wieder auf das Thema Kredit, als am 17.2. Josef März erneut zum persönlichen Treffen mit Strauß einlädt. "Ich habe mich zu dieser Frage nicht geäußert", schreibt er, "aber meine Bereitschaft erklärt, weiter informell mit ihm über das begonnene Thema der Ausreichung eines Kredites gesprächsbereit zu bleiben."

Milliardenkredit: Herr Strauß, es eilt!

Zu diesem Zeitpunkt gibt es bereits die ersten inoffiziellen Arrangements auf der menschlichen Ebene zwischen Bayern und der DDR. Laut Schalck-Protokoll bedankte sich Strauß "sehr nachdrücklich für die großzügige und schnelle Entscheidung unserer Seite zu den übermittelten Häftlingsfällen und Familienzusammenführungen".
Strauß schätze diese Entscheidungen sehr hoch ein, meldet Schalck, und sehe darin "auch den guten Willen der DDR, Machbares zu leisten". Umgekehrt betont Strauß, daß er selbstverständlich bereit sei, die Wünsche der DDR genauso nachdrücklich und prompt zu bearbeiten.

Treffen März/Schalck am 10.3.1983: "Zu dem bisher verhandelten Thema – Ausreichung eines Finanzkredites mit den diskutierten Abtretungen aus Forderungen der DDR im Rahmen der Transitpauschale – nimmt Strauß nach wie vor eine positive Haltung ein. Er legt Wert darauf festzustellen, daß das Hineintragen eines Junktims nicht seinen Vorstellungen entsprach und offensichtlich Kohl durch unkompetente, in der Sache nicht informierte Leute falsch beraten wurde."

Strauß hat aber offenbar insgeheim einen schrecklichen Verdacht: daß es nicht Berater waren, die den Kanzler falsch beraten hatten – sondern daß Kohl selbst sich anders besonnen haben könnte. Denn nun läßt Strauß über März die Frage stellen – angeblich, um alle undichten Stellen im eigenen Apparat

auszuschließen: "Ob man die detaillierte Formulierung aus dem Telefongespräch zwischen Genossen Erich Honecker und Kohl, speziell zu dieser Frage Kredit und menschliche Erleichterungen... zur Verfügung gestellt bekommen könnte?" Schalck mauert diplomatisch: Er werde diesen Sachverhalt prüfen.
Gleichwohl hält Strauß die Themen persönliches Treffen und Milliardenkredit warm. In diesem Zusammenhang kommt erneut die Einladung von Strauß an Schalck – "zu einer persönlichen Zusammenkunft Mitte April nach Konstituierung der Bundesregierung".
Strauß läßt auch in humanitären Fragen nicht locker. Er regt an, so Schalck, daß "bei einer positiven Entscheidung der BRD zur Ausreichung eines Finanzkredites von seiten der DDR Gesten angezeigt wären, die davon ausgehen, sachliche nachbarschaftliche Beziehungen weiter aufrechtzuerhalten".

Geschwollenes Deutsch im Schalck-Protokoll, aber der Standpunkt von Strauß wird dennoch klar: Milliardenkredit hin – menschliche Erleichterung her. Ob nun mit oder ohne Formulierung im Vertrag, ob mit oder ohne Junktim (das heißt laut Duden: durch Bedingungen verbundene politische Maßnahmen).

Denkpause. Schalck notiert am 15.3.1983: "In den nächsten 14 Tagen findet die Regierungsbildung statt, und in dieser Zeit gibt es auch absolute Funkstille zu unserem speziellen Thema. Er (Red.: Gemeint ist März) hatte am Wochenende ein ausführliches und langes Gespräch mit Strauß. Man ist sich voll einig, daß nach Regierungsbildung die Angelegenheit geordnet wird."
Und wieder kommt Strauß auf das Thema persönliche Begegnung. Schalck im Protokoll: "Auf der Grundlage der Wochenendaussprache ist Strauß sehr an dem von seiner Seite erwähnten Besuch interessiert. Er bittet uns darum, daß wir uns in dieser Angelegenheit ernsthafte Gedanken machen."

Ist es nun Schalck, der unbedingt den persönlichen Kontakt zu Strauß will? Wohl kaum. Etliche Male ist er sehr hinhaltend gewesen in seinen Antworten. Hat Josef März ein persönliches Interesse, einen Schalck-Besuch bei Strauß herbeizuführen, den Strauß persönlich gar nicht so dringend will? Wohl kaum.

Es ist offenbar Strauß, der darauf drängt, Schalck kennenzulernen.

Am 22. April 1983 schleppt sich März "trotz persönlicher Erkrankung", wie Schalck protokolliert, zu einem Treffen mit Schalck, "um erneut zu bestätigen, daß sich die Ausgangslage für die beabsichtigten Kreditoperationen nicht verändert hat". Gleich darauf steht aber im Schalck-Protokoll: "Strauß hält allerdings auf Grund des Standes der Kontakte und nach den jetzt abgeschlossenen Wahlen und der Regierungsbildung die Zeit für herangereift, einen persönlichen Kontakt mit mir herzustellen."

Der Milliardenkredit geht sozusagen mit dem persönlichen Treffen der beiden zugleich in die Zielgerade. Es gab kein Junktim, also keine offizielle vertragliche Verknüpfung des Milliardenkredits mit irgendwelchen Zugeständnissen der DDR. Aber es gab im Vorfeld, gewissermaßen als Vorleistung, eine Art Gesinnungswechsel des DDR-Grenzpersonals.
Aus den Strauß-Erinnerungen: Zwei Wochen nach dem ersten Gespräch zwischen Schalck und Strauß – und also bereits Wochen vor Unterzeichnung des Milliardenkredits – meldeten Bundesgrenzschutz und bayerische Grenzpolizei übereinstimmend, "daß in der Behandlung der Reisenden eine Veränderung zu konstatieren sei, und zwar entlang der gesamten Demarkationslinie bis hinauf nach Lübeck".

Und in dem Brief von Honecker, den Schalck beim zweiten Treffen den bayerischen Ministerpräsidenten lesen ließ, waren die (ohne Junktim) vorgesehenen Gegenleistungen aufgelistet: "Beseitigung der Selbstschußanlagen von Herbst 1983 an, Änderung in Art und Ton der Grenzabfertigungen, wesentlich erleichterte Familienzusammenführungen, Verbesserungen im Reiseverkehr."

Der 30. Juni 1983 wurde turbulent. In der bayerischen Staatskanzlei liefen die Telefone heiß. Denn erstens hatte es Presseberichte gegeben, daß Franz Josef Strauß in seinem bevorstehenden Urlaub den Genossen Staatsratsvorsitzenden Erich Honecker in der DDR ganz beiläufig treffen werde. Und zweitens ließ die östliche Seite anfragen, warum zum Teufel der Milliardenkredit nicht noch an diesem gleichen Tag unterschrieben werden könne. Strauß wurde zu verstehen gegeben, daß es nun wirklich eile.

In der Schalck-Akte finden sich entsprechende Telefonnotizen über "Mitteilungen an Bekannten" von jenem Tag. Danach ließ Schalck seinen bayerischen Gesprächspartner wissen: "Veröffentlichungen zum Besuch nicht so schön. Begrüßen seine Haltung, diese Nachricht nicht zu bestätigen, und werden uns auch daran halten. Es sollte verhindert werden, daß Details der Reise jetzt schon bekanntwerden."

Und dann kam Schalck zur Sache: Nachdem im Vorfeld alle Schwierigkeiten ausgeräumt worden seien, "wird nochmals die Frage aufgeworfen, warum unserer Bitte wegen bekannter persönlicher Gründe (Urlaub) nicht entsprochen werden kann. Daß – auch wenn nicht anders möglich – am heutigen späten Nachmittag Vertrag unterschrieben werden kann. Das würde atmosphärisch sehr gut wirken."
Mit anderen Worten: Honecker wollte in Urlaub – und vorher unbedingt noch sein Autogramm unter den Milliardenkredit-Vertrag setzen.
Nachdem Schalck dieses zu früher Morgenstunde telefonisch losgeworden war, setzte er für Strauß persönlich noch hinzu: "Hochachtung und Respekt vor Ihrem großen Arrangement!"

Schon um 9.20 Uhr meldete sich, Schalcks Notizen zufolge, an jenem Tag des Milliardenkredits Strauß aus München:
Die Pressemitteilungen über den bevorstehenden Besuch bei Honecker müßten auf Spekulationen beruhen. "Ich habe erklärt und auch erklären lassen, daß sich keine Einladung in meinen Händen befindet, ich aber auf der Durchreise von Polen durch die DDR über Dresden heimreisen werde. Das entspricht einem Wunsche meiner Familie."
Und zum Millliardenkredit: "Ich werde mich nochmals schnell darum bemühen, daß Ablauf wie erbeten und von mir betrieben schnellstens erfolgt."

Um 15.30 Uhr des gleichen Tages kam die erleichternde Nachricht aus München:
"Die Urkunde ist fertig und muß von Bonn nach München. Der Präsident der Bayerischen Landesbank hat eigens einen Kurier per Luft abgeschickt, um die Urkunde persönlich abzuholen.
Eine Schwierigkeit besteht darin, daß sich die am Konsortium beteiligten Banken durch die Verschiebung bereits auf den 1. Juli eingestellt haben.
Dr. Huber versucht jetzt fieberhaft, die Unterzeichnung 12 bis 14 Stunden vorzuverlegen und das heute noch hinzubringen. Die Beteiligten legen natürlich Wert darauf, bei dem feierlichen Akt der Unterzeichnung dabeizusein. Alle sind unterwegs hierher."

Der Milliardenkredit war unter Dach und Fach.

Vor dem ersten Treffen mit Strauß

Wer in den Boxring steigt, muß auch einstecken können. Strauß erscheint in Schalcks Aufzeichnungen durchaus nicht als kniefällig umworbener Triumphator. Am 15.11.1983 läßt Schalck aufgrund einiger Anspielungen in der Presse auf Verhandlungen über einen hohen Kredit für die DDR seinem Gesprächspartner in München erzürnt telefonisch bestellen: "Sollte das erklärte Politik sein, werden unsere gemeinsamen Bemühungen zu keinem Ergebnis führen, und Sie bringen auch alles Erreichte, für beide Seiten Nützliche, in Gefahr... Das Austragen von Gedanken in der Presse ist unerträglich."

Dennoch: Die Beziehungen von der Isar zur Spree kommen in Fluß. Vor den Bundestagswahlen 1983 läßt Strauß seinen Spezl Josef März ausrichten, "daß er bei erfolgreichem Wahlausgang realistische Vorstellungen habe, um die Beziehungen zwischen der BRD und der DDR positiv weiterzuführen".
Es scheint, als habe Strauß den Draht zu Schalck einfach überbewertet, die Vertrautheit überzogen, denn er läßt – wie Schalck verwundert seinem Stasi-General weitergibt – auch noch folgendes wissen: "Daß es doch nicht notwendig gewesen wäre, daß der Generalsekretär des ZK der KPdSU, Genosse Andropow, vor der Öffentlichkeit Erklärungen abgegeben hat, wonach er es lieber sehen würde, wenn die SPD die Wahl gewinnen würde."
Schalck fügt gleich hinzu: "Ich habe daraufhin März erklärt, daß das ja nicht in der Kompetenz der DDR liegt."

Die Vertrautheit war wohl von Josef März als dem urigen bayerischen Gesprächspartner von Schalck auch auf Strauß übergesprungen. März war nicht sonderlich zimperlich oder übertrieben diplomatisch in der Art und Weise, wie er Gespräche führte. Sonst hätte Schalck wohl kaum in seinem Ver-

merk über ein Gespräch am 1. Februar 1983 festhalten können: "März überbrachte Grüße von Strauß und berichtete über sein letztes Gespräch mit ihm in der vorhergehenden Nacht. März kommentierte dazu, daß beide reichlich Alkohol getrunken hätten und deshalb von beiden Seiten in einer auch für ihre Beziehungen sehr leidenschaftlichen Art eine Reihe von Fragen, die die Beziehungen zur DDR berühren, angesprochen wurden."
Schalck rügte offen die Tonart, in der Zimmermann und Kohl und andere Politiker der CDU/CSU in diesen Tagen auftraten. So provozierten sie die Weltöffentlichkeit.
Aber März konterte: "... daß wir in den nächsten sechs Wochen noch manche Formulierungen hören werden, die in diesem zugespitzten Wahlkampf nicht zu vermeiden sind."
Übrigens sei Zimmermann, so Schalck über das von März Gehörte, "ein Politiker ohne Stellenwert".
Man kann förmlich sehen, wie Schalck die Ohren spitzt: "Auf meine Frage, wer überhaupt noch Stellenwert bei ihnen hätte, bemerkte März, daß Blüm einer der interessantesten Politiker der CDU und jetzt auch ein Partner von Strauß geworden ist. Diesen Mann sollte man aufmerksam in seiner Entwickung verfolgen."

Im gleichen Gespräch beklagt sich März in eigener Sache. Strauß sitze ihm im Nacken, weil immer wieder Konkurrenzfirmen der Vorzug gegeben werde. März läßt durchblicken, daß im Auftrag von Strauß die Lieferung von Fleisch gegen Kredit im Wertvolumen von 200 Millionen Mark für die DDR genau analysiert werde.
Nach diesem wohlgezielten Hinweis macht März auch klar, daß sein Rosenheimer Unternehmen genauso wie Moksel in der Lage sei, "solche Geschäfte zu finanzieren und durchzuführen. Er möchte darum bitten, daß gleiche Chancen für beide Firmen eingeräumt werden und das bessere Angebot den Ausschlag gibt."
Schalck tat daraufhin natürlich das, was er immer tat: Er sagte eine "sachliche Prüfung" zu und erklärte, "daß es zu unseren

Grunderfordernissen der Arbeit gehört, daß Konkurrenzbedingungen notwendig sind, um die ökonomisch beste Variante für uns abzuschließen".

Ähnliche Zusicherungen hatte von Schalck auch einst Professor Dr. Gottfried Wolff gehört, der bis vor zehn Jahren Vorstandsvorsitzender der "Südfleisch-Lutz GmbH" war und als solcher dringendes Interesse zeigte an Geschäften mit der DDR. Nach seiner Erfahrung hatte aber März bei Schalck den dicksten Stein im Brett. Wolff erinnert sich Ende August 1991 im Gespräch mit der Bild-Zeitung: "Es gab auch Ausschreibungsverfahren. Aber sie waren nur zum Schein. Bonn stimmte zu, was in der DDR entschieden worden war. Und dort hatte nur einer das Sagen. Das war Schalck."
Wolff sagt heute, er sei damals sogar zur Leipziger Messe gefahren. Er habe aber sehr schnell gemerkt, daß es keinen Sinn hatte, "Honecker die Hand zu schütteln. Nur Schalck entschied, wer kaufen und verdienen durfte."
Professor Wolff schätzt, daß März "über viele, viele Jahre hinweg" Jahresgewinne von mindestens zehn Millionen Mark allein bei den Käufen von Mastbullen aus der DDR gemacht habe.

Seinem Minister vertraute Schalck damals, nach den Beschwerden von Josef März, im vertraulichen Protokoll an: "Gegenwärtig ist es so, daß Moksel bei der Auftragserteilung bevorzugt wird."
Offenbar hat sich das irgendwann geändert. Dafür überbrachte März dann, vermutlich gratis, heiße politische Nachrichten.

Zum Beispiel:
"Nach Aussagen von März ist mit Sicherheit anzunehmen, daß Strauß im Bundeskabinett als Vizekanzler eintreten wird. Diese Entscheidung soll bereits gefallen sein", vermerkt Schalck für Herrn Mielke (10.3.83).
Zum Beispiel:
"Aus Äußerungen von März kann entnommen werden, daß

Strauß zu den von Zimmermann und anderen Politikern getroffenen Äußerungen prinzipiell andere reale Auffassungen vertreten werde und ganz sicher ist, daß weder Zimmermann noch Stoltenberg zu den Freunden von Strauß gehören."
Zum Beispiel:
"Strauß würde es begrüßen, wenn ein informeller Kontakt zu Jenninger aufrechterhalten wird."
Zum Beispiel:
Strauß bedanke sich sehr nachdrücklich für die großzügige und schnelle Entscheidung unserer Seite zu den übermittelten Häftlingsfällen und Familienzusammenführungen. "Auch zu diesem Komplex betonte Strauß, daß er selbstverständlich bereit ist, unsere Wünsche genauso nachdrücklich und prompt zu bearbeiten."
Zum Beispiel (am 14.3.1983, nach der Bundestagswahl):
"Bis zur Stunde steht noch nicht fest, ob sein Partner in die Regierung geht. Er ist persönlich davon überzeugt, daß dies geschehen wird."
Zum Beispiel:
"März meinte, vielleicht hätte ich das Glück, einmal ein Telefongespräch zwischen Strauß und Kohl zu erleben, dann würde ich doch sehr schnell einen Eindruck gewinnen, wie die Beziehungen zwischen diesen beiden Persönlichkeiten sind und daß ganz sicher die politischen Interessen eng beieinanderliegen."

Die letzte Notiz Schalcks über das bevorstehende "Treffen mit Strauß am Chiemsee" stammt vom 22. April. März wolle sich nochmals melden, "um eine endgültige formelle Einladung zu einem inoffiziellen Treffen" mitzuteilen.

Schalck, der das Blitzlicht von Pressefotografen scheut, zeigt sich beruhigt: "Von ihrer Seite aus würde eine strenge Geheimhaltung eines solchen Treffens gewährleistet werden."

Der Pilot, der aus dem Westen kam

Im Bedarfsfall ließ Alexander Schalck aushorchen. Etwa wenn es ihm selbst zuviel Mühe machte oder wenn der Rang des Opfers zu niedrig lag. In dieser Hinsicht hatte er eine hohe Meinung von sich selbst. Also mußten versierte Stasi-Leute ran, um beispielsweise den Piloten "abzuschöpfen", der seinen Herrn – in diesem Fall Fleischgroßkaufmann Josef März aus Rosenheim – mit seiner zweimotorigen Piper am 10. März 1983 nach Leipzig brachte. Den Stasi-Bericht bekam Schalck natürlich zur Kenntnis, schließlich hatte er den Spitzeln den Tip gegeben.

Die Zeit solcher Stasi-Berichte ist zwar vorbei, aber nachträglich überläuft einen noch eine Gänsehaut, wenn man sieht, daß keine noch so nebensächliche Einzelheit in diesen Berichten vergessen wurde:
Da ist die Rede von einem "Einsatz" oder einer "speziellen Maßnahme" am Flughafen Leipzig-Schkeuditz. Die Maschine kam pünktlich um 9 Uhr.
"Da an der Maschine keine weiteren Maßnahmen, wie Auftanken, Kontrollen, erforderlich waren, wurde der Pilot zum Frühstück in den Transitraum des Flughafens Leipzig-Schkeuditz eingeladen. Im weiteren Verlauf erfolgte noch eine kurze Stadtbesichtigung."
Der Bericht hält fest, daß der Pilot Horst S. 45 Jahre alt und seit vier Jahren bei seiner jetzigen Firma als Privatpilot beschäftigt ist. Daß er in Rosenheim wohnt. Daß er einer kinderreichen Familie entstammt (zwölf Kinder). Daß er in Ostpreußen geboren und seit Ende des Krieges in seinem jetzigen Wohnort ansässig ist. Daß der Vater kurz nach dem Krieg verstorben ist. Daß er selbst mit zwanzig Jahren zur Bundeswehr gegangen und dort als Flugzeugführer ausgebildet worden ist. Daß er den Dienstgrad Hauptmann erreichte

"Auf Grund der Bestimmung, daß Jet-Flugzeugführer mit 41 Jahren in Pension gehen, ist er seit vier Jahren pensioniert mit einer Rente von 3100 Mark", fährt der Bericht fort. "Er bezeichnet es als großes persönliches Glück, diese Anstellung erhalten zu haben. Er ist verheiratet und hat zwei Kinder. Der Sohn studiert Architektur. Die Tochter ist fünfzehn Jahre alt und geht noch zur Schule. In diesem Zusammenhang betonte er, daß er mit der Tochter große persönliche Probleme hat. Er erzählte weiter, daß er Besitzer eines Einfamilienhauses ist, über einen Mercedes-Diesel mit großem Wohnwagen und einen VW verfügt."
Mit seiner politischen Einstellung will der Pilot nicht so recht herausrücken: "Dazu wurden Fragen nach der Wahl und ihrem Ausgang gestellt. Hierzu meinte er nur, daß die SPD mehr Stimmen erhalten hätte, wenn Helmut Schmidt wieder als Bundeskanzler kandidieren würde. Eigene persönliche Einschätzungen gab er nicht."
Dafür war er, laut Bericht, sehr interessiert an sozialen Fragen wie Urlaub, Wohnungen, Städtebau. "Sehr vorsichtig brachte er zum Ausdruck, daß er erstaunt ist, daß alles ohne Probleme abläuft und er freundlich aufgenommen wird. Darauf befragt, wie er auf solche Fragen komme, erzählte er, daß man ihm vor seinem Flug gesagt habe, daß er mit großen Schwierigkeiten hinsichtlich der Formalitäten zu rechnen habe und er nun einmal den Unterschied zu anderen Ländern kennenlernen würde."
Jeder Einkauf, den der Pilot in der Stadt macht, wird vermerkt: "Während seines Stadtbesuches kaufte er zwei Bücher, eines von Gorki und ein anderes von Gogol als Geschenk für seinen Sohn. Sein Sohn hatte ihm eine Reihe sowjetischer Schriftsteller benannt mit dem Hinweis, wenn er in sozialistische Staaten fliegt, ihm diese Bücher zu kaufen. Er freute sich besonders, als ihm erklärt wurde, daß wir ihm diese Bücher als Souvenir schenken."
Über seinen Chef gab der Pilot ein gutes Urteil ab: Er fühle sich für ihn verantwortlich und tue auch alles für ihn und habe den Eindruck, daß der Chef auch zu ihm Vertrauen hat. Er

könne alles tun und lassen, jedoch pünktliche und korrekte Arbeit sei gefragt.
Begeistert berichtet der Pilot über seinen Beruf – wie er etwa einen Flug vorbereiten muß. "Seine Flüge gehen nach Italien, Spanien, Frankreich, Belgien und nach Togo. In Togo besitzt der Chef eine Farm und ist außerdem Wirtschaftsberater des dortigen Präsidenten."
Der Stasi-Mann muß dem Piloten die Sozialpolitik der DDR erklären: Urlaub, Wohnungskosten etc. Auch das kommt in den Bericht. Ebenso wie das Bedauern des Piloten, daß die Zeit so schnell verging, und die Hoffnung, daß dies nicht der letzte Flug in die DDR gewesen sein möge.
"Er erzählte von sich aus über seine Arbeit und Freunde, jedoch ohne auf die Produktion der Firma usw. einzugehen. Sein Auftreten war freundlich. Er sprach einen bayerisch lispelnden Akzent. Im Intershop in Leipzig-Schkeuditz kaufte er eine Preßkristallvase für 6 DM und eine Dose Tabak für seinen Freund. Er trug Uniform mit vier Ärmelstreifen und eine Flugkapitänsspange, ohne andere Auszeichnungen. Um 14 Uhr erfolgte der Start der Maschine nach Prag.
Die eingeleiteten politisch-operativen Maßnahmen verliefen entsprechend der gegebenen Weisung ohne Vorkommnisse."

Das Ende eines Dienstflugs. Mit Stasi-Betreuung.

Das Treffen mit Erich Honecker

Das Treffen mit Schalck war geschafft. Jetzt steuerte Franz Josef Strauß den Genossen Generalsekretär Erich Honecker direkt an. Im Sommer 1983, bei einer seiner Begegnungen mit Schalck, berichtet Strauß über seine bevorstehende Reise nach Polen. Armeegeneral Jaruzelski habe den Wunsch, ihn zu se-

hen, berichtet Schalck später an Mielke. Strauß fügt hinzu, daß er diesem Wunsch nur entsprechen werde, wenn er auch Kardinal Glemp treffen könne. Allerdings erklärt er sich wunschgemäß bereit, nicht mit Führern illegaler Gruppen zusammenzutreffen. Schalck zitiert Strauß mit dem markigen Satz: "Ich war noch nie für Geheimbündeleien, was ich zu sagen habe, sage ich laut und brauche dazu nicht illegale Plattformen."
Nachdem Strauß deutlich gemacht hat, daß der Mann an Polens Spitze ihn liebend gern begrüßen wird, leitet er geschickt über zu seinem anschließenden Besuch der DDR.
"Es war zu spüren", schreibt Schalck, "daß er ein Treffen mit dem Generalsekretär und Vorsitzenden des Staatsrates der DDR, Genossen Erich Honecker, im Rahmen des privaten Besuches an jedem Ort in der DDR gerne wahrnehmen würde. Sicherlich, um Absagen eines direkten Wunsches für die Gesprächsführung zu vermeiden, wurde von ihm nicht direkt der Wunsch zum Ausdruck gebracht, ein solches Gespräch durchzuführen. Er will auch vermeiden, daß er sich jetzt aufdrängt, und blieb bei der Feststellung, er würde für ein Treffen im Rahmen eines privaten Besuches gern zur Verfügung stehen."

Nach dem bekannten Treffen zwischen Strauß und Honecker, das damals durch alle Zeitungen ging, war F.J.S. in der Tat so etwas wie der heimliche bundesdeutsche Sonderminister für DDR-Fragen. In seiner Münchner Wohnung, so erfahren wir aus Schalcks Akten, teilte Strauß seinem Partner, dem heimlichen DDR-Sonderminister Schalck, mit, "daß der Bundeskanzler die Auffassung vertritt, daß in Zukunft schwerwiegende Haftfälle zwischen dem Bundeskanzleramt und der Ständigen Vertretung der DDR in Bonn direkt unter Ausschaltung von Rechtsanwalt Dr. Vogel behandelt werden sollten".
Rechtsanwalt Wolfgang Vogel aus Ostberlin war in all den Jahren der Beauftragte der DDR-Regierung für die Verhandlungen über Häftlingsfreikäufe und ähnliche Fragen gewesen.
Strauß sollte im Auftrag von Bonn aber nicht nur ihn ausboo-

24. Juli 1983 am Werbellinsee: Auf der Rückreise vom Urlaub in Polen traf Strauß wie zufällig mit Honecker zusammen – von Schalck schon lange eingefädelt
ADN

ten, sondern auch das Diakonische Werk in Stuttgart, das damals die finanzielle Seite der Familienzusammenführungen und Haftentlassungen abwickelte.

Schalck reagierte entschlossen:
"Ich habe Strauß sehr klar und unmißverständlich erklärt, daß der Staatsratsvorsitzende sicherlich nicht bereit ist, den über Jahrzehnte erfolgreich als Regierungsbeauftragten für humanitäre Fragen tätigen Rechtsanwalt Vogel auszuschalten. Es gibt keinerlei Veranlassung, das im Interesse beider Seiten erfolgreich wahrgenommene Mandat der Ständigen Vertretung der DDR in Bonn zu übertragen, zumal die Entscheidung darüber, wer die Interessen der DDR vertritt, ausschließlich in unserer Kompetenz liegt und liegen wird."
Schalck ging noch einen Schritt weiter:
"Ich habe Strauß dringend empfohlen, den Bundeskanzler dahingehend zu beeinflussen, diese Gedanken nicht zu vertiefen und die ihm von Mitarbeitern des Bundeskanzleramtes unterbreiteten Vorschläge im Interesse der Sache nicht weiterzuverfolgen. Über welchen Weg die Bundesregierung finanzielle Verpflichtungen gegenüber der DDR abwickelt, liegt im Ermessen des Bundeskanzlers."

Schalck lehnt auch ab, den Weg der Finanzen über das Diakonische Werk zu verändern. Er teilt Stasi-General Mielke aber noch mit, daß er nicht glaubt, daß diese Vorschläge allein auf Strauß zurückzuführen sind:
"Ich habe den festen Eindruck gewonnen, daß Strauß zur Stellung und Person von Rechtsanwalt Vogel keine andere Auffassung als wir vertritt. Entsprechend den mir erteilten Vollmachten habe ich die Ausführungen von Strauß zur Kenntnis genommen, ohne die Positionen unserer Seite zu den angesprochenen Fragen darzulegen."
Honecker wird in diesem Protokoll von Schalck zwar als zuständige Instanz zitiert – bekommt aber kein Exemplar dieser Aktennotiz, die am 3.11.1983 "nur zur persönlichen Information des Genossen Minister" verfaßt wurde.

Strauß brachte auch die Vorstellungen, die in Ostberlin entwickelt wurden, an die passende Adresse in Bonn: ein neuer Großkredit, die Frage zusätzlicher Postleitungen, Zurücknahme des Zwangsumtauschs auf den alten Stand. In Schalcks Konspirativ-Protokollen läuft Strauß am 5. November 1983 unter der Bezeichnung "Gesprächspartner", sein Bonner Ansprechpartner lediglich unter "J". Unschwer zu erraten, daß es sich um Philipp Jenninger handelt, dessen Name immer wieder in Schalcks Akten auftaucht.
Der Abschluß der Postverhandlungen im Spätherbst steht bevor. Und der "Gesprächspartner" macht "J". eindeutig klar, daß neue Leitungen jetzt nicht geschaltet werden können.
J. ist erstaunt – denn die Bundesregierung wäre ja bereit gewesen, dafür die Vorfinanzierung zu übernehmen.
Da wird der "Gesprächspartner" geheimnisvoll: "Ich habe ihm vorbedeutet, daß es sich hier nicht um finanzielle, sondern um politische Zusammenhänge handele. Die Bundesregierung solle die Zulassung der restlichen vier Bezirkshauptstädte und weitere 240 Ortsnetze als vorerst befriedigend ansehen, weil damit die gesamte DDR in die vollautomatische Telefonverbindung einbezogen sei. Ich habe ihm nochmals die bekannten Hintergründe auseinandergesetzt."
Der "Gesprächspartner" erläutert auch die DDR-Meinung über die Maßnahmen an den Grenzsicherungsanlagen. So erfährt Jenninger, "damit man sich in der Bundesrepublik keine falschen Vorstellungen macht", was wirklich vorgesehen ist: "Demontage aller SM 70 ohne Ersatz (Red.: Gemeint sind die Trichterschußgeräte), Minenfelder nicht einbezogen, andere Mittel der Grenzsicherung weiter im Hinterland, z. B. Zäune mit elektronischen Warnanlagen.
Mit freundlichem Gruß für das Wochenende.
Der Gesprächspartner"

Schalck meldet sich nach genossenem Wochenende mit aufrichtigem Dank: "Es wird eingeschätzt, wenn J. dabei bleibt und Ihre Nummer 1 (Red.: Gemeint ist Bundeskanzler Helmut Kohl) so beeinflußt, daß Sie doch eine erfolgversprechen-

de Lösung anstehender Fragen weitgehend vorbereitet haben."
Ferner stimmt Schalck zu, "daß J. in das nächste Gespräch mit einbezogen wird. Es setzt aber voraus, daß unsere Gespräche wirklich streng geheim bleiben und er selber mit entsprechenden Vollmachten ausgestattet ist, die den politischen Realitäten Rechnung tragen.
Mit besten Grüßen
Ihr Gesprächspartner"

In der nächsten Aktennotiz legt Schalck nieder, daß die Häftlingsfreigabe keine Einbahnstraße von der DDR zur Bundesrepublik sei. Er habe Strauß mitgeteilt, daß es "für nachdenkenswert und wichtig" gehalten wird, "wenn auch in der BRD Häftlinge, die zwei Drittel oder mehr ihrer Strafe verbüßt haben, begnadigt werden (Beispiel Lutze)".

Offenbar hat F.J.S. dem Gesprächspartner im Osten Deutschlands auch sehr persönliche Probleme anvertraut. Denn Schalck meldet an Mielke weiter:
"Mit der Besetzung des Leiters des Amtes für Verfassungsschutz durch seinen ehemaligen Büroleiter, Pfahls, glaubt er, daß manches auch auf diesem Gebiet für ihn leichter wird. Pfahls untersteht dem Innenministerium. Seine persönlichen Beziehungen sind so ausgeprägt, daß er Möglichkeiten sieht, rechtzeitig auch über diesen Weg bestimmte Fragen zu beeinflussen. Seine Absicht, weitere ihm bekannte Beamte in Regierungsfunktionen nach Bonn zu bringen, sind daran gescheitert, daß keine von den in Frage kommenden Personen den Wunsch hatte, ihren Platz in Bayern aufzugeben."

Der Eifer in den Beziehungen trägt Früchte. Die Bemühungen werden honoriert, Strauß soll nun auch den zweiten Milliardenkredit einfädeln.
Mit dem Vermerk "Eilt sehr! Streng geheim!" ereilt den Gesprächspartner in München die Nachricht, daß die "Nummer 1 einverstanden" sei, wenn Strauß im Gespräch mit dem Bun-

deskanzler davon ausgehe, "daß die AH-Bank der DDR in der zweiten Hälfte März (Red.: 1984) einen weiteren Kredit in der bekannten Höhe angeboten bekommt und daß in absehbarer Zeit ohne die Forderungen nach neuen unerfüllbaren Bedingungen eine dritte Tranche angeboten wird".

Strauß hätte mit Goethes Zauberlehrling wehklagen können: "Die ich rief, die Geister, werd' ich nun nicht los."
Die DDR schien unersättlich. Sie erfüllte (fast) alle Wünsche, ließ gegen viel Geld Häftlinge frei, darunter vereinzelt solche, die im Westen dann neue Strafakten füllten. Sie führte, gegen viel Geld, Familien zusammen. Die DDR ließ zu, daß die Bundesrepublik gegen die Zahlung von zwanzig Millionen Mark zusätzlicher Postgebühren ein Glasfaserkabel nach Berlin verlegen durfte – natürlich auf eigene Rechnung. Und die DDR verlangte für dieses in ihren Augen immense Entgegenkommen gleich den nächsten Milliardenkredit.

Allerdings gab es zu diesem Wunsch ein kleines Trostpflaster für den bayerischen Ministerpräsidenten:
"Entsprechend Ihrem Wunsch wird der Minister für Außenhandel der DDR und der Direktor des Leipziger Messeamtes Ihnen als Ministerpräsidenten des Freistaates Bayern eine Einladung zum Besuch der Leipziger Frühjahrsmesse 1984 übermitteln. Es werden Voraussetzungen geschaffen, daß Sie sich im Gästehaus der Regierung entsprechend Ihren Wünschen aufhalten können."
Das Trostpflaster wirkte sicherlich lindernd. Aber nicht erlösend. Denn was die DDR will, ist ein wahrhaft dicker Brocken. Schalck warnt ausdrücklich vor der "Gefahr, daß durch Indiskretion vorher die Dinge in der Presse zerredet werden und das Ganze undurchführbar wird".
Schalck fügt, sozusagen begütigend, noch hinzu: "Habe alles in meinen Kräften Stehende getan, jetzt wartet man darauf, daß Sie die 'zweite Hälfte der Kuh vom Eis bringen'."

Strauß machte sich an die Aufgabe. In Josef März hatte er schließlich einen kompetenten Berater, der wußte, wie man Rinderhälften bewegt. Allerdings tat er es nicht mehr unterm Scheinwerferlicht der Öffentlichkeit, denn dieses war ihm beim ersten Milliardeneinfädeln durchaus nicht gut bekommen.
In seinen "Erinnerungen" klingt das an: "Ich hatte den Kredit vermittelt und einen Abschluß befürwortet. Ich möchte mit allem Nachdruck darauf hinweisen, daß die Einfädelung, wenn man sich so ausdrücken will, von mir stammt. Die Behauptung, ich hätte gesagt, daß Kohl und Genscher die ganze Sache eingefädelt und dann mich hineingezogen hätten, ist völlig falsch und steht im genauen Gegensatz zur Wahrheit. Bundeskanzler Kohl hat auf dem CSU-Parteitag jenes Jahres in München gesagt, wer Strauß wegen des Milliardenkredits kritisiere, kritisiere auch ihn. Aber sonst hat Bonn gemauert. Man wollte nicht haben, daß zuviel Sonnenschein auf mich fiel. Deshalb wurde der Kredit schief dargestellt, gründliche Aufklärungsarbeit unterblieb."

Noch schlimmer – die CSU-Freunde wollten nicht begreifen, was Strauß persönlich ganz klar war: "Daß ich 1983 die Union insgesamt und die CSU im besonderen aus einem toten Winkel herausgeholt und Handlungsspielraum hergestellt habe."

Im Gegenteil. CSU-Freunde verließen die Partei in Scharen. Der CSU-Abgeordnete Franz Handlos warf das Handtuch und gründete die Republikaner – drei Prozent der Wähler standen bei der nächsten Landtagswahl hinter ihm!

F.J.S. verteidigt sein Revier

Franz Josef Strauß hat Großes geleistet. Nicht immer ganz uneigennützig – aber zumindest im Dienst der westdeutschen Wirtschaft, im Sinne der von ihm dirigierten Christlich-Sozialen Union, zum Wohl einer Bundesrepublik, wie er sie verstand. Und kaum einer erkannte das Ausmaß seiner Bemühungen. Gewürdigt wurden sie schon gar nicht.

Er fühlte sich mißachtet, als er stolz den Abbau der Schußtrichter an der deutsch-deutschen Grenze nach Bonn meldete. Das hat ihn tief getroffen. Trotzig und anklagend kommt die Episode in seinen "Erinnerungen" vor:
"Ende September war mir über meine private Relaisstation mitgeteilt worden, daß jetzt die versprochenen Gegenleistungen der DDR kämen – der Abbau der Selbstschußanlagen an der Demarkationslinie. Der Durchbruch sei gelungen. Was Helmut Schmidt nicht erreicht habe, beginne jetzt. Ich schlug vor, diesen Erfolg der neuen Deutschlandpolitik durch das Presse- und Informationsamt der Bundesregierung groß herauszustellen."
Obwohl Strauß sich größte Mühe gab, wurde nichts daraus. Er erinnert sich: "Das Fernschreiben ging an einem Montag aus der Staatskanzlei ab, der Eingang wurde vom Kanzleramt bestätigt. Am Dienstag, wir hatten Kabinettssitzung, rief Staatssekretär Peter Boenisch, der Leiter des Presse- und Informationsamtes, an. Es gebe ein Gerücht, daß von mir ein Fernschreiben vorliege, wonach die DDR mit dem Abbau der Selbstschußanlagen beginne, das sei eine großartige Nachricht. 'Aber wir finden das Fernschreiben nicht, gibt es das?'"
Strauß schickte Boenisch eine Kopie. Wieder keine öffentliche Reaktion. Am Abend rief Strauß Boenisch an, der ihm sagte, er hätte die Nachricht ja gern herausgegeben, habe sich aber nicht getraut, weil doch das Original verschwunden sei.

Wie sagt der Volksmund: Eine gute Ausrede ist drei Taler wert.
Strauß vermerkt noch zähneknirschend: "Tage später tauchte das Fernschreiben auf – in den Aktenstapeln von Staatssekretär Schreckenberger. Obwohl es an den Bundeskanzler persönlich adressiert war."

Zu alldem kam noch, daß sich Konkurrenz in den deutsch-deutschen Geheimkanal-Geschäften einstellen wollte. Schalck erwähnte es als erster gegenüber Josef März: "Daß heute ein angeblicher Beauftragter von Kohl 'Vorschläge in der Tasche hatte'", die Fragen berührten, deren Klärung eigentlich nur über März/Strauß kanalisiert werden sollte.
Schalck machte März klar, daß es einen zweiten Kanal gab – "mit sehr konkretem Wissen über das Telefongespräch und über den Ort Rosenheim". Da werde auch ganz konkret auf die Beziehungen mit März angespielt.
Der wiederum fiel aus allen Wolken. Er versprach, "das schnell mit Strauß zu klären". März jedenfalls hielt es für ausgeschlossen, daß da etwas im Auftrag von Kohl geschehen sein sollte, so Schalck, "da er beim Gespräch zwischen Strauß und Kohl auf dem Flug nach Paris selbst dabei war, in dem die Art der Weiterführung der Gespräche über den jetzigen Kanal einheitlich festgelegt wurde. Er kann sich nicht vorstellen, daß Kohl hinter dem Rücken von Strauß eigene Wege geht."

Schalck wußte jedenfalls ganz genau, wer da angeblich im Auftrag von Bonn dazwischenfunkte. In einer Aktennotiz erwähnt er den Anruf eines Züricher Bankdirektors B. Der hatte ihn angerufen mit Hinweis auf seinen bevorstehenden Besuch der Leipziger Messe. Er erbat Rat: Bei einem seiner letzten Besuche in Ostberlin sei er angesprochen worden, "Herrn Jenninger im Bundeskanzleramt zu informieren". Er sollte nichts weniger in Bonn mitteilen, als daß zur Leipziger Frühjahrsmesse eine hochkarätige Delegation erwartet werde, einschließlich Philipp Jenninger.

Der Bankdirektor gab zu erkennen, er habe schon öfter auf Bitten der DDR "andere heikle Aufträge in der gleichen Richtung" durchgeführt.
Wo war das Problem von Herrn B. aus Zürich? Ganz einfach: Die Ständige Vertretung der DDR in Bonn, an die Jenninger sich vereinbarungsgemäß gewandt hatte, ließ nichts von sich hören. Direktor B. befürchtete, "sein Gesicht zu verlieren".

Franz Josef Strauß verlor nicht sein Gesicht, sondern die Beherrschung, als er von Herrn B. hörte. Der bayerische Löwe brüllte, als der Züricher Bankdirektor in sein Revier eindrang. März bat bei Schalck, wie dieser protokolliert, um nähere Angaben. Zumindest den Namen von Herrn B. erfuhr er von dort.

Und dann kam ein Treffen mit Strauß in dessen Wohnung in München. Da durfte Schalck zwar nicht erleben, was März einmal so dringend gewünscht hatte: wie harmonisch nämlich F.J. S. mit Helmut Kohl telefonierte. Aber er wurde Zeuge, wie Strauß Herrn Jenninger in Bonn am Telefon zusammenstauchte.
Zuvor hatte Schalck im Namen der DDR geäußert, daß die Behauptung von Strauß nicht stimme, und bekräftigt: "Daß außer Ihnen niemand bevollmächtigt ist, im Namen des Bundeskanzlers und des Staatsministers im Bundeskanzleramt, Jenninger, Gespräche bzw. Verhandlungen zu führen."
Denn schon wieder hatte sich Direktor B. aus Zürich gemeldet und einen in Ansätzen noch aus SPD-Zeiten stammenden uralten Hut über Häftlingsfreikäufe, das sogenannte Züricher Modell, erneut ins Gespräch gebracht.
Die Notiz Schalcks "Nur zur persönlichen Information des Genossen Minister" klingt , wenn man sie auf der Zunge zergehen läßt, zumindest verhalten schadenfroh.
Schalck will nämlich zu Strauß gesagt haben: "Weiterhin war aus dem Gespräch zu entnehmen, daß damit Ihre Stellung und Ihre Vollmachten beeinträchtigt wurden, was zu gewissen Zweifeln auf unserer Seite führte."

Daß gerade diese Verhandlungspartner an Franz Josefs Kompetenzen zweifelten, war zuviel. Genüßlich-nüchtern liest sich's im Protokoll:
"Strauß war über diese Mitteilung sehr erregt und bat mich, in seiner Gegenwart dabeizusein, um ein Gespräch, das Strauß während meines Zusammentreffens mit Jenninger führte, mitzuhören."
Strauß fragte knapp, ob es den Tatsachen entspreche, daß Herr B. erneut mit Aufgaben betraut worden sei.
"Darauf hat Jenninger unmißverständlich erklärt, daß B. weder ein Mandat hätte noch habe und daß er nach dieser eigenmächtigen Handlung veranlassen wird, daß jegliche Gesprächsführung über B. zu diesem Thema verboten werde."
Schalck weiter: "Jenninger hat nicht bestritten, daß er in Gegenwart eines Mitarbeiters von ihm B. gesprochen hat und daß diese Gespräche dazu dienten, Wissen über 'die Zustände in der DDR' von B. abzuschöpfen."
Nur zu diesem Zweck habe das Bundeskanzleramt B. benutzt. Als dann Jenninger noch zugab, daß B. in Kürze wieder wichtige Gespräche in Ostberlin führen werde, brach Strauß – so Schalck im Protokoll – "in schallendes Gelächter aus und kommentierte, daß es ja ein Armutszeugnis für das Bundeskanzleramt ist, über solche Leute wie B. die Stimmung in der DDR einschätzen zu lassen. Strauß gab Jenninger abschließend den dringenden Rat, so, wie das mit dem Bundeskanzler besprochen ist, daß in der gegenwärtigen Phase außer ihm niemand mit Beauftragten der DDR zu den von der DDR mündlich übermittelten neuen Vorschlägen spricht."

Herr B. verschwand allmählich aus Schalcks Akten.

Basta! Das war's.

Strauß war wieder unumschränkter Platzhirsch auf der Lichtung der deutsch-deutschen Beziehungen. Helmut Schmidt hatte am Werbellinsee ein Bonbon bekommen, Strauß bekam in Leipzig ein Zuckerl besonderer Art.

"Nummer 1" habe entschieden, so ließ Schalck telefonisch mitteilen, daß das "Gespräch zwischen Nummer 1 und Ihnen im engsten Kreis, wie beim letzten Besuch ohne Essen" stattfinden werde.
Und dann kam die tolle Mitteilung: "Anflug kann direkt erfolgen; Landegebühren entfallen, da Sie unser Gast sind."
Das mit den Landegebühren war eine Höflichkeitsgeste. Das mit dem direkten Anflug ein handfestes Politikum. Denn die alliierten Luftraumüberwacher im Westen wurden in höchste Nöte gestürzt, als plötzlich Strauß mit einer Privatmaschine Kurs nahm, direkt über die Grenze von West- nach Ostdeutschland. Eigentlich hätte die Maschine abgefangen oder abgeschossen werden müssen.
Das war der erste von höchster Stelle sanktionierte Privatflug nach drüben.
Exklusiv für F.J.S.

Die Rolle des Philipp Jenninger

Nun hatte auch Bonn den direkten Draht nach Ostberlin. Kanzleramtschef Philipp Jenninger war in die Geheimgespräche mit einbezogen worden. Schalck war das ganz recht so, denn der nächste große Kredit mußte ja wieder über Bonn eingerichtet werden. Und Strauß brauchte dabei nicht so ins öffentliche Schußfeld zu geraten.

Nur stellte sich sehr rasch heraus: Dieser zweite Kredit würde nicht so reibungslos über die Bühne gehen wie der erste. Schalck schlägt deshalb in einer Notiz an Mielke warnende Töne an:
"Aus den Gesprächen mit Jenninger und seinem persönlichen Mitarbeiter Dr. Gundelach muß eingeschätzt werden, daß

schon die Durchführung der 1. Kreditrate auf außerordentlich großen politischen Widerstand verschiedenster Kräfte und aus unterschiedlichen Motiven heraus gestoßen ist. Gundelach bemerkte dazu, ein weiteres Mal kann sich das die Bundesregierung mit dem Bundeskanzler an der Spitze nicht erlauben, einen großen Kredit auszureichen und dafür wenige öffentlich verwertbare Zusagen unserer Seite zu erhalten."

Besonders stark war der Widerstand aus Westberlin und aus Kreisen der FDP, "die mit der Ausreichung von ungebundenen Finanzkrediten große Nachteile für die Entwicklung der Handelsbeziehungen zwischen beiden deutschen Staaten" sah.
Auch der Bundeskanzler wurde zusehends sperriger. Schalck: "Das brachte auch Jenninger immer wieder zum Ausdruck, daß der Bundeskanzler nach anfänglichen Zusagen im entscheidenden Augenblick gegebene Vollmachten zurückzieht."
Hier beklagt sich – trotz aller gegenteiliger Versicherungen von Josef März – Schalck bei Mielke auch über die fehlende Harmonie zwischen Kohl und Strauß:
"Was die Beziehungen und Gespräche zwischen Kohl und Strauß anbetrifft, so möchte ich dazu feststellen, daß beide das Talent haben, stundenlang zu sprechen, ohne etwas Konkretes festzulegen. So hat in der zur Diskussion stehenden Frage Strauß stets mit ihm (Red.: Gemeint ist Jenninger) gesprochen statt mit Kohl. Hier liegt eigentlich das große Problem. Strauß ist dafür, aber will sich offensichtlich in dem persönlichen Gespräch mit Kohl in der jetzigen Situation nicht anlegen, um das gespannte Verhältnis nicht weiter zu belasten.
Mit hoher Wahrscheinlichkeit kann man davon ausgehen, daß Strauß vielleicht schon in diesem Jahr als Vizekanzler in die Regierung eintritt. Diese Entscheidung wird Genscher mittragen, der ja das Ressort des Außenministers behalten würde, während Strauß persönlich als Vizekanzler ohne besonderen Geschäftsbereich, vor allem aber für die Koordinierung

der Sicherheitsfragen Interesse zeigt, während Kohl ihn als Vizekanzler und Bundesverteidigungsminister in die Kabinettsarbeit einbeziehen will.
Auf die Dauer kann man dem Druck von Strauß nicht widerstehen. Es gibt zunehmend Kräfte, die davon ausgehen, daß Strauß in der Regierung disziplinierter und konstruktiver auftreten wird, als das jetzt der Fall ist."

Wir alle wissen, daß Kohl sehr wohl dem Druck von Strauß widerstand. Aber zu jenem Zeitpunkt war Strauß ernsthaft für Bonn im Gespräch. Und er blieb es auch – wie Schalcks Akten zeigen.
Strauß hatte Jenninger bei Schalck empfohlen. Nun war es an Jenninger, zur Aufrechterhaltung der Kontakte zu Strauß zu raten. "Das könnte perspektivisch noch Gewicht bekommen, wenn er selbst als Bundesvizekanzler in das Kabinett eintreten würde", schreibt Schalck. "Ohne sein Mitwirken wäre die Durchführung dieser Politik völlig undenkbar. Er ist nur etwas vorsichtig geworden, weil er am eigenen Beispiel erlebt hat bei der Ausreichung des ersten Finanzkredites, welche Konsequenzen das in der politischen Landschaft haben kann."
Das war Anfang August 1984.

Drei Wochen später wurde Josef März aktiv und bestätigte Schalck, "was bereits von Jenninger angedeutet wurde: daß der Eintritt von F.J. Strauß als Vizekanzler in das Kabinett sehr wahrscheinlich ist".
Offensichtlich richtete die Hoffnung auf das hohe Amt den Bayern auf, denn März meldete: "Der gesundheitliche Zustand von F.J. Strauß hat sich bedeutend gebessert, und er ist fest entschlossen, den Wechsel von München nach Bonn vorzunehmen."
März empfiehlt, man solle sich weiterhin auf Strauß verlassen. Auch dann, falls es nicht dazu kommen sollte, daß "die vom ihm mit verantwortete Zusage über die Ausreichung der 2. Tranche des Kredites realisiert wird".

März wirft sich offensichtlich mächtig ins Zeug für den Duzfreund in München, denn Schalck protokolliert:
"März schätzt ein, daß F.J. Strauß kein Mann ist, der, nachdem für ihn eine positive Bilanz in den Beziehungen zur DDR gezogen wird, diese Entwicklung durch schwankende Haltung des Bundeskanzlers und durch unabgestimmtes und politisch stümperhaftes Auftreten anderer Politiker, u.a. Dregger, stören wird."
Auch für Jenninger legt März ein gutes Wort ein. Denn Jenninger halte zu Strauß, habe sich in dieser ganzen Phase außerordentlich anständig verhalten. Jenninger sei aber "aufgrund des direkten Unterstellungsverhältnisses zu Kohl in seiner Handlungsweise stark eingeschränkt". Nach Vorstellung von Strauß solle Jenninger Fraktionsvorsitzender der CDU/CSU werden. "Das ist damals am Widerstand von Kohl gescheitert", schreibt Schalck in seine Aktennotiz.

Jenningers enger Schulterschluß mit Strauß ist sicherlich auch die Erklärung dafür, daß Jenninger später aus vergleichsweise nichtigem Anlaß seinen Hut nehmen mußte.
Jenninger hatte 1988 in einer Gedenkrede zu den Pogromen an den Juden vor fünfzig Jahren Zitate gewählt, die vor allem in Israel den Eindruck erweckten, er habe die Hitler-Ära verteidigen wollen.
Ausgerechnet die DDR-Medien stürzten sich nun auf den Bundestagspräsidenten. Für den Schriftsteller Stefan Heym war Jenningers Rede das "Plädoyer eines Mannes, den man in der Literatur als Advokaten des Teufels bezeichnen würde". Das "Neue Deutschland" schrieb von "Begriffen aus der Terminologie des Blutrichters Freisler". Die jüdische Schauspielerin Ida Ehre, die im Rahmen der Feierstunde Paul Celans Gedicht "Todesfuge" vorgetragen hatte, meinte hinterher, es war "vielleicht nur die Art, wie er es vorgetragen hat, die falsch war".
Philipp Jenninger selbst hatte später den Eindruck, daß er einem "inszenierten Eklat" zum Opfer gefallen war. So sagte er in einem Interview mit der Münchner Abendzeitung: "Für ei-

nige Leute war das erklärte Ziel, mich an diesem Tage politisch umzubringen."
Bundeskanzler Kohl hatte sich zwar in der Kießling-Affäre einst massiv vor Verteidigungsminister Wörner gestellt. Obwohl dieser sogar einen bekannten Zuhälter aus der Schweiz hatte einfliegen lassen, um ihn zu Lasten des Nato-Generals Günter Kießling anzuhören. Seinen früheren Kanzleramtschef und späteren Bundestagspräsidenten Philipp Jenninger aber ließ er im Regen stehen. Er nahm den Rücktritt Jenningers lediglich "mit großem Respekt" zur Kenntnis.

Jenninger war das Ohr von Strauß in Bonn.
Schon Jahre zuvor hatte sich das in den Schalck-Papieren niedergeschlagen.
Freimütig plauderte Strauß offenbar mit Schalck im November 1984 über Weltpolitik, Bonner Fragen und Parteiquerelen. Dabei kam auch Jenninger vor. Aus Schalcks Akten geht hervor, daß Strauß auch der SPD eins auswischte:
"Die SPD selbst hat an Profil und Stimmen nicht gewonnen. Das hängt vor allen Dingen mit Vogel zusammen, der nicht das genügende Profil hat, um eine Wende zugunsten der SPD zu erreichen. Die Leute vom Kaliber Wehner sind leider aus der politischen Landschaft verschwunden."
Und dann zu Strauß-Freund Jenninger: "Zur Wahl Jenningers als Bundestagspräsident hat er (Strauß) bis zuletzt Jenninger selbst und Kohl davon abgeraten, da das für Jenninger 'ein Abschieben auf einen Posten ohne Macht' darstellt. Er selbst hätte gerne gesehen, wenn Stücklen noch zwei Jahre dieses Amt ausgeübt hätte und Jenninger auch als sein Vertrauter im Bundeskanzleramt verblieben wäre. Sein Nachfolger Schäuble wird in den nächsten Tagen seinen Antrittsbesuch in München durchführen. Kohl hat die Losung ausgegeben: "Sich nicht mit Strauß anzulegen und alles mit ihm eng zu koordinieren und zu besprechen!'"

Dann folgt die Erklärung, weshalb Strauß sich anders besonnen hat in Sachen Vizekanzlerschaft.

Schalck schreibt: "Das hat auch seine Freunde veranlaßt, auf ihn Einfluß zu nehmen, sich nicht um ein Regierungsamt 'in Bonn zu reißen', sondern aus München als Vorsitzender der CSU und mit seinen fünf Stimmen als Ministerpräsident des Landes Bayern im Bundesrat den Einfluß auf die Bonner Regierungspolitik auszuüben."

Was immer es an Unstimmigkeiten in den Vorgesprächen zwischen Strauß und Kohl gegeben haben mag – Strauß vertraut mit einiger Bitterkeit dem Gesprächspartner Alexander Schalck seine Ansicht über Kohls Lage an. Und Schalck gibt das brühwarm an Mielke weiter:
"Die nächste Zeit wird es mit sich bringen, ob Kohl seine Vorstellungen durchsetzen kann und ob er aus seinen Fehlern gelernt hat. Es ist eigentlich ein Glück für Kohl, daß so schwache politische Gegner die SPD führen, sonst wäre es um ihn schlimmer bestellt."
Strauß wird in diesem Zusammenhang auch zur Parteispendenaffäre zitiert: "Interessant ist vielleicht zu vermerken, daß der veröffentlichte Brief des Rechtsanwalts Paul zum Verhalten von Kohl in der Flick-Affäre die Rache von Barzel ist, da Kohl ihn fallengelassen hat."
Ganz eindeutig will Kohl den Einfluß des CSU-Chefs in Bonn soweit wie möglich herunterschrauben.
Schalck schreibt: "Gegenwärtig ist er bemüht, Kohl zu zwingen, im Bundeskanzleramt eine Vertrauensperson der CSU als Staatssekretär oder Ministerialdirektor einzugliedern. Wie immer hat Kohl dazu vermerkt: 'Er habe dafür zur Zeit keine Stelle frei.'"
So ein Pech.

Was Strauß für die Wirtschaft tat

Gelegentlich kurbelte Franz Josef Strauß auch selbst geschäftliche Vorgänge an. Im Oktober 1984 etwa übermittelt Schalck dem Genossen Dr. Mittag im ZK eine Bitte von Strauß, Schreiben anbei:

"Vor wenigen Tagen hat sich die Muttergesellschaft der BMD – Badische Maschinenfabrik Durlach GmbH an mich gewandt, ihr Interesse am Projekt VEB MAW Stahlgießerei 'Wilhelm Pieck' Rothensee mitgeteilt und um Unterstützung ihrer Bewerbung gebeten.

Nachdem die BMD ein gutgeführtes mittelständisches Unternehmen von Weltruf ist, hervorragendes technisches Know-how besitzt und nicht nur im Bereich der Flüssigstahlbehandlung mit erstrangigen Firmen wie zum Beispiel M.A.N.-GHH Sterkrade zusammenarbeitet, möchte ich die Badische Maschinenfabrik Durlach GmbH Ihrer Aufmerksamkeit empfehlen. Die BMD ist mir als zuverlässiges Unternehmen mit erfolgreichem Management ein Begriff.

F.J.Strauß"

In seinem Brief an Günter Mittag erklärt Schalck, daß die von Strauß befürwortete Gruppe "von den Konditionen und vom Preis her... besser in der Konkurrenz" liege.

"Ich habe aus diesem Grunde Genossen Gerhard Beil empfohlen, beim Lieferantenentscheid in diesem Falle der Badischen Maschinenfabrik Durlach den Auftrag zu erteilen. Zusammenhänge zu Strauß sind Genossen Beil nicht bekannt.

Mit kommunistischem Gruß

Schalck"

Die Geschichte hat ein Vorspiel. In Schalcks Akten findet sich nämlich auch eine Notiz mit unleserlicher Unterschrift, in der Schalck informiert wird über das Objekt "Stahlgießerei Ro-

thensee". Zu diesem Zeitpunkt steht die Firma BMD durchaus noch nicht soviel "besser in der Konkurrenz". Der vorläufige Importpreis von BMD beträgt 66,8 Millionen Valutamark – der der Konkurrenz Krupp/Fischer AG 66,1 Millionen.
In dieser Notiz an Schalck heißt es: "Von beiden Partnern werden aus technisch-technologischer Sicht gleichwertige Bedingungen geboten... Sollten sich in der Phase der Endverhandlungen nicht noch entscheidende Veränderungen und damit ein Vorzug für einen der beiden Partner ergeben, wird eine Absprache zwischen Dir und Genossen Dr. Beil in Vorbereitung des Lieferantenentscheides erforderlich."

Als am 22. Oktober die Entscheidung schließlich ansteht, hat sich eine einschneidende Veränderung ergeben: Die Badische Maschinenfabrik Durlach ist inzwischen um knapp sechs Millionen Mark billiger geworden – worauf auch immer das zurückzuführen ist.
Schalck informiert den zuständigen Minister für Außenhandel, Gerhard Beil:
"Entsprechend den Protokollen über die abschließenden Beratungen mit den Anbietern Krupp/Fischer AG und Badische Maschinenfabrik Durlach (BMD) ergeben sich bei vergleichbarem Liefer- und Leistungsumfang folgende Preise:

Fa BMD	60.750.000,- VM
Fa Krupp/Fischer AG	66.445.000,- VM

Aus technisch-technologischer Sicht sind beide Partner gleichwertig. Die Laufzeit des für die Finanzierung angebotenen Bank-zu-Bank-Kredites beträgt in beiden Fällen 8 Jahre. Unter Beachtung des mit Krupp anstehenden Waggongeschäftes bitte ich Dich, den Lieferantenentscheid zugunsten der Badischen Maschinenfabrik Durlach zu treffen."

So also ist das. Schalck rät, der Minister handelt. Was BMD bewogen hat, in den Endverhandlungen billiger zu liegen als die Konkurrenz, kommt in Schalcks Akten nicht zur Sprache.

Auf Strauß nehmen auch westdeutsche Getreidehändler Bezug. Mit Schreiben vom 30. September wird die Deutsche Getreide-Handelsgesellschaft mbH & Co in sehr bestimmtem Tonfall vorstellig – das Schreiben findet sich in Schalcks Akten:
"Ich nehme an, Sie sind nach Unterrichtung durch die Familie Strauß mit unserem Problem vertraut und werden verstehen, daß wir nicht gewillt sind, eine Einbuße von ca. 400.000 t Getreide bzw. Getreideprodukten, im Durchschnitt der letzten Jahre, auf Dauer hinzunehmen! Vor allem, wenn diese Umsätze, wie für dieses Jahr vorgesehen, an einen mehrheitlich in ausländischen Händen befindlichen Mitbewerber gehen.
Es ist uns bewußt, daß Darlegungen über diesen Komplex in Bonn und vor allem in Brüssel unter Umständen nicht revidierbare Tatbestände schaffen könnten. Wir halten daher den Vorschlag der Familie Strauß für gut, mit Ihnen über die gesamte Sachlage ein Gespräch zu führen."

Was ist schon dabei? Strauß hat sich eben, wie sich das gehört für einen Politiker, für die Belange der Wirtschaft interessiert. Er hat Fingerzeige gegeben. So hat er auch Anfang 1988 wohlwollend das Vorhaben der Firma MAN unterstützt, 150 dreiachsige Baufahrzeuge im Lieferwert von mehr als 22 Millionen DM in die DDR zu liefern. Die Kipper sollten von der Firma Transportmaschinen Berlin gekauft und im Kohlebergbau im Bereich Cottbus bzw. als Baufahrzeuge im Raum Dresden und Weimar eingesetzt werden.
"Ich wäre Ihnen dankbar, wenn Sie sich dafür einsetzen könnten. Mit freundlichem Gruß. F.J. Strauß"

Über die Strauß-Kontakte zur DDR kam auch der Vizepräsident des Bayerischen Landtages, Siegfried Möslein, zu einem unvergeßlichen Erlebnis. Erich Honecker persönlich – so steht es in einer Mitteilung von Schalck an Günter Mittag zu lesen – hatte einen Herzenswunsch Mösleins positiv entschieden: nämlich seinen Geburtsort Hasenthal/Thüringen zu besuchen. Mit Frau und Sohn.

"Da die Grenzordnung der DDR die Einreise und den Aufenthalt von Ausländern in das Sperrgebiet prinzipiell ausschließt, habe ich mit den zuständigen Genossen die notwendigen Maßnahmen zur Ein- und Ausreise sowie für den Aufenthalt im Sperrgebiet abgestimmt", schreibt Schalck.
Aus dem Eintagesbesuch der Familie Möslein wurde dann eine kleinere Staatsaktion. Es mußte nach drüben gemeldet werden, daß Vizepräsident Möslein den Grenzübertritt am Kontrollpunkt Rottenbach für Sonntag, 22.11.1987, 10 Uhr, plane. Er werde mit einem dunkelgrünen Pkw der Marke BMW 524 D anreisen. Amtliches Kennzeichen: CO-OD 100. Schalck bat sogar um Verständnis, daß sich Möslein in dem grenznahen Gebiet nicht frei bewegen konnte: "Bitte ich um Verständnis, daß er ab Rottenbach von einem DDR-Fahrzeug begleitet wird, das auch bei der Fahrt in das Sperrgebiet zur Verfügung steht. Nach Verlassen des Sperrgebietes kann Herr Möslein wie sonst selbständig zum Grenzübergang Rottenbach zurückfahren."

Durch Umstände, die Schalck weniger gefallen dürften, sind heutzutage solche Reisen mit erheblich geringerem Staats-Trara möglich. Und das ist gut so.

Falsche Papiere für Simon Goldenberg

Eine der undurchsichtigsten Figuren, zu Hause unter anderem in München und Nizza, ist ein internationaler Im- und Exportkaufmann namens Simon Goldenberg, 77. Daß er eine Zeitlang unbehelligt und verschont von bohrenden Fragen in München in seiner Schwabinger Wohnung leben konnte, hat er unter anderem dem Rosenheimer Freund und Fleischgroßhändler Josef März zu verdanken.

Der erschien, laut Schalcks Akte, am 12. Oktober 1984 beim Devisenbeschaffer in Ostberlin, grüßte laut Protokoll im Auftrag von Strauß und übergab Unterlagen. Dann bat er um falsche Papiere für Simon Goldenberg.
Alexander Schalck scheint der Name auf Anhieb geläufig zu sein. Er hält es auch nicht für nötig, dem Genossen Minister Mielke, an den das Schreiben gerichtet ist, diesen Mann näher zu charakterisieren. Lapidar schreibt Schalck:
"Darüber hinaus bat März darum, ernsthaft zu prüfen, für Simon Goldenberg Nachweisdokumente auszustellen, aus denen ersichtlich ist, daß er seit 1959 Bürger der DDR war.
Nachdem Goldenberg seinen Wohnsitz von Rosenheim nach München verlagert hat, ergeben sich Komplikationen bei der Ausfertigung notwendiger Personaldokumente, da kein Nachweis über seine Staatsbürgerschaft erbracht werden kann.
Um Recherchen durch Münchner Behörden zu vermeiden, empfiehlt März, Möglichkeiten zu finden, Goldenberg ein entsprechendes Dokument zuzuspielen, aus dem seine Einbürgerung als Bürger der DDR 1959 ersichtlich ist.
Bitte um Entscheidung.
Mit kommunistischem Gruß
Alexander Schalck"

Goldenberg scheint ein Mann zu sein, von dem vor allem Ärger ausgeht. Und zwar Ärger, in den zu einem bestimmten Zeitpunkt auch Franz Josef Strauß mit hineingezogen wird. Anfang der achtziger Jahre wohnte Simon Goldenberg, seines Zeichens Inhaber einer Firma für Im- und Export, in Rosenheim. In der ZDF-Sendung über die "Schalck-Connection" im Juli 1991 wurde Goldenberg sogar in einem der Bürohäuser angesiedelt, in dem auch die März KG Büros unterhielt.
In einem seiner besonders offenen Gespräche macht März offensichtlich Schalck auch Mitteilung über die Probleme, die Goldenberg bereitete. Schalck in seiner Aktennotiz:
"In diesem Zusammenhang hat Strauß in seinem nächtlichen Gespräch März Vorwürfe gemacht, daß erneut Presseveröf-

fentlichungen erschienen sind – ausgehend von dem Namen Simon Goldenberg und der Verdächtigung, daß dieser Mann mit Heroin, Zigaretten und anderen Dingen umfangreiche Schmuggelgeschäfte durchgeführt hat." In diesem Zusammenhang seien öffentlich auch die Namen Strauß und März genannt worden. Strauß habe seine Leute beauftragt, die Quellen für diese Presseveröffentlichungen herauszufinden. Und März gebeten, festzustellen, "ob möglicherweise wir dahinterstecken".
Strauß war mißtrauisch genug, den Stasi als Urheber oder Fädenzieher zu vermuten. Aber da holte sich März eine herbe Abfuhr von Schalck:
"Ich habe sehr klar März erklärt, daß das nicht unser Arbeitsstil ist und wir die aufgenommenen informellen Kontakte von unserer Seite aus korrekt führen, so daß er die DDR oder Personen aus der DDR völlig ausschließen kann", zitiert sich Schalck selbst in seinem Aktenvermerk.
Dann geht es allerdings mehr als aufschlußreich weiter, denn Schalck hat ganz offensichtlich einen direkten Draht zu Herrn Goldenberg in der Bundesrepublik:
"Dazu erklärte am 1.2. (Red.: Noch am gleichen Tag, an dem das Gespräch zwischen Schalck und März stattfand) auf Befragen Simon Goldenberg, er könnte sich nur vorstellen, daß eventuell W. oder G. solche Äußerungen gemacht haben könnten." Bei diesen Namen habe März abgewinkt und Strauß gesagt, daß er diese Personen vergessen könne, weil sie in dieser Frage keine Rolle spielten. Trotzdem verblieb bei Strauß der Eindruck, daß Kräfte, die er zur Zeit nicht kennt – immer wieder ausgehend von Simon Goldenberg –, seinen Namen und den von März diskriminieren wollen.

Es ist kein Wunder, daß Schalck keine Fragen zur Person Goldenberg stellte. Denn der Mann war ihm natürlich bestens bekannt.

Simon Goldenberg, in Konstantinopel geboren, vor der Judenverfolgung in der Türkei erst nach Kairo, dann nach Paris geflohen, lebte viele Jahre in der DDR. Seine Eltern und Geschwister waren beim Einmarsch der Deutschen in Paris von den Nazis festgenommen worden und starben im KZ Auschwitz. Von 1950 an machte Simon Goldenberg in der DDR Geschäfte. Goldenbergs Firma "G. Simon, Industrievertretungen" dealte mit achtbaren Konzernen im Westen, mit Daimler-Benz, mit IBM, mit British Petrol (BP).

In der DDR genoß Simon Goldenberg, ähnlich wie Schalck, einen Sonderstatus. Er hatte eine Privatfirma, drei Fahrer und drei Sekretärinnen und machte einen Jahresumsatz, so erzählte er Anfang der achtziger Jahre im "stern", "von einer halben Milliarde Dollar".

Kein Wunder, daß sich Schalck und Goldenberg kannten.

Kein Wunder, daß Goldenberg dann auch unter außergewöhnlichen Umständen 1976 aus der DDR aussiedelte. Aus Gesundheitsgründen, sagte er.

Eine andere Version lieferte später ein Mann namens Zimmermann, der gegenüber Ermittlern in Frankfurt aussagte: Herr und Frau Goldenberg – die Stieftochter eines hohen SED-Funktionärs – hätten die DDR nur unter der Bedingung verlassen dürfen, daß sie im Westen weiterhin mit dem Ministerium für Staatssicherheit zusammenarbeiten würden.

Selbstverständlich bestritt Goldenberg das. Dieser Zimmermann, so verriet Goldenberg damals dem "Spiegel" in seiner feudalen Wohnung über den Dächern von Nizza, sei "ein Schwein", ein "ganz hinterhältiger Halunke".

Wie auch immer: Jedenfalls kam Goldenberg 1976 nach Bayern, ein wenig später folgte der Hausstand aus der DDR, und auch die wertvolle Sammlung von Meißner Porzellan war dabei.

Zumindest auf dieser Ebene hatten Schalck und Goldenberg gemeinsame Interessen. Denn auch bei Schalck fanden sich ja nach dessen Flucht in der Berliner Villa Unmengen von Nippes aus Meißen.

Es darf vermutet werden, daß Schalck und Goldenberg eine

ganze Zeit lang eng miteinander zu tun hatten. Folgendes spricht dafür:
Goldenberg stand in den sechziger und siebziger Jahren in einem Wiener Schmugglerprozeß vor Gericht. Es ging um die größte Alkoholschmugglerbande der Nachkriegszeit – um insgesamt achtzehn Personen mit Simon Goldenberg und Robert Weisz an der Spitze. Nach Aussagen von Weisz waren Unmengen von Rohalkohol aus der DDR in die Bundesrepublik und nach Österreich geschmuggelt worden. Die Zoll-Spezialisten schätzten, daß in jenen Jahren allein der Bundesrepublik mehr als 100 Millionen Mark Steuern verlorengegangen waren.

Der Alkoholschmuggel war auf DDR-Seite ganz offensichtlich von höchster Stelle verordnet worden. Denn die Schmuggelfahrzeuge wurden regelmäßig, wie das Kölner Zoll-Kriminalinstitut weiß, von den DDR-Grenzern ohne Kontrolle durchgewinkt. "Die Schmuggeltechnik funktionierte nur deshalb reibungslos", erklären die Zollfahnder, "weil Stellen in der DDR eingeschaltet waren, die diese kriminellen Vereinigungen wirkungsvoll unterstützten."

In einer ARD-Sendung "Panorama" packte 1986 ein Uwe S. aus, der Billigschnaps von Holland zu der KoKo-Firma Delta in Ostberlin geschafft haben will. Nach seiner Aussage sei der ursprünglich deutsche Weinbrand unter Umgehung von Zoll und Steuer für rund 2 Mark pro Flasche nach Holland exportiert, von dort in die DDR geschafft – und schließlich über den Grenzübergang Heinrich-Heine-Straße wieder "zollfrei" in die Bundesrepublik geschmuggelt worden.
Nach Schätzung der Zollexperten können laut "Panorama" der Bundesrepublik durch den illegalen Ost-West-Transfer zwei Millionen Mark Branntwein- und Mehrwertsteuer entgangen sein.

Flughafen Leipzig-Schkeuditz, 1.9.1985: Herzlicher Empfang für Strauß und Tochter Monika durch Alexander Schalck und seine Frau Sigrid, geborene Gutmann. In einem persönlichen Brief bedankte sich Bayerns Ministerpräsident für die Gastfreundschaft und schickte Präsente – Bücher mit Widmungen von sich und seiner Frau

Jürgen Ost + Europa Photo

Strauß – der letzte Anlauf zum Außenminister

Für Schalck war Strauß der nächste Außenminister – zumindest vorübergehend. Er nahm die Nachricht ernst, daß Franz Josef Strauß nun definitiv nach Bonn ginge. Und gab diese Information pflichtschuldigst weiter nach ganz oben.
"Strauß hat im internsten Kreis die feste Absicht geäußert, bei einer Neubildung des Kabinetts nach den Wahlen 1987 ein einflußreiches Regierungsamt zu übernehmen", informierte März mit der dringenden Bitte um strengste Geheimhaltung.

Einstweilen behandelte die DDR Strauß wie einen König – zum Beispiel beim Besuch der Leipziger Messe. Strauß bekam mühelos die notwendigen Überfluggenehmigungen. Und aus seinem Dankschreiben an Dr. Alexander Schalck-Golodkowski liest sich unschwer, daß er die Behandlung in Leipzig genossen haben muß:
"Das Programm meines Besuches in Leipzig war erstklassig vorbereitet und wurde vorzüglich abgewickelt. Ich möchte mich bei Ihnen dafür, für die Gastfreundschaft und die hervorragende Betreuung während des ganzen Tages sehr herzlich bedanken. Mit dem Besuch des beeindruckenden Neuen Gewandhauses, dem Spiel des Gewandhaus-Orchesters und seines genialen Organisten, Herrn Matthias Eisenberg, haben Sie mir eine große Geburtstagsfreude bereitet, die mir in unvergeßlicher Erinnerung bleiben wird. Mein Dank wäre unvollkommen, wenn ich nicht auch Ihre Gattin einbeziehen würde. Ihrer Frau gelten meine besten Grüße und mein herzlicher Dank für die bemerkenswerte Gastfreundschaft und die Stadtfahrt, die sie mit meiner Tochter Monika unternommen hat.
Als sichtbares Zeichen meines Dankes übersende ich anbei für Sie den Bildband 'Franz Josef Strauß – Der Mensch und der Staatsmann' und für Ihre Gattin den Bildband 'Marianne

Strauß – Ein Buch der Erinnerung', in dem das Leben und Wirken meiner Frau gewürdigt wird. Ich habe beide Bände jeweils mit einer Widmung versehen.
Mit freundlichen Grüßen
Ihr F.J. Strauß"

Für Schalck und die DDR war Strauß auf alle Fälle wichtig genug – ob er nun ein einflußreiches Regierungsamt in Bonn bekam oder nicht. Schließlich lieferte Strauß, wenn auch oft über den Umweg März, fundierte politische Einschätzungen. Sie mußten nicht immer stimmen, waren aber zumindest fundamental.
Ende September 1985 etwa hatte Josef März etwas gegen die "aufmerksame Behandlung von Brandt in der DDR". Im Protokoll Schalcks werden die Worte von Wehner zitiert, wonach die SPD nach dem Wahlverlust die Macht in Bonn gleich für zwanzig Jahre verlieren werde. März läßt wissen, daß die SPD bei den Wahlen 1987 keine Chance habe, die Regierungsmehrheit zu gewinnen. Und Schalck notiert ungerührt Josef März' Einschätzung: "Bei einer Mannschaft Schmidt/Wehner wäre sicherlich die Gefahr bei einem Bundeskanzler wie Kohl größer gewesen, aber bei der jetzigen Konstellation sollte man aus der Sicht von März nicht zu Fehleinschätzungen kommen."
Eine eindeutige Fehleinschätzung, woher auch immer sie stammte, gab März hinsichtlich der FDP: "Die FDP wird sich von Genscher trennen – über kurz oder lang. Eine Rückkehr der FDP zu einer Koalition mit der SPD ist undenkbar."

Mit seiner Einschätzung der SPD-Chancen behielt März recht – mit den Prognosen für die FDP aber nicht. Heute stehen bei den Liberalen die Signale wieder mal auf Grün – für freie Fahrt in verschiedene Koalitionsbahnhöfe.

Bangemann, so heißt es unvermittelt in Schalcks Notizen, stehe fest zu Strauß und zähle zu den konservativen Politikern. Auch dies eine Mitteilung von März.

Martin Bangemann, früher Wirtschaftsminister in Bonn: Schalck protokollierte zufrieden an Mielke, daß nun auch der FDP-Mann in die Beziehung Strauß/März einbezogen sei

Ein paar Wochen später taucht Bangemann erneut auf. Wieder ist es März, der darauf hinweist, "daß die Bindungen und Verbindungen zwischen Strauß und Bangemann noch intensiver geworden sind. Daraus könnten sich für die Zukunft völlig neue Konstellationen ergeben."

Genosse Minister Mielke bekam auch Persönliches von Strauß zur Kenntnis: "Daß er wahrscheinlich doch die Absicht hat, sich wieder mit einer Frau zu liieren. Es ist seiner Tochter für die Perspektive nicht zumutbar, die Funktion der Landesmutter weiter wahrzunehmen. Diese Lebensgefährtin ist offensichtlich schon in seiner Nähe, aber noch nicht im Haushalt. Soweit März aus Kontakten mit Journalisten feststellen konnte, würde man für einen solchen Schritt Verständnis zeigen."

Selbstverständlich könne Strauß als Ministerpräsident von Bayern nicht die Entscheidungen des Bundeskabinetts oder des Bundeskanzlers treffen – sagt März im Gespräch mit Schalck am 15. September 1986. "Er glaubt aber, durch seine persönlichen Kontakte auch auf informellem Wege diese Weichen zum gegenseitigen Interesse gestellt zu haben", heißt es in Schalcks Akte. Strauß sei sich sicher, daß nach dem erneuten Wahlsieg der Regierungsparteien diese Kontakte auch weiterhin möglich sind.

Und März ist, nach seinen Gesprächen mit Strauß, siegessicher in bezug auf die kommenden Wahlen.
"Nach wie vor geht Strauß davon aus, daß nach diesem hohen Wahlsieg sein Einfluß in Bonn sich weiter verstärken wird."

Der nächste Vermerk datiert bereits nach der Bundestagswahl – vom 28. Januar 1987. Der donnernde Wahlsieg war ausgeblieben. Entgegen den in Bayern gezimmerten Prognosen stürzte die FDP nicht ab, sondern gewann sogar noch zwölf Sitze im Bundestag hinzu. Die Union verlor 21 Sitze. Die SPD verlor sieben Sitze, die Grünen gewannen fünfzehn Sitze hinzu.

1987 in der Bayerischen Staatskanzlei: Honecker war nicht nur beim Kanzler in Bonn, sondern auch bei Strauß in München – auf dessen ausdrücklichen Wunsch
action press

F.J. Strauß verzichtete unter dem Eindruck der Wahlergebnisse auf die Teilnahme an der Bonner Elefantenrunde, wurde aber zu später Stunde aus der Runde der CSU-Kummertrinker in der Münchner Olympiahalle vor die Fernsehkamera geholt, wo er einen aufgeweichten Eindruck hinterließ. Strauß auf die Frage von Moderator Martin Schulze, ob er gern dem nächsten Kabinett angehören würde:
"Meine Güte! Schminken Sie sich doch den Bart ab. So eine dumme Frage sollten Sie nicht stellen, Herr Schulze. Das ist ja beinahe unwürdig angesichts der Probleme, um die es geht."

28. Januar 1987 – dreizehn Tage nach der Wahl. Von Josef März hört Schalck Hochinteressantes – sozusagen die interne Abrechnung unter Parteifreunden. Schalck beeilt sich, das schriftlich niederzulegen:
"Es muß eingeschätzt werden, daß besonders im Zeitraum Weihnachten 1986 bis zum Stattfinden der Wahlen schwerwiegende wahltaktische Fehler von Strauß begangen wurden."

– Der erste Fehler: Nachdem um die Weihnachtszeit Wahlprognosen für die CDU/CSU vorlagen, die zwischen 49 und 51 Prozent lagen, habe sich Strauß dazu verleiten lassen, die Wahl als "bereits gelaufen" einzuschätzen – "sicherlich auch beraten durch politisch unrealistisch denkende Kräfte seiner Umgebung, zum Beispiel Stoiber" (in Schalcks Protokoll heißt er: Stäuber). Diese offen gezeigte Siegessicherheit habe mindestens drei bis vier Prozent der CDU-Wähler abgehalten, ihr Wahlrecht auszuüben.
– Der zweite Fehler: "Obwohl Scheel, Bangemann, Waigel, Kohl und andere interessierte Kräfte Strauß dringend gewarnt haben, seinen Angriff gegen Genscher nicht in der Öffentlichkeit vorzutragen, ist er diesem Rat nicht gefolgt. Das führte zu einer unbeabsichtigten Stärkung der FDP. Das zugespitzte Auftreten gegen Genscher hat auch dem FDP-Flügel, der der CDU/CSU nahesteht, mit Bangemann an der Spitze, geschadet."

– Fazit: "Damit ist der größte Wunsch von Strauß, noch einmal Außenminister in der Bundesregierung zu werden, zunichte gemacht worden. Er allein trägt dafür die Verantwortung. Diese Niederlage hat er nur schwer verkraftet, obwohl er im Innersten weiß, daß er dafür letztlich die Verantwortung trägt. Es ist mit Sicherheit einzuschätzen, daß Genscher weiterhin Außenminister in der Regierung sein wird."

Alles Weitere sind offenbar Rückzugsgefechte. So vermerkt Schalck zwar noch, daß Bangemann und Kohl den Bayern Strauß für das Amt eines Vizekanzlers ohne oder mit Geschäftsbereich gewinnen wollen. Aber: "Die in den letzten Stunden stattgefundenen Kontakte mit Strauß lassen erkennen, daß er daran kein Interesse gezeigt hat."

Jedenfalls wolle Strauß die Verbindung zur Staatsführung der DDR halten. "Ob als bayerischer Ministerpräsident oder als Mitglied der Regierung – er steht dafür zur Verfügung", schreibt Schalck.

Vier Wochen später, am 4. März 1987, wird von März bestätigt, daß Strauß nicht in die neue Bundesregierung unter Bundeskanzler Kohl eintritt. Für Mielke zieht Schalck bemerkenswerte Schlüsse aus diesem Gespräch mit März. Wobei nicht ganz klar wird, wie sehr März beim Schlüsseziehen nachhilft. In der Akte jedenfalls steht:
"Damit ist auch klar, daß sich spätestens zu den neuen Landtagswahlen ein Generationswechsel anbahnen kann. Aussichtsreichster Kandidat ist Theo Waigel. März persönlich hat schon in der letzten Zeit ohne Wissen von Strauß Waigel über die wichtigsten Kontaktgespräche mit unserer Seite informiert. Strauß selbst hat zu Waigel unterschiedliche Haltungen, die vor allen Dingen daraus resultieren, daß Waigel zu den wenigen Leuten seiner Umgebung gehört, die ihm – wenn es sich von der Sache her als notwendig erweist – widersprechen.
Im Verhältnis zu Tandler und Stoiber (Red.: Schalck hat inzwischen gelernt, wie man Stoiber schreibt) zählt Waigel auch in der

Franz Josef Strauß mit Renate Piller, nach dem Tod von Marianne Strauß dessen neue Begleiterin: Schalck meldete diese Liaison – direkt an Stasi-Chef Mielke – mit mehreren sehr persönlichen Bemerkungen. "Es ist seiner (Strauß) Tochter nicht zumutbar, die Funktion der Landesmutter weiter wahrzunehmen." Außerdem sei zu hoffen, daß die Verbindung zu der neuen Frau den verstärkten Alkoholkonsum von Strauß einschränke
Jochen Voigt

Partei selbst neben Strauß zu einer überragenden Persönlichkeit. Mit der Bitte nur zur internsten Verwendung teilte März mit, daß Strauß eine neue Lebensgefährtin hat, ohne daß sie zusammenleben, und daß er damit hofft, daß durch deren Einfluß der zeitweilig überhöhte Alkoholgenuß eingeschränkt wird. Mit dem nicht erwarteten Abschneiden zur Bundestagswahl wurde ein Traum von Strauß begraben, nochmals als Vizekanzler und Außenminister nach Bonn zu gehen. Das hat sicherlich auch zu seinem desolaten Zustand in der Wahlnacht geführt. Hinzu kommt, daß Stoiber und Tandler zu den Jasagern zählen, ohne in Sachfragen stärker auf Strauß Einfluß zu nehmen."

Selbständiger wurde die CSU-Spitze erst nach dem Tod von Strauß. Zumindest was die Anstrengungen betraf, mit der DDR möglichst genauso effektiv ins Gespräch zu kommen wie einst F.J.S.

Schäuble: die neue Sachlichkeit

Kohls Kanzleramtschef Wolfgang Schäuble war ab Sommer 1988 Schalcks neuer Gesprächspartner. Die Gesprächsprotokolle Schalcks lesen sich, wie Schäuble ist: fair, nüchtern, sachlich, bestimmt. Kein allzu vertrauliches Wort, kein unnötiges Politisieren.

Auch Schäuble muß erfahren, daß die DDR unersättlich ist in Geldfragen.

Schalck erklärt Schäuble unmißverständlich, "daß der stark gewachsene Umfang des Reiseverkehrs in die BRD mit zunehmenden Valutaaufwendungen verbunden ist". Schalck rechnet vor, daß drei Millionen Reisende aus der DDR mit der Eisenbahn 1988 in die BRD fahren – eine Million mehr als ur-

sprünglich gerechnet. Der langen Worte kurzer Sinn: Es fehlen 65 Millionen Mark. Und die DDR sei nicht bereit, "anstelle von vorgesehenen Einsparungen Mehrausgaben für diesen Reiseverkehr aufzuwenden".
Schalck im Protokoll: "Schäuble hat meine Darlegungen aufmerksam zur Kenntnis genommen und einleitend bekräftigt, daß er in vollem Umfang zu seinen Positionen, wie er sie bereits am 16.6.1988 dargelegt hat, steht.
In diesem Zusammenhang wurde deutlich, daß Schäuble – und in bestimmtem Maße auch der Bundeskanzler – gegenwärtig verstärkten Kritiken rechter Kräfte in der CDU/CSU, insbesondere auch der sogenannten Vertriebenenverbände, wegen ihrer pragmatischen Politik gegenüber der DDR ausgesetzt ist. Ausdruck dessen ist z. B. die Forderung des CDU-Abgeordneten Todenhöfer, daß Kohl den Posten des Parteivorsitzenden der CDU abgeben solle."
Schalck wird klar, daß diese Auseinandersetzungen den generellen Kurs gegenüber allen sozialistischen Staaten betrifft. "Während Schäuble eine pragmatische Politik vertritt, die auch die Interessen der sozialistischen Staaten in bestimmtem Maße in Rechnung stellt, sind konservative rechte Kräfte für einen stärkeren Konfrontationskurs mit dem Ziel, alle Kräfte zu unterstützen, die auf eine innere Destabilisierung der DDR und der anderen sozialistischen Staaten abzielen."
In dem Gespräch geht es noch um viele andere Themen, die die DDR betreffen: Transitpauschale, Asylantenfrage, Gewässergüte der Elbe, Grenzverlauf der Elbe, Güterverkehr in die DDR, Reise- und Besucherverkehr.
"Abschließend kam Schäuble auf den im Gemeinsamen Kommuniqué vorgesehenen Gegenbesuch des Bundeskanzlers in der DDR zu sprechen und brachte zum Ausdruck, daß aufgrund der Bundestagswahlen ein derartiger Besuch im Jahre 1990 nicht möglich sei."

Ein solcher Besuch hat sich dann ja auch erübrigt. Kohl kam, als er keine Einladung und Erlaubnis von Honecker mehr brauchte.

Weißblaue Geschichten – Nach dem Tod von F.J.S.

Schalck, wie immer gewissenhaft, schrieb am 27. Oktober 1988, 24 Tage nach dem Tod von Strauß, an Erich Mielke:
"Lieber Genosse Minister!
Vereinbarungsgemäß kam es am 27.10.1988 zu einer Zusammenkunft mit dem Unternehmer Willi März. Er überbrachte im Auftrag von Tandler noch von Strauß unterschriebene Dokumente mit der Bitte um positive Prüfung und Entscheidung.
Nach Aussagen von März kam es vor wenigen Tagen zu einem ausführlichen Gespräch zwischen Tandler und ihm. März schätzte Tandler als einen starken Mann in der Partei ein, der aus seiner Sicht bei der Beurteilung auch zur Weiterführung der Beziehungen der CSU zur DDR einen wichtigen Platz einnehmen wird. Tandler wird im Rahmen der CSU nach Aussagen von März die Funktion eines 'Stabschefs' einnehmen.
Nach der Wahl des neuen Vorsitzenden – nach den heutigen Erkenntnissen aufgrund der einzigen Kandidatur Dr. Waigel – ist damit zu rechnen, daß ein erstes Treffen zwischen Waigel/Tandler und mir möglicherweise im Dezember dieses Jahres vorgeschlagen wird. Die Stellung des Unternehmens als gedeckte Finanzquelle der CSU bleibt unverändert."

Nanu! Gedeckte Finanzquelle? Was soll denn das heißen? Das paßt so gar nicht zu dem späteren Aufschrei aus CSU-Kreisen über den "Tiefpunkt der Medienkultur", über Desinformation und Beschmutzung des Andenkens von F.J. Strauß. Der stellvertretende CSU-Vorsitzende Dr. Edmund Stoiber stellte klar: "Strauß hat auch bei Kontakten, die über den damaligen DDR-Staatssekretär Schalck-Golodkowski liefen, nie anders als aus humanitärem Interesse und im Sinne seiner konsequenten Politik für Deutschland und Bayern gehandelt. Diese

Politik betrieb er als deutscher Patriot und schärfster Gegner des Kommunismus, dem jede Kumpanei mit den Vertretern dieses Regimes zutiefst widerwärtig war."

Jedenfalls fühlt sich Schalck nach seinem Gespräch mit Willi März verpflichtet, seinem Stasi-General noch mitzuteilen: "Zur Person des bayerischen Ministerpräsidenten Streibl wird festgestellt, daß er ein verantwortlicher Politiker ist, der diese Funktion als Ministerpräsident erfolgreich ausführen wird. Politische Entscheidungen von Tragweite, insbesondere was die Beziehungen zur DDR anbetrifft, werden von ihm nicht getroffen und auch nicht beeinflußt."

Soviel zur Einschätzung der bayerisch-ostdeutschen Beziehungen durch den heimlichen DDR-Außenminister in jenem Monat des Jahres 1988, in dem Franz Josef Strauß feierlich und mit allen Ehren beigesetzt wurde.

Es gibt auch einen Brief von Willi März aus Rosenheim, Meraner Straße 55, vom 9. Dezember 1988 an Alexander Schalck. Darin wird nochmals die Trauer über den Tod von F.J.S. und Josef März, der im Frühjahr gestorben war, formuliert, aber in eigener Sache erklärt: "Wir haben wieder Mut gefaßt und unermüdlich daran gearbeitet, das Unternehmen im Sinne von Josef weiterzuführen und in ruhigere Gewässer zu geleiten. So dürfen wir Ihnen, sehr geehrter Herr Dr. Schalck, heute nochmals unseren allerverbindlichsten Dank aussprechen, mit der festen Überzeugung, daß Sie uns auch weiterhin Ihr Vertrauen geben."

Am gleichen Tag, dem 9. Dezember 1988, schreibt der damalige Bayerische Staatsminister der Finanzen, Gerold Tandler, an Dr. Alexander Schalck-Golodkowski:
"Herr Willi März hat mir kürzlich bei einem Besuch mitgeteilt, daß Sie die guten Kontakte zu uns nach Bayern auch künftig fortsetzen möchten. Wie ich Ihnen schon mitteilen ließ, sind dazu der neue Vorsitzende der Christlich- Sozialen Union wie

auch der neue bayerische Ministerpräsident gerne bereit Im Sinne dieser Zusammenarbeit informiere ich Sie gerne über Gespräche und Verhandlungen, die die Firma Pilz aus Kranzberg bei München mit dem VEB-Kombinat Robotron führt. Die Firma Pilz hatte mit dem in der Anlage beigefügten Schreiben vom 3. November 1988 die schlüsselfertige Lieferung eines Compact-Disc-Werkes angeboten. Ich wäre Ihnen sehr verbunden, wenn Sie diese Angelegenheit wohlwollend prüfen und auch unterstützen würden, denn ich halte die CD-Technik für ein zukunftsträchtiges Feld der Zusammenarbeit, vor allem, wenn ich an die Möglichkeiten dieses Speichermediums in der Computer-Technik denke. Ich habe mich davon überzeugt, daß die Firma Pilz technisch in diesem Bereich an der Spitze steht, und würde mich deshalb freuen, wenn dieses bayerische Unternehmen den Zuschlag erhalten würde.
Ich würde mich freuen, Sie beim nächsten Besuch als meinen Gast willkommen heißen zu können.
Mit freundlichen Grüßen
Ihr Gerold Tandler"

Schalck berichtet am 21. Dezember 1988 seinem Minister Mielke über das am gleichen Tag stattgefundene Gespräch mit Willi März. Danach habe sich Gerold Tandler als "Schlüsselfigur" profiliert. Es sei nicht mehr ausgeschlossen, daß im Jahre 1989 "Theo Waigel ein Ministeramt in der Bundesregierung übernimmt und Gerold Tandler dann als Vorsitzender der Christlich-Sozialen Union mit Wahrscheinlichkeit zur Diskussion steht".

Inzwischen wissen wir, daß die Diskussion zuungunsten Tandlers ausging. Und daß Tandler es vorgezogen hat, die hohe Politik hinter sich zu lassen und sein Heil in der freien Wirtschaft zu suchen.
In Schalcks Bericht wird das Bayern-Treffen schon angekündigt: "Nach Aussagen von März ist damit zu rechnen, daß in der zweiten Hälfte Januar eine Einladung für mich zu einem Treffen mit Waigel, Tandler und Streibl übermittelt wird."

Die CSU hat dieses Treffen zwischen Waigel/Streibl/Schalck inzwischen zugegeben.
In der Darstellung der Bayerischen Staatskanzlei vom 8. August liest sich das so:
"Für Ministerpräsident Streibl war das Gespräch im Februar 1989 mit Alexander Schalck-Golodkowski bedeutungslos. Schalck hat ein Arbeitspapier weder unterbreitet noch übergeben. Das Gespräch hielt sich im allgemeinen. Ministerpräsident Streibl hatte anschließend keine weiteren Kontakte zu Schalck-Golodkowski. Er hat aus dem Gespräch auch keinerlei Folgerungen gezogen. Vor allem wurden keine 'Vorschläge anhand ausgewählter Firmen, die ihren Sitz in Bayern haben, zur Zusammenarbeit mit Betrieben und Kombinaten der DDR' unterbreitet."

Als sich Schalck, Streibl und Waigel trafen, kam nach Grußadressen und dem Austausch der gegenseitigen Hochachtung vor den Verdiensten von Franz Josef Strauß die Sprache auch auf die Zukunft der Kontakte zwischen Bayern und der DDR. Schalck notiert – diesmal für ZK-Sekretär Günter Mittag und, wie immer, für Erich Mielke zum Mitlesen:
"Dabei wird davon ausgegangen, daß dies in der bisherigen Weise, das heißt, in freimütiger, vertrauensvoller Atmosphäre und bei Wahrung strengster Vertraulichkeit, erfolgt."

Schalck überbrachte seiner Darstellung nach beste Grüße von Honecker, "die von beiden herzlich erwidert wurden". Schalck weiter: "Ich erklärte, daß Generalsekretär Erich Honecker die ihm übermittelte Botschaft zur Kenntnis genommen hat und es das Bestreben der DDR ist, die guten Beziehungen zum Freistaat Bayern und seinen politischen Repräsentanten weiter auszubauen. Im Auftrag des Generalsekretärs des ZK der SED, Genossen Erich Honecker, wurden der CSU-Vorsitzende, Theo Waigel, und auch der bayerische Ministerpräsident, Max Streibl, von mir zu einem offiziellen Besuch in die Deutsche Demokratische Republik eingeladen."

Die Erben des Franz Josef Strauß in Bayern: Theo Waigel (l.) und Max Streibl trafen sich am 13. Februar 1989 mit Schalck in München. Thema: Die weitere Zusammenarbeit. Der DDR-Staatssekretär notierte tags darauf an Mittag und Mielke, daß seine Gesprächspartner "ein differenziertes Verhältnis zu F. J. Strauß" hätten. Denn: "Seine Spontanität und auch die Verknüpfung politischer Interessen der Partei mit ökonomischen Vorhaben einzelner Gruppen und Firmen fanden in vielen Fällen nicht ihre Billigung."

Matthias Juschke

Und dann kam das von CSU-Seite bestrittene Papier zur Sprache:
"Was die Beziehungen zwischen der DDR und dem Freistaat Bayern betrifft, so wurden konkrete Vorschläge der DDR zum weiteren Ausbau dieser Beziehungen erläutert und als 'Non paper' (Anlage) übergeben."

In der vierseitigen Anlage werden sechs Bereiche genannt, in denen die Beziehungen zwischen Bayern und der DDR zu verbessern sind – "zum gegenseitigen Vorteil und Nutzen":
– der Ausbau der Handels- und Wirtschaftsbeziehungen
– die Zusammenarbeit auf den Gebieten von Wissenschaft und Technik
– die Kontakte zwischen Hochschulen und Wissenschaftseinrichtungen auf beiden Seiten
– der Bereich des Umweltschutzes
– die Verbesserungen des grenzüberschreitenden Straßenverkehrs und
– Kontakte auf dem Gebiet der Kultur.

Vielleicht hat Schalck ja vergessen, das Arbeitspapier zu übergeben. Vielleicht wurde ja in Wirklichkeit nur über das Wetter geredet. In dem Papier, das Schalck an Mittag und Mielke schickt, sind jedenfalls ganz konkrete Objekte und Institutionen für die weitere intensive Zusammenarbeit genannt: die KWU (Kraftwerksunion) beispielsweise, die den Bau und die Modernisierung von Kernkraftwerken in der DDR prüfen sollte. Die VEB Zellstoff- und Papierfabrik Rosenthal in Blankenstein, deren Luftbelastungen durch beiderseitige Bemühungen verringert werden sollten. Der Ausbau des Autobahnabschnittes zwischen Plauen und Hof. Der Bau einer Großbrücke südlich von Plauen durch Firmen der Bundesrepublik (die auch die Kosten zu tragen gehabt hätte); eine Ausstellung von Meisterwerken der alten und neuen Pinakothek München in der DDR. Nur ein paar Beispiele.

Schalck: "Es wurde vorgeschlagen, daß bayerische Firmen an Rationalisierungsobjekten bzw. Modernisierungsvorhaben in ausgewählten Kombinaten und Betrieben der DDR mitwirken mit dem Ziel, die Produktion absatzfähiger Erzeugnisse mit hohem technischem Niveau zu steigern und diese Erzeugnisse im EG- und RGW-Raum sowie auf Drittmärkten abzusetzen... Am Beispiel der Lieferverträge der Siemens AG wurde nochmals die unabdingbare Forderung dargelegt, daß Erzeugnisse der Hochtechnologie in der wirtschaftlichen Zusammenarbeit nicht ausgeklammert werden dürfen und eine Anwendung der COCOM-Bestimmungen die Entwicklung der Geschäftsbeziehungen hemmt."

Nachtigall, man hört dich trapsen. Das war zumindest eine Überlegung, wie das Exportverbot für Güter der Hochtechnologie in die DDR oder den Ostblock aufgeweicht werden sollte.
Und das nennt die Bayerische Staatskanzlei "bedeutungslos"? Man kann aufgrund dieser Unterlagen wirklich nicht sagen, daß das Gespräch "im allgemeinen" blieb. Es ging im besonderen auch um den Gesundheitszustand von Erich Honecker und um dessen möglichen Nachfolger: "Die an mich gestellte Frage, ob Günter Mittag als eventueller Nachfolger in Frage käme, habe ich aus meiner Sicht verneint", berichtet Schalck in einem Extra-Anhang des Protokolls für Mielke, den Günter Mittag nicht bekam.

Dort heißt es auch: "Waigel versuchte mir klarzumachen, daß es nicht im Interesse der BRD liegt, daß größere Bewegungen von Bürgern der DDR in die BRD stattfinden. Das müßte auch im Interesse der DDR liegen und wird in hohem Maße vom Wohlbefinden der Bürger in ihrem eigenen Land beeinflußt. Ich machte dazu die Bemerkung, daß es natürlich nicht im Interesse der BRD liegen kann, Situationen in der DDR zu nutzen, durch Stärkung von feindlichen Kräften die innere Lage in der DDR negativ zu verändern. Ich machte Waigel darauf aufmerksam, daß unter solchen Lagebedingungen die Freizügigkeit im Reiseverkehr sehr eingeschränkt wird und die jetzigen großzügigen Regelungen zum Reise- und Besucherverkehr im Interesse der inneren Sicherheit der DDR eingeschränkt werden müßten."

Theo Waigel hatte auch zu anderen Bereichen wie Sowjetunion, Gorbatschow und Afghanistan eine Meinung. Waigels Verhältnis zu Strauß schildert Schalck unter dem Eindruck des Gesprächs so: "Einleitend ging er davon aus, daß sowohl er als auch der bayerische Ministerpräsident besonders in den letzten Jahren in einer Reihe von wichtigen Fragen ein differenziertes Verhältnis zu F.J.Strauß hatten. Seine Spontanität und auch die Verknüpfung politischer Interessen der Partei mit ökonomischen Vorhaben einzelner Gruppen und Firmen fanden in vielen Fällen nicht ihre Billigung."

Auch heißt es in dem Teil des Protokolls, der "nur für den Genossen Minister" (also Mielke) bestimmt war: "Die bisher aufrechterhaltene Verbindung über März wird von beiden Politikern nicht mehr gewünscht. Von ihrer Seite werden Personen ihres Vertrauens benannt, um den Kontakt, auch die Übermittlung von Botschaften, zu gewährleisten. Streibl benannte für beide Politiker seine langjährige Sekretärin K. bzw. in ihrer Abwesenheit die auch schon unter Strauß gediente Mitarbeiterin KO. – auf meine Frage, ob sich die Verbindung nicht bewährt habe, erklärten beide, daß die Verknüpfung der Freundschaft Strauß und Josef März nicht immer glücklich war und die CSU aufgrund auch finanzieller Verknüpfungen oft in eine schwierige Situation brachte. Die Interessen von Josef März u.a. in Togo, Spanien und Argentinien wurden von Strauß abgedeckt und dienten nicht nur staatlichen Interessen. Wie aus den Gesprächen zu entnehmen war, sind auch die Verbindungen zu den Kindern von Strauß auf eine sachliche Ebene beschränkt worden. Kontakte werden zu Frau Hohlmeier und zu Max Strauß, der als Juniorpartner in eine bedeutende Rechtsanwaltsfirma in München eingetreten ist, gehalten."

Im politischen Teil dieses Gesprächs mit der CSU-Spitze wird Schalck übrigens ähnlich kaltschnäuzig, wie er es Ende der sechziger/Anfang der siebziger Jahre den Verbindungsleuten der sozialliberalen Koalition gegenüber war – fordernd, kalt, zurechtweisend:

"Ich brachte zum Ausdruck, daß einige Töne in öffentlichen Verlautbarungen und Interviews führender Politiker der CDU/CSU-Fraktion nicht dazu angetan sind, positive Entwicklungen zu fördern. Das betrifft z. B. die Befürwortung einiger Politiker, Kernwaffen zu modernisieren, anstelle auf deren Abbau zu orientieren. Ich habe gegenüber Waigel und Streibl zum Ausdruck gebracht, daß es ein Anliegen aller verantwortlichen Politiker sein sollte, ihren gesamten Einfluß darauf zu richten, daß keine neuen Belastungen entstehen, sondern eine dem Frieden und dem Wohl der Menschen dienende Zusammenarbeit ermöglicht wird."

Das Gespräch, das die Staatskanzlei als "bedeutungslos" abtut, ging für Schalck noch um ganz interessante Themenkreise: um Abrüstung auf seiten der BRD und der Nato, um den Reise- und Besucherverkehr, um die strittige Elbgrenze, um die Verminderung militärischer Spannungen, um eine Modifizierung im Verhältnis CSU/FDP.
Hierzu notierte Schalck: "Waigel verfolgt eine Politik, die FDP nicht weiter ständig zur Zielscheibe politischer Angriffe zu machen, die automatisch zur Stärkung dieser Partei führten und die Beziehungen in der Koalition außerordentlich belastet haben. Er schätzt Lambsdorff als einen 'knorrigen Politiker' ein, der aber in der Sache – im Gegensatz zu seinem Vorgänger Bangemann – absolut verläßlich ist und mit seinem Bekenntnis zur freien Marktwirtschaft ein zuverlässiger Bündnispartner für die CDU/CSU bleibt."

Es ging dann noch um die Rolle von Wolfgang Schäuble im Kabinett Kohl. Es ging um die Wahlchancen der Union, um den Zulauf von Wählern zu den Republikanern, um die mangelnde Konsequenz Bonns in der Asylantenfrage; um die Ansprüche der Heimatvertriebenen; um das im Grundgesetz verankerte Wiedervereinigungsgebot; um Neofaschismus und Extremismus; um die Chancen einer rot-grünen Koalition; um CSU-Kontakte zu SPD-Politikern, beispielsweise Oskar Lafontaine; um die fehlenden Chancen des damaligen Baden-Württembergischen Ministerpräsidenten Lothar Späth als Kandidat für das Kanzleramt 1990; um die Modernisierung atomarer Kurzstreckenraketen und die Entwicklung neuer Waffen im Bereich der Nato; um die Chancen einer dritten Null-Lösung und um die Abrüstung auf dem Sektor der konventionellen Waffen. Die CSU vertrete, wie schon F.J. Strauß, "den Standpunkt, daß von deutschem Boden nie wieder ein Krieg ausgehen darf und jeder militärische Konflikt in Europa sich auf den Territorien der BRD und der DDR abspielen würde".

Schalck war jenes Gespräch ein Protokoll von insgesamt achtzehn Schreibmaschinenseiten wert – inklusive des vierseitigen Anhangs "für Genossen Minister nur persönlich" und des angeblich gar nicht vorhandenen Arbeitspapiers über die wirtschaftlich-kulturelle Zusammenarbeit.

Die Mission des Hauses März, so scheint es, war mit diesem Gespräch beendet. Eine Neuzeit mit nüchterneren Kontakten war angebrochen. Die bayerische Regierung bereitete sich auf eine großangelegte wirtschaftliche Zusammenarbeit mit der DDR vor.

Leipzig, 16.03.1975

V e r m e r k

über ein Gespräch mit Josef M ä r z am 14.03.1975

Zur Person: geb. 26.o7.1925 in Rosenheim, Oberbayern
wohnhaft 8203 Oberaudorf, Schützenstr. 1

März ist Mitglied der CSU,
war Schatzmeister dieser Partei und ist
jetzt Mitglied des Wirtschaftsausschusses
der CSU,
intimer Freund von Strauß.

März ist Käufer von Fleisch und Lebendtieren,
ist für exakte kommerzielle Abwicklung
bekannt.
Er bemüht sich gegenwärtig mit uns evtl.
um die Bildung einer gemischten Gesellschaft
mit Sitz im Libanon zum Export von Fleisch
besonders nach Saudi-Arabien.

Am 14.03.1975 fand auf Wunsch von März ein Gespräch mit mir statt.

Danach ist März fest überzeugt, daß auch die Wahlen in Nordrhein-Westfalen zu einem bedeutenden Stimmenzuwachs für die CDU führen werden und damit die Perspektiven für eine durch die CDU/CSU geleitete Regierung aktuell auf der Tagesordnung stehen.

März sah darüber hinaus auch konkrete Ansatzpunkte zu inoffiziellen Kontakten mit Strauß.

Es ist nach seinen Ausführungen nicht ausgeschlossen (meine Anmerkung), daß sich die ungarische Seite für einen Besuch von Strauß interessiert, nachdem März im Verlaufe des Gesprächs andeutete, "man könne sich bei einer Jagd in Ungarn treffen".

Wenn Interesse besteht, ist März jederzeit bereit, nach Berlin zu kommen, um auf dem kommerziellen als auch politischem Gebiet Kontaktgespräche weiterzuführen.

Schalck vermerkt: Josef März ist ein "intimer Freund von Strauß" und " für exakte kommerzielle Abwicklung bekannt"

Vermerk

Am 01.02.1983 fand ein Gespräch mit Josef März statt (14.3o Uhr - 15.3o Uhr).

März überbrachte Grüße von Strauß und berichtete über sein letztes Gespräch mit ihm in der vorhergehenden Nacht.

März kommentierte dazu, daß beide reichlich Alkohol getrunken hatten und deshalb von beiden Seiten in einer auch für ihre Beziehungen sehr leidenschaftlichen Art eine Reihe von Fragen, die die Beziehungen zur DDR berühren, angesprochen wurden.

Ausgangspunkt war die Entscheidung von Strauß, daß März am 01.02. zu mir fahren soll mit der Mitteilung, eine kleine Denkpause einzulegen, damit man in Ruhe die begonnenen Gespräche erfolgreich abschließen kann. Die Zeit, in der die Verhandlungen begonnen wurden, fällt in den Wahlkampf. Das ist auch aus der Sicht von Strauß ein ungünstiger Zeitpunkt, da er mit politischen Fragen und Emotionen belastet wird.

Er bleibt bei seiner Einladung an mich und würde sich freuen, mich nach der gewonnenen Wahl in München zu empfangen, um aus seiner Sicht zu einer Reihe von praktischen Fragen der Weiterführung der Beziehungen offen sprechen zu können.

Schalck vermerkt: Strauß "bleibt bei seiner Einladung an mich... nach der gewonnenen Wahl in München"

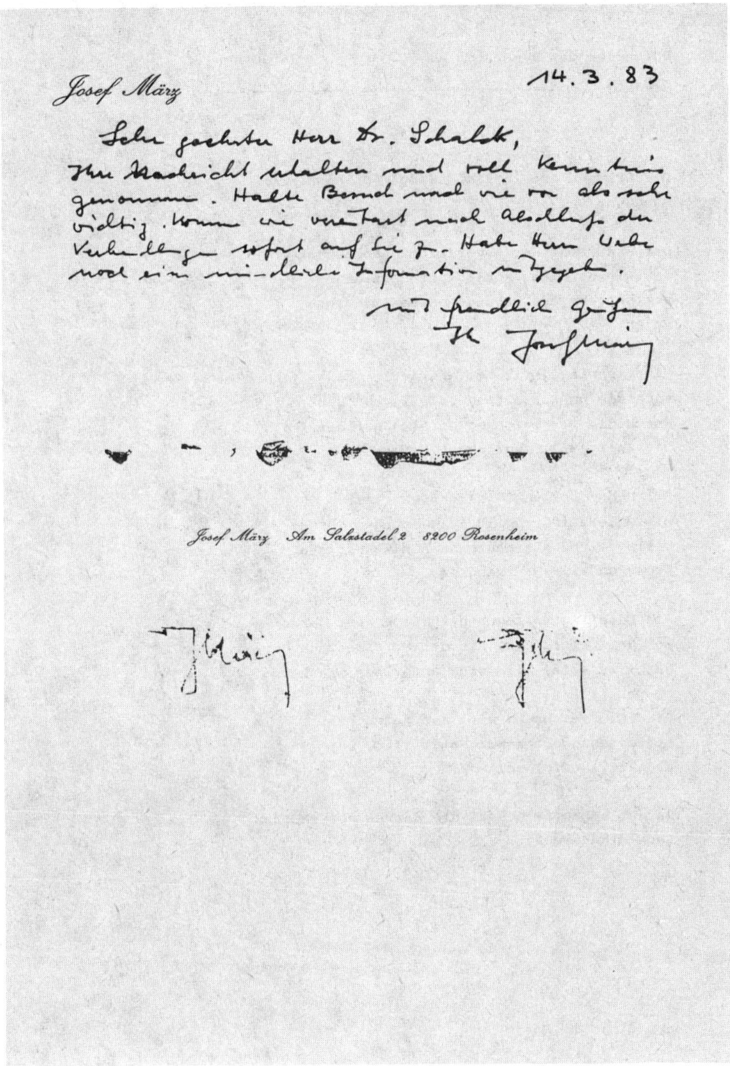

Josef März 14.3.83

Sehr geehrter Herr Dr. Schalck,
Ihre Nachricht erhalten und voll Kenntnis genommen. Halte Bernd [illegible] als sehr wichtig. Komme wie vereinbart nach Abschluß der Verhandlungen sofort auf Sie zu. Habe Herrn [illegible] noch eine mündliche Information mitgegeben.

Mit freundlichen Grüßen
Ihr Josef März

Josef März Am Salzstadel 2 8200 Rosenheim

März schreibt an Schalck: "Komme wie vereinbart nach Abschluß der Verhandlungen sofort auf Sie zu"

Durchsage des Bekannten am 30.06.1983 - 15.30 Uhr

Die Urkunde ist fertig und muß von Bonn nach München.

Der Präsident der Bayerischen Landesbank hat eigens einen Kurier per Luft abgeschickt, um die Urkunde persönlich abzuholen.

Eine Schwierigkeit besteht darin, daß sich die am Konsortium beteiligten Banken durch die Verschiebung bereits auf den 01. Juli 1983 eingestellt haben.

Dr. Huber versucht jetzt fieberhaft, die Unterzeichnung 12 - 14 Stunden vorzuverlegen und das heute nach hinzubringen. Es wurde alles aufgeboten.

Die Beteiligten legen natürlich Wert darauf, bei dem feierlichen Akt der Unterzeichnung dabei zu sein. Alle sind unterwegs hierher.

Die Unterzeichnung wird auf jeden Fall spätestens jedoch morgen um 11.00 Uhr endgültig erfolgen.

Darauf haben sich auch die Herren der anderen Bank eingestellt.

Milliardenkredit unter Dach und Fach: "Die Urkunde ist fertig und muß von Bonn nach München. Der Präsident der Bayerischen Landesbank hat eigens einen Kurier per Luft abgeschickt"

Berlin, 27.01.1984
16 Uhr
Bestätigung d. Weitergabe
17.3o Uhr

Mitteilung an Gesprächspartner - eilt sehr -
- streng geheim! -

Nochmals . . . Dank für Ihre Gastfreundschaft.

Hatte Gelegenheit unser konstruktives Gespräch und die von Ihnen unterbreiteten Vorschläge meiner Nummer 1 vorzutragen.

1. Entsprechend Ihrem Wunsch wird der Minister für Außenhandel der DDR und der Direktor des Leipziger Messeamtes Ihnen als Ministerpräsident des Freistaates Bayern eine Einladung zum Besuch der Leipziger Frühjahrsmesse 1984 übermitteln.

   Wir würden Ihnen empfehlen, den 15. oder 16. März für Ihren Besuch vorzusehen. Es werden Voraussetzungen geschaffen, daß Sie sich im Gästehaus der Regierung entsprechend Ihren Wünschen aufhalten können.

   Ich bitte Sie, die Messeeinladung erst öffentlic zu verwenden, wen n sie Ihnen am 5. bzw. 6. Mär durch eine Vertrauensperson zugestellt wird.

2. Nummer 1 einverstanden, daß Sie im Gespräch mit BK davon ausgehen, daß die AH-Bank der DDR in der zweiten Hälfte März einen weiteren Kredit in der bekannten Höhe angeboten bekommt, und daß in absehbarer Zeit ohne die Forderungen nach neuen unerfüllbaren Bedingungen eine dritte Tranche angeboten wird.

Schalk teilt dem "Gesprächspartner" (Strauß) mit, daß er eine Einladung des DDR – Außenhandelsminister zur Leipziger Frühjahrsmesse 1984 erhalten wird...

2

Sie können verbindlich davon ausgehen, daß ohne Herstellung eines Junktims

. der BK davon ausgehen kann, daß die SM 70 1984 restlos beseitigt werden, ohne daß sie durch andere ersetzt werden.

. der Mindestumtausch für Rentner und Invalidenrentner auf 15 DM gesenkt wird.

. die Ihnen bekannten Vorstellungen vom 25.10. praxiswirksam werden.

. die schriftliche Garantieerklärung durch den Minister gegenüber Ihrem BF in der bereits bekannten Form <u>bis zur</u> Höhe von 3 erfolgt. Stimmen mit Ihnen überein, jetzt in der Öffentlichkeit nicht von einem 2-M Kredit zu sprechen.

Möchten Sie bitten, von dieser Position erst in 14 Tagen in dem Gespräch mit BK Gebrauch zu machen. Sehen große Gefahr, daß durch Indiskretion vorher die Dinge in der Presse zerredet und das Ganze undurchführbar wird.

Bitte teilen Sie vorab auf unserem vertraulichen Weg Ihre Wünsche zum Besuch der Leipziger Messe mit - wer Sie begleitet, was Sie gerne sehen möchten, wie lange Sie bleiben, wann Sie wegfahren.

Sie werden mit der gleichen Aufmerksamkeit wie bei Ihrem ersten Besuch rechnen können.

...und: "Sie können verbindlich davon ausgehen...daß der Mindestumtausch für Rentner und Invalidenrentner auf 15 DM gesenkt wird"...

3

Habe alles in meinen Kräften Stehende getan,
jetzt wartet man darauf, daß Sie die "2. Hälfte
der Kuh vom Eis bringen".

Bitte dringend um die gewünschte Vertraulichkeit,
daß vor den von uns vorgeschlagenen Terminen keine
Veröffentlichungen oder Verlautbarungen gegenüber
der öffentlichkeit erfolgen.

Mit besten Grüßen
Ihr Gesprächspartner

...doch all diese Informationen möge, so Schalcks Bitte, der bayerische Ministerpräsident bitte streng vertraulich behandeln

27. September 1984

Vor wenigen Tagen hat sich die Muttergesellschaft der BMD-Badische Maschinenfabrik Durlach GmbH an mich gewandt, ihr Interesse am Projekt VEB MAW Stahlgießerei "Wilhelm Pieck" Rothensee mitgeteilt und um Unterstützung ihrer Bewerbung gebeten.

Nachdem die BMD ein gutgeführtes mittelständisches Unternehmen von Weltruf ist, hervorragendes technisches Know how besitzt und nicht nur im Bereich der Flüssigstahlbehandlung mit erstrangigen Firmen wie zum Beispiel M.A.N.-GHH Sterkrade zusammenarbeitet, möchte ich die Badische Maschinenfabrik Durlach GmbH Ihrer Aufmerksamkeit empfehlen. Die BMD ist mir als zuverlässiges Unternehmen mit erfolgreichem Management ein Begriff.

Strauß legt Schalck die Bewerbung der BMD – Badische Maschinenfabrik Durlach GmbH ans Herz

Berlin, den 15. 1o. 1984

Genossen Dr. Schalck zur Information

Objekt "Stahlgießerei Rothensee"

Genanntes Projekt wird im Auftrag des Genossen Seidel schon längere Zeit unter entsprechender Kontrolle gehalten. Der Komplexe Vorschlag als Voraussetzung für den Vertragsabschluß wurde von Genossen Greß am 1. 1o. 1984 bestätigt. Als Anbieter treten auf

- die Badische Maschinenfabrik Durlach (BMD) sowie
- das Konsortium Krupp, BRD/Georg Fischer AG, Schweiz.

Die Verträge und technischen Beilagen sind im wesentlichen ausgehandelt. Von beiden Partnern werden aus technisch-technologischer und kommerzieller Sicht gleichwertige Bedingungen geboten. Die vorläufigen Importpreise betragen

- Fa. BMD	66,8 Mio VM
- Fa. Krupp/Fischer AG	66,1 Mio VM

Laut Absprache mit Genossen Roloff werden die Endverhandlungen mit beiden Anbietern ab 22. 1o. 1984 geführt. Das Kombinat VEB MAW/Stahlgießerei Rothensee muß noch aus technisch-technologischer Sicht eine eindeutige Aussage zum Vorzugspartner treffen.

Sollten sich in der Phase der Endverhandlungen nicht noch entscheidende Veränderungen und damit ein Vorzug für einen der beiden Partner ergeben, wird eine Absprache zwischen Dir und Genossen Dr. Beil in Vorbereitung des Lieferantenentscheides erforderlich.
Über die weitere Entwicklung wirst Du entsprechend informiert.

Information an Schalck: Die BMD ist teurer als der Mitkonkurrent Krupp – aber "über die weitere Entwicklung wirst Du entsprechend informiert"

A. Schalck   Berlin, 22.10.1984

Mitglied des Politbüros
und Sekretär des ZK der SED

Genossen Dr. Mittag

Lieber Genosse Mittag!

Beiliegende Bitte von F.J. Strauß wurde mir übermittelt.

Zu Deiner Information habe ich Dir die Kopie meines Schreibens an Genossen Beil in dieser Angelegenheit beigelegt.

Von den Konditionen und vom Preis her liegt die von Strauß befürwortete Gruppe besser in der Konkurrenz.

Ich habe aus diesem Grunde Genossen Gerhard Beil empfohlen, beim Lieferantenentscheid in diesem Falle der Badischen Maschinenfabrik Durlach den Auftrag zu erteilen. Zusammenhänge zu Strauß sind Genossen Beil nicht bekannt.

Bitte um Kenntnisnahme.

Mit kommunistischem Gruß

Schalck an Mittag: "Von den Konditionen und vom Preis her liegt die von Strauß befürwortete Gruppe besser in der Konkurrenz"

A. Schalck   Berlin, den 22. 1o. 1984

Staatssekretär und
1. Stellvertreter des
Ministers für Außenhandel

Genossen Gerhard Beil

Lieber Gerhard!

Nach meinen Informationen sind die Verhandlungen zum Kompensationsvorhaben "Rekonstruktion Stahlgießerei Rothensee" abgeschlossen. Entsprechend den Protokollen über die abschließenden Beratungen mit den Anbietern Krupp/Fischer AG und Badische Maschinenfabrik Durlach (BMD) ergeben sich bei vergleichbarem Liefer- und Leistungsumfang folgende Preise:

- Fa. BMD	6o.75o.ooo,- VM
- Fa. Krupp/Fischer AG	66.445.ooo,- VM

Aus technisch-technologischer Sicht sind beide Partner gleichwertig. Die Laufzeit des für die Finanzierung angebotenen Bank-zu-Bank-Kredites beträgt in beiden Fällen 8 Jahre.

Unter Beachtung des mit Krupp anstehenden Waggongeschäftes bitte ich Dich, den Lieferantenentscheid zugunsten der Badischen Maschinenfabrik Durlach zu treffen.

22.10

Schalck bittet Genossen Beil: "den Lieferantenentscheid zugunsten der Badischen Maschinenfabrik Durlach zu treffen"

Berlin, 12.10.1984

Genossen Minister Mielke

Lieber Genosse Minister!

Am 12.10.1984 übergab März im Auftrag von F.J.Strauß beiliegende Unterlagen mit der Bitte um Unterstützung. Ich habe eine Kopie des Materials Genossen Volpert direkt zugestellt.

Ich bitte um weitere Entscheidung.

Darüber hinaus bat März darum, ernsthaft zu prüfen, für Simon-Goldenberg Nachweisdokumente auszustellen, aus denen ersichtlich ist, daß er seit 1959 Bürger der DDR war.

Nachdem Goldenberg seinen Wohnsitz von Rosenheim nach München verlagert hat, ergeben sich Komplikationen bei der Ausfertigung notwendiger Personaldokumente, da kein Nachweis über seine Staatsbürgerschaft erbracht werden kann.

Um Recherchen durch Münchner Behörden zu vermeiden empfiehlt März, Möglichkeiten zu finden, Goldenberg ein entsprechendes Dokument zuzuspielen, aus dem seine Einbürgerung als Bürger der DDR 1959 ersichtlich ist.

Bitte um Entscheidung.

Mit kommunistischem Gruß

Alexander Schalck

Anlagen
13. Liste

Schalck an Mielke: März bat im Auftrag von F.J. Strauß darum, für Simon Goldenberg Nachweisdokumente auszustellen, die ihn als DDR-Bürger seit 1959 ausweisen

A. Schalck Berlin, den 21.11.1984

Mitglied des Politbüros
und Sekretär des ZK der SED

Genossen Günter Mittag

Lieber Genosse Mittag!

Beiliegend übermittle ich Dir den

> Vermerk über ein Gespräch zwischen dem Vorsitzenden der CSU und Ministerpräsident des Freistaates Bayern, F.J. Strauß, und Genossen Schalck am 2o.11.1984.

Bitte um Kenntnisnahme.

Mit kommunistischem Gruß

Alexander Schalck

Anlage

Schalck an Mittag: "Übermittle ich den Vermerk über ein Gespräch zwischen F.J. Strauß und Genossen Schalck"...

Berlin, 21.12.1984

V e r m e r k

über ein Gespräch zwischen dem Vorsitzenden der CSU und Ministerpräsident des Freistaates Bayern, F.J. Strauß, und Genossen Schalck am 20.11.1984

Nach Übermittlung herzlicher Grüße des Generalsekretärs des ZK der SED und Vorsitzenden des Staatsrates der DDR, Erich Honecker, bedankte sich Strauß mit den Worten: "Übermitteln Sie bitte dem Herrn Staatsratsvorsitzenden meinen besten Dank für seine herzlichen Grüße, die ich auf diesem Wege gern erwidern möchte. Ich werde die Gelegenheit nutzen, zum Jahreswechsel ihm schriftlich meine besten Wünsche zu übermitteln."

Strauß bedankte sich für die Möglichkeit, daß entsprechend seinem Wunsch das heutige Gespräch zustandegekommen ist. Er stellte fest. daß seit Bestehen dieser Verbindung durch seine persönlichen Kontakte zum Generalsekretär des ZK der SED und Vorsitzenden des Staatsrates, Erich Honecker, vieles in Bewegung gekommen ist zum Wohle der Menschen in der DDR und in der BRD.

Es wäre gut, in guten und komplizierten Zeiten diesen bewährten Kontakt aufrechtzuerhalten. Strauß legte besonderen Wert darauf festzustellen, daß er jederzeit bereit ist, auch Wünsche unserer Seite, so weit das in seiner Kraft steht, zu unterstützen und einer kurzfristigen positiven Lösung zuzuführen.

...Schalck berichtet, daß Strauß "jederzeit bereit ist, auch Wünsche unserer Seite... zu unterstützen und einer kurzfristigen positiven Lösung zuzuführen"

Der Bayerische Ministerpräsident

8000 München 22 15. SEP. 1985
Prinzregentenstraße 7
Tel. (089) 21650 · FS 05-23809

An den
Staatssekretär im
Ministerium für Außenhandel
Herrn
Dr. Alexander Schalck-Golodkowski

BMPr. - Ru.

Sehr geehrter Herr Staatssekretär!

Das Programm meines Besuches in Leipzig war erstklassig vorbereitet und wurde vorzüglich abgewickelt. Ich möchte mich bei Ihnen dafür, für die Gastfreundschaft und die hervorragende Betreuung während des ganzen Tages sehr herzlich bedanken. Mit dem Besuch des beeindruckenden Neuen Gewandhauses, dem Spiel des Gewandhaus-Orchesters und seines genialen Organisten, Herrn Matthias Eisenberg, haben Sie mir eine große Geburtstagsfreude bereitet, die mir in unvergeßlicher Erinnerung bleiben wird. Mein Dank wäre unvollkommen, wenn ich nicht auch Ihre Gattin miteinbeziehen würde. Ihrer Frau gelten meine besten Grüße und mein herzlicher Dank für die bemerkenswerte Gastfreundschaft und die Stadtfahrt, die sie mit meiner Tochter Monika unternommen hat.

Als sichtbares Zeichen meines Dankes übersende ich anbei für Sie den Bildband "Franz Josef Strauß - Der Mensch und der Staatsmann" und für Ihre Gattin den Bildband "Marianne Strauß - Ein Buch der Erinnerung", in dem das Leben und Wirken meiner Frau gewürdigt wird. Ich habe beide Bände jeweils mit einer Widmung versehen.

Mit freundlichen Grüßen

Ihr
FJ Strauß

Anlage

Als Dank für die "hervorragende Betreuung" in Leipzig widmet Strauß Schalck ein Exemplar eines Strauß-Bildbands

A. Schalck Berlin, den 18.11.1985

Genossen

Minister Mielke

Lieber Genosse Minister!

Beiliegend übermittle ich Ihnen die heute im Auftrage von F. J. Strauß durch März übermittelten Dokumente. Ich möchte Sie bitten, die dazu notwendigen Veranlassungen zu treffen.
Von meiner Seite wurden Genossen Volpert je eine Kopie dieser Unterlagen übermittelt.

Darüber hinaus bestellte März herzliche Grüße von Strauß und übermittelte, daß F.J. Strauß zu jeder Zeit als Gesprächspartner für mich zur Verfügung stehen würde.
Er empfiehlt, daß man dieses Angebot, wenn in diesem Jahr nicht mehr möglich, dann im Januar, in Anspruch nehmen sollte, um den Kontakt zu ihm nicht abreißen zu lassen.
In diesem Zusammenhang machte er nochmals darauf aufmerksam, daß die Bindungen und Verbindungen zwischen Strauß und Bangemann noch intensiver geworden sind. Daraus könnten sich für die Zukunft völlig neue Konstellationen ergeben. Näher ist März darauf nicht eingegangen.

Schalck an Mielke: "März... übermittelte, daß F.J. Strauß zu jeder Zeit als Gesprächspartner für mich zur Verfügung stehen würde"...

2

[redacted].

Auf Grund der vielen Fehler, die durch Funktionäre der SPD begangen werden, ist ein Wahlgewinn auf Bundesebene aus heutiger Sicht völlig auszuschließen.

Zum persönlichen Einflußbereich von Strauß ließ März durchblicken, daß er wahrscheinlich doch die Absicht hat, sich wieder mit einer Frau zu liieren.
Es ist seiner Tochter für die Perspektive nicht zumutbar, die Funktion der Landesmutter weiter wahrzunehmen.
Diese Lebensgefährtin ist offensichtlich schon in seiner Nähe, aber noch nicht im Haushalt.
Soweit März aus Kontakten mit Journalisten feststellen konnte, würde man für einen solchen Schritt Verständnis zeigen.

Bitte um Kenntnisnahme

Mit kommunistischem Gruß

Anlagen

...und: "Zum persönlichen Einflußbereich von Strauß ließ März durchblicken, daß er wahrscheinlich doch die Absicht hat, sich wieder mit einer Frau zu liieren"

Am 18. Dezember 1986 besuchten der Unterzeichner und Herr Steen um 11.00 Uhr Herrn Generaldirektor Wolf.
Im Laufe dieses Gesprächs teilte Herr Wolf mit, daß er am 13. Januar, spätestens 14. Januar, nach Rosenheim kommen wolle, um den Unterzeichner zu besuchen und er vorab am 11. Januar Herrn Krause, Prof. Frank und Herrn Fiebig schicken würde.

Der Unterzeichner machte Herrn Wolf darauf aufmerksam, daß er am 13. Januar wegen des Nationalfeiertags in Togo sein müßte, aber aufgrund seiner Besuchsankündigung eine Privatmaschine chartere, so daß er am 13.1.87 um 14.00 Uhr nach der Parade direkt von Lome nach München fliege und ab 20.00 Uhr in Rosenheim eintreffen werde.
Die Maschine wurde vom Unterzeichner aufgrund dieses Gesprächs sofort gechartert - Kostenpunkt für Hin- und Rückflug ca. DM 100.000,-- (Rechnung wird vorgelegt):

Am 6. Januar besuchte Herr Steen Herrn Wolf.
Bei diesem Gespräch teilte Herr Wolf mit, daß er nicht nach Rosenheim kommen könne, da er am 14. Januar bereits in Berlin zurück sein müsse.

Der Besuch der drei obengenannten Herren fand, wie vereinbart, statt - der Besuch des Herrn Wolf nicht!

Als Herr Steen am Donnerstag, den 15. Januar, um 11.00 Uhr mit der PA von München nach Berlin zurückflog, traf er Generaldirektor Wolf in der Maschine. Herr Wolf erwähnte ihm gegenüber, er käme aus Genf.

Wo er wirklich war, dürfte aufgrund des Reiseberichtes leicht herauszufinden sein, wenn nicht, ist es für den Unterzeichner ein leichtes, dies noch nachzuliefern.

Rosenheim, den 20.01.1987

März an Schalck: "Herr Wolf erwähnte...er käme aus Genf. Wo er wirklich war, dürfte aufgrund des Reiseberichtes leicht herauszufinden sein"

tyrolean jet service

TYROLEAN JET SERVICE GES.M.B.H.
FÜRSTENWEG 180, A-6026 INNSBRUCK
AUSTRIA, TEL.(0) 52 22/81 7 77-66, 86 5 86
TELEX (0)534314 TYJET A

Gebrüder März KG

Am Salzstadel 2
D-8200 Rosenheim

19. Jänner 1987

RECHNUNG Nr. 3009/87

Taxiflug mit Falcon 50, OE-HCS

Leistungsdatum: 10. - 14. Jänner 1987

Destination: München/Lome/München

Flugtarif:	
gemäß Vereinbarung	DM 93.000,--
+ Lande- und Parkgebühren Lome	DM 890,--
	DM 93.890,--

Wir bitten um spesenfreie Überweisung auf unser DM-Konto Nr. 9980-804976 bei der Sparkasse Innsbruck-Hall.

BANKVERBINDUNG:
SPARKASSE INNSBRUCK-HALL
KTO.NR. 0000-017145

Rechnung an Gebrüder März KG: "Flugtarif gemäß Vereinbarung DM 93.000,- plus Lande- und Parkgebühren Lome DM 890,-"

Berlin, den 28.01.1987

Vermerk

März informierte am 28.01.1987 über erste Einschätzungen nach Stattfinden der Wahlen.

Es muß eingeschätzt werden, daß besonders im Zeitraum Weihnachten 1986 bis zum Stattfinden der Wahlen schwerwiegende wahltaktische Fehler von Strauß begangen wurden. Auch wenn es sie selbst noch nicht so offen zugibt kann zusammengefaßt festgestellt werden:

1. Nachdem um die Weihnachtszeit Wahlprognosen für die CDU/CSU vorlagen, die zwischen 49 und 51 % lagen, hat sich Strauß verleiten lassen, sicherlich auch beraten durch politisch unrealistisch denkende Kräfte seiner Umgebung, z.B. Stäuber, die Wahl als "bereits gelaufen" einzuschätzen.
   Das offene Verkünden dieser These hat mindestens 3 - 4 % CDU-Wähler abgehalten, ihr Wahlrecht auszuüben.

2. Obwohl Scheel, Bangemann, Weigel, Kohl und andere interessierte Kräfte Strauß dringend gewarnt haben, seine Angriff gegen Genscher nicht in der Öffentlichkeit vorzutragen, ist er diesem Rat nicht gefolgt.
   Das führte zu einer unbeabsichtigten Stärkung der FDP.
   Es lag im Interesse von Bangemann und Kohl, daß die FDP als Koalitionspartner mit 6 - 7 % Wählerstimmen weiterhin die Regierungsverantwortung mit trägt.

Schalck vermerkt: "Es muß eingeschätzt werden, daß besonders im Zeitraum 1986 bis zum Stattfinden der Wahlen schwerwiegende taktische Fehler von Strauß begangen wurden"...

2

Das zugespitzte Auftreten gegen Genscher hat auch dem FDP-Flügel, der der CDU/CSU nahe steht, mit Bangemann an der Spitze, geschadet.

Damit ist der größte Wunsch von Strauß, noch einmal Außenminister in der Bundesregierung zu werden, zunicht gemacht worden. Er allein trägt dafür die Verantwortung.
Diese Niederlage hat er nur schwer verkraftet, obwohl er im innersten weiß, daß er dafür letztlich die Verantwortung trägt.
Es ist mit Sicherheit einzuschätzen, daß Genscher weiterhin Außenminister in der Regierung sein wird.

Bangemann und Kohl sind sich darin einig, daß sie versuchen werden, Strauß für das Amt des Vizekanzlers ohne oder mit Geschäftsbereich zu gewinnen.

...und "damit der größte Wunsch von Strauß, noch einmal Außenminister in der Bundesregierung zu werden, zunicht gemacht worden" sei

17. JAN. 1988

In dem Anliegen der Firma MAN Nutzfahrzeuge GmbH München wurde ich um Unterstützung gebeten. Einzelheiten ergeben sich aus der Anlage. Ich wäre Ihnen dankbar, wenn Sie sich dafür einsetzen könnten.

Mit freundlichem Gruß

F.J. Strauß

Strauß bittet Schalck: "In dem Anliegen der Firma MAN... wurde ich um Unterstützung gebeten... Wäre Ihnen dankbar, wenn Sie sich dafür einsetzen könnten"...

Anschaffung von 150 dreiachsigen Baufahrzeugen MAN Nutzfahrzeuge GmbH, 8000 München

---

Die Firma MAN Nutzfahrzeuge GmbH hat in den letzten Jahren 42 schwere Baustellenfahrzeuge in die DDR geliefert.

Derzeit steht die Bestellung von 150 dreiachsigen Baufahrzeugen im Lieferwert von mehr als 22 Mio DM durch die DDR-Behörden zur Entscheidung an. Die jetzt zu liefernden Kipper sollen von der Firma "Transportmaschinen", Berlin, DDR, gekauft und im Kohlebergbau im Bereich Cottbus und als Baufahrzeuge im Raum Dresden und Weimar eingesetzt werden.

Für eine wohlwollende Unterstützung des Anliegens der Firma MAN wäre ich dankbar.

... und noch einmal: "Für eine wohlwollende Unterstützung des Anliegens der Firma MAN wäre ich dankbar"

1

GEHEIM

V e r m e r k

Am o4.02.1988 fand ein Gespräch mit Josef März statt. März übermittelte beste Grüße von F.J. Strauß und Bundeskanzler Kohl. März bat darum, wie bereits vor längerer Zeit mitgeteilt, seine persönliche Verbindung zu Helmut Kohl sehr vertraulich zu behandeln. Er geht davon aus, daß auch für uns spürbar ist, daß in der letzten Zeit ein festerer "Schulterschluß" zwischen Strauß und Kohl sich ergeben hat. Das ist nicht zufällig. Er fühlt sich daran maßgeblich beteiligt. Alle geführten internen Gespräche unter Vier Augen waren von ihm engagiert und fanden teilweise unter Teilnahme von ihm statt. März wird erneut Gelegenheit nehmen, mit Kohl und Strauß zu den anstehenden aktuellen Fragen Transitpauschale, ökonomische Belastung durch verstärkten Reiseverkehr, Elektrifizierung Eisenbahnstrecke, Ausbau Autobahn, Festlegung Elbegrenze Mitte Strom - in einer ruhigen Stunde ausführlich mit beiden zu reden. Diese Frage wurde bereits während des Hinfluges nach Südafrika mit Strauß diskutiert und soll jetzt mit Kohl - entweder gemeinsam mit Strauß, oder allein mit Kohl weitergeführt werden.

Schalck vermerkt GEHEIM: "März bat darum... seine persönliche Verbindung zu Helmut Kohl sehr vertraulich zu behandeln"...

Besonders dringlich bat März im persönlichen Auftrag des Bundeskanzlers - handgeschriebenen Brief von Helmut Kohl an März konnte ich einsehen - um die Unterstützung bei der Übersiedlung in der Anlage aufgeführter Bürger. Die Personen sind uns bekannt, da sie Kohl während seines Besuches in der CSSR angesprochen haben. März schätzt ein, daß eine positive Reaktion auf den persönlichen Wunsch des Bundeskanzlers atmosphärisch von Vorteil wäre. März bat mich bei positiver Entscheidung ihn auch während seines Urlaubs zu informieren.

Berlin, 04.02.1988

Anlage

... und: "März schätzt ein, daß eine positive Reaktion auf den persönlichen Wunsch des Bundeskanzlers atmosphärisch von Vorteil wäre"

Der Bayerische Ministerpräsident

8000 München 22 26. April 1988
Prinzregentenstraße 7
Tel. (089) 21650 · FS 05-23809

Herrn Staatssekretär
Dr. Alexander Schalck-Golodkowski
Ministerium für Außenhandel
Unter den Linden 44-60

1080 Berlin

Lieber Gesprächspartner!

Frau Liesl März, die Frau unseres leider so jäh verstorbenen gemeinsamen Freundes, hat mich gebeten, ihr ein besonderes Empfehlungsschreiben für ihren Besuch bei Ihnen mitzugeben. Ich war zwar der Meinung, daß angesichts der langjährigen Bekanntschaft und Ihrer freundschaftlichen Haltung es eines solchen Empfehlungsschreibens gar nicht bedarf. Aber sie hat sich sehr über meine Zusage gefreut, ihr für die Zwecke des Besuches bei Ihnen ein solches Empfehlungsschreiben zur Verfügung zu stellen.

Bei unserem Gespräch am letzten Samstag war sie gerührt über Ihre freundliche und großmütige Haltung und Ihre Zusage, daß die Verbindungen mit der Familie und dem Unternehmen März auch in Zukunft so weiter bleiben sollen wie bisher.

Ich hoffe, daß wir uns bald wiedersehen, ohne daß ich besondere Probleme im Sinne habe. Unser Gedankenaustausch war immer für beide Seiten nützlich. Vielleicht könnten

./.

Strauß an Schalck: "Lieber Gesprächspartner! Ich hoffe, daß wir uns bald wiedersehen... Unser Gedankenaustausch war immer für beide Seiten nützlich"...

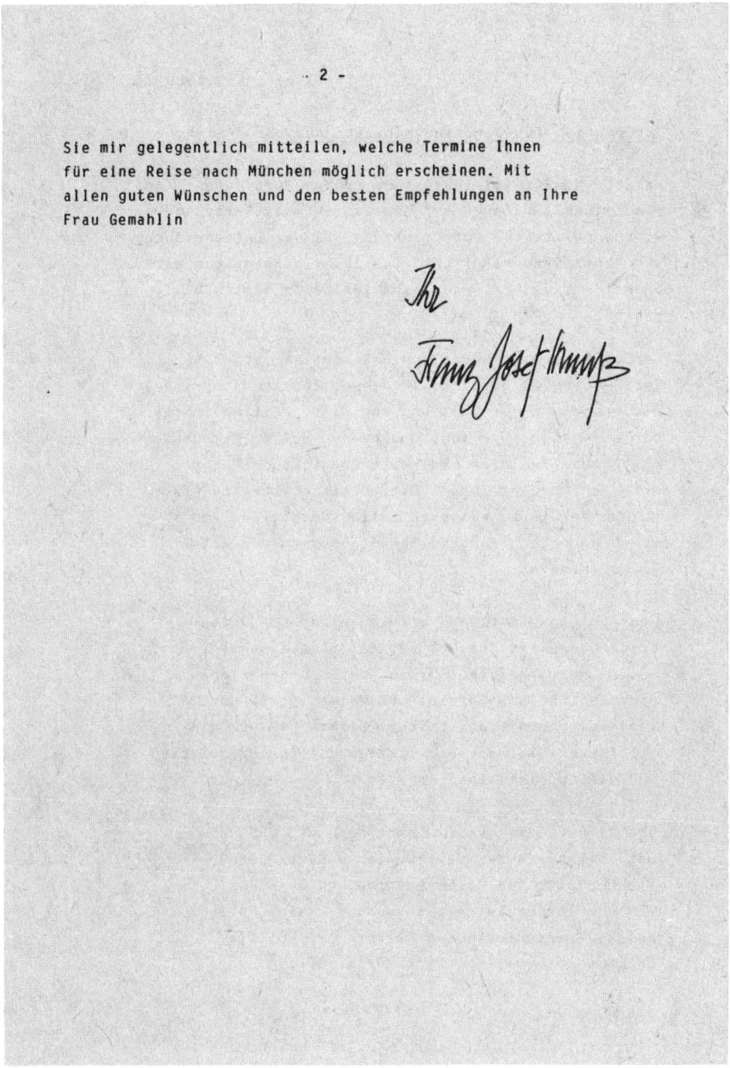

- 2 -

Sie mir gelegentlich mitteilen, welche Termine Ihnen
für eine Reise nach München möglich erscheinen. Mit
allen guten Wünschen und den besten Empfehlungen an Ihre
Frau Gemahlin

Ihr

Franz Josef Strauß

... und: "Vielleicht könnten Sie mir gelegentlich mitteilen, welche Termine Ihnen für eine Reise nach München möglich erscheinen"

Berlin, 14.02.1989

Information für Genossen Minister nur persönlich

Waigel und Streibl legen sehr großen Wert darauf, daß die in den letzten 6 - 7 Jahren von F.J. Strauß gewährte politische Unterstützung bei der Entscheidung von "humanitären Fällen" wie bisher beibehalten wird. Waigel: "Dies war und bleibt für beide Seiten hilfreich".

Großes Interesse wurde zum Gesundheitszustand von Erich Honecker gezeigt. In diesem Zusammenhang spielte die Bewertung der Stellung von Günter Mittag in der Parteiführung eine sehr bedeutende Rolle. Man geht davon aus, daß beide Politiker bedeutende Macht auf sich konzentrieren. Die an mich gestellte Frage, ob Günter Mittag als eventueller Nachfolger von Erich Honecker in Frage käme, habe ich aus meiner Sicht verneint.

Beunruhigung in allen Parteien haben die Worte Erich Honeckers zum Bestand der Staatsgrenze in Berlin hervorgerufen. Diese Ausführungen dienen nach Ansicht von Streibl und Waigel nicht der Verbesserung des politischen Klimas und des eingeleiteten Dialogs. Sie stärken die konservativsten und neofaschistischen Kräfte.

Größte Aufmerksamkeit widmet auch die CSU der Entwicklung in der Sowjetunion und der persönlichen Rolle von Michail Gorbatschow. Es war ein deutliches Interesse spürbar, seine Politik auf den verschiedensten Feldern der Politik, der Ökonomie und Kultur zu unterstützen.

Schalck informiert den Genossen Minister: "Beunruhigung in allen Parteien haben die Worte Erich Honeckers zum Bestand der Staatsgrenze in Berlin hervorgerufen"

A. Schalck Berlin, den 14.o2.1989

Mitglied des Politbüros
und Sekretär des ZK der SED

Genossen Günter Mittag

Lieber Genosse Mittag!

Beiliegend wird der

Vermerk über das Gespräch zwischen Genossen Schalck
und dem Vorsitzenden der CSU, Theo Waigel, sowie
dem bayerischen Ministerpräsidenten, Max Streibl,
am 13.o2.1989

übermittelt.

Bitte um Kenntnisnahme.

Mit kommunistischem Gruß

Anlage

Schalck bittet Genossen Mittag um Kenntnisnahme: "Beiliegend... der Vermerk über das Gespräch zwischen Schalck... Theo Waigel... sowie Max Streibl"

Die bisher aufrecht erhaltene Verbindung über März wird von beiden Politikern nicht mehr gewünscht. Von ihrer Seite werden Personen ihres Vertrauens benannt, um den Kontakt, auch die Übermittlung von Botschaften zu gewährleisten. Streibl benannte für beide Politiker seine langjährige Sekretärin KREIßEL bzw. in ihrer Abwesenheit die auch schon unter Strauß gediente Mitarbeiterin KOLLER.

Auf meine Frage, ob sich die Verbindung nicht bewährt habe, erklärten beide, daß die Verknüpfung der Freundschaft Strauß und Josef März nicht immer glücklich war und die CSU aufgrund auch finanzieller Verknüpfungen oft in eine schwierige Situation brachte. Die Interessen von Josef März u.a. in Togo, Spanien und Argentinien wurden von Strauß abgedeckt und dienten nicht nur staatlichen Interessen.

Wie aus den Gesprächen zu entnehmen war, sind auch die Verbindungen zu den Kindern von Strauß auf eine sachliche Ebene beschränkt worden. Kontakte werden zu Frau Hohlmeyer und zu Max Strauß, der als Junior-Partner in eine bedeutende Rechtsanwaltsfirma in München eingetreten ist, gehalten.

Waigel als auch Streibl bedankten sich für die offene Gesprächsführung und legen großen Wert darauf, daß diese Verbindung streng vertraulich behandelt wird. Von ihrer Seite wurde dies, so wie das bei F.J. Strauß der Fall war, unbedingt zugesichert.

Schalck schreibt: "Die Interessen von... März... wurden von Strauß abgedeckt und dienten nicht nur staatlichen Interessen"

Die Wende

Die seltsamen Prognosen des Alexander Schalck

Alexander Schalck wurde im Laufe von zwanzig Jahren zu einer der Schlüsselfiguren des Honecker-Regimes in der DDR. Genauer: Er erarbeitete sich mit viel Geschick, raffinierter Taktik, ehrgeiziger Energie diese Position in der politischen Hierarchie der stalinistischen Diktatur auf deutschem Boden. Er verfügte im Inland und im westlichen Ausland und der Bundesrepublik über ein umfangreiches Wirtschaftsimperium. Er hatte einen eigenen Nachrichtendienst. Seine unmittelbaren Kontaktmänner waren Honecker, Mielke und der Wirtschaftsboß Dr. Mittag. Er hatte uneingeschränkten Zugang zu allen Wirtschaftsdaten der DDR. Seine Verbindungsleute in westdeutschen Industriestaaten aus Banken und Wirtschaft konnten ihm jederzeit die Informationen liefern, die eine gründliche Analyse der wirtschaftlichen und finanziellen Lage der DDR erlaubten. In der Führungselite der DDR hatte er so unbestrittene Kompetenz erlangt, daß er zusammen mit Planungschef Schürer und Politbüromitglied Mittag für den Boß des Ganzen, den Staatsratsvorsitzenden Honecker, 1989 die "Analyse der ökonomischen Lage" der

DDR und die Grundlagen für den Wirtschaftsplan der DDR 1990 bis 1995 lieferte.
Wer also – wenn nicht er – mußte wissen, wie es um die DDR stand? Wer sollte besser wissen als er, welche Perspektive die DDR hatte? Beziehungsweise ob sie überhaupt noch eine hatte!
Doch die Analysen, die Schalck lieferte, und die Prognosen, die er ausstellte, waren ebenso widersprüchlich wie erschreckend. Und die Folgerungen, die er aus beidem zog, waren schlichtweg verheerend.
Sehenden Auges steuerte Schalck die DDR in den unaufhaltsamen Untergang, weil er politisch wie menschlich nicht über seinen Schatten springen konnte.

Dies lag sowohl in dem System begründet, dem Schalck diente, als auch in der Struktur seiner Persönlichkeit. Eines wußte er: Das System war nicht reformierbar. Man konnte es allenfalls durch ein anderes ersetzen. Zu dieser letzten Konsequenz aber fehlte Schalck nicht nur der politische Weitblick. Dafür besaß Schalck auch nicht die notwendigen Erfahrungen. Auch nicht die Risikobereitschaft und Handlungsfähigkeit. Über den hart verhandelnden Kaufmann, seinen instinktiven Geschäftssinn ging das Persönlichkeitsprofil Schalcks nicht hinaus.
Dabei hatte es in den zurückliegenden Jahren eine Zeitlang eine verheißungsvolle Verbindung zwischen dem geschäftstüchtigen Pragmatiker Alexander Schalck und dem politisch erfahrenen Markus Wolf gegeben. Der erste ein Mann mit dem Gefühl für die harten Realitäten der DDR; der zweite ein Mann, der über das Informationsmonopol bezüglich der Lage im Westen Deutschlands und zugleich über erstklassige Verbindungen zur politischen Führung in Moskau verfügte.
Fotos aus jenen Tagen belegen authentisch, wie eng diese Verbindung war. Auf die DDR-Funkanlagen, die alle geheimen Informationen aufnahmen, hatten Wolf und Schalck als erste Zugriff, und sie konnten entscheiden, was mit ihnen geschehen sollte, an wen die Informationen wann weitergehen durften.

An diesem Schreibtisch dachte Schalck über die Zukunft seines KoKo-Imperiums nach. Für alle Fälle hatte er eine Ladung Dynamit in einer Schublade versteckt

Schalck bittet bei der Polizei um Einlaß. Seine erste Vernehmung aufgrund der Schalck-Papiere dauerte sieben Stunden
Hans-Peter Kruse

Die Connection Schalck-Wolf stellte die größte Machtkonzentration außerhalb der offiziellen Strukturen dar, die jemals in der DDR bestand. Zumal der Dritte im Bunde Egon Krenz hieß. Hätte sie Bestand gehabt, so hätten diese drei mit ihrem politischen und ökonomischen Sachverstand, ihren Informationen und Kenntnissen und ihren vielfältigen Verbindungen die DDR leicht in der Hand gehabt.
Hätten sie die Gunst der Stunde genutzt – zum Beispiel die später eintretende Krisensituation –, sie hätten die DDR durchaus auf Ziele ausrichten können, die sie für richtig hielten. Und zwar sie allein.
Natürlich ist das nur eine Hypothese. Auch muß offenbleiben, ob sie im Ernstfall wirklich richtige und vernünftige, d. h. erreichbare Ziele gesetzt hätten. Aber daß eine solche Möglichkeit zeitweilig bestand, zeigt doch, welche Machtkonzentrationen in der Hand weniger Leute innerhalb solcher Systeme wie etwa dem stalinistischen möglich sind.
Die Connection Schalck-Wolf ging allerdings, lange bevor sie politisch wirksam werden konnte, aus zwei Gründen in die Brüche. Der erste Grund lag im System selbst begründet. Denn dem Ministerium für Staatssicherheit (MfS) mißfiel es seit langem, daß die KoKo als eine selbständige Zelle im Gesamtsystem existierte. Jenem Apparat, über den Mielke direkt verfügte – nicht dem Aufklärungsdienst des Markus Wolf –, war das ein Dorn im Auge. Es gab jede Menge Transaktionen und Kontakte, in die auch das MfS wenig Einblicke hatte und über das es keine wirksame Kontrolle ausübte. Mielke war angewiesen auf die schriftlichen Berichte von Schalck – und da konnte sonstwas drinstehen. Wirksam zu überprüfen war das jedenfalls nicht.
Der zweite und noch triftigere Grund für das Scheitern der Connection Schalck-Wolf liegt bei Markus Wolf selbst. Denn 1987 schied der Chef des DDR-Aufklärungsdienstes "auf eigenen Wunsch" aus dem aktiven Dienst aus und trat von nun an weniger nachrichtendienstlich als vielmehr publizistisch mit seinem Buch "Troika" in Erscheinung.
Markus Wolf muß wohl auch bald gegen Schalck so manche

Bedenken gehegt haben. Als er etwa 1989 den Eindruck gewann, die SED würde Schalck an Stelle von Mittag zum Politbüromitglied für Wirtschaftsfragen machen, opponierte er dagegen. Markus Wolf verglich Schalck damals mit einem Politiker in der UdSSR, dessen Name als Symbol für Machtmißbrauch und Korruption galt. So nachzulesen in seinem Buch "Im eigenen Auftrag":
"Ich sprach im Zusammenhang mit dem Namen Schalck vom 'Raschidow-Syndrom', allerdings mußte ich einigen erklären, wer Raschidow ist: ehemaliger Erster Sekretär der KP Usbekistans und Mitglied des Politbüros der KPdSU."
Schalck indessen spielte seine Rolle als Wirtschaftsanalytiker der DDR, der weiß, wie schlimm die Lage ist, aber auch die Wege aus der Krise kennt, ungerührt weiter.

Auf 22 Seiten – als "geheime Verschlußsache" abgefaßt – liefert er am 31. Oktober 1989, eine Woche vor der Maueröffnung und vier Wochen vor seiner eigenen Flucht, eine ausführliche "Analyse der ökonomischen Lage der DDR mit Schlußfolgerungen", die als Grundlage für das Referat des neuen Generalsekretärs der SED, Egon Krenz, auf dem kommenden Parteitag dienen sollte.
Die Substanz dieser Analyse ist in sich widersprüchlich. Auch wenn man in Rechnung stellt, daß es in der DDR üblich war, am Anfang einer solchen "Analyse" die Erfolge der DDR gebührend herauszustellen, fragt man sich doch, was dieser Unsinn im Herbst 1989 noch soll. Oder ist es eigene Blindheit, wenn Schalck von dem neuen "hohen Leistungsstand der DDR" spricht? Ist es nicht zynisch, wenn in einer Anlage zu jener Analyse behauptet wird, die DDR gehöre zu den "10 bis 12 entwickeltsten Industrienationen der Welt"?
Schon seit vielen Jahren wies indessen die Weltbank der DDR den 18. Platz zu. Noch hinter Mexiko!
Immerhin nennt Schalck in seiner Analyse eine Reihe harter Fakten, von denen jede für sich allein ausgereicht hätte, um zu belegen, daß der Bankrott der DDR unmittelbar vor der Tür stand. Die Fakten waren:

– Der Verbrauch wuchs schneller als die eigenen Leistungen, die DDR lebte also von der Substanz.
– Die Geldmenge der DDR war höher als der vorhandene Warenfond. Es gab also einen Kaufkraftüberhang von sechs Milliarden Mark im Zeitraum 1986 bis 1989.
– Die Spareinlagen der DDR-Bevölkerung stiegen – weil es nichts zu kaufen gab – von 1988 bis 1989 von 136 Milliarden Mark auf 175 Milliarden Mark.
– Die Zinszahlungen für die Spareinlagen der Bevölkerung waren auf fünf Milliarden Mark angewachsen.
– Die Verbindlichkeiten des Staatshaushaltes beliefen sich 1988 auf 123 Milliarden Mark. Eine zusätzliche Kreditaufnahme von zwanzig Milliarden Mark war erforderlich, so daß die Inlandsschulden 1989 etwa 140 Milliarden Mark betrugen.
– Die Folge ist eine Schwächung der DDR-Währung.

Vor allem aber die hohe Auslandsverschuldung von 41,8 Milliarden Valutamark im Jahr 1989, die 1990 auf 49,1 Milliarden anwachsen würde, stellte die Zahlungsfähigkeit der DDR ernsthaft in Frage.
Zum ersten Mal schlägt Schalck in seinen "Schlußfolgerungen" "eine grundsätzliche Änderung der Wirtschaftspolitik der DDR und eine grundlegende Reform der Wirtschaft" vor. Man muß sich die Ungeheuerlichkeit des Vorschlags vor Augen führen: Im sozialistischen Arbeiter- und Bauernstaat sollte die zentrale Planung abgeschafft werden, das Geld künftig "Maßstab für die Leistung" sein. Und die Kombinate und Betriebe sollten eigenverantwortlich werden.
Schalcks Vorschlag sah weiter vor: Es müsse eine "neue Stufe der Zusammenarbeit mit der UdSSR" und eine "konstruktive Zusammenarbeit" mit der Bundesrepublik, mit Frankreich, Österreich und Japan geben.

Im übrigen wird Schalck, was die vorgeschlagene Wirtschaftsreform anbelangt, wenig konkret. Man liegt wohl nicht falsch, wenn man davon ausgeht, daß Schalck die Übertragung der Prinzipien und Strukturen der KoKo auf die gesamte DDR-Wirtschaft vorschwebte. Vor diesem Hintergrund wäre es nur konsequent, wenn der Boß von KoKo auch der Chef der gesamten DDR-Wirtschaft würde.

Diese Vision Schalcks erklärt die Entschiedenheit, mit der dieser in seinen "Schlußfolgerungen" hervorhebt:
"Entweder man macht das, oder die Zahlungsunfähigkeit ist unvermeidbar."
Keinen Zweifel läßt Schalck daran, daß es für eine grundlegende Änderung der Wirtschaftspolitik der DDR, ja schon allein für die Sicherung der Zahlungsfähigkeit der DDR im Jahre 1991 unerläßlich ist, "von der Regierung der BRD Finanzkredite in Höhe von zwei bis drei Milliarden Valutamark über die bisherigen Kreditlinien hinaus zu erhalten".
Schalck ist sich bewußt, daß sich dadurch die Verschuldung der DDR weiter erhöht. "Dies stellt ein Risiko dar." Vor dem Hintergrund dieser Analysen und Folgerungen wird verständlich, warum der damalige DDR-Regierungschef Modrow bei seinem Besuch in Bonn fünfzehn Milliarden DM verlangte.
So aufschlußreich die Analyse Schalcks war, so nüchtern seine Schlußfolgerungen klangen, so naiv, lebensfremd und unrealistisch lesen sich seine politischen Konsequenzen. Da lautet der Abschnitt V seiner Folgerungen auf Seite 22:
"Mit diesen dargelegten Vorschlägen läßt sich die DDR als Land des Sozialismus, als Mitglied des Warschauer Paktes und des Rates für Gegenseitige Wirtschaftshilfe leiten von der Politik der friedlichen Koexistenz von Staaten unterschiedlicher Gesellschaftsordnung, von der Politik des Dialogs der Vernunft und der Entspannung.
Dabei schließt die DDR jede Idee von Wiedervereinigung mit der BRD oder der Schaffung einer Konföderation aus. Wir sehen in unseren Vorschlägen jedoch einen Weg in Richtung des zu schaffenden europäischen Hauses entsprechend der Idee Michail Sergejewitsch Gorbatschows, in dem beide deutsche Staaten als gute Nachbarn Platz finden können.
Dies müßte jedoch verbunden werden mit eigenen politischen und ökonomischen Vorschlägen der BRD zur Entspan-

nung und zur ökonomischen Unterstützung der DDR, wobei die Tatsache zu berücksichtigen ist, daß unserem Land in der Zeit der offenen Staatsgrenze laut Einschätzung eines Wirtschaftsinstituts der BRD ein Schaden von ca. 100 Milliarden Mark entstanden ist."

Geradezu abenteuerlich, fast kindisch klingt, was Schalck als politische Gegenleistung für so viel Entgegenkommen, finanzielle Hilfe und – man muß wohl hinzufügen – politische Dummheit der Bundesrepublik anzubieten hatte:
"Als Zeichen der Hoffnung und der Perspektive ist die DDR bereit, 1995 zu prüfen, ob sich die Hauptstadt der DDR und Berlin (West) um die gemeinsame Durchführung der Olympischen Spiele im Jahre 2004 bewerben sollten."

Schalck hat später zwar in Interviews behauptet, "im kleinen Kreis" sei der Gedanke einer Konföderation durchaus diskutiert worden und sie seien sich dabei wie Verschwörer vorgekommen. Vielleicht stimmt dies sogar. Denn auch der frühere Planungschef der DDR, SED-Politbüro-Mitglied Gerhard Schürer, spricht davon (in der "Welt" vom 27. April 1991). Doch in keinem einzigen seriösen Papier hat Schalck solche Gedanken auch nur erwogen. Auch nicht in seiner Analyse vom Oktober 1989 für den DDR-Ministerpräsidenten Modrow, also zu einem Zeitpunkt, da solche Zurückhaltung kaum noch erforderlich war, sprach doch Modrow selbst damals bereits von einer deutschen "Verantwortungsgemeinschaft". Ein Stichwort, das Bundeskanzler Kohl dann aufgriff, um seinerseits von "Konföderationsstrukturen" zu sprechen. Dabei war es unter den spezifischen Umständen völlig unausweichlich, daß eine grundlegende Reform der DDR-Wirtschaft nur dann erfolgen kann, wenn sie von vornherein mit einer gesamtdeutschen Perspektive verbunden wird.
Wenn Schalck zu dieser politischen Konsequenz nicht vorstoßen konnte, so lag dies vielleicht an der Beschränkung seiner eigentlichen Tätigkeit auf das Gebiet der Wirtschaft. Und an seiner Inkompetenz für die Grundfragen der Politik.

Schalck und sein Berliner Anwalt Peter Danckert nach der Fahrt vom Tegernsee zur Polizeiinspektion in Miesbach, wo er am 30.8.91 vernommen wurde
Hans-Peter Kruse

Wie auch immer: Selbst politisch kompetente Leute wie Markus Wolf erkennen erst heute, lange nach dem Untergang der DDR:
"Mit der Streichung jeder gesamtdeutschen Perspektive aus der Verfassung der DDR hat sich die DDR selbst aufgegeben."

Wohl wahr. Aber sie hat auch gewonnen. Einheit. Freiheit. Und hoffentlich auch Brüderlichkeit.

Schalcks letzter Brief, den er in der DDR schrieb

Werter Genosse Vorsitzender des Ministerrates, werter Genosse Hans Modrow!

Beiliegend übermittle ich Dir einen Brief an Genossen Werner Eberlein, den ich ihm am Montag zustellen werde. Aufgrund meiner Beweggründe bitte ich Dich um Verständnis, daß ich kurzfristig meinen Urlaub antreten möchte. Diese Entscheidung fällt mir unbeschreiblich schwer. Ich fahre nicht in die BRD, nach Westberlin oder NATO-Staaten. Ich bin und möchte Bürger unseres Staates sein und bleiben. Gib mir persönlich die Chance, in geordneten Verhältnissen über fast 40 Jahre im Dienst unseres Staates nachzudenken.
Ich verspreche Dir und meinem Staat, daß ich gegenüber niemandem über meine Kenntnisse sprechen werde...
In schweren seelischen Belastungen verbleibe ich

Alexander Schalck
Sigrid Schalck